JN095433

債権法各論 ［第2版］

スタンダール民法シリーズ IV

堀田泰司
柳　勝司
森田悦史
編著

佐藤千恵
齋田　統
福本　忍
岡田　愛
藤野博行
菅尾　暁
野口大作
足立清人
著

嵯峨野書院

は　し　が　き

　標準的な内容で分かりやすい民法教科書を作りたいという思いから「スタンダール民法シリーズ」は誕生し，これまで，『家族法（スタンダール民法シリーズⅤ）』・『債権法総論（スタンダール民法シリーズⅢ）』・『民法総則（スタンダール民法シリーズⅠ）』が刊行されてきたが，幸いにも，予想よりも多くの方々によって利用されている。そして，今回は，『債権法各論（スタンダール民法シリーズⅣ）』が刊行されたこととなった。

　今回においても，引き続き，多くの方々によって利用されるようにと，執筆者は，努力をしたつもりである。しかし，債権法各論と呼ばれている民法の領域は，契約・事務管理・不当利得・不法行為であり，非常に広い範囲となっており，関連する条文も多くあり，紹介しなければならない判決も多くある。そのため，多くの事柄を分かりやすくまとめることについては，大変な努力と工夫が必要であった。

　今回も，各章の最初には，［POINT］として，その章で扱う内容についてまとめ，また，必要に応じて，「図表」や［Case］や［Topics］を用いて，少しでも，分かりやすい内容にした上で，読者が民法に興味を持つような幾つかの試みをした。

　読者が，この教科書に接することにより，民法の勉強を始め，さらには，公務員試験や各種の資格試験などにも利用してもらえればと願っている。

　なお，民法改正作業が進んでいるが，今回は，「民法（債権関係）の改正に関する要綱案（平成27年2月10日決定）」を参考とした。

2016年 4 月10日

執筆者代表　柳　　勝　　司

第 2 版　はしがき

　平成 29［2017］年の民法改正に伴い，『債権法各論（スタンダール民法シリーズⅣ)』についても，改訂をしなければならないことになった。今回の民法の改正は，債権法各論の領域にも，大きな影響を与えた。そして，改正民法が施行される前であっても，本書で民法を勉強したいと思っている方々に，改正民法の内容を伝えるべきだという判断から，改訂に踏み切った。

　改訂においても，標準的な内容で初心者にも分かりやすい教科書を作るという基本方針に基づいているが，執筆者にとっては，改正民法を理解して，その上で，分かり易い表現で説明をすることは，大変難しい作業でもあった。

　多くの人々が本書を民法の勉強のために利用されることを，念じている。

2020 年 1 月 20 日

執筆者代表　柳　　勝　司

目　　次

略　語　表

【法令名】

遺失	遺失物法
医師	医師法
介保	介護保険法
海運	海上運送法
改正前民	平成29年改正前民法
改正民	平成29年改正民法
家事手続	家事事件手続法
ガス	ガス事業法
学教	学校教育法
割賦	割賦販売法
割賦令	割賦販売法施行令
刑訴	刑事訴訟法
刑	刑法
健保	健康保険法
建設	建設業法
憲	憲法
鉱	鉱業法
航空	航空法
公証	公証人法
厚年	厚生年金保険法
国賠	国家賠償法
自賠	自動車損害賠償法
児福	児童福祉法
司書	司法書士法
借地借家	借地借家法
借地	借地法
借家	借家法
住宅品質	住宅の品質確保の促進等に関する法律
消費者契約	消費者契約法
商	商法
消防	消防法
人訴	人事訴訟法
水道	水道法
製造物	製造物責任法
船員	船員法

倉庫業	倉庫業法
相税	相続税法
災害借特	大規模な災害の被災地における借地借家に関する特別措置法
宅建業	宅地建物取引業法
区分所有	建物の区分所有に関する法律
電気事業	電気事業法
電子契約特	電子消費者契約及び電子承諾通知に関する民法の特例に関する法律
道運	道路運送法
道交	道路交通法
特定商取引	特定商取引に関する法律
特許	特許法
農地	農地法
不登	不動産登記法
保険	保険法
身元保証	身元保証ニ関スル法律
民	民法
民執	民事執行法
民訴	民事訴訟法
民調	民事調停法
労基	労働基準法
労基則	労働基準法施行規則
労組	労働組合法
労契	労働契約法

【判例】

大判（決）	大審院判決（決定）
大連判（決）	大審院連合部判決（決定）
最大判（決）	最高裁判所大法廷判決（決定）
最判（決）	最高裁判所（小法廷）判決（決定）
高判（決）	高等裁判所判決（決定）
地判（決）	地方裁判所判決（決定）

【判例集】

民（刑）録	大審院民（刑）事判決録
民（刑）集	大審院民（刑）事裁判例集（明治憲法下）

執 筆 者 一 覧

（執筆順，＊印編者）

＊堀　田　泰　司　（九州国際大学名誉教授・弁護士）　　　序　章

＊柳　　　勝　司　（名城大学法学部教授）　　　　　　　　第 1 章

＊森　田　悦　史　（国士舘大学法学部教授）　　　　　　　第 2 章

　佐　藤　千　恵　（京都府立大学公共政策学部准教授）　　第 3 章

　齋　田　　　統　（跡見学園女子大学マネジメント学部教授）　第 4 章 第 1 ～ 3 節

　福　本　　　忍　（北九州市立大学法学部准教授）　　　　第 4 章 第 4・5 節

　岡　田　　　愛　（京都女子大学法学部教授）　　　　　　第 5 章

　藤　野　博　行　（九州国際大学法学部助教）　　　　　　第 6 章

　菅　尾　　　暁　（九州国際大学法学部教授）　　　　　　第 7 章

　野　口　大　作　（名城大学法学部教授）　　　　　　　　第 8 章 第 1 ～ 3 節

　足　立　清　人　（北星学園大学経済学部教授）　　　　　第 8 章 第 4 節

POINT

- 民法は，財産法と家族法に分けられる。
- 財産法は，物権と債権に分けられる。
- 債権を総論と各論に分けたもののひとつが，債権各論である。
- 債権各論は，契約総則・契約各論，事務管理，不当利得，不法行為に分けられる。
- 契約各論は，権利移転型の契約（贈与，売買，交換），貸借型の契約（消費貸借，使用貸借，賃貸借），労務提供型の契約（雇用，請負，委任，寄託），その他の契約（組合，終身定期金，和解）などに類型化される。

1　債権法各論の対象領域

1　債権各論（債権の発生原因）の意義

　民法第3編　債権は，第1章　総則，第2章　契約，第3章　事務管理，第4章　不当利得，第5章　不法行為からなっている。このうち，第1章を債権総論といい，第2章から第5章までを**債権各論**という。

　財産法は，大きくは物権と債権に分かれる。物権は，権利の内容に注目した類型であり，民法ではこの類型ごとに，所有権や地上権または抵当権などが規律されている。

　これに対して，債権は，債権自体の内容・効力などを規律する債権総論と，どういう場合に債権が発生するのかの**債権発生原因**に注目した類型ごとに規律する債権各論からなる。債権各論は契約類型を4つに分類して規律している。まず第1に，契約によって生じる債権について定める。すなわち，第1節として，すべての契約に通じる総則をあげ（民521条以下），第2節以下では13種の

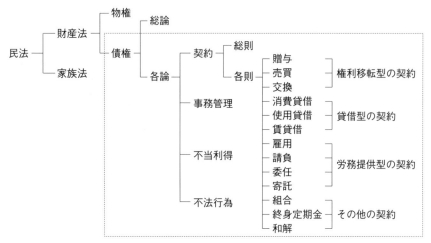

図表序-1 民法の構成と債権各論の対象領域

典型契約を各則として定めている（民549条以下）。第2に，事務管理によって
生じる債権について定める（民697条以下）。第3に，不当利得によって生じる
債権について定める（民703条以下）。第4に，不法行為によって生じる債権に
ついて定めている（民709条以下）。

2 契約に基づく債権（約定債権）

　人間が生きるためには，必要最小限度の財産（財貨）を確保しなければなら
ない。この財産の確保は，市民社会において，原則的には各人に対する財産の
所有と，その財産の自由な移転（変動）を保障するという制度から成り立って
いる。つまり，**所有権絶対の原則**と**契約自由の原則**がこれである。

　契約は，当事者の相対立する意思表示の合致によって成立する法律行為であ
り，合意によって権利義務関係に移転がもたらされるものである。すなわち，
契約は合意を原因として発生する約定債権である。私たちは，現代社会生活に
おいて，契約と無関係に生活することは不可能といっても過言ではない。コン
ビニで本や飲み物を買うのも，友人からお金を借りるのも，オーナーからマン
ションを借りるのも，これらはすべて契約である。

契約に共通する事項として，民法典は第2章第1節で，すべての契約に共通する事柄として，第1款で契約の成立，第2款で契約の効力，第3款で契約の解除を規定する。しかし，契約に共通する事柄はこれにとどまらない。これ以外の契約に共通する事柄は民法総則や債権法総論などにも規定されている。

個別的な契約類型として，民法典は，第2節以下で13種の典型契約を定める。これらは，契約の目的ないし機能から，次の4つの類型に分けられる。第1に**権利移転型の契約**（贈与，売買，交換），第2に**貸借型の契約**（消費貸借，使用貸借，賃貸借），第3に**労務提供型の契約**（雇用，請負，委任，寄託），第4に**その他の契約**（組合，終身定期金，和解）の4つである。

もっとも，契約に関する民法の規定は原則として任意規定であり，当事者がこれと異なる意思表示をした場合は，その意思表示に従う（民91条）。さらに，債権法各論の分野の特徴として変化の激しい分野であり，民法典に規定されていない契約が締結される場合がある。たとえば，スポーツ選手の専属契約や各種のリース契約など，これらの契約を**非典型契約**という。

3　法律の規定に基づく債権（法定債権）

法律の規定に基づく債権としては，第1に事務管理による有益費償還請求権の発生（民702条1項），第2に不当利得による返還請求権の発生（民703条・704条），第3に不法行為による損害賠償請求権の発生（民709条）などがある。すなわち，これらの場合には，当事者の意思にかかわらず，法律の定める要件を満たせば，その法律効果として債権が当然に発生する法定債権である。

2 ┃ 本 書 の 構 成

本書では，いわゆる債権各論の対象範囲を民法典の第3編第2章から第5章の順に従ってこれを扱う。もっとも，契約総則では，契約の意義と機能について独立の節を設けた。不当利得では，給付利得と非給付利得に分けて，それぞれを独立の節とした。不法行為では，基本的・原則的な成立要件と特殊な不法

行為の成立要件に分けて独立の節とした。

　債権法各論は，時代や社会を映す鏡であり，各論であるだけに個々の特別法ないしは関連法規が多い。たとえば，売買については消費者契約法，消費貸借については利息制限法，賃貸借については借地借家法，雇用については労働基準法，労働組合法，労働関係調整法などの労働3法などがある。

　契約以外の不法行為については失火法，国家賠償法，自動車損害賠償保障法，製造物責任法（PL法）などがある。

　一般法である民法と関係する特別法の規定が衝突する場合，「**特別法は一般法に優先する**」の法諺に従って，特別法を適用しなければならない。その限りにおいて，関係特別法も本書の検討対象となる。

 Topics

民法の一部改正

　民法典制定から約120年が経過した今日，社会や経済情勢の変化に対応するためと国民への分かりやすさを目指しての民法典の抜本的見直しは，平成21（2009）年，当時の法務大臣が法制審議会に諮問して始まった。法制審議会は同年10月28日に「民法（債権関係）部会」を新設し，同年11月24日の第1回会議から，平成27年2月10日の第99回会議まで開催された（http://www.moj.go.jp/shingil/shingikai saiken.html）。改正対象は当初500項目を超えたが，2回にわたる意見公募（パブリックコメント）と5年間の議論を経て約200項目に絞られた。部会の「民法（債権関係）の改正に関する要綱案」（平成27年2月10日決定）を法制審議会が承認し，同月24日法務大臣に答申し，同年3月31日に第189回通常国会に提出された。しかし，可決されず継続審議となった。その後，第193回国会で，平成29（2017）年5月26日，「民法の一部を改正する法律」（平成29年法律第44号）として成立し，同年6月2日に公布された。主な改正内容は，①意思能力の節を新設，意思能力のない法律行為の無効を明文化した。②職業別短期消滅時効を廃止し，時効を5年に統一した。③法定利率を年3％に引き下げ，その後緩やかな変動制を導入した。④包括根保証禁止の対象を貸金等債務以外の根保証にも拡大し，全ての個人根保証について極度額の定めを義務付けた。⑤債権譲渡禁止特約に反する譲渡を有効としつつ，譲渡人に対する弁済で免責されるとした。⑥定型約款の定義，契約内容の要件，約款変更要件等の明確化などであった。改正法の施行は，「公布の日から起算して3年を超えない範囲内において政令で定める日」（附則1条）とされたので，令和2（2020）年6月2日までに施行されることになった。また，同附則37条は「この法律の施行に関し必要な経過措置は，政令で定める」と規定した。

なお，平成 29（2017）年の「民法の一部を改正する法律の施行期日を定める政令」（平成 29 年政令第 309 号）により，民法改正法の原則的な施行期日は，令和 2（2020）年 4 月 1 日とされた（令和 2 年 2 月 28 日現在）。

第1章 契 約 総 則

POINT

- ■契約は，申込みの意思表示と承諾の意思表示との合致（合意）によって成立する。
- ■意思の合致（合意）だけで成立するか否かによって，諾成契約と要物契約との区別がある。その他に，要式契約と不要式契約などの区別ができる。
- ■売買契約のように，双方の契約当事者が履行義務を負う契約を双務契約と呼び，贈与のように，契約当事者の一方のみが履行義務を負う契約を片務契約と呼ぶ。
- ■双務契約においては，当事者の双方は同時に履行をするという原則から，同時履行の抗弁権が認められている。
- ■双務契約においては，一方の履行義務が債権者の帰責事由なしに不能となった場合に，他方の履行義務は消滅するかどうかという危険負担の問題が生じる。
- ■当事者以外の者が契約から生じる権利を取得する第三者のためにする契約は，契約自由の原則から認められているが，取引社会においても利用されている。
- ■一方に債務不履行責任が生じた場合，他方は，債務不履行解除によって，自己の履行義務から免れることができる。

1 序

　債権関係が発生する原因の１つとして，**契約**がある。契約は，債権が発生する原因として重要であるばかりではなく，現代の取引関係においては，最も重要な役割を占めている。

　本章では，契約総則として，契約について一般的に妥当する事柄（契約の成立・成立した契約の効果・契約の消滅）について述べる。次の第２章においては，民法に規定がある13種類の代表的契約を取り上げ，それぞれの契約について説明をする。

2 ┃ 契約の意義と機能

1 契約の定義

　契約は，相対応する意思（**申込み**の意思と**承諾**の意思）の合致（合意）である。契約が成立するためには，双方の意思表示が必要であるので，契約は**双方行為**である。

　契約は，**社団**の設立のように，複数の意思が同じ目的のために向けられる合同行為とは区別されている。また，契約は，遺贈者の**単独行為**によって成立する**遺言**とも区別される。

2 契約自由の原則とその制限

　現代法の基本原則として，契約自由の原則がある。これは，個人の尊厳（個人主義），すなわち，個人意思の尊厳から出てくる。**契約自由の原則**は，契約締結の自由，相手方選択の自由，内容決定の自由，方式の自由を内容とする。ただし，契約自由の原則に対しては，現在においては，多くの制限がある。

① 契約締結の自由とその制限

　契約を締結するか否かは自由である。改正民法521条1項は，「何人も，法令に特別の定めがある場合を除き，契約をするかどうかを自由に決定することができる」と規定している。

　契約をするかどうかの自由には，申込みの自由と承諾の自由とがあるが，特別に，法令により，契約を締結する義務が負わせられている場合がある。

　(1)　**申込みをする義務がある場合**　　たとえば，放送法64条1項は，受信機（ラジオは除く）を設置した者は，「協会とその放送の受信についての契約をしなければならない」と規定している。この規定によると，受信機設置者は，受信契約を結ぶために放送協会に申込みをしなければならない義務があること

になる。受信機設置者が，義務に反して，申込みをしない場合の扱いについては，現在，社会問題になっているが，裁判所は，日本放送協会が申込みをしない者に対して承諾の意思表示を命ずる判決を求め，その判決の確定によって受信契約が成立するという判断を示した（最判平29・12・6民集71・10・1817）。

　(2)　承諾をする義務のある場合　　申込みがされると，承諾をしなければならない義務がある場合がある。

　　(a)　正当な理由がなければ拒むことができない場合　　たとえば，電気事業法18条1項，ガス事業法16条1項，医師法19条1項などがある。正当な理由なく承諾を拒んだ場合は，契約は成立せず，承諾義務者の不法行為が成立する。

　　(b)　一定の事由がなければ拒絶できず，承諾したものとみなされる場合　たとえば，**借地借家法**5条1項・13条1項・14条・26条1項・33条1項などがある。

　　(c)　協議して契約を締結する義務を負い，協議不成立の場合は，国家機関の裁定や決定によって契約が成立する場合（命令契約と呼ばれている）　　たとえば，**農地法**39条1項，鉱業法93条などがある。

２ 契約の内容の自由とその制限

　どのような内容の契約を結ぶことも自由である。改正民法521条2項は，「契約の当事者は，法令の制限内において，契約の内容を自由に決定することができる」と規定をしている。

　そして，特別に，契約の内容の自由に対して制限を加える法令としては，次のような例がある。

　(1)　法によって一定の内容の契約を無効とする場合　　たとえば，**利息制限法**1条などがある。

　(2)　契約の内容を国家的監督によって認可させる場合　　とくに**約款**について，不当な内容とならないように，法律が直接それを矯正しようとしている（普通保険約款について，保険7・12条・94条；運送約款について，道運11条1項・航空

106 条 1 項・海運 9 条 1 項；寄託約款について，倉庫業 8 条 1 項；供給規定について，電気事業 19 条 1 項・水道 14 条 1 項・ガス 17 条 1 項）。

約款とは，企業と契約するにあたり，企業から示される証書や証券に不動文字によって印刷されるか，別紙として添付されるものである。

相手方である消費者大衆は，契約を締結するにあたり，一括的にその契約条項を承諾して契約を締結するか，拒否して契約締結をしないかのいずれしかなく，約款の個々の条項について協議するというような余地はない。また，約款はその内容が膨大で複雑であるため，契約締結者は，約款の内容をよく知らず契約を締結せざるを得ず，そのため，約款をめぐって争いが生じることもある。そして，そもそも，どのような根拠から，約款に拘束力が生じるのかということが問題となる。

そこで，改正民法 548 条の 2 第 1 項は，定型約款の個別の条項についても合意をしたものとみなすことによって契約は成立するとしている。定型約款とは，定型取引（ある特定の者が不特定多数の者を相手方として行う取引であって，その内容の全部または一部が画一的であることがその双方にとって合理的なものをいう）において，契約の内容とすることを目的としてその特定の者により準備された条項の総体をいう（改正民 548 条の 2 第 1 項参照）。さらに，定型約款の内容の表示や変更について規定を定め，約款利用者にとっても分かり易くするための試みをしている（改正民 548 条の 2 第 2 項・548 条の 3 第 1 項・2 項参照）。

(3) 事情変更の原則　契約が締結された後に，当事者が予測をしていなかった急激な経済変動が起こり，そのために契約の内容を実現させることが，信義に反するようになった時には，**事情変更の原則**により，当事者の一方が，契約を解除したり，契約の内容を変動に適応させるために変更することができるとされている。しかし，この原則の適用を安易に認めることは，契約の遵守の原則に反することになるので，その適用は慎重でなければならない。

(4) 公序良俗違反　契約の内容も自由ではあるが，ただ，契約の内容が**公序良俗違反**であると，契約は無効である（改正民 90 条参照）。

③ 契約の方式の自由とその制限

　契約は意思の合致によって成立し，特別の方式は必要としないのが原則である。改正民法522条第2項は，「契約の成立には，法令に特別の定めがある場合を除き，書面の作成その他の方式を具備することを要しない」としている。

　特別に，契約の方式の自由に制限を課している法令としては，手形法2条1項，小切手法2条1項，労働組合法14条，農地法21条などがある。

3　契約の種類

① 双務契約・片務契約

　双務契約とは，契約当事者の双方が互いに義務を負い合う契約（売買・交換・賃貸借・雇用・請負・有償委任・有償寄託・組合・和解など）であり，契約当事者の一方のみが義務を負う契約は**片務契約**（消費貸借・贈与・無償委任・無償寄託など）である。双務契約には，**同時履行の抗弁権**（改正民533条）・**危険負担**（改正民536条）についての規定が適用される。

② 有償契約・無償契約

　契約当事者が対価的意義を有する出捐をしなければならない契約を**有償契約**といい，そのような対価的意義を有する出捐をしない契約を**無償契約**と呼んでいる。有償契約には，売買の規定が準用される（民559条参照）。

　双務契約は有償契約でもあるが，有償契約は必ずしも双務契約であるというわけではない。利息付消費貸借は有償契約であるが片務契約である。

③ 諾成契約・要物契約

　当事者の意思表示の合致だけで成立する契約を**諾成契約**（売買・賃貸借・雇用など），当事者の意思の合致の他に物の給付や占有の移転などの具体的事物が伴って初めて成立する契約を**要物契約**（民587条の消費貸借・改正前民593条の使用貸借・改正前民657条の寄託など）と呼んでいる。

4 要式契約・不要式契約

契約が成立するためには方式を踏まなければならない契約があり，それを**要式契約**と呼び，とくに方式の必要のない契約を**不要式契約**と呼んでいる。**保証契約**は，書面という方式を取らなければならない（民446条2項参照）。**定期建物賃貸借契約**は，**公正証書**による等書面によって行わなければならない（借地借家38条1項参照）。

契約以外の行為においても，要式の場合がある。法人の設立や遺言は要式行為である。婚姻（民739条参照）や縁組（民800条参照）のような身分行為には要式行為が多く見られる。

5 有名（典型）契約・無名（非典型）契約・混合契約

民法典には，取引社会の中でしばしば典型的に見ることのできる契約が13種類選ばれ，名前が付され，規定されているが，この13種類の契約は**有名契約**（典型契約）と呼ばれている。

取引社会には，民法典に取り上げられた13種類の契約以外にも多くの契約が存在するはずである（出版契約・旅館宿泊契約・リース契約等々）。このような契約は**無名契約**（非典型契約）と呼ばれている。

1つの有名契約が他の有名契約や無名契約と混合したような契約も見られる。そのような契約は混合契約と呼ばれている。

6 一回的給付契約と継続的給付契約

一回の給付によってが終了する契約を**一回的給付契約**と呼び，契約期間中継続的に給付をすることを目的とする契約を**継続的給付契約**という。贈与や売買などは一回的給付契約であることが多く，賃貸借や雇用などは継続的給付契約である。

一回的給付契約は解除によって，契約成立時まで遡及して消滅する。継続的給付契約は解除（告知）によって，解除（告知）時から将来に向かって消滅する。

付合契約と非付合契約

約款に基づく契約のように，契約を結ぶためには，一方当事者があらかじめ
定めた契約条項に，他方当事者が包括的に承認せざるを得ない契約は**付合契約**
と呼ばれている。両当事者が自由に話し合って内容を決定できる契約は**非付合
契約**と呼ばれている。

4 契約の効果の及ぶ範囲

１ 人 的 効 果

契約の効果は，契約の当事者の間で生じるのが原則である。しかし，例外的
に，**第三者のためにする契約**（民537条1項参照）においても見られるように，
契約の当事者以外の第三者に契約の効果が及ぶ場合もある。なお，代理におい
ては，契約締結のために代理人が行為をするが，締結された契約の効果は本人
に帰属するのであり，本人が契約の当事者である。

同一物について二重に売買契約が結ばれたような場合には，2つの売買契約
の優劣関係を決めなければならない。優劣関係は，登記（民177条参照）や引渡
し（民176条参照）や通知（改正民467条1項参照）などの対抗要件によって決めら
れることになり，契約当事者外の第三者にも影響を与える。

２ 時 間 的 効 果

契約の効果は，契約が成立し，終了するまで及ぶのが原則である。しかし，
取引社会においては，契約が成立する前であっても，契約締結のための交渉を
している段階において，誠実な行為をすることが求められているとして，不誠
実な行為によって，契約が成立せず，損害も生じたような場合には，「契約準
備段階における信義則上の注意義務違反を理由とする損害賠償責任」が肯定さ
れる（最判昭59・9・18判時1137・51，判タ542・200，最判平18・9・4集民221・63，最
判平19・2・27集民223・343）。

また，契約締結前に滅失していた物について売買契約を締結しても，原始的
不能として，契約は無効となる。しかし，場合によっては，売主が物の滅失を

過失によって気が付かず，そのため，契約が無効となり，相手方が損害を被ったというような場合には，**契約締結上の過失**として，損害賠償義務が発生すると言われている。

　同じように，当事者の一方の過失のために合意を得ることができず契約は成立せず，あるいは，契約が成立しても合意解除をしなければならないこと（福岡高判昭 47・1・17 判時 671・49 参照）により，相手方が損害を受けた場合にも，損害賠償義務が発生すると言われている。この場合の損害賠償義務は，契約が成立していないので，不法行為責任と解されており，また，契約が成立したとして信頼していたことから生じた損害であるので，その賠償は，信頼利益が賠償されると解されている。ただし，この分野においては，現在では，多様な議論が行われている。

　契約が終了すれば，契約の効力もなくなり，当事者にも義務は消えることになる。しかし，たとえば，委任契約においては，委任が終了しても，場合によっては，受任者は委任者のために事務処理をしなければならないことがある（民 654 条参照）。このように，契約は終了しても，他方当事者の利益を守るために，当事者に契約上の義務が残ることがあり得るということを，**契約の余後効**と呼んでいる。契約の余後効は，委任契約以外にも，一般的に，認められるべきではないかという議論も行われている。

3 ｜ 契 約 の 成 立

1　契約成立の要件

1　要　　　件

　契約が成立するためには，意思の合致が必要である。要物契約や要式契約は，成立のためには，さらに特別の要件（物を引き渡すとか要式を整えるなど）が必要であるが，諾成契約はこの意思の合致のみによって成立する。

　この意思の合致は，一方が意思表示をし，これに対して他方が，その意思表

示を受け入れる意思を表示する（同意する）ことによってされる。前者の意思表示を申込みといい，後者の意思表示を承諾という。

　以上のことを明らかにするために，改正民法522条1項は，「契約は，契約の内容を示してその締結を申し入れる意思表示（以下「申込み」という。）に対して相手方が承諾をしたときに成立する」と規定している。

　契約の締結に際しては契約書が作成されることが多いが，契約書は契約の成立とその内容を確定するものであり，諾成契約においては，契約書の作成は契約成立のための要件ではない。なお，当事者間で，契約書が作成されない限り契約は成立しないという合意がある場合には，その合意に従って，契約書が作成されない限り，契約は成立しない。

② 契約の特殊な成立

　契約は申込みと承諾の合致によって成立するが，ある場合には，そのような原則と異なる形ではあるが，契約が成立したと扱われる場合がある。

　(1)　交差申込み　　相対する申込みによって契約は成立する場合があるとされている。たとえば，ある特定の物について，一方が「買わないか」という申込みを行い，他方が，「売らないか」という申込みをした場合，当事者間においては，申込みのみで承諾はない。しかし，客観的には，その物について売りたいという意思と買いたいという意思の合致があるとして，学説は，このような場合に，後の申込みがされたことにより，契約の成立を認める。これを，**交差申込み**により契約は成立したという。なお，この場合，契約成立の時期は，改正民法522条1項の適用はなく，改正民法97条1項により，後の申込みの意思表示が相手方に到達した時である。

　(2)　意思の実現　　申込みに対して，承諾の意思表示がされてはいないが，承諾したと解されるような行為を申込みを受けた側（申込受領者）が行った場合，そのような行為によって契約が成立したと解される場合がある。これを，**意思の実現**による契約の成立と呼ぶ。一方が，物を送り付けた上で，買わないかと申し込んだのに対して，他方は承諾の意思表示はしないが，その物を使用

し始める場合などがその例である。民法は，申込者の意思表示または取引上の慣習により，承諾の通知を必要としない場合には，契約は，承諾の意思表示と認めるべき事実があった時に成立することを認める（改正民527条参照）。

2 申 込 み

1 序

　申込みとは，承諾と合わさって契約を成立させる意思表示である。申込者は，申込みの時に明らかに示されることもあるが，明らかでない場合もありうる。自動販売機の設置は売買の申込みと解されるが，申込者が誰であるかは明確には示されていない。また，申込みは，特定の者に向ってされる場合と，公告として，一般公衆に向けてされる場合とがある。後者の例としては，後述する**懸賞広告**がある。

2 申込みと申込みの誘引

　申込みは承諾があれば契約を成立させるものであるだけに，申込みの意思表示には，契約の主要な内容を決定させる事項が確定的に示されていなければならない。

　申込みと**申込みの誘引**とは区別されなければならない。申込みにおいては，承諾によって契約が成立し，当事者は契約から生じる義務に拘束される。これに対して，申込みの誘引とは申込みをさせようとして誘う行為であり，誘引に応じた相手方の行為が申込みであり，申込誘引者が申込者の人物などを見た上で承諾をするまでは契約は成立しない。

3 申込みの効力発生の時期

　意思表示は，その通知が相手方に到達した時からその効力を生ずる（改正民97条1項）。相手方が正当な理由なく意思表示の通知が到達することを妨げたときは，その通知は，通常到達すべきであった時に到達したものとみなす（改正民97条2項）。意思表示は，表意者が通知を発した後に死亡し，意思能力を喪

失し，または行為能力の制限を受けたときであっても，そのためにその効力を妨げられない（改正民97条3項）。

　しかし，申込者が申込みの通知を発した後に死亡し，意思能力を有しない常況にある者となり，又は行為能力の制限を受けた場合において，申込者がその事実が生じたとすればその申込みは効力を有しない旨の意思を表示していたとき，又はその相手方が承諾の通知を発するまでにその事実が生じたことを知ったときは，その申込みは，その効力を有しない（改正民526条参照）とされている。

　そこで，申込者が申込みの通知を発するときに，到達までに死亡したり行為能力の制限を受けることになった場合には，申込みは効力を有しないという意思表示をしていた場合，又は，相手方が承諾の通知を発するまでに，申込者が死亡したことや行為能力の制限を受けたことを知った場合は，その申込みの効力は有しないが，申込者がそのような意思表示をせず，相手方も，申込者が死亡したことや行為能力の制限を受けたことを知らなかった場合には，到達までに死亡したり行為能力の制限を受けることになった申込者の申込みは効力を有するということになる。

　申込みの到達後に，申込者が死亡したり行為能力を喪失したとしても，申込みの効力は有効に存続することはいうまでもない。

④　申込みの拘束力

　申込みは相手方のある行為であるので，申込者が自由に申込みを撤回できるとすると，承諾をするか否かについて考慮している相手方にとっては困ることになる。そこで，民法は，申込みに拘束力を与え，申込者が勝手に撤回することを防いでいる。

　改正民法523条1項は，「承諾の期間を定めてした申込みは，撤回することができない。ただし，申込者が撤回する権利を留保したときは、この限りでない。」と規定する。

　また，改正民法525条1項は，「承諾の期間を定めないでした申込みは，申込者が承諾の通知を受けるのに相当な期間を経過するまでは，撤回することが

できない。ただし，申込者が撤回をする権利を留保したときは，この限りでない。」と規定する。

5 申込みの承諾適格

　申込みに対して，いつまでであれば有効に承諾できるかということを，**申込みの承諾適格**という。承諾適格のある間に承諾がされれば契約は成立することになる。

　(1)　承諾期間を定めた申込み　　承諾期間を定めた申込み（改正民523条1項参照）については，その期間内において申込みは承諾適格を有することになり，「申込者が前項の申込みに対して同項の期間内に承諾の通知を受けなかったときは，その申込みは，その効力を失う（改正民523条2項）。」と規定する。申込者は，その期間内に承諾の通知を受けなければならない。

　(2)　承諾機関の定めがない申込み　　承諾期間の定めのない申込みについては，「申込者が承諾の通知を受けるのに相当な期間を経過するまで（改正民525条1項）」に，承諾の通知がされなければならない。

　なお，商法には，申込みを受けた者が相当の期間内に承諾の通知を発しないときは申込みはその効力を失うとする規定がある（商508条1項）。

　(3)　対話者間の申込み　　対話者間においては，承諾期間を定めない申込みに対して相手方が直ちに承諾しない限り申込みの承諾適格は失われると解する説（大判明39・11・2民録12・1413は，5歳10ヶ月の幼児に対して贈与の申込みを行い，その後になって，幼児の代理人が履行を請求した事案において，これは承諾期間を定めない対話者に対する申込みであるとして，この場合は，特別な事情のない限り，直ちに承諾すべきであるとして，申込み当時その幼児は意思無能力者であったことから，その時点で，直ちに契約は不成立に終わっているとした。）と，対話者関係の終了によって承諾適格が失われると解する説とがあった。

　改正民法525条2項は，後の説を取り，「対話者に対してした前項の（承諾の機関の定めのない）申込みは，同項の規定にかかわらず，その対話が継続している間は，いつでも撤回することができる」と規定する。そして，改正民法

17

525条3項は,「対話者に対してした第1項の申込み(承諾の期間を定めた申込み)」に対して対話が継続している間に申込者が承諾の通知を受けなかったときは,その申込みは,その効力を失う。ただし,申込者が対話の終了後もその申込みが効力を失わない旨を表示したときは,この限りでない。」と規定する。

6 申込撤回

承諾期間を定めない申込みであっても,申込みの拘束力がある相当期間が経過すれば,申込者は申込みを撤回することができる。申込みの撤回後に承諾がされても契約は成立しない。

7 申込みに対する拒絶

申込みに対して相手方がその申込みを拒絶すれば,それによって申込みは承諾適格を失う。その後に,相手方が承諾しても契約は成立しない。

3 承 諾

1 序

申込受領者が,申込みを受け入れ,それに同意をする意思表示を承諾という。これによって,契約は成立することになる。承諾が有効であるためには,申込みが効力を生じていることが必要であり,申込みを受けた者が承諾をしなければならない。

2 承諾の方式

承諾の方式は自由である。申込者が承諾の方式を指定したような場合にはそれに従って承諾をすることになる。

申込みがあったとしても,申込受領者は返答しなければならないものではない。申込受領者が返答をせず放置をしていたとしても,前述のように,事実上の承諾が認められるような場合(改正民527条参照)でない限り,承諾となることはない(特定商取引59条[**ネガティブオプション**,送りつけ商法]参照)。

③ 承諾の効力発生時期

改正民法522条1項は，申込みに対して相手方が承諾をしたときに契約は成立するとしているが，改正前民法526条1項は削除されたので，承諾の効力発生時期は，不明確になっている。しかし，承諾の期間を定めて申込みがされた場合には，その期間内に承諾の通知を受けなければならない（改正民523条2項参照）。また，申込者の意思表示または取引上の慣習により承諾の通知を必要としない場合には，契約は，承諾の意思表示と認めるべき事実があった時に成立する（改正民527条）。

なお，商法には特別規定があり，商法509条1項は，商人が平常取引をする者からその営業の部類に属する契約の申込みを受けたときは，遅滞なく，契約の申込みに対する諾否の通知を発しなければならないと規定し，同条2項は，商人が前項の通知を発することを怠ったときは，その商人は，同項の契約の申込みを承諾したものとみなすと規定している。商法においては，民法に比較して，契約がより迅速に成立するようになっている。

 Topics

承諾についての発信主義を明示していた規定などの削除

改正前民法526条1項は，「隔地者間の契約は，承諾の通知を発した時に成立する。」と規定しており，承諾について発信主義を取っていた。

そのため，たとえば，承諾の通知の到達が遅れたような場合には，相手方（申込者）は，承諾の到達がないので，契約は成立しているとは思っていないが，実は，承諾の通知が発信され，契約は成立していたということが起りうる。

改正前民法においては，申込者がこのような事態に対処すべきであるとして，複雑な規定（改正前民522条）が設けられていた。また，申込みの拘束力が消えた後に申込者が申込みを撤回したところ，その撤回通知の到達が遅れ，その間に，承諾の通知が発せられたような場合に生じる問題の解決のために，承諾者が行動しなければならないとする複雑な規定（改正前民527条）があった。

改正においては，改正前民法526条1項，同522条，同527条は，端的に，削除された。

④ 承諾の意思表示の不到達と契約の成立

発信された承諾が何かの事情で到達しなかった場合は，契約が成立するかについて問題となる。次のように考えられている。

(1) 申込みに承諾期間が定められていた場合には，その期間内に承諾の通知を受けない以上契約は成立しない。

(2) 申込みに承諾期間が定められていない場合は，契約は成立すると解すべきか否かをめぐって見解が分かれる。承諾の意思表示を発信した承諾者は契約の成立を主張し，承諾の意思表示の発信を知らない申込者は契約の不成立を主張することになる。

(a) 解除条件によって説明する説　　まず，承諾の発信主義は承諾の不到達の場合にも及ぶという立場があり得る。この立場からは，承諾の意思表示が発信されている以上，契約の成立は認められるということになる。このような理論構成においては，申込みに承諾期間が定められていたが，その期間内に承諾の通知が届かなかった場合には，承諾の意思表示の発信により契約は成立するが，期間内の不到達によって，成立したとされた契約は遡及的に成立しなかったと解釈されることになる。解除条件によって説明をする。

(b) 停止条件によって説明する説　　これに対して，承諾の意思表示は，発信の時に，到達を停止条件として成立し，到達によってその効力は承諾の発信の時に遡って発生するという理論構成においては，承諾の不到達の場合は契約は成立しないことになる。

⑤ 変更を加えた承諾

承諾の内容は申込みの内容と一致していなければならない。承諾者が申込みに条件を付したり，その他変更を加えて承諾したときは，その申込みを拒絶したことになるとともに，新たな申込みを行ったものとみなされる（民528条）。

⑥ 遅延した承諾

承諾は申込みに承諾適格のある期間にされなければならない。承諾の期間が

過ぎれば申込みは承諾適格を失い，承諾がされても契約は成立しない。しかし，民法は，遅延した承諾を申込者は新たな申込みとみなすことができるとしている（改正民 524 条）。したがって，申込者が承諾をすると契約は成立することになる。

7 競争締結

競売や入札のように，一方当事者に競争させ，その中で最も有利な条件を示した者と契約を結ぶという方法を**競争締結**という。**競売**においては，競争者が互いの条件を知ることができ，これに対して，**入札**においては，互いの条件を知ることができない。競売には，競り上げて行く方法と，競り下げて行く方法とがある。

4 懸賞広告

ある行為をした者に一定の報酬を与える旨の意思を，広告によって不特定多数の者に伝えることを，懸賞広告という（改正民 529 条参照）。一定の行為をした者のうち，優等者にのみ報酬を与える旨の懸賞広告を**優等懸賞広告**という（民 532 条 1 項参照）。

1 懸賞広告

(1) 性質　懸賞広告者は，定めた行為をした者に対して報酬を支払う義務を負うことになる。この義務を，契約から説明する説と，一種の表示責任として単独行為から生ずると説明する説とがある。前者によれば，懸賞広告を申込みと解し，定められた行為をすることを承諾と解することになる。したがって，承諾といえるためには，行為者は申込みのあったことを知り，それに応ずる意思がなければならず，ある行為が偶然に懸賞広告と一致していたというだけでは承諾とはいえず，したがって，契約が成立したとはいえないので，報酬支払義務は生じないという解釈になる。これに対して，後者によれば，懸賞広告を出したことによって，報酬支払義務が生じ，ただ定めた行為がされることが停

止条件となるだけであり，それ以上，行為者の意思は問題とならない。

　民法は，契約の総則に懸賞広告を規定しているので，前者の立場に立っているように見えるが，改正民法529条は，懸賞広告者は，「その行為をした者がその広告を知っていたかどうかにかかわらず，その者に対してその報酬を与える義務を負う」と規定しており後者の立場に立っている。

　(2)　懸賞広告の撤回　　懸賞広告者は，その指定した行為をする期間を定めてした広告を撤回することができない（改正民529条の2第1項本文）。ただし，その広告において撤回をする権利を留保したときはこの限りでない（同条同項ただし書）。前項の広告は，その期間内に指定した行為を完了する者がないときは，その効力を失う（同条第2項）。

　懸賞広告者は，その指定した行為を完了する者がない間は，その指定した行為をする期間を定めないでした広告を撤回することができる（改正民529条の3本文）。ただし，その広告中に撤回をしない旨を表示したときは，この限りでない（同条ただし書）。

　(3)　懸賞広告の撤回の方法　　前の広告と同一の方法による広告の撤回は，これを知らない者に対しても，その効力を有する（改正民530条1項）。広告の撤回は，前の広告と異なる方法によってもすることができる（同条2項本文）。ただし，その撤回は，これを知った者に対してのみ，その効力を有する（同条同項ただし書）。

　(4)　報酬受領権者　　指定行為をした者が報酬請求権を取得することになるが，指定行為をした者が数人あるときは，最初にその行為をした者のみが報酬を受ける権利を有する（民531条1項）。

　数人が同時に指定行為を行った場合には，各平等の割合で報酬を受ける権利を有する（民531条2項本文）。ただし，報酬がその性質上分割に適しないとき，または広告において1人のみがこれを受けるものとしたときは，抽選でこれを受ける者を定める（民531条2項ただし書）。もちろん，これと異なる意思を広告中に表示したときは，その意思によって報酬受領者が決まる（民531条3項）。

2　優等懸賞広告

(1)　性質　　優等懸賞広告とは，広告で定めた行為をした者が数人いる場合に，優等者のみに報酬を与える懸賞広告をいう（民532条1項）。優等懸賞広告の場合には，広告に応募期間を定めなければ，その効力は生じない（民532条1項）。

(2)　判定　　優等懸賞広告の場合において，応募者の中で誰の行為が優等であるかは，広告の中で定めた者が判定する（民532条2項前段）。もし，広告の中に，判定者を定めなかったときは，懸賞広告者が判定する（民532条2項後段）。応募者はこれらの判定に対して異議を述べることができない（民532条3項）。

数人が同時に指定行為を行った場合には，各平等の割合で報酬を受ける権利を有する（民532条4項・531条2項本文）。ただし，報酬がその性質上分割に適しないとき，または広告において1人のみがこれを受けるものとしたときは抽選によって報酬を受ける者を定める（民532条4項・民531条2項ただし書）。

(3)　撤回　　応募期間内は撤回できない（民532条1項・民530条3項）。

┃4┃　契約の効力

　成立した契約が有する効果のうち，民法は，双務契約に特有な効果として，同時履行の抗弁権と危険負担について規定をし，さらに，第三者のためにする契約や契約の解除について規定している。

1　双務契約の効果

1　序

　双務契約とは，すでに述べたように，契約の両当事者が互いに債務を負う契約であり，売買契約がその代表的なものである。

　双務契約には特別な性質がある。契約の成立の段階においては，一方の債務が不能により成立しなかった場合には他方の債務も成立しないという性質（双務契約の債務の**成立上の牽連関係**）がある。契約成立後においては，一方の債務が履行されない間は他方の債務も履行されないという性質（**履行上の牽連関係**）

があり（**同時履行の抗弁権**），また，契約成立後に一方の債務が不能となった場合には他方債務も不能となるという性質（**存続上の牽連関係**）がある（**危険負担**の問題）。

② 同時履行の抗弁権

（1）　序　　改正民法533条は，「双務契約の当事者の一方は，相手方がその債務の履行（債務の履行に代わる損害賠償の債務の履行を含む。）を提供するまでは，自己の債務の履行を拒むことができる。ただし，相手方の債務が弁済期にないときは，この限りでない。」と規定している。このように，相手方が債務の履行の提供をするまで自己の債務の履行を拒むことのできる権限を同時履行の抗弁権と呼んでいる。このような権限は，双務契約の合意に根拠がある。しかし，通説は，公平の観念に基づくと説明している。この差異は，同時履行の抗弁権の類推適用の可否に関連してくる。通説は，類推適用の範囲が広くなる。しかし，「公平の理念」という概念は漠然としており，類推適用の認められる範囲が不明確である。

（2）　成立要件　　同時履行の抗弁権が成立するためには，(a)双務契約から互いに生じた対価的意義のある債務であること，(b)相手方の債務が履行弁済期に来ていること，(c)相手方が**債務の履行**または**履行の提供**をしないことが必要である。

　　(a)　双務契約から互いに生じた対価的意義のある債務であること　　動産の売買においては，物の引渡義務と代金支払義務とが同時履行の抗弁権を主張する関係にあることは明らかであるが，不動産の売買においては，売主は，物の引渡し義務と登記移転義務とを負うので，代金支払義務を負う買主は，売主のいずれの義務に対して同時履行の抗弁権を主張できるのかが問題となる。判決は，売主が登記移転に協力すれば，もはや買主は引渡しのないことを理由に同時履行の抗弁権を主張できないとしている（大判大7・8・14民録24・1650）。

　　双務契約から互いに生じた対価的意義のある債務であれば，その債務が引き受けられたり，その債権が譲渡されたとしても債務の同一性は保たれ，同時履

行の抗弁権は存続する。

(b) **相手方の債務が弁済期に来ていること**　　同時履行の抗弁権が認められるためには，相手方債務が弁済期になければならない（改正民533条ただし書参照）。自身の債務が先に弁済期が来る（先履行義務）場合は，同時履行の抗弁権は主張できない。先履行義務を負う場合には，相手方の財産状態が悪化して反対債務の履行ができなくなる可能性のある場合には，反対債務の金額に相当する担保の提供などの保証を得ない限り先履行を拒むことができる（これを，**不安の抗弁権**という）とする見解もある。

また，関連して，先履行義務を負う者が，その義務を果たさない間に相手方の債務も履行期に達した場合，先履行義務者は同時履行の抗弁権を主張できるかという問題がある（肯定する説が多いようである）。

(c) **相手方が債務の履行または履行の提供をしないこと**　　相手方が債務を履行すればもちろんのこと，相手方が履行の提供（債務を履行できる状態を債務者が作り出すこと）をすれば，同時履行の抗弁権は主張できない。

履行または履行の提供は債務の本旨に従っていなければならない。したがって，不完全な履行や一部の履行では，相手方は同時履行の抗弁権を主張できる。ただ，給付が可分である場合には，未履行の部分に相当するだけの債務の履行を拒絶できるだけである。主たる給付はされたが，従たる給付については給付がされていないような場合には，同時履行の抗弁権は主張できなくなるということもあり得る。(a)で挙げた判決（前掲大判大7・8・14）においては，登記移転が主たる給付で，物の引渡義務が従たる給付ということになると説明する学説もある。

履行の提供の後，その提供を継続しないと，同時履行の抗弁権は再び生じる（最判昭34・5・14民集13・5・609）。これは，履行の提供をしたが，その後，履行の提供を止め，さらに，債務の履行ができないほどに資力が悪化したような場合がありうるので，このような場合に，同時履行の抗弁権を有さないとすると，双務契約の性質である交換の合意に反すると解されるからである。

(3)　**効果**　　(a) **債務履行の延期的拒絶**　　債務者が，同時履行の抗弁権を

主張すると，自己の債務の履行を延期的に拒むことができる。自己の債務が永久的に消滅するわけではない。

　したがって，判決においても，同時履行の抗弁権が認められる場合には，原告の履行請求全部を排斥することなく，被告に対し原告の債務履行を条件として交換的に債務の履行をすべき旨の判決がなされる（大判大7・4・15民録24・687）。

　延期的に拒絶できるのは，債務の履行としての給付である。しかし，判例によると，**建物買取請求権**（借地借家13条参照）が行使された場合は，借地人は，同時履行の抗弁権によって建物の引渡しを拒絶しうるから，敷地の引渡しをも拒絶することができ，敷地を使用し続けることができる（大判昭11・5・26民集15・998，大判昭18・2・18民集22・91，最判昭35・9・20民集14・11・2227）。なお，前掲判決（最判昭35・9・20）は，敷地の使用については，賃料相当の不当利得が生じるとしている。

　(b)　履行遅滞責任からの免除　　同時履行の抗弁権を有すると，債務の履行期が過ぎても，履行しないことに理由があるので，履行遅滞の責任を負うことはなく，解除されたり，損害賠償を請求されたりすることはない。

　(c)　相殺からの回避　　同時履行の抗弁権の付着している債権を，自働債権として相殺をすること（たとえば，売主が，売った物の引渡しをすることなく，代金債権で買主に対して負っていた借入金債務と相殺を主張するようなこと）はできない。これを認めると，債権の実現を求めていた相手方の利益が害されることになるからである。

Case

同時履行の抗弁権と相殺

　家屋の賃貸借契約の終了に際して，賃借人が造作買取請求権を行使した場合について，判決は，造作代金支払債務は双務契約に基づくものではないが，造作の移転義務と対価的関係に立つものであり，あたかも売買による代金支払債務が財産権移転の債務と対価的関係に立つと同様であるので，造作買取義務者である賃貸人は，買取請求権者である賃借人より造作の引渡しがあるまで代金の支払いを拒み得る同時履行の抗弁権を有すると解するのが正当とすべきであるとした。そして，判決は，賃貸人の同時履行の抗弁権

は，相手方である賃借人の一方的な相殺の意思表示により消滅させられるべき理由はないので，賃借人が造作買取請求権を行使できる場合においても，造作買取請求により生じた代金債権によって賃貸人の賃借人に対して有する賃料その他の債権と相殺することはできず，賃借人が相殺をするためには，造作の引渡義務について，履行の提供をしなければならないとしている（大判昭13・3・1民集17・318［家屋明渡等請求事件］）。

(4) 同時履行の抗弁権の適用範囲の拡張（非双務契約への適用） 同時履行の抗弁権が認められる趣旨は，当事者間の公平・合理的意思の推測に基づくものであるという理解から，このような配慮が必要であると思われる場合には，同時履行の抗弁権ないしは類似した引換給付関係を認めるべきであるといわれている。

(a) 法律による準用 法律の規定によって，同時履行の抗弁権が非双務契約関係に準用されている場合がある（民546条・571条・634条・692条・553条など）。

(b) 解釈による拡張 次のような場合には，同時履行の抗弁権が準用されるかについて，議論がある。判決が同時履行の抗弁権の準用を否定する場合でも，学説には，準用を認めるべきであるとする説が多く見られる。

(ｱ) 判決においては，契約の無効・取消し・解除（最判昭28・6・16民集7・6・629，最判昭47・9・7民集26・7・1327，大判昭4・7・6評論19民174）により，双方が負う原状回復義務の間には，同時履行の抗弁権が準用される。

(ｲ) 判決は，前述のように，建物買取請求権（前掲大判昭11・5・26，前掲大判昭18・2・18，前掲最判昭35・9・20）が行使された場合には，代金の支払いと土地の明渡しとの間に同時履行の抗弁権の準用を認める。

しかし，判決は，**造作物買取請求権**（大判昭7・9・30民集11・1859，最判昭29・7・22民集8・7・1425）の場合には，造作代金の支払いと建物の引渡しとの間に同時履行の抗弁権を準用することを否定する。

(ｳ) 判決は，立退料の支払いと明渡しとの間に同時履行の抗弁権の準用を認めている（最判昭38・3・1民集17・2・290，最判昭46・11・25民集25・8・1343）。しかし，判決は，後述されるように，敷金返還の場合には，同時履行の抗弁権の準用を否定している（最判昭49・9・2民集28・6・1152）。

(エ)　判決は，弁済と受取証書の交付との間に（大判昭16・3・1民集20・163），および，既存の借金債務の支払いと支払確保のために交付された小切手の返還との間に（最判昭33・6・3民集12・9・1287），同時履行の抗弁権の準用を認めている。

なお，債権証書については，全部の弁済をしたときに，その証書の返還を請求できるとされており（民487条参照），債権証書の返還と弁済は同時履行の関係には立たないことになる。

Topics ─────────────────────────

同時履行の抗弁権と留置権

相手方の債務の履行がない間，延期的抗弁権が生じる点において，同時履行の抗弁権と留置権は類似している。しかし，同時履行の抗弁権は双務契約の効力として認められるのであり，留置権は担保物権の一種として認められるので差異がある。

同時履行の抗弁権は双務契約に基づく相手方に対してしか主張できないが，留置権は留置物の返還を請求する何人に対しても対抗できる。留置権は他人の物について生じるが，同時履行の抗弁権は給付の内容が何であっても（給付の内容が物の引渡し以外の場合でも）生じる。また，留置権は代担保の提供によって消滅する（民301条）が，同時履行の抗弁権は代担保によっても消滅しない。同時履行の抗弁権は，相手方の履行程度によって割合的に消滅することがあり得るが，留置権は不可分性があり（民296条），全ての債務が弁済されるまで消滅しない。さらに，留置権には競売申立権がある（民執195条参照。ただし，議論がある）が，同時履行の抗弁権にはそれはない。

③　危　険　負　担

（1）意義　　双務契約においては，契約の両当事者が互いに債務を負う関係にあるが，この時，一方の債務が債務者の責めに帰すべき事由によることなく不能となり消滅した場合には，他方の債務は，同様に消滅するのかまたは存続するのかという問題が起こる（存続上の牽連関係）。これを，双務契約の危険負担の問題という。

危険負担の問題は，契約が成立し，債務が成立した後に，その債務が履行不能となる場合に生じる。このような不能を後発的不能と呼んでいる。これに対して，存在しない物について売買契約を締結したというような場合には，契約

が成立する前から物の引渡しは不能である。このような不能を原始的不能と呼んでいる。原始的不能の場合は，契約は成立しないと解されている。

危険負担の問題において，債務者および債権者の両当事者に帰責事由がなく，一方の債務が不能となった場合，他方債務も消滅するという原則を，**危険負担における債務者主義**という。この場合，不能となった債務の債務者は，自己が有する他方債権についても履行請求できなくなり，一方債務の不能から生じる損失を，不能となった債務の債務者が負うということになる。

これに対して，一方債務が履行不能となっても，他方債務は消滅しないという原則を，**危険負担における債権者主義**という。この場合は，不能となった債務の債務者は，自己が有する他方債権については履行請求でき，その結果，不能となった債務の債権者は，自己の債権の給付は得ることができないにもかかわらず，自己の債務は履行しなければならない結果となるので，一方債務の不能から生じる損失を，不能となった債務の債権者が負うことになる。

なお，以下において説明する危険負担に関する規定は，任意規定であり，取引の当事者による特約によって排除することができる。取引においては，あらかじめ危険負担について特別な取り決めをしておくことは多く見られる。

(2) 債務者主義　双務契約における当事者意思は，相手方が債務を負うので自分も債務を負うというのであるから，相手方の債務が不能となれば当然自身の債務も消滅し，反対給付の履行を拒むことができると考えるのが，当事者の意思である。したがって，双務契約においては，債務者主義が原則というこ

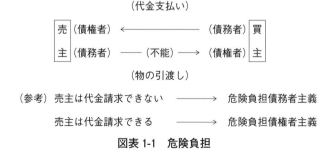

図表 1-1　危険負担

とになる（改正民536条1項参照）。

　なお，改正民法536条2項は，債権者の責めに帰すべき事由によって，履行ができなくなった場合を規定するが，危険負担は「当事者双方の責めに帰することができない事由によって債務を履行することができなくなったとき（改正民536条1項参照）」の問題であり，債権者に責めに帰すべき事由があれば，それによって生じる損失は当然債権者が負うことになる。したがって，債務者は反対給付を受ける権利を失わないのは当然であるが，債務者は自己の債務を免れたことによって免れた費用など（たとえば，履行費用など）は債権者に償還しなければならない（改正民536条2項後段参照）。具体例としては，特定物の売買において，引渡前に，買主（引渡債権者）が売主（引渡債務者）の所に来た際に，買主が過失によりその特定物を滅失してしまったような場合が考えられる。

　(3)　債権者主義　　理論としては，特定物が債務者の責めに帰することができない事由によって滅失し，または損傷したときは，その滅失または損傷は，債権者の負担に帰すという債権者主義もありうる。

　改正前民法534条は，特定物に関する物権の設定又は転移を双務契約の目的とした場合において，危険負担債権者主義を取っていた。しかし，学説は，一般的に，民法534条の債権者主義の規定には合理性がないとしていた。改正においては，改正前民法534条および同法535条は，削除された。

 Topics

停止条件付双務契約についての改正前民法535条の削除

　改正前民法535条は，改正によって，削除された。削除された改正前民法535条1項は，停止条件付双務契約の目的物が条件の成否が未定である間に滅失した場合には，債権者が危険を負担するという改正前民法534条の適用はないとしているが，停止条件付双務契約については，契約が効力を生じていないので，危険負担の適用はないはずであり，改正前から，疑問視されていた。同条2項についても，停止条件付双務契約の目的物が債務者の責めに帰すことができない事由によって「損傷」した場合に限って債権者の負担に帰するということについても，疑問視されていた。同条3項は，停止条件付双務契約の目的物が債務者の責めに帰すべき事由によって損傷したときは，債権者は，その選択に従い，契約の履行の請求または解除権の行使をすることができ

るとしているが，危険負担についての規定ではなく，この規定の存在について疑問視されていた。

2 第三者のためにする契約

1 序

　民法は，契約の効力として第三者のためにする契約を挙げている。契約の効力は，契約の締結の当事者間において発生することが原則的ではあるが，民法は，契約の効果が場合によっては，契約締結の当事者以外の間にも生じることを示すために，とくに，第三者のための契約について規定をしている。

　第三者のためにする契約が認められる根拠は，契約の当事者が第三者に契約から生じる権利を直接取得させたいという意思によって契約が締結されれば，契約自由の原則から，そのような契約に効力を認めることはできるはずであるということに求められる。また，第三者のためにする契約は，たとえば，運送契約や保険契約において見られるように，実際の取引においても必要な契約である。

　第三者のためにする契約の当事者は，**諾約者**（あるいは，単に債務者）と**要約者**と呼ばれる。諾約者は，第三者に対して直接給付義務を負う当事者であり，要約者は他方契約当事者である。この契約によって債権を取得する第三者を受益者と呼ぶ場合もある。

　第三者のためにする契約においては，三者の関係が生じ，そのうち，諾約者と要約者との関係を**補償関係**といい，要約者と第三者との関係を**対価関係**という。

　補償関係とは，諾約者が第三者に対して債務を負担するについては，その原因を諾約者は要約者との関係の中に持っているはずであり，この原因関係をいう。補償関係において，諾約者と要約者との間の契約の取消し等によって，原因がなくなったりすると，諾約者の第三者に対する給付義務も消滅するなど，補償関係は第三者の権利に影響を与えることになる。

第三者が給付請求権を取得する理由としては，第三者と要約者との間に何らかの原因があるはずであり，この関係を対価関係という。対価関係において原因が消滅したりなどしても，第三者に対する諾約者の給付義務には影響を与えない。したがって，第三者は，要約者との関係においては原因がないにもかかわらず，諾約者からの給付は受けることができることになる。そこで，給付を受けた第三者は要約者に対して不当利得の返還義務を負うことになる。

2　第三者のためにする契約の要件

　民法537条1項は，「契約により当事者の一方が第三者に対してある給付をすることを約したときは，その第三者は，債務者に対して直接にその給付を請求する権利を有する」と規定する。

（1）　要約者と諾約者との間の契約が契約一般の成立要件を充たしていること

　契約は，要約者と諾約者との名によって結ばれるのであって，契約当事者が第三者の代理人となるのではない。契約の成立要件は，すべて契約当事者において充たされていなければならない。第三者が契約から生じる債権を取得するという効果以外のすべての効果は，契約当事者間において生じる。

　なお，改正民法537条2項は，第三者のためにする契約について，「その成立の時に第三者が現に存しない場合又は第三者が特定していない場合であって

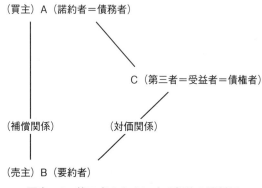

図表1-2　第三者のためにする契約の関係図

も，そのためにその効力を妨げられない」としている。

　裁判例としては，第三者は，契約締結時には現存しなくとも（成立前の法人［大判明 36・3・10 民録 9・299］など），あるいは，特定されていなくとも（廃家の再興者が確定していない場合［大判大 7・11・5 民録 24・2131］）よく，第三者が将来出現するであろうと予期した者をもって第三者とした場合でも，第三者のためにする契約は，有効に成立する（最判昭 37・6・26 民集 16・7・1397）とされている。

　(2)　給付請求権を第三者に直接に取得させる内容が契約に現われていること

　　このような内容が含まれているか否かについては，契約の解釈によることになるが，第三者に給付すべきことが単に契約の当事者の間の関係に留まるのか，あるいは，第三者が債権を取得し自己に給付すべきことを請求できるのかが，解釈の重要な点となる。契約の種類から，第三者に権利を直接取得させることが分かる場合もある（たとえば，弁済のためにする供託［改正民 494 条 1 項］，第三者のためにする保険契約［保険 42 条以下］など）が，解釈が難しい場合もある。

　第三者が直接権利（金銭債権）を取得するか，あるいは，取得しないかの差異としては，たとえば，第三者に金銭を給付する契約当事者（諾約者）が，第三者に対して金銭債権を有していた場合，権利（金銭債権）を取得する場合であると相殺をできるのに対して，権利（金銭債権）を取得しない場合であると相殺をすることができないことになる。

　判決は，送金契約は第三者のための契約ではないとしている（大判大 11・9・29 民集 1・557，最判昭 43・12・5 民集 22・13・2876）。また，判決は，銀行の了解を得て第三者の名義の預金を行い，他日第三者がその預金の返還を請求してきたときは銀行はそれに応じる旨の取り決めがあったときは第三者のためにする契約が成立しているとしている（大判昭 9・5・25 民集 13・829 参照）ので，第三者の預金口座への払込委託をすることだけでは，第三者のためにする契約が成立しているとはいえないということになる。

　(3)　第三者が利益を享受する意思を表示したこと　　改正民法 537 条 3 項は，第三者の権利は，その第三者が債務者に対してその契約の利益を享受する意思を表示をした時に発生すると規定する。この規定の趣旨は，第三者は利益であっ

たとしても，その意思に反して利益の享受を強制されるべきではないということにある。この享受の意思表示は，黙示でもよいと解されている。履行の請求の中にも利益享受の意思表示が認められ得る（大判大8・3・12民録25・481）。

　学説は，契約の当事者が，第三者の利益享受の意思表示を待つことなく，第三者に権利が直接生じる旨の合意をすることは可能であるとしている。この場合でも，第三者は自己の意思に反して利益享受することを強制されることはなく，第三者が利益享受を望まない場合には，自己に帰属する権利を放棄できると解されている。

　なお，生命保険契約において，判決は，「民法第537条第1項ハ……第三者ノ何等ノ意思表示ナクシテ之ヲシテ契約ト同時ニ当然権利ヲ取得セシムル趣旨ニ非ス」として，第三者が利益享受の意思表示をする前であれば，契約の内容について，第三者の承諾なしに，保険金受取人を変更できるとしている（大判大5・7・5民録22・1336）。

③ 第三者のためにする契約の効力

　(1)　第三者の権利　　(a)　契約から生じる権利の取得　　第三者は，諾約者と要約者との間の契約から直接権利を取得する（民537条1項）。この権利は債権であるのが普通であるが，必ずしもそれに限らない。諾約者と要約者の間で諾約者所有の土地の所有権を第三者に移転する旨の契約が締結された場合は，第三者は，債権だけではなく，当該土地の所有権（物権）を取得する（大判明41・9・22民録14・907）。

　第三者は，権利のみを取得するのであり，契約の当事者の地位を取得するのではないので，契約を取り消したり，解除したりすることはできない。要約者と諾約者との間の契約が虚偽表示で無効であったとしても，第三者が善意であったからといって，民法94条2項の第三者として保護されることはない。同じように，改正民法96条3項，民法545条1項ただし書の第三者として保護されることもない。

　また，法律行為の当事者の善意・悪意・過失の有無などの問題（改正民110条・

112条・117条・561条など）は，第三者（受益者）ではなく，要約者について考える。また，第三者（受益者）が，諾約者や要約者を欺いたときは，第三者の詐欺（改正民96条2項）として扱う。

　負担付きで第三者に権利を取得させることも妨げない。このような場合は，第三者は，負担を除いた権利のみについて受益の意思表示をすることはできない。

　契約の当事者は，第三者の受益の意思表示の後は，その権利を変更し，または消滅させることができない（改正民538条1項参照）。さらに，改正民法538条2項は，「前条の規定により第三者の権利が発生した後に，債務者がその第三者に対する債務を履行しない場合には，同条第1項の契約の相手方は，その第三者の承諾を得なければ，契約を解除することができない」と規定している。

　　(b)　諾約者による抗弁　　第三者の取得する権利は，諾約者と要約者との間の契約から生じたのであるから，第三者の権利行使に対しては，諾約者は，同時履行の抗弁権や詐欺・強迫による取消しなど，契約から生じる全ての権利を主張できる（民539条）。

　　(c)　第三者が享受の意思表示をする前の権利　　学説は，第三者が享受の意思表示をする前においても，享受の意思表示をしさえすれば権利を取得できるという法律上の地位を得るとし，一種の形成権を取得すると解している。そして，多くの説は，この権利は，一身専属権であり，相続や差押えや債権者代位権の対象とならないと解している。しかし，判決は，受益の意思表示をすることができる地位は，一種の形成権であり，債権者代位権の目的となるとしている（大判昭16・9・30民集20・1233）。

　この受益の意思表示をすることができる権利の存続期間は，契約で決められていればそれに従い，決められていない場合には，一般の債権の消滅時効（改正民166条1項の5年または10年）によることになる。受益の意思表示をすることができる権利の消滅時効は，第三者のためにする契約締結の時から進行する（大判昭18・4・16民集22・271）。

　　(2)　要約者の権利　　要約者は，諾約者に対して，契約から生じる権利につ

いて自己に履行せよと主張することはできないが，第三者に履行せよという請求はできる（大判大14・7・10民集4・623）。したがって，第三者の取得する権利については，第三者と要約者の両者が履行請求権を有することになる。

諾約者の債務不履行による損害賠償についても，諾約者は，第三者に対して賠償を行う。諾約者の債務不履行により，要約者にも損害が発生した場合には，要約者も損害賠償請求をすることができる。

第三者が享受の意思を表示した後は，要約者は，第三者の同意を得ない限り，解除権を行使できない（改正民538条2項参照）。

第三者が享受の意思を表示せず，権利を確定的に放棄した場合には，契約の趣旨によっては，要約者が別の第三者を指定することもあり，または，要約者に権利が帰属することになる場合もある。

3 契約上の地位の譲渡

改正により新設された改正民法539条の2は，「契約の当事者の一方が第三者との間で契約上の地位を譲渡する旨の合意をした場合において，その契約の相手方がその譲渡を承諾したときは，契約上の地位は，その第三者に移転する」と規定し**契約上の地位の譲渡**が民法上においても認められた。これまで，学説においては，契約上の地位が譲渡され得るということが説かれていた。

5 契約の解除

1 意　義

1 序

解除とは，契約の当事者が他方当事者に対して一方的な意思表示により，契約が最初からなかった状態に戻すことを言う。相手方が債務を履行しない場合にあくまでも相手方の履行を求める方法があるが，もう1つの方法として，相手方の債務の履行を求めず，その契約に見切りを付ける手段もある。この後者

の手段を与えるのが解除である。解除は，とくに双務契約においては，重要な機能を営むことになる。

　解除により，解除者は自己の債務から免れ，給付した物の返還請求が可能となる。さらに，民法は，債務不履行による解除の場合には，損害賠償の請求も認めている（改正民545条4項）。

② 類似する制度との異同

　解除について述べる前に，解除と類似した制度を取り上げ，説明をする。

　(1)　**失権約款**　　一定の事実が生ずると契約は当然に効力を失うという約款中の特約（たとえば，割賦販売契約において買主が一回でも割賦金の支払いを怠るとただちに売買は効力を失い目的物を返還するというような約束）を**失権約款**という。一種の解除条件である。この場合は，契約の効力の消滅が，一定の事実の発生によるのであり，解除が意思表示によるのとは異なる。

　(2)　**約定解除**　　契約を結ぶときに，「この契約は将来やめにすることができる」という趣旨の条項をいれておく場合がある。このような形で留保されている解除権が，約定解除権である（民540条1項参照）。手付の交付によって解除権を確保する場合もある（改正民557条1項参照）。

　(3)　**合意解除**　　契約の両当事者が合意によって，契約の効力を消滅させるのが合意解除である。解除が，契約の一方当事者の意思表示による点において異なる。

　(4)　**告知**　　継続的契約関係において，将来において契約の効力を消滅させることを，告知という。解除が契約を最初からなかったことにする点において告知と異なる。告知をすることができる権利を告知権といい，解除権と同様に一種の形成権である。告知権は法律に規定されている（民628条・607条・改正民611条2項・612条2項など）が，当事者の契約からも生じうる。

③ 解除権の発生

　解除は解除権を有する契約当事者の一方的意思表示によって行われるが，解

除権は，当事者が契約によって解除権を留保したことから生ずる場合と法律から生じる場合とがある（民540条1項参照）。前者を約定解除権といい，後者を**法定解除権**という。法定解除権は，民法においては，履行遅滞と履行不能の場合に生じる。

約定解除権の発生する要件は，契約の定めから生ずるので，その定めによる。約定解除権の行使の方法や行使した後の効果についても，契約に定めがあればそれにより，定めがない場合には，法定解除の場合が準用される。ただし，約定解除は，債務不履行とは無関係であるので，法定解除が債務不履行の場合に生ずる効果について（たとえば，損害賠償など）は準用されない。

以下は，法定解除について述べる。

2　法定解除権の発生する要件

法律の規定によって解除権が生じる場合を法定解除という。法定解除権には，ある契約についてのみ認められる特殊なもの（改正民566条・637条など）と，全ての契約において一般的に生じる解除権とがある。ここでは，後者の解除権として，**履行遅滞**および**履行不能**による解除権と，民法には規定がないが，**不完全履行**による解除権・事情変更による解除権を取り上げる。

1　履行遅滞による解除

履行遅滞による解除においては，定期行為であるか否かによって要件に違いがある。

（1）通常の契約の場合　（a）遅滞について債務者に責めに帰すべき事由があること　遅滞とは，履行が可能であるにもかかわらず，履行がないこと，少なくとも，履行の提供がないこと，である。そして，法定解除は債務不履行を理由とするものであるから，履行の遅滞は債務者の責めに帰すべき事由によるものでなければならない。このことは民法の規定には明確ではないが（民541条），学説は解釈として認める。また，同じように，債務者自身の故意・過失のみならず**履行補助者**の故意・過失も債務者の帰責性と信義則上同視される

ことになる。

判決は，契約の当事者の一方が相手方に対し一定の期間内にある行為をすべき義務を負担しながら期間内にその義務を履行しないことは，反証のない限り，自己の過失に原因するものと推定するのが当然であるとする（大判大10・5・27民録27・963）ので，債務者の責めに帰すことのできない事由があることは，債務者が立証しなければならない。

なお，判決は，金銭債務の履行遅滞については，債務者の故意または過失を要するものではなく，賃料支払期限到来のときから債務者は当然履行遅滞の責めを負わなければならない（大判昭17・11・13民集21・18・995，最判昭32・9・3民集11・9・1467）。

解除がされるのは，債務者に債務不履行責任が生ずる場合であるから，債務者が履行しないことについて，違法性がなければならない。したがって，債務者が同時履行の抗弁権や留置権を有する場合には，債権者が解除するためには，自己の反対債務について債務の履行の提供をしておかなければならない（最判昭29・7・27民集8・7・1455）。しかし，債権者が自己の債務について履行の提供をすれば，相手方は債務不履行に陥るので，重ねて履行の提供をしなくとも，解除は可能である（大判昭3・10・30民集7・871）。なお，同時履行の抗弁権において，あくまでも現実の履行を請求する場合には，履行の提供を継続しなければならないとする判決（前掲最判昭34・5・14）と異なることについては注意が必要である。

履行されない債務は，その不履行によって契約の目的が達せられないほどの重要なものでなければならない。改正民法541条ただし書は，履行期間が経過した時における債務の不履行がその契約および取引上の社会通念に照らして軽微であるときは，契約の解除をすることができないとしている。

付随的義務だけが履行されない場合には，その付随的義務の不履行が本体たる契約に重大な影響を及ぼすようないわば要素的な義務になっているのでない限り，本体である契約自体を解除することはできないと解されている。

一部の債務しか履行されない場合は，不履行の部分については解除が可能で

あるが，不履行の部分が重要であり，契約全体の目的が達せられない場合には，契約全体の解除ができる。

また，建物の賃貸借契約において，特約により賃借人に課された付随義務の不履行が賃貸人に対する信頼関係を破壊するような場合，無催告でした解除も効力を生ずる（最判昭50・2・20民集29・2・99）。

また，継続的供給契約においては，不履行の部分についてのみ解除ができ，不履行の部分が継続的供給契約全体に影響を及ぼすような特別の事情のないかぎり，解除はすでに給付された部分については及ばない（民620条・630条参照）。

　(b)　債権者が相当の期間を定めて**履行の催告**をしたこと　　(ア)　催告　債権者が解除をするためには，債務の確定期限が過ぎ履行遅滞となっている債務者に対して，債務の履行を促す意思表示をしなければならない。この意思表示を催告という。

期限の定めのない債務については，債権者の催告があったときから債務者は遅滞に陥る（民412条3項参照）ので，債権者が解除をするためには，その後に，もう一度催告をしなければならないかのようにも考えられるが，判決は，債権者が一度相当な期間を定めて履行を催告すれば，重ねて催告する必要はなく，債務者が催告期間内に履行をしなければ解除権を取得するとしている（大判大6・6・27民録23・1153）。

金銭債務において，催告額が，債務の金額を超えたり，あるいは逆に，債務の金額に足りない場合は，催告は債務の金額全体の催告として有効かということが問題となっているが，催告されている債務の同一性が認識できれば足りると解されている。判決によると，催告額が債務者の履行すべき給付の数量よりわずかに超過していても，特段の事情がない限り，その催告は有効である（最判昭34・9・22民集13・11・1451）が，催告が適正額を著しく超過する場合において，債権者が適正額の提供を受けてもこれを受領する意思がないと認められるときは，催告は無効であるとされることもある（最判昭37・3・9民集16・3・514）。

過小催告については，不足数量がわずかであって，債権者が債務の全部について催告する意思が明らかであれば，全部について催告の効力が生ずるが，原

則としては催告に示された数量についてのみ効力を生ずるとされている（金沢地判昭 31・3・24 下民集 7・3・741）。

債権者が，値上相当額を超える金額に固執し，催告当時においてもそれ以下の金額では家賃の協定に応ずる意思がなく，弁済の提供を受けてもこれを受領しないというような態度を示していたような場合には，そのような催告は適法な催告とはいいがたく，催告としての効力は生じない（最判昭 39・6・26 民集 18・5・968）。

債務者があらかじめ履行を拒絶している場合にも，催告はしなければならないと解されている（大判大 11・11・25 民集 1・684。ただし，大判昭 3・12・12 民集 7・1085 は，商人間では催告は不要であるとする）。学説には，債務者が終局的に履行を明確に拒絶している場合には，催告なしに解除できるとする説もある。

　(イ)　相当の期間　　相当の期間とは，催告を受けた後に履行の準備および給付の完了に必要な猶予期間をいう（大判大 13・7・15 民集 3・362）。具体的には，当該債務の性質・取引界の事情・慣行，その他の客観的事情によって定まり，債務者の病気・旅行などの主観的事情は考慮されない（前掲大判大 6・6・27）。相当な期間を定めずに催告した場合は，催告が無効となるのではなく，相当な期間が経過した後に解除をすることができる（大判昭 2・2・2 民集 6・133，最判昭 29・12・21 民集 8・12・2211）。

　(c)　債務者が催告期間内に履行しないこと　　債務の履行がない場合，相手方が相当の期間を定めてその履行の催告をし，その期間内に履行がないときは，相手方は，契約の解除をすることができる（改正民 541 条本文）。なお，債務者が催告期間内に履行しないことが，債務者の責めに帰すべき事由に基づく場合でなければならない。

改正民法 542 条 1 項 2 号は，債務者がその債務の全部の履行を拒絶する意思を明確に表示したときは，直ちに契約の解除をすることができるとしている。また，判決においても，催告期間内に，債務者が履行拒絶の意思を明確に表示したときは，催告期間の経過を待たないで解除権は発生する（大判昭 7・7・7 民集 11・1510）とされている。

催告期間経過後であっても，解除権を行使する前に，債務者が債務の本旨に従った履行の提供を行い，併せて遅滞による損害賠償をも提供した場合には，解除権は消滅する（大判大6・7・10民録23・1128）とされている。

(2) 一部遅滞と解除　　債務者が契約の債務の一部の履行を遅滞している場合に，債権者は契約全部について解除することはできるであろうか。

一部遅滞の程度が給付全体から見て軽微なものであって，契約全体の解除を認めることが信義則に反することになる場合や，債務者がその債務の一部の履行を拒絶する意思を明確に表示したときには，契約全部について解除することは認められず，一部解除にとどまる（改正民542条2項）。しかし，改正民法542条1項3号は，「債務の一部の履行が不能である場合又は債務者がその債務の一部の履行を拒絶する意思を明確に表示した場合において，残存する部分のみでは契約をした目的を達することができないときは，直ちに契約を解除することができる。」としている。

Case

一部履行と請負契約の全部解除

　請負人は本件工事全工程の約10分の2程度の工事をしたにすぎず，また，本件工事はその性質上不可分であるとはいえないが，請負人のした既施工部分によっては，注文者にとっては，契約の目的を達することはできないことが明らかであるとして，注文者は，本件工事残部の打切りを申し入れるとともに本件土地全部の返還を要求したという事案において，最高裁昭和52年12月23日判決（判時879・73）は，「他に特別の事情がない以上，右本件工事残部の打切りの申入をすることにより，訴外会社（注文者）は契約全部を解除する旨の意思表示をしたものと解するのを相当とすべく，単に，右残工事部分のみについての契約の解除の意思表示をしたものと断定することは妥当を欠くものといわなければならない」として，「それにもかかわらず，原判決が，右特別の事情のあることを認定することなく，残工事部分のみについての契約の解除を認めたのは，経験則に照らして是認することができないものというべく，論旨は理由がある。それゆえ，この点において原判決を破棄し，本件を原審に差し戻すのが相当である」とする判断を示した。

(3) 定期行為の場合　　(a) **定期行為**　　契約の性質または当事者の意思表示により一定の日時または一定の期間内に履行をしなければ契約をした目的を

達することができない場合を，定期行為という。契約の性質から定期行為となるものを絶対的定期行為といい，意思表示によるものを相対的定期行為という。

　定期行為においては，その期間が経過すると，履行がされても債権者にとって無価値であるので，期間経過後さらに催告することは無意味となり，そこで，債務不履行があれば催告なしにただちに解除できることとした（改正民542条1項4号参照）。解除の意思表示は必要である。なお，商法の規定では，期間経過後債権者がただちに履行を請求するのでなければ，契約の解除をしたものとみなすとしている（商525条参照）。

　　（b）　一定の日時にまたは一定の期間内に債務者が履行をしないこと　　この場合，履行がないことにつき債務者の責めに帰す事由がなければならないとするのが通説であるが，債務者の責めに帰すべき事由の有無は問わないとする説もある。

② 履行不能による解除

　履行の全部または一部が債務者の責めに帰すべき事由により，不能となったときは，債権者は，催告をすることなく，契約を解除することができる（改正民542条1項1号）。

　履行期前に，不能となったことが確実である場合には，ただちに解除することができる（大判大15・11・25民集5・763，大判昭9・12・21民集13・2349）。

　不能であるか否かは，必ずしも物理的不能を意味するものではなく，一般取引の観念に従って決まり，たとえば，売買の目的である不動産が，第三者に二重に売買され，その第三者に登記までも移転したときは，社会通念上履行不能となったといえる（大判大2・5・12民録19・327）。

　債務者の帰責性については，履行遅滞と同様に，履行補助者の故意・過失なども含まれる。また，履行遅滞状態にある間に履行不能となった場合には，その不能自体が不可抗力によって生じた場合であっても，結果としては債務者の責めに帰すべき履行不能とされて解除権が認められる。

　一部不能については，原則として，不能な部分についてのみ解除が許され（改

正民542条2項1号参照），履行可能の部分では契約の目的を達し得ない場合にのみ，全部の解除ができるとされている（改正民法542条1項3号前段参照）。

③ 不完全履行による解除

学説は，不完全履行の場合にも解除権が発生するとしている。すなわち，追完が可能な場合には，履行遅滞に準じ，債権者は相当な期間を定めて完全な物の給付を請求し，その期間内に履行がないときに解除ができ，追完が不能な場合には，履行不能に準じて，債権者はただちに契約を解除することができると説いている。

改正民法542条1項5号は，履行不能や定期行為の不履行などによる解除に加え，「前各号に掲げる場合のほか，債務者がその債務の履行をせず，債権者が前条の催告をしても契約をした目的を達するのに足りる履行がされる見込みがないことが明らかであるとき」は，ただちに契約の解除をすることができるとしている。

④ 事情変更による解除権

契約締結時に当事者が予想できなかったような事情の変更があったときに，本来の給付通りの履行を債務者にさせることが，著しく不当となった場合に，契約の解除を認めるべきかについて，学説は，信義誠実の原則によってこれは認められるべきであるとしている。

なお，最高裁昭和29年2月12日判決（民集8・2・448）は，「いわゆる事情の変更により契約当事者に契約解除権を認めるがためには，事情の変更が信義衡平上当事者を該契約によって拘束することが著しく不当と認められる場合であることを要するものものと解すべきであって，その事情の変更は客観的に観察せられなければならない」と述べており，事情変更による解除権を理論的に認めた例とされている。

また，立法例としては，身元保証法3条・4条を挙げることができる。それによると，身元保証人には，将来に向けて契約を解除することができる場合が

ある。

3 解除権の行使

　債権者は，解除権を行使することも，あくまで，本来の債務の履行を，履行
の遅滞による損害賠償とを併せて，求めることも可能である。解除権を行使す
る場合には，次の点が問題となる。

　なお，改正民法543条は，債務の不履行が債権者の責めに帰すべき事由によ
るものであるときは，債権者は，契約の解除をすることができないとしている。

[1] 解除権の行使の当事者

　解除権の行使の相手方は，双務契約の相手方当事者あるいはその地位の承継
者である。しかし，双務契約から生じた債権が譲渡された場合には，契約の当
事者が解除権を有するのか，債権の譲受人が解除権を有するのかが問題となる。
判決は，譲受人は債務も含めて契約上の地位を承継しない限り，解除権を有せ
ず，契約当事者が解除権を有するとしている（大判大14・12・15民集4・710）。学
説の多くは判決を支持するが，債権の譲受人に解除権は移転するという説もあ
る。

[2] 形成権としての解除権

　解除は解除権者の一方的意思表示によって生じる（民540条1項）ので，解除
権は**形成権**である。したがって，相手方が不当に不利になるような条件を付け
た解除は無効である。また，一度解除の意思表示をした以上，これを撤回する
ことはできない（民540条2項）。

[3] 解除権不可分の原則

　法律関係を複雑にしないために，当事者の一方が数人ある場合には，契約の
解除は，その全員からまたはその全員に対してのみ，することができる（民
544条1項）。解除は不可分であるが，同時に行われる必要はない。そして，解

除権が当事者のうちの一人について消滅したときは，他の者についても消滅する（民544条2項）。これらの規定は，任意規定と解されており，当事者が特約をすれば排除される。

4　法定解除権の行使の効果

⏧1⏧　序

　解除権が行使されると，当事者間において契約が初めからなかったと同一の状態になる。すなわち，契約から生じていた債権関係は消滅し，まだ履行されていない債務（未履行債務）は履行する必要がなく，すでに債務に基づき給付がされている債務（既履行債務）については，原因のない給付ということになり，給付物の返還がされなければならないことになる。

⏧2⏧　原状回復義務

　契約が解除されると，それまでに債務の履行として給付がされている場合などにおいては，その給付を返還して，契約がなかった状態に戻さなければならないことになり，各当事者は，その相手方を原状に復させる義務を負う（民545条1項）。また，原状回復義務に関連して，金銭を返還するときは，その受領の時から利息を付さなければならない（民545条2項）。

　民法は，このように，契約がなかった原状に復し，原状を回復すべき義務があるとしている。**原状回復義務**の性質については，学説が分かれている。

　(1)　**直接効果説**によると，契約から生じた債権債務は遡及的に消滅すると解するので，すでに履行として給付された部分は，法律上の原因を欠く給付となり，不当利得として返還されなければならず，これが原状回復義務であるということになる。民法703条以下の不当利得の規定と解除における原状回復との間に差異がある場合には，それは，解除の目的に適するように特則を設けたためであり，後者が前者の特別規定ということになる。未履行部分は，債務がなくなるので給付の必要はない。

　(2)　**間接効果説**によると，解除によっても契約から生じる債権・債務は消滅

するわけではなく，未履行債務については単に履行を拒絶する抗弁が生じるだけであり，既履行債務については，新たに返還債務（給付者からは返還請求権）が生じるとする。

(3) **折衷説**は，解除は将来に向って契約消滅の効果が生じるのであって，未履行債務は消滅する（直接効果説と同じ）が，既履行債務については新たな返還債務請求権が生じる（間接効果説と同じ）とする。

(4) 原状回復義務の性質は，直接効果説においては不当利得であるが，間接効果説および折衷説においては，清算を目的とした新たな債務ということになり，債権法の一般原則が適用されることになる。

(5) **給付物の所有権移転**　このような学説の差異から，特定物が給付された後に契約が解除された場合の所有権の移転についても異なった見解となる。直接効果説によれば，契約の遡及的消滅となるので所有権移転も遡及的に消滅することになるが，間接効果説では，契約は遡及的には消滅せず，新たな返還債務が生じるので，解除により所有権は復帰的に給付者に移転することになる。

したがって，民法545条1項ただし書の「第三者の権利を害することはできない」という規定については，直接効果説においては，解除によって無権利者となった者から権利を取得したことになる第三者の保護のための特別規定ということになり，間接効果説では，給付者と第三者との間における対抗問題（民177条・178条）となる。

もっとも，判決のように，直接効果説に立った上で，第三者が保護される要件として登記が必要である（合意解除について，最判昭33・6・14民集12・9・1449）とすれば，直接効果説と間接効果説とは類似するような結果となる。

なお，判決によると，第三者の保護に関するこの規定は，解除前に権利を取得した第三者に対する関係に限られ，解除後に権利を取得した第三者との関係は対抗要件の問題であるとする（大判昭14・7・7民集18・748）。多くの説も，そのように解している。その論理は，解除がされた以上，これによる法律関係の変動は迅速に公示して取引の安全を図るべきであり，これを怠る者は不利益を受けてもやむをえないというものである。

(6) 直接効果説の立場からは，民法545条1項ただし書の「第三者」とは，解除された契約から生じた法律効果を基礎として，解除までに，新たな権利を取得した者ということになる。具体的には，契約に基づく給付の目的たる物や権利の譲受人，抵当権者，質権者・差押債権者，給付目的物の賃借人などがそれに当たる。

③ 果実の返還義務

改正民法545条3項は，解除により原状を回復する場合において，金銭以外の物を返還するときは，その受領の時以後に生じた果実をも返還しなければならないとしている。

④ 損害賠償義務

改正民法545条4項は，解除とともに損害賠償ができることを規定する。この損害賠償については学説が分かれている。通説は，直接効果説に立ちつつ，損害賠償においては契約が有効であった間にその債務の不履行に基づいて生じた損害の賠償（いわゆる，**履行利益**の賠償）を認める。これに対しては，契約から生じる債務が遡及的に消滅するとしつつ，損害賠償において債務不履行による損害そのものの賠償を認めることはできないとして，解除における損害賠償は，契約が存続し履行されると信じていたのにそれが裏切られたことによって被った損害（いわゆる，**信頼利益**）の賠償であるとする説もある。

間接効果説や折衷説においては，解除によっても債務は存続し，それが債務不履行による損害賠償債務に変化すると解する。

損害賠償の範囲は，判決によると，原則として，解除当時における目的物の時価を標準として定めるべきであり（最判昭28・12・18民集7・12・1446），また，解除した買主が他に転売する契約をしていた場合には，転売によって得るはずであった利益を失ったことによる損害が賠償される（大判昭2・7・7民集6・464）。契約解除後に，売主が一層下落した価格で目的物を他に売却せざるを得なかった場合や，買主が一層騰貴した価格で他から購入せざるを得なかった場合には，

原則としてその実際の価格を標準とすべきである（大判大 5・10・27 民録 22・1991，大判大 7・11・14 民録 24・2169）。

⑤　解除によって生じる債権・債務の牽連性

解除によって，双方の当事者が互いに原状回復義務および損害賠償義務を負担するに至った場合には，民法 546 条により，同時履行の抗弁権についての民法 533 条が準用される（大判昭 4・7・6 評論 19 民 174）。

5　解除権の消滅

解除権は次のような主な場合には消滅する。

①　相手方の催告

解除権の行使について期間が定められていれば，その期間の経過によって解除権は消滅するが，解除権の行使についての期間の定めがない場合は，相手方が解除権を有する者に対して，相当の期間を定め，その期間内に解除をするかどうかを確答すべき旨を催告し，もし，その期間内に解除の通知を受けないときは解除権は消滅する（民 547 条）。

②　目的物の滅失損傷など

解除権を有する者が，故意もしくは過失によって，契約の目的物を著しく損傷し，もしくは，これを返還することができなくなったとき，または，加工もしくは改造によって，これを他の種類の物に変えたときは，解除権は，消滅する（改正民 548 条本文参照）。ただし，解除権を有する者がその解除権を有することを知らなかったときは，この限りでない（改正民 548 条ただし書参照）。

③　解除権の放棄

解除権を放棄することは，解除権発生後のみらなず，前においても可能である。

4 消 滅 時 効

　解除権の行使の結果である，原状回復義務や損害賠償義務が5年または10年の消滅時効にかかる（改正民166条1項参照）のであるから，その手段たる解除権の**消滅時効**がそれより長いことは権衡を失するとして，解除権の消滅時効は5年または10年と解されることになる。しかし，学説には，この期間を**除斥期間**と解すべきであるとする説もある。

　解除によって生ずる原状回復請求権や損害賠償請求権が，さらに，5年または10年の消滅時効にかかるかについては，判決は肯定し，契約解除に基づく原状回復義務の不履行による損害賠償請求権の消滅時効は，契約解除の時から進行するとしている（最判昭35・11・1民集14・13・2781）。しかし，解除権は履行の交換をやめ原状回復請求権や損害賠償請求権を導き出すための手段であるから，これらを一体と解して，解除権を主張できる期間において原状回復請求権や損害賠償請求権を主張できるだけであると解する説も有力になっている。

 Topics

債権法における主な解除について

　解除権の行使によって契約は消滅すると解されている解除については，債権法においていくつかあるが，その主なものを上げておく。債務不履行による解除（改正民541条・543条），約定解除，合意解除については，既述の通りである。本書の後で説明されるが，売主の担保責任による解除（改正民564条以下），使用貸主の解除（民594条3項），賃貸借契約における解除（民607条・改正民611条2項・民612条2項など），委任契約における解除（民651条1項）などがあり，それぞれの契約において，特殊な解除が存在している。

権利移転型の契約

- ■民法改正により，条文が改正されているので，注意すること。
- ■贈与とは何か。贈与の背景と意義を理解する。
- ■書面による贈与と書面によらない贈与の相違点を理解する。
- ■贈与者の担保責任を理解する。
- ■特殊な定期贈与・負担付贈与・死因贈与を理解する。
- ■売買とは何か。売買契約の意義・売買の性質を理解する。
- ■売買契約における売買の目的物・売買代金・予約・手付（証約・解約・違約手付）等を理解する。
- ■売買の効力として，売主の義務，財産権移転義務，売主の担保責任を理解する。
- ■売買の効力として，買主の義務，代金支払義務，受領義務を理解する。
- ■瑕疵担保責任とは何か。法定責任説・契約責任説の違いを明確に区別する。
- ■特殊な売買である割賦販売法と特定商取引法（訪問販売・通信販売・連鎖販売取引など）との関係を理解する。

1 │ 序

　第2章では，財産権の移転を目的とする契約として，贈与・売買・特殊な売買・買戻し・交換を取り上げることにする。贈与契約は，自己の財産を無償で誰かに譲渡する契約であるが，これは私達の日々の中で行われていることである。誕生日祝いにペンを贈ることや，合格祝いに時計を贈ることがその例である。歴史を振り返ってみても，人として，社会として，共同体として，送ること（義務）・受けること（義務）といったことは日々繰り返されてきたのである。もちろん，貨幣経済が発達した今日の時代でもそれは続いており，一種の礼譲・儀礼・好意・感謝などが内在化された物品の交換といえる。贈与を経済的価値

があるものとして一元的にみるには難しい一面がある。

　他方，売買は，契約当事者の一方が動産・不動産を渡し，もう一方が金銭を支払うという契約である。まさに，物品の価値的・量的関係にあり，対価性を有する経済的行為といえる。その意味において，贈与と売買とは異なる性格をもつものといわなければならない。贈与と売買は，物の財貨の移動という点では類似性・同質性があることは否定できない。民法では，全く異なった法的性質を有する売買形態として規定されている。もう1つが交換である。交換は，字句通り，物の交換を意味する契約である。自分の家で採れたリンゴと相手が釣ってきた魚との交換がその例である。貨幣経済が発展する前に見られた現象である。今日では，貨幣を媒体として現実売買に転化しているといえよう。

　最後に，特殊な売買である。時代の変遷によって，私達の売買契約も複雑化し，インターネット取引・クレジット契約・TVショッピング等の契約が見られている。民法制定時代には想像すらできなかった特殊な売買（割賦販売・訪問販売・通信販売・電話勧誘販売・連鎖販売など）が存在しているのである。第2章では，これらの売買の諸形態について説明することにする。

2　贈　　与

1　贈 与 の 意 義

1　贈 与 と は

　贈与とは，当事者の一方（贈与者）が財産を無償で相手方（受贈者）に与えることを内容とする契約である（改正民549条）。すなわち，贈与は無償で財産を与える点で無償契約の典型的なものであり，かつ，当事者の一方である贈与者のみが債務を負担する点において片務契約でもある。単独行為でない点で遺贈とは異なる。改正民法549条は「贈与は，当事者の一方がある財産を無償で相手方に与える……」と規定している。ある財産を与えるとは，動産・不動産などの財産権の移転に限らず，相手方のために担保物権の設定や債務の負担な

ど，贈与者の財産の減少により受贈者の財産が増加する場合を含むと解される。贈与と類似のものとしては財産の減少を伴わない労務の無償給付がある。無償給付には，自己の財産の実体が減少しなければ贈与とはいえないと解されるから贈与ではないと解する説，労務の無償供与も財産であるから贈与であると解する説，無償で労務を供することもその労務が通常有償で給付される場合には贈与であると解する説などがみられている。

② 　贈与の無償性

　資本主義社会では，有償契約による財産権の移転が中心となってきているが，無償で財産を贈与するという作用も少なくない。学術・慈善・宗教などについては寄付として贈与が行われ，一定の社会的な役割を果たしていることも事実である。贈与は，法律上対価関係は存在しないが，当事者間に無償の給付をさせる動機や何らかの事情が内在しており，贈与の見返りがときに期待されるところに法形式的に処理しにくい側面がある。

③ 　無　償　契　約

　贈与は当事者の一方が対価なくして経済的な出捐をする契約であるから無償契約である。無償かどうかは主観的なものであって，当事者間の合意による出捐に対価が伴っていないことである。法律上の給付義務を負う者が財産を無償で給付する形をとっても贈与ではないとした事例がある（大判大 5・9・26 民録 22・1450）。離婚に際して夫婦間で締結される財産給付契約は，受領者が給付に対して有する財産分与請求権に基づくものであるから，贈与契約ではないと解されている（最判昭 27・5・6 民集 6・5・506）。以下 Case のカフェー丸玉女給事件（大判昭 10・4・25 新聞 3835・5）については，契約の締結の際の事情や社会通念の捉え方により，様々な見解がみられるが，贈与の成立を法的にどう考えるか参考になると思われるので紹介することにする。

カフェー丸玉女給事件

事実

　Ｙは，大阪市道頓堀「カフェー丸玉」で女給を勤めていたＸと遊興して親しい間柄となり，その歓心を買うために，将来Ｘが独立して自活するための資金として，400円を与える約束をした。Ｙが400円を支払わないので，Ｘはその履行を訴求した。一審・二審Ｘ勝訴。Ｙ上告。破棄差戻。

判旨

　「……ＹガＸト昵懇ト為リシト云フハＸガ女給ヲ勤メ居リシ『カフェー』ニ於テ比較的短期間同人ト遊興シタル関係ニ過ギズシテ他ニ深キ縁故アルニ非ズ。然ラバ斯ル環境裡ニ於テ縦シヤ一時ノ興ニ乗ジＸノ歓心ヲ買ハンガ為メ判示ノ如キ相当多額ナル金員ノ供与ヲ諾約スルコトアルモ，之ヲ以テＸニ裁判上ノ請求権ヲ付与スル趣旨ニ出デタルモノト速断スルハ相当ナラズ。寧ロ斯ル事情ノ下ニ於ケル諾約ハ諾約者ガ自ラ進デ之ヲ履行スルトキハ債務ノ弁済タルコトヲ失ハザラムモ，要約者ニ於テ之ガ履行ヲ強要スルコトヲ得ザル特殊ノ債務関係ヲ生ズルモノト解スル……」べきであると判示した。つまり，このような事情のもとで行われた贈与は，自然債務を発生させる効力はあるにしても，贈与としての完全な効力をもつものではないと解されたのである（前掲大判昭10・4・25）。

4　贈与の方式

　贈与は諾成契約である。外国の立法は，フランス民法931条・932条，スイス債務法243条，ドイツ民法518条などのように方式を必要とするが，日本民法は何ら方式を必要としないとした。その理由として，旧民法はフランス民法にならって公正証書の作成をもって成立要件としたのであるが，かような成立要件は「従来ノ慣習ニ反スルハ勿論之ニ依リテ贈与者ノ熟慮ヲ促サントスル如キ我国ニ於テ殆ント其効ナカルヘキニ因」ると説明されている。しかし，書面によらない贈与は，贈与者が軽率に贈与の約束をしてしまうこともあるので，解除することを認めている（改正民550条）。

5　贈与の性質

　贈与は目的物の引渡しや権利を移転する債務を負担する合意によって成立する。動産の贈与のように，贈与の合意と目的物の交付が同時に行われる現実贈

与については，民法上の贈与といえるかどうかは議論となる。**現実贈与**は，契約と同時に給付がなされるから，給付をなすべき債務が成立する余地はないと解する（物権契約，準物権契約）説，一個の意思表示によって債権の効果と物権的効果とを生じ得るような場合には，一方ではただちに財産権を移転する物権的効果を生ずるとともに，他方では目的物の瑕疵について担保責任を負うなどの債権的効果を生ずると解する（債権契約）説とが対立している。どちらの説も贈与の規定が適用される点においては差異がない。ただし，不特定物の贈与で不完全な物が給付されたときは，前説では修理あるいは交換の義務は生じないが，後説ではこれが認められることになる。

2　贈 与 の 成 立

①　贈 与 の 対 象

　贈与の対象は,「ある財産」である。それは通常の場合を予定したものであって，他人の財産を贈与の目的とする契約を否定するものではない。ある財産とは，通説によれば，他人の財産を目的とする贈与契約（他人物贈与）も有効に成立すると解している。判例は，贈与者が他人からその権利を取得して，受贈者に移転すべき債務を負担すべき債権契約を締結することについて差し支えないと解している（最判昭44・1・31判時552・50）。

　「民法（債権関係）の改正に関する要綱案」においては,「自己の財産」の「自己の」という文言を削除し,「ある」に置き換えて提案されていた。別案として，贈与の対象物を「財産」から売買と同様に「財産権」に改める提案もなされていたが，その適用範囲が，制限物権の設定，権利放棄，債務免除等の他の無償行為に及ぼす影響などが考えられることから，立法化するには至らなかった。最終的には，改正民法549条は，「贈与は，当事者の一方がある財産を無償で相手方に与える意思を表示し，相手方が受諾をすることによって，その効力を生ずる」と規定された。

② 贈与の意思

　贈与は，当事者の合意によって成立する諾成契約であるため，贈与者の意思と受贈者の意思の合致が必要である。贈与を成立させる意思の認定と解釈については，当事者間の関係や動機などの諸事情を考慮しなければならず，贈与の形式だけでは判断できない。贈与の無償契約による無償行為についても，有償契約と同じように法的拘束力を受ける場合があり得る（前掲大判昭10・4・25）。

③ 書面による贈与

　わが民法は，贈与について方式を必要としない諾成契約としたが，書面によらない贈与は，「各当事者が解除することができる。ただし，履行が終わった部分については，この限りでない」と規定した（改正民550条）。

　贈与の書面については，民法に定めがないので，どのような場合に書面といえるかが問題である。贈与が契約書によって明確に記されている場合はだれがみても贈与の書面である。実際に問題になるのは，一見しただけでは贈与の書面といえるのかどうか疑わしい場合である。判例は，贈与の意思が確認できる程度の表現が書面になされていれば贈与の書面ということができるとか（最判昭25・11・16民集4・11・567），受贈者の承諾が書面に表示されていない場合（大判明40・5・6民録13・503）や，受贈者が書面以外の他の証拠によってはじめて確定できる場合にも書面であると解している（大判昭2・10・31民集6・581）。また，書面に贈与ということが直接記載されていなくても，他の証拠から無償行為の証明ができれば書面であると解した事例もみられている（大判大15・4・7民集5・251，大判昭13・9・28民集17・1895）。昭和60年の最高裁は，「贈与が書面によってされたといえるためには，贈与の意思表示自体が書面によっていることを必要としないことはもちろん，書面が贈与当事者間で作成されたこと，又は書面に無償の趣旨の文言が記載されていることも必要とせず，書面に贈与がされたことを確実に看取しうる程度の記載があれば足りるものと解すべきである」と判示している（最判昭60・11・29民集39・7・1719）。

4　書面によらない贈与

　書面によらない贈与はいつでもこれを解除することができる（改正民 550 条）。本改正前の書面によらない贈与の取消しを認めた立法理由は，贈与者の意思を確実なものとし，後日の争訟を予防するためや，贈与者に熟慮を促し，軽率な贈与がなされることを予防するためであると説明されている（民法修正案理由書549 頁）。民法（債権関係）改正では，「撤回（もともとは取消しの意味と解されている）」の用語を，贈与の「解除」に改めた。その理由として，「撤回は，一般的に法律行為の効力がまだ生じていないか，あるいはその効果が未確定の間に意思表示の効力を将来的に消滅させる場合に用いられるに対して，ここでは有効に成立した契約を一方的な意思表示によって解消することが問題となるので解除に改める」と説明されている。

　(1)　動産の贈与　　**動産の贈与**については，動産の引渡しがあれば履行がなされたことになる。この場合の引渡しとは，現実の引渡し，簡易の引渡し，指図による占有移転，占有改定などが含まれる（最判昭 31・1・27 民集 10・1・1）。ただ，占有改定については，それだけで贈与の履行が終了したとすると，特定物贈与において契約と同時に履行がなされたことになるとして，否定的に解する意見がある（大判大 9・6・17 民録 26・911）。

　(2)　不動産の贈与　　**不動産の贈与**については，登記または引渡しのいずれかがあれば履行があったものと解される。判例は，不動産の引渡しがあれば登記の移転がなくても履行が完了したとし（最判昭 40・3・26 民集 19・2・526），反対に，不動産の引渡しがなくとも権利証を交付するということは不動産の占有を移転する通常の方法であるから，その交付をもって引渡しがあったものと推定されると判示した。

5　贈 与 の 撤 回

　改正民法 550 条は，書面によって贈与がされた場合や履行が終了した場合には解除はできないとしている。では，**忘恩行為**や贈与者が窮乏した場合には，解除はできるのだろうか。ドイツ民法 530 条は，「受贈者が贈与者またはその

近親者に対して重大な忘恩行為をしたとき，また受贈者が贈与者また贈与の撤回を妨げたときは，贈与を撤回できる」と規定する。フランス民法 955 条は，「生前贈与は次の場合に限り，忘恩を原因として之を取り消すことができる。①受贈者が贈与者の生命に危害を加えたるとき，②受贈者が贈与者に対して虐待・犯罪または重大なる侮辱をなしたようなとき，③受贈者が贈与者に対して扶養料を拒絶したとき」と規定する。

　日本民法でも，履行前であれば**事情変更の原則**に基づいて贈与を解除することができると解されているが，履行の終わった部分については解除ができない（改正民 550 条ただし書）。しかし，最近はこれを肯定する学説もあらわれた。判例は，養親が共同生活を行うことを前提に，養子に宅地の贈与をなしたが，養親子関係の情誼関係が贈与者の責に帰すべき事由によらずして破綻した事案について，「諸般の事情からみて，信義公平の原則上不当と解されるときは，諸外国の立法例における如く，贈与者の贈与物返還請求を認めるのが相当である」として，養子の忘恩行為と贈与者の事情変更を理由に取消しを認めている（東京地判昭 53・2・23 朝日新聞昭 53・2・24 朝刊，最判昭 53・2・17 判タ 360・143 は，忘恩行為の事案を負担付贈与と構成し，受贈者の義務違反を理由に贈与の解除を認めている）。

 Topics

忘恩行為や背信行為についての諸見解

　学説では，忘恩行為や背信行為について，①受遺欠格の規定を類推適用する見解，②負担付贈与と認定して負担の不履行解除を認める見解，③黙示の解除条件の特約の存在を認める見解，④目的的贈与という構成をとって目的不到達の理論による解決を提唱する見解，⑤事情変更の原則による見解など，様々な法律構成などがみられている。
　裁判では，①負担付贈与と認定して負担の不履行による解除を認めた事例（前掲最判昭 53・2・17），②信義則により処理した事例（大阪地判平元・4・20 判時 1326・139），③受遺欠格に準ずる事由がある場合に贈与を取り消した事例（札幌地判昭 34・8・24 下民集 10・8・1768），④動機の錯誤論により贈与を無効とした事例（福岡地判昭 46・1・29 判時 643・79）などがみられている。

3　贈与の効力

1　贈与者の義務

　改正民法551条1項は,「贈与者は,贈与の目的である物又は権利を,贈与の目的として特定した時の状態で引き渡し,又は移転することを約したものと推定する」と規定している。贈与者は,動産の贈与ではその物の引渡義務を負い,不動産の贈与では物の引渡し以外に登記を移転（民177条）する義務を負う。また,贈与者は,指名債権を贈与した場合には,通知をして受贈者のために対抗要件を取得させる義務を負う（改正民467条）。改正民法549条は,贈与の目的物を「ある財産」とするが,他人の財産を贈与する契約も有効であり,この場合には,贈与者はその他人からその財産を取得して相手方に移転する義務を負うものと解される。

2　贈与者の引渡義務

　特定物の贈与では,贈与者は引渡しをするまで善管注意義務が要求される（改正民400条）。贈与は無償契約であり,贈与者はなんらの対価も受けないで受贈者に利益を与えるものであり,また自己の有する以上の物を給付する意思はないとみるべきものである。また種類物の贈与では,瑕疵ある物にかえて瑕疵のない物を引き渡す義務があるとする考え方もあったが,結局改正民法551条1項は,贈与の目的として特定した時の「状態」で引き渡せばよいものと推定されるとした。

3　負担付贈与者の担保責任

　負担付贈与は,受贈者に一定の給付を負担させる贈与であるが,この負担は当事者において,主観的には対価関係にたたないものと解されている。民法551条2項は,「贈与者は,その負担の限度において,売主と同じく担保の責任を負う」と規定し,担保責任を認めている。その根拠については,贈与の無償性に求める説と,負担と贈与者の給付が対価関係にたつと解する説とに分か

れる。前者は，その「負担の限度」を出捐の価格に満たない限度と理解し，贈与者は受贈者に利得を与えるべきものであって，これに損害を与えるべきものではないと解する立場である。後者は，「負担の限度」を受贈者が負担を履行することによって損失を被らない限度と理解し，贈与の目的物の価格に対して負担の割合だけ利益が残るようにと解する立場である。

民法（債権関係）の改正においては，改正前民法551条1項は，債務不履行の一般原則との関係や責任の法的性質が明確でなく，判例・学説も一義的な理解が示されていないことから，「物又は権利の瑕疵又は不存在」については，債務不履行の一般原則を適用すれば足りるという考え方がみられ，2項については，一般的に受贈者が受け取った物などの価値が受贈者の負担の価値を下回った場合に，その差額分の履行拒絶あるいは返還請求が認められるかどうか（認めることに問題はないと解されているが），その点が文言上不明確との意見が見られていた。最終的に改正民法551条は，「1項　贈与者は，贈与の目的である物又は権利を，贈与の目的として特定した時の状態で引き渡し，又は移転することを約したものと推定する。2項　負担付贈与については，贈与者は，その負担の限度において，売主と同じく担保の責任を負う」とした（2項は改正なし）。

4　特殊の贈与

民法は，贈与の形態として，負担付贈与，死因贈与，定期贈与について規定している。特殊な形態としては，寄付がある。

1　定期贈与

定期贈与とは，定期的に一定の給付をなすべき贈与である。定期贈与は，毎月10万円を学費として贈るといったような場合である。この契約の性質として，目的物は金銭・その他の代替物に限られる。定期贈与は，期間の定めのある場合と期間の定めのない場合とがあるが（大判大6・11・5民録23・1737），いずれの場合でも当事者の一方の死亡によって効力を失う（民552条）。ただし，こ

れと異なる特約があるときはそれに従うことになる。

② 負担付贈与

　負担付贈与とは,受贈者が一定の給付を負担する贈与のことである。したがって,受贈者の負担は契約内容の一部であり,別の契約ではない。負担付贈与については,双務契約に関する規定が準用される（民553条）。同時履行の抗弁権と危険負担が負担付贈与に適用されるかどうかについては問題がある。負担付贈与では,実際に,贈与者か受贈者のどちらかが先に履行する場合が多く,同時履行の関係は生じにくい。また,贈与者の債務が履行不能になると受贈者の負担も履行不能になることが多く,危険負担の問題は生じにくい。

　他方,書面によらない負担付贈与は,贈与者が履行を終わるまでは当事者は贈与契約を解除することができる。受贈者が約定の負担を先に履行した場合に,書面の作成がなく贈与者側の履行がなくても,この場合当事者は解除することができないものと解される。

③ 死因贈与

　死因贈与とは,贈与者の死亡を効力発生条件（停止条件）とする贈与である。死因贈与は受贈者の承諾を必要とする契約であり,遺贈は遺言という単独行為である点で両者は異なる。しかし,贈与者の死亡によって効力が生ずる点では両者は類似する。それゆえ,死因贈与には遺贈の規定が準用される（民554条）。遺贈のどの規定が準用されるかは明らかではないが,主として遺言の効力に関する規定であり,遺贈の単独行為となる規定,遺言能力・遺言方式・承認・放棄などに関する規定は準用されないと解されている。しかし,死者の真意の確保という点からは,死因贈与も遺贈も同様であるから,遺言の方式に関する規定の準用も考えられる。受贈者が贈与者より先に死亡した場合には,とくに受贈者の権利が相続の目的となり得る以外は,死因贈与の効力は生じない。

4 寄　　付

　寄付とは，公益・公共の目的のために，無償で財産を移転する契約である。相手方に対して直接に財産を与える場合は通常の贈与であるが，使用目的がついているときは負担付贈与である。しかし，第三者が寄付者と受贈者との間に立ち，発起人となって多数の人から寄付を集める場合には，発起人が利益を享受するものではないから，贈与ではなく，財産の信託的譲渡と解される（大判大12・5・18刑集2・419）。しかし，この種の契約は，第三者のためにする契約と解することもできる。いずれの場合にも贈与の規定が準用される。

3 ｜ 売　　買

1　序

　売買とは，当事者の一方がある財産権を相手方に移転することを約し，相手方がこれに対してその代金を支払うことを約する契約である。その性質は，有償・双務・諾成契約である。売買は一方が財産権を，他方が対価として金銭を与えることを約する有償・双務契約である。他方も金銭以外の財産権を与えることを約する場合は，売買ではなく交換となる（民586条）。売買は基本的には有償契約の典型であるので，売買の規定は他の有償契約に準用される（民559条）。売買は，売主の財産権移転と買主の代金支払いという合意だけで成立する不要式の諾成契約である。売買の目的物と代金とが目の前で授受され，当事者の合意が先行しない現実売買にも，民法の売買の規定が適用される。

2　売買の成立

1　意　　義

　(1)　**売買の意義**　　売買とは，当事者の一方がある財産権を相手方に移転することを約し，相手方がこれに対してその代金を支払うことを約することによって成り立つ双務・諾成・有償の契約である（民555条）。たとえば，私達が

海外旅行に行く際の旅行契約や，企業が製品を海外へ輸出して他社と契約を結ぶような場合である。わかりやすく言えば，AがBに対してある商品を引き渡すことを約束し，Bがその対価を金銭でAに支払う旨の約束をすることである。

　民法は，広く財産権であれば売買の目的となり得ると定めているので，その代表的なものは，動産や不動産のような有体物の所有権ということになる。それ以外にも貸金債権，売掛債権，特許権，手形などの有価証券も財産権に含まれる。要するに，財産的価値があって譲渡性を有するようなものは全て売買の対象となる。

　売買は贈与や交換と同じように権利移転型契約に分類されている。贈与が無償契約・片務契約の典型であるのに対して，売買は有償契約・双務契約の典型である。交換との関係では，売買契約など広く財産権の移転を内容とする取引一般を広義の交換と概念づける場合もある。貨幣経済が発達した結果，その中から物に対する貨幣の交換という取引形態が分化し独立したものが売買であると理解されている。今日の近代社会は，売買契約なくして発展はありえず，売買契約は，商品の流通を担う最も重要な契約類型と理解されている。

　(2)　売買契約の多様性　　売買は，取引の具体的態様に応じてさまざまの種類のものがある。たとえば，売買される対象が不動産のように特定物もあれば，動産のように不特定物もある。適用される法規も契約によって異なるため，売買契約から生じる法律問題の解釈にあたっては，各取引者の立場を配慮する必要がある。今日の売買の形態は複雑化し，また，クレジット契約やインターネット契約のような特殊な売買では，売買契約は他の種々の契約と組み合わされて，複合的な契約の形をとっている。民法の売買に関する規定は，こういった売買契約の多様性を一切捨象して，きわめて抽象的に規定しているにすぎない。

　(3)　**売買の予約**　　売買の予約とは，将来において契約を成立させることを約束する契約である。将来成立する契約を本契約と呼び，予約により本契約を成立させる権利を予約完結権と呼んでいる。たとえば，将来，買主が売主に対して，ボーナスが入ったらこの家を購入するというように予約完結権を行使す

るという意思表示をすれば，売主の承諾を待つまでもなく，売買契約が自動的に成立することになる。このように予約という仕組みを使えば，予約完結権を持っている者が任意に売買契約を締結する権利を持つことになるので，予約完結権者に強い権利があるということができる。

一方の予約の場合は，当事者の一方のみが予約完結権を持ち，双方の予約の場合は当事者の双方が予約完結権を持つことになる。予約完結権を有する予約権者が相手方に対し，予約完結権を行使する旨の意思表示を行うと，本契約が当然に成立する。つまり，売買の予約とは，当事者間に将来売買契約を生じさせる契約ということである。予約完結権は一般の債権と同様に，行使可能な時から10年で消滅時効にかかる（最判昭33・11・6民集12・15・3284）。

民法は，売買の一方の予約について規定を置き（民556条），他の有償契約に準用する旨を定めている（民559条）。不動産の売買予約については，所有権移転請求権の仮登記をすることができる（不登105条2号）。

予約が本来の予約であるか，あるいは売買の一方の予約であるかは，予約という契約の解釈によって決まることになるが，いつまでに意思を通知すればよいかを決めていない場合には，相手方は相当な期間を定めてその期間内に売買をするかどうかの催促をすることができる。もし，相手方がその期間内にはっきりとした返事をしない場合には，予約は効力を失うことになる（民556条2項）。

② 手付の意味

手付とは，不動産の売買や賃貸借などの契約で当事者の一方から他方に対して交付される金銭をいう（改正民557条1項・民559条）。手付としては，金銭以外の有価証券でもよいとされているが，実際は，代金の5％〜20％の範囲の金銭で交付されるのが一般的である。売買契約の締結の際に当事者の一方から他方に対して一定額の金銭が支払われる手付は，実際どういう目的で交付されるのか，法律上の効力はどのように扱われるのかが問題となる。手付は当事者間の合意に基づいて授受されるので，その契約内容の具体的な場合に応じて判断していかなければならない。一般的に，手付の授受の目的となるのは次の3

つであると言われている。

(1)　**証約手付**　　売買契約などが締結されるまでにはいろいろな交渉段階があり，どの時点で契約が成立したのかが一見明確でないことが考えられる。そのような場合において，契約の成立を証明するために交付される手付のことを証約手付という。すべての手付は少なくともこの証約手付の意味をもっていると考えられている。

(2)　**解約手付**　　当事者が解除権を留保するために，相手方に債務不履行がなくても契約を解除できるという趣旨で交付される手付のことを解約手付という。通常は債務不履行がなければ契約を解除できないのが一般的である。具体的には，法律上の解除原因の発生である債務不履行による場合，売主の担保責任による場合，または契約成立後に当事者が解除に合意した場合のどちらかが必要である。しかし，わが国では手付を交付することにより，契約を解除する権利を当事者が保持することが多い。これは，売買契約成立時に買主が売主に手付を交付し，買主は手付を放棄すればいつでも契約を解除できるというものである。結局は，損害賠償を支払わなくてよいと解されるものであり，「手付流し」とも言われる。また売主も手付の倍額を買主に償還することでいつでも契約を解除できる。先と同様に，手付相当額以外の損害賠償を支払わなくてもよく，「**手付倍返し**」とも言われている。

改正前民法 557 条 1 項の手付については，手付解除をしようとする者自身が履行に着手した場合に手付解除ができないとする見解もあったが，判例は，履行に着手した当事者による手付解除は可能であるとした（最大判昭 40・11・24 民集 19・8・2019）。また，売主からの手付解除（いわゆる手付倍戻し）の要件についても，判例は，改正前民法 557 条 1 項の「倍額を償還」という文言について，相手方の態度如何によらず「現実の提供」を要するとした（最判平 6・3・22 民集 48・3・859 など）ことから，改正民法 557 条 1 項は，「買主が売主に手付を交付したときは，買主はその手付を放棄し，売主はその倍額を現実に提供して，契約の解除をすることができる。ただし，その相手方が契約の履行に着手した後は，この限りでない」と規定した。

履行の着手とは

民法557条1項は，解約手付が交付された場合の売買契約の手付解除は，当事者の一方が「履行の着手」をするまでは可能であるが，当事者の一方が「履行の着手」をしてしまうと，手付の解除はできないと解されている。その理由は，着手後の解除は，相手方に不測の損害を発生させることから解除が制限されているとする。

民法557条1項の「契約の履行に着手する」について，判例は，「客観的に外部から認識し得るような形で履行行為の一部をなし，又は，履行の提供をするために欠くことのできない前提行為をしたこと」が契約の履行の着手にあたると判示している（前掲最大判昭40・11・24）。具体例では，不動産を購入した買主が売買代金をいつでも支払うことのできる状況下で，契約による明渡し期限後に売主に明渡しを求める行為や，売主が売買物件の賃借人との賃貸借契約を解消した行為，売主が売買物件の抵当権を抹消した行為，農地売買において，農地法の許可申請を売主と買主が連署の上で提出した行為などが考えられる。

このように手付相当額の出費を負担するだけでいつでも売買契約関係から離脱できるのが解約手付の特徴である（改正民557条1項）。宅地建物取引業法では，消費者保護の観点から，売主が宅地建物取引業者である場合には，その売買契約で交付される手付は解約手付とみなすという強行規定を設けている（宅建業39条2項）。これを解約手付性の付与という。なお，契約に従って当事者が義務を履行したときは，手付は代金の一部に充当される。

Case

手付の性質とは

事実

被上告人Aは，昭和17年8月15日までに上告人B先代のためにある株式会社の株式を買集め，B先代の買集めた株式については5日以内にその旨の通知をした。B先代は1株金56円10銭の割合でこれを引き取る旨の売買の予約をすると同時に，B先代から保証金5,000円を受領した。Aは約旨に従って，前記会社の株式1520株を買い集め，その旨をB先代に通知し売買完結の意思表示をした。AとB先代との間には先の契約により，合計85,272円の売買が成立し，B先代は約定期間内に右代金を支払わねばならないこととなったが，Aの再三の請求にも拘らずその猶予を求めるのみで支払に応じ

なかった。結局 A は前記株式を競売によって総計 19,760 円の売得金を取得したが，差額 65,515 円の損害を蒙った。この損害は総て B の債務不履行による損害であるとして，B が先代の死亡により家督相続人として債権債務を承継したことから，A は損害賠償債権と A が先に B 先代から受領した保証金返還債務とを対当額で相殺したが，その残額 60,512 円と，これに対する遅延損害金の支払を求めた事案である。

判旨

　最高裁は，「……売買の当事者間に手附が授受された場合において，特別の意思表示がない限り，民法 557 条に定めている効力，すなわちいわゆる解約手附としての効力を有するものと認むべきである。これと異なる効力を有する手附であることを主張せんとする者は，前記特別の意思表示の存することを主張・立証すべき責任があると解するのが相当である。……」と判示し，上告を棄却した事例（最判昭 29・1・21 民集 8・1・64）。

(3)　**違約手付**　　当事者の一方が債務の履行をしないときに，違約金ないし損害賠償として手付が没収されるという趣旨で交付されるものを違約手付という。もし，損害が発生した場合には，売主はこれとは無関係に債務不履行による損害賠償を請求できるものとされている。もう 1 つは，損害賠償額の予定としての手付である。この場合には，損害賠償額が手付の額に制限される。当事者の一方が債務不履行をした場合に手付を交付した者はそれを没収され，手付を受け取った者はその倍額を返す旨を定めるものである。違約手付の場合は，当事者間に特約が必要である。

(4)　**内金**と手付　　売買契約が成立した場合に，商品が引き渡される以前に買主から売主に対して支払われる代金や報酬の一部を内金という。内金は手付金とは違い法律で定められていないので，手付金のように一定の金銭の損失と引き換えに契約を解除できるとは解されていない。一般に内金と設定されている金額は，手付金と比較してみれば高額であり，価格の 2 割から 5 割程度となっている。たとえば，建設請負契約では，契約締結時に注文者から請負人に対し請負代金の一割から三割程度の金銭が支払われる慣行があるといわれている。しかし，この金銭は解約手付と解すべきではなく，融資の目的で交付されるもので代金の一部支払とみるべきものと考えられている。一般に，交付される金銭の代金に対する割合が大きいものが内金で，そうでないものが手付と理解さ

れているが，必ずしもそうとも言えず，結局は手付契約の解釈によって決める
ほかないと思われる。

(5) **売買契約の費用**　　売買契約に関する費用は，特約がなければ当事者双
方が等しい割合で負担する（民558条）。売買契約の締結に関する費用とは，一
般的に契約書・公正証書作成費用，印紙代，目的物鑑定費用などに要する費用
と解されている。この規定は売買のみならず，契約一般に関しての契約費用の
原則を定めるものと位置づけられている。なお，不動産の売買において移転登
記に要する費用はここでいう契約費用に含まれず，債務弁済のための費用で
あって，契約締結の費用ではなく各債務者の負担となる（民485条）。実際の取
引では，両者の区別はつきにくい場合もある。

Case

特別損害と手付約定の意義

事実

　上告人Ａは，被上告人Ｂと土地の売買契約を締結し，手付を交付したにもかかわら
ずＢが他人に土地を売却したため，本件土地の売買契約の9条3項に基づき，手付の
倍額300万円の支払を求めるとともに，9条4項に基づき，本件土地の履行不能時の時
価と売買代金との差額2240万円の支払を求めた事案である。

判旨

　最高裁は，「……本件契約の9条4項は，相手方の債務不履行により債権者が手付け
の額を超える損害を被った場合には，通常生ずべき損害であると特別の事情によって生
じた損害であるとを問わず，債権者はその損害全額の賠償を請求することができる旨を
定めた約定と解するのが相当であって，以上と異なり，9条4項は債務不履行によって
生じた損害のうち特別の事情によって生じた損害についてその賠償を請求することがで
きる旨を定めた約定と解すべきであるとし，通常生ずべき損害はおよそ同項による賠償
の対象とならないとした原審の判断には，法令の解釈適用を誤った違法がある……」と
判示して，原判決を破棄し，原審に差し戻した（最判平9・2・25集民181・351）。

3　売買の効力

[1]　売買の一般的効力

　売買契約が成立すると，売主は売買の目的である財産権を買主に完全に移転

する義務を負う。これは売買の中心的な効力の1つである。具体的内容は以下の通りである。

(1)　**売主の義務**　　改正民法560条は，「売主は，買主に対し，登記，登録その他の売買の目的である権利の移転についての対抗要件を備えさせる義務を負う」と規定する。この財産権の移転義務は，買主に財産権を完全に移転する義務であり，他人の権利（権利の一部が他人に属する場合におけるその権利の一部を含む）を売買の目的としたときは，売主はその権利を取得して買主に移転する義務を負う。

改正前民法562条1項は，売主が売買契約のときに善意である場合は，買主に損害を賠償し，契約を解除することができるとし，もし買主が悪意の場合は，売主は買主に対して他人の権利を取得できなかったことを通知すればそれだけで契約を解除できるとしていた（改正前民562条2項）。また，改正前民法570条は，目的物に瑕疵があった場合に，買主がその修補や代替物の引渡しといった履行の追完の請求をすることができるか否かについては言及していない。

そこで，民法（債権関係）の改正議論の中では，現代社会は，売買を中心とする工業製品が多いことから，不特定物売買の重要性が高まり，特定物か不特定物かを区別する合理性が乏しいので，特定物か不特定物かを問わずに修補等の追完請求権を明文化する必要性があり，追完方法の選択を巡る紛争の解決を一般条項の解釈に委ねるのみでは，紛争解決の透明性を確保する観点からは不十分であるとして，買主に追完方法の第一次的な選択権を与えながら，一定の場合には売主の提供する追完方法が優先する旨の規定を設ける必要があるといわれていた。

最終的に，改正民法562条1項は，「引き渡された目的物が種類，品質又は数量に関して契約の内容に適合しないものであるときは，買主は，売主に対し，目的物の修補，代替物の引渡し又は不足分の引渡しによる履行の追完を請求することができる。ただし，売主は，買主に不相当な負担を課するものでないときは，買主が請求した方法と異なる方法による履行の追完をすることができる」と規定された。

(2)　**財産権の移転義務**　　売主が買主へ財産権の移転をしても，買主が完全に権利を取得するためには，対抗要件を備える必要がある（改正民560条）。不

動産売買の場合は登記，動産の場合は引渡し，債権の場合は債務者への通知である。売主には登記移転手続き，引渡しの協力義務が求められる。法律上一定の要件を備えるような場合，たとえば，賃借権を売買する際の賃貸人の承諾や農地売買の際の農業委員会・知事への許可申請（農地3条・5条）などについては，当然売主の協力義務が必要である。もし権利取得に関して妨害者がいる場合は，目的物を引き渡しただけでは売主の義務の履行とはならない（最判昭47・5・30民集26・4・919）。

　(3)　**果実の引渡義務**　　売買の目的物から果実が生じたときには，その果実は果実収取権を有する者に帰属し，天然果実は，その元物から分離する時に，これを収取する権利を有する者に帰属する（民89条1項）。買主に権利が移転すれば，目的物引渡前であっても売主は果実を買主に引き渡さなければならないが，民法575条1項は，「まだ引き渡されていない売買の目的物が果実を生じたときは，その果実は，売主に帰属する」と定めており，引渡し前の果実は常に売主に属するものとしている。同条2項は，「買主は，引渡しの日から，代金の利息を支払う義務を負う」と規定する。その理由は，売買の目的である権利は，売買契約の成立と同時に売主から買主に移ると解されるから，果実を生じた場合には売主は目的物の権利者である買主に引き渡さなければならないとする。他方，買主は売主に対して，目的物の管理費用や利息を償還しなければならない。これでは権利関係が複雑になるため，民法は，果実を収取する利益が管理費用に利息を加えたものと等しいものとして，売主は目的物を引き渡すまでは，果実を取得し管理費用を負担するとともに，買主は代金の利息を払う必要はないと定めたのである。

② 売主の担保責任

　売主の担保責任とは，主に売買などの有償契約において，給付した目的物または権利関係に瑕疵がある場合に，当事者間の公平を図る目的で契約の一方当事者が負担する損害賠償等を内容とする責任である。たとえば，AがBから建物を購入したが，雨漏りがする瑕疵が見つかったという場合である。このよ

うな場合，民法改正前の担保責任は，民法 561 条から民法 572 条に規定があり，売主の担保責任の法的性質については，担保責任と債務不履行との関係をどのように考えればよいのか，これまでにも大いに問題となり議論されたところである。

改正前の考え方は，売買などの目的物が土地や中古自動車といった物の個性に着目した物（特定物）である場合にはその物を引渡せば足りるが，それでは買主の保護に欠けるとのことから，特別に売主の責任を定めた法定責任説であるとの考え方をとっていた。しかし，改正民法はこの瑕疵担保責任についての基本的な考え方を変えて瑕疵担保責任に関する規定を削除した。具体的には，売主は目的物が特定物か不特定物かに関わらず，当該売買契約の内容に適合した目的物を引き渡す契約上の義務を負っているとし，瑕疵のある物を引き渡した場合には，売主は契約に適合しない物を引渡したことによる責任，つまり契約不適合責任を負うとの考え方をとることになった。これに伴って，瑕疵のある特定物の引渡しを受けた場合には，買主が売主に対して請求できる権利の内容が改正前よりも拡大することになったといえる。

(1)　権利移転の対抗要件に係る売主の義務　　改正前民法 560 条は，売主に財産権の移転義務があることを規定しているだけであり，売買契約等にみられる登記や登録などの対抗要件がないことから，それを備えるべきであるとの提案がなされ，改正民法 560 条は，「売主は，買主に対し，登記，登録その他の売買の目的である権利の移転についての対抗要件を備えさせる義務を負う」とした。

(2)　他人の権利の売買における売主の義務　　改正民法 561 条は，改正前民法 560 条を実質的に維持するものである。判例は，他人物の所有者がもともとその物を他に譲渡する意思が全くない場合でも，売買契約自体は有効に成立するとした事例（最判昭 25・10・26 民集 4・10・497）や，他人物売買は，改正前民法 561 条の規定にかかわらず，買主が他人物であることにつき悪意の場合でも，他人の権利を移転しないことにつき売主に帰責事由がある限り，債務不履行責任を追及できるとする事例（最判昭 41・9・8 民集 20・7・1325）がみられている。

改正民法561条は，権利の移転が全部他人に属する場合のみでなく，その一部が他人に属する場合も射程範囲としており，「他人の権利（権利の一部が他人に属する場合におけるその権利の一部を含む。）を売買の目的としたときは，売主は，その権利を取得して買主に移転する義務を負う」とした。

(3) 買主の代金減額請求権　　売主が契約に適合しない物を引き渡す契約不適合責任は，これまで通説とされていた法定責任ではなく，債務不履行責任として整理されることになった。契約一般についての債務不履行責任との関係では，売買契約の場合についての特則として位置づけられ，買主の権利については，契約不適合の状態に応じて判断することになった。改正前民法は，物の瑕疵がある場合の買主の救済手段として代金減額請求権を規定していないが，瑕疵による減価分についての損害賠償は認めており，双務契約である対価関係を基本にすれば，権利の一部移転が不能となる場合や数量不足の場合（改正前民563条・改正前民565条）と同様に，契約不適合であればその均衡を維持する必要があるとして，最終的に，改正民法563条は，「第1項　前条第1項本文に規定する場合において，買主が相当の期間を定めて履行の追完の催告をし，その期間内に履行の追完がないときは，買主は，その不適合の程度に応じて代金の減額を請求することができる。第2項　前項の規定にかかわらず，次に掲げる場合には，買主は，同項の催告をすることなく，直ちに代金の減額を請求することができる。1号　履行の追完が不能であるとき。2号　売主が履行の追完を拒絶する意思を明確に表示したとき。3号　契約の性質又は当事者の意思表示により，特定の日時又は一定の期間内に履行しなければ契約をした目的を達することができない場合において，売主が履行の追完をしないでその時期を経過したとき。4号　前3号に掲げる場合のほか，買主が前項の催告をしても履行の追完を受ける見込みがないことが明らかであるとき。第3項　第1項の不適合が買主の責めに帰すべき事由によるものであるときは，買主は，前2項の規定による代金の減額の請求をすることができない」とした。

(4) 移転した権利が契約内容に適合しない場合の売主の担保責任　　改正前民法565条は，数量不足・物の一部滅失の場合の担保責任を定め，数量不足等

の担保責任としては，代金減額請求権・損害賠償請求権・解除権を，物の瑕疵担保責任としては，損害賠償請求権・解除権を定めていた。判例には，数量不足または物の一部滅失の場合については，特定物売買にのみ適用があると解している事例（大判明 36・12・9 民録 9・1363）や，土地の売買契約において，土地の面積が表示された場合でも，その表示が代金額決定の基礎としてなされたにとどまり，契約の目的を達成する上で特段の意味を有するものでないときは，売主は当該土地が表示どおりの面積を有したとすれば買主が得たであろう利益について，その損害を賠償すべき責を負わないとした事例（最判昭 57・1・21 民集 36・1・71），数量超過の場合であっても，売主保護の特別規範というものが存在しない以上，売主には当然には代金増額請求権は認められないと解される事例（最判平 13・11・27 民集 55・6・1380）などがみられている。

　改正前民法 565 条および改正前 570 条は，それぞれ改正前民法 563 条や改正前民法 566 条を準用し，売主の救済手段として損害賠償や解除が認められることは定めていたが，損害賠償と債務不履行一般理論については，瑕疵担保責任の法的性質論としてこれまで学説・判例も必ずしも一貫していなかった。改正民法 565 条は，契約責任説の立場からの具体的な救済手段を明示し，最終的に，「前 3 条の規定は，売主が買主に移転した権利が契約の内容に適合しないものである場合（権利の一部が他人に属する場合においてその権利の一部を移転しないときを含む。）について準用する」とし，改正民法 570 条は，「買い受けた不動産について契約の内容に適合しない先取特権，質権又は抵当権が存していた場合において，買主が費用を支出してその不動産の所有権を保存したときは，買主は，売主に対し，その費用の償還を請求することができる」とした。

　損害賠償の範囲についても，これまで改正前民法 565 条の数量不足・一部滅失の担保責任は，「権利の瑕疵」として分類されていたが，改正民法 565 条は「種類，品質又は数量に関して契約の内容に適合しないものである場合」として，物の瑕疵として捉えることになったため，損害賠償の範囲は信頼利益に制限はされることなく，履行利益までの賠償が認められることになったといえる。

　(5)　目的物の種類・品質に関する期間制限　　改正前民法では，売買等の有

償契約の目的物が，他の占有を伴う物権や登記をした賃借権の目的となっているため（改正前民566条1項），あるいは売買の目的である不動産のために存すると称した地役権が存しなかった，またはその不動産について登記をした賃貸借があったため（改正前民566条2項）に，善意の買主が契約の目的を達成できない場合に買主は契約の解除ができるし，損害賠償を請求することができるとされ，これらの権利行使については，1年間の**期間制限**があった（改正前民566条3項）。

　改正前民法570条において準用する改正前民法566条3項には，瑕疵担保責任に基づく権利行使について「事実を知った時から1年以内」という期間制限を設け，判例は，上記期間内に買主がすべき権利行使の内容につき，「売主に対し，具体的に瑕疵の内容とそれに基づく損害賠償請求をする旨を表明し，請求する損害額の算定根拠を示す」必要がある（最判平4・10・20民集46・7・1129）とし，また，改正前民法570条による損害賠償請求権について，物を引き渡した時を起算点とする10年の消滅時効（改正前民167条1項）に服すると判示した（最判平13・11・27民集55・6・1311）。

　最終的に，消滅時効の一般原則とは別に，買主が不適合の事実を知った時を起算点とする1年間の期間制限は維持されることになり，改正民法566条は，「売主が種類又は品質に関して契約の内容に適合しない目的物を買主に引き渡した場合において，買主がその不適合を知った時から1年以内にその旨を売主に通知しないときは，買主は，その不適合を理由として，履行の追完の請求，代金の減額の請求，損害賠償の請求及び契約の解除をすることができない。ただし，売主が引渡しの時にその不適合を知り，又は重大な過失によって知らなかったときは，この限りでない」とした。

　(6)　目的物の滅失等についての危険移転　　改正前民法534条は，特定物売買等において債務者の帰責事由によらない目的物の滅失または損傷に関する危険負担の債権者主義を定めていたが，その考えは以前から批判されており，目的物の実質的な支配が債務者から債権者に移転した時以後に適用する場面を制限する解釈が広い支持を得ている。売買契約においても，危険の移転時期は重要であり，原則として目的物の引渡し時に目的物の滅失等の危険が売主から買

主に移転するとの考え方が定着していることから，改正民法 567 条 1 項は，「売主が買主に目的物（売買の目的として特定したものに限る。以下この条において同じ。）を引き渡した場合において，その引渡しがあった時以後にその目的物が当事者双方の責めに帰することができない事由によって滅失し，又は損傷したときは，買主は，その滅失又は損傷を理由として，履行の追完の請求，代金の減額の請求，損害賠償の請求及び契約の解除をすることができない。この場合において，買主は，代金の支払を拒むことができない」とした。

　同 2 項については，改正前民法 413 条は「債権者が債務の履行を受けることを拒み，又は受けることができないときは，その債権者は，履行の提供があった時から遅滞の責任を負う」と規定していたが，その具体的内容は条文上明らかにされていないので，受領遅滞後に債務の履行が不能となった場合にはその不能による責任を負わないとして明文化することが必要であるとする提案がされ，改正民法 567 条 2 項は，「売主が契約の内容に適合する目的物をもって，その引渡しの債務の履行を提供したにもかかわらず，買主がその履行を受けることを拒み，又は受けることができない場合において，その履行の提供があった時以後に当事者双方の責めに帰することができない事由によってその目的物が滅失し，又は損傷したときも，前項と同様とする」と規定した。

Case

隠れた瑕疵とは

事実

　被上告人 A が，上告人 B に対して「穀用かます」を単価 65 円，12 万 8100 枚で売り渡したが，B が受領した「かます」に瑕疵があるとして，単価 20 円，数量 12 万 8100 枚，代金 256 万 2000 円としての減価採用で「精算」させていただくとの書面を送付したため，B に対して売掛代金残額等の支払を求めた事案である。

判旨

　最高裁は，「……右書面は代金減額を請求する趣旨が明確に表示されているわけではないし，また，目的物に瑕疵があることを理由としては当然には代金減額の請求をすることができるものでもないのであるから，右書面による表示を代金減額の請求とみることが表示者の意図した目的に合致するものとはいいがたい。もとより，右書面には，B が代金減額の請求だけをし損害賠償の請求はしない趣旨が表示されているわけではない。

むしろ，右書面においては，「精算」という文言が用いられ，受領物の瑕疵が具体的に指摘され，結論として約定代金額より少額の代金債務額を負うにすぎないことが具体的に主張されているのであつて，右の表示が代金額を知悉している売買当事者間でされたものであることと考え合わせて右書面の内容を解釈すれば，受領物には瑕疵があったから，Ｂは約定代金債務額から瑕疵相当の損害額を差引清算した残額についてのみ支払義務を負うべき趣旨のものと解するのが相当である。……特別の事情がないかぎり，上告人は右の表示により受領物の瑕疵に基く損害賠償の請求をするとともに該請求権による相殺をしたものというべきものである……」と判示して，本件を原裁判所に差し戻した（最判昭 50・2・25 民集 29・2・168）。

(7) **強制競売における担保責任**　　民法では強制競売を一種の売買とみている。競売の買受人は，売買における買主のような立場であり，債務者は売主のような立場である。改正前民法において，競売の目的物に権利の瑕疵がある場合においては，改正前民法 561 条〜 567 条によって買受人は債務者に対し，契約の解除や代金減額を請求することができた。債務者が無資力であるときは，買受人は競売代金の配当を受けた債権者に対して，その代金の全部または一部の返還を請求できる（民 568 条 2 項）。判例は，担保権の実行による任意競売にも適用がある（大判大 8・5・3 民録 25・729）。強制競売の場合には原則として損害賠償は認められないが，債務者が物もしくは権利の不存在を知りながら申し出なかった場合，または債権者がこれを知りながら競売を請求したときは買受人は債務者に対して損害賠償を請求できる（民 568 条 3 項）。

　最高裁は，建物に対する強制競売に関する事例において，借地権の存在を前提として売却が実施されたことが明らかであるにもかかわらず，代金納付の時点において借地権が存在しなかった場合には，買受人は，そのために建物買受けの目的を達することができず，かつ，債務者が無資力であるときは，改正前民法 568 条 1 項・2 項および改正前民法 566 条 1 項・2 項の類推適用により，強制競売による建物の売買契約を解除した上，売却代金の配当を受けた債権者に対し，その返還を請求することができると判示している（最判平 8・1・26 民集 50・1・155）。

　民法（債権関係）の改正では，強制競売についても，物の瑕疵に関する担保

責任の規律を及ぼすことが提案されていたが，配当受領の地位が不安定になる，執行裁判所としては競売手続の結果が覆ることによって関係当事者の不利益を懸念して手続きが慎重になるなどの意見があった。これらの理由もあって，改正民法568条は，「1項　民事執行法その他の法律の規定に基づく競売（以下この条において単に「競売」という。）における買受人は，第541条及び第542条の規定並びに563条（第565条において準用する場合を含む。）の規定により，債務者に対し，契約の解除をし，又は代金の減額を請求することができる」と規定された。改正民法568条2項，3項は改正前と同じであり，4項は「前3項の規定は，競売の目的物の種類又は品質に関する不適合については，適用しない」と規定した。

(8)　**債権の売主の担保責任**　　債権の売買において，売主が買主に対して債務者の資力を担保したときは，契約当時の債務者の資力を担保したものと推定する（民569条1項）。その後に債務者が支払能力を失ったとしても，売主は責任を負わない。弁済期が到来していない債権の売主が債務者の将来の支払能力を担保したときは，弁済期に支払う能力があることを保証したものと推定される（民569条2項）。

(9)　**担保責任と同時履行**　　民法改正により，同時履行の抗弁権の規定は，契約の内容に適合しないものを給付したことによって生じる担保責任（改正民565条）に適用されることになったため，民法571条は削除されることになった。

3　**買 主 の 義 務**

(1)　**代金の支払義務**　　買主は代金支払義務を負う（民555条）。これは買主の主たる義務である。代金の額は，契約内容によるが，時価によるという支払いも許容される。景気の動向によって時価の金額に変動があった場合は，事情変更の原則により代金の増減があり得る。売買の目的物の引渡しについて期限があるときは，代金の支払についても同一の期限を付したものと推定される（民573条）。また，売買の目的物の引渡しと同時に代金を支払うときは，その引渡しの場所において支払わなければならない（民574条）。利息の支払については，

買主は目的物引渡しの日から利息支払義務も負う（民575条2項本文）。ただし，代金の支払について期限があるときは，その期限が到来するまでは，利息を支払うことは必要ない（民575条2項ただし書）。売買の目的について権利を主張する者が現れて，買主がその買い受けた権利の全部または一部を失うおそれがあるとき（改正民576条），または，買い受けた不動産について抵当権・先取特権・質権の登記がある場合は，原則として代金の全部または一部の支払を拒むことができる（改正民577条）。

(2) **受領義務**　買主が目的物を受領する義務があるのかどうかについて，わが国では明文規定がないため，一般的には受領義務を認めないのが判例・通説である。しかし，特殊な事情がある場合には，買主の引取義務を認める場合もあり得る。最高裁は，硫黄鉱石の全量を一定期間継続的に引き渡すとする売買契約の買主が引取を拒んだ事例で，買主に信義則上の鉱石の引取義務を認めている（最判昭46・12・16民集25・9・1472）。諸外国をみると，買主の目的物受領義務について定める立法例もある。

(3) **代金の支払期限**　売買代金の支払時期については，一般的に契約で定められることになるが，特約や取引上の慣習がない場合には，売主はいつでも支払を請求することができる。もし目的物の引渡期日が決まっている場合は，代金もその時に支払う（民573条）。その理由は，同時履行の関係に立たせるのが妥当との趣旨である。

(4) **代金の支払場所**　代金の支払場所については，特約や取引上の慣習がない場合は，売主の住所で支払うのが原則である。しかし，売買の目的物の引渡しと同時に代金を支払う定めがあるときは，その引渡しの場所で支払うことになる（民574条）。

(5) **果実の帰属と代金の利息**　売買契約締結後，まだ引渡しをしていない売買の目的物から果実が生じたときは，その果実は売主に帰属する。（民575条1項）。買主が売主から目的物の引渡しを受けた場合は，その日から代金に利息を付けて支払わなければならない。ただし，代金の支払の期日があるときは，その期日が到来するまでは利息を支払う必要はない（民575条2項）。判例は，

売主が目的物の引渡しを遅滞した場合でも，引渡しまでこれを使用し果実を収取し得ると同時に，買主が遅滞にあるときでも，目的物の引渡しを受けるまでの期間に対応する代金の利息を支払う必要はないと解している（大連判大13・9・24民集3・440）。

(6)　**代金支払拒絶権**　　売買の目的物について権利を主張する者があることその他の事由により，買主が買い受けた権利の全部もしくは一部を取得することができず，または失うおそれがあるときは，買主はその危険の程度に応じて，代金の支払の全部または一部の支払を拒むことができる。ただし，売主が相当な担保を供した時はこの限りでない（改正民576条）。なお，代金支払拒絶権については，目的物上に用益物権があると主張する第三者が存在する場合が含まれる。

(7)　抵当権等の登記がある場合の買主の代金支払拒絶権　　買い受けた不動産に契約の内容に適合しない抵当権の登記があるときは，買主は，抵当権消滅請求の手続きが終わるまで，代金の支払を拒むことができる。この場合において，売主は，買主に対し，遅滞なく抵当権消滅請求をすべき旨を請求することができる（改正民577条1項）。前項の規定は，買い受けた不動産について先取特権や質権の登記がある場合についても準用する（改正民577条2項）。

 Topics

瑕疵担保責任と住宅品質確保促進法

　住宅の品質確保の促進等に関する法律とは，品質のよい住宅を取得することと共に建築主を法的に守ることを目的として，2000（平成12）年4月に施行された法律である。住宅の品質確保促進法は，「10年の瑕疵担保期間」・「住宅性能表示制度」・「紛争処理機関の新設」の三本柱で成り立っている。

　(1)　10年の瑕疵担保期間　　住宅の不具合や欠陥が見つかった場合，施工会社はこの瑕疵に対して，建築後10年間は無償補修や賠償責任を負う。瑕疵担保責任の対象は，住宅の基礎や柱，床，屋根などの基本構造部分と雨漏りなどに関した部位である。請負契約だけに限らず，建売などの売買契約においてもその対象である。10年間の瑕疵担保責任期間は強行法規であり，契約書で瑕疵担保責任期間を5年として特約をしても無効である。瑕疵担保責任期間は最大20年まで延長することができる。

　(2)　住宅性能表示制度　　住宅の性能を他の住宅と比較できるように，　統一された

基準で住宅の性能を表示する制度である。この制度の利用は，住宅取得者，住宅生産者，住宅販売者の任意選択となっており，費用は建築主の負担となっている。当初，新築住宅に限られていたが，2002（平成 14）年から既存住宅でも利用できるようになった。住宅の評価は，国土交通省が指定した第三者機関が行うことになっている。評価する性能は，①構造の安定，②火災時の安全，③劣化の軽減，④維持管理への配慮，⑤温熱環境，⑥空気環境，⑦光・視環境，⑧音環境，⑨高齢者への配慮，⑩防犯の 10 項目である。

  (3) 紛争処理機関の新設　　住宅性能表示制度によって評価を受けたにもかかわらず，建築主と施工業者との間でトラブルになった場合，その紛争処理を行う機関である。公平に紛争処理が行われるように，第三者的の処理機関が取り扱うことになっている。紛争処理を依頼できるのは，住宅性能表示制度によって性能評価を受けた住宅に限られる。

  (4) 最近の動向　　国は，平成 26 年 2 月 25 日に「住宅の品質確保の促進等に関する法律施行規則」，「日本住宅性能表示基準」および「評価方法基準」等を改正，平成 27 年 1 月 29 日には「住宅の品質確保の促進等に関する法律施行規則」，平成 27 年 5 月 29 日には「評価方法基準」を改正，平成 28 年 1 月 29 日には「日本住宅性能表示基準」および「評価方法基準」等を改正し，平成 28 年 4 月 1 日から施行されている。

4　特殊な売買

1　序

　民法が予定する上記の典型的な売買契約に対して，最近では，消費者に対する商品の販売方法が目まぐるしく変化・多様化している。これまで通りデパート・スーパーなどのお店に出向いて買い物をするという販売方法もあるが，今では，自宅にいながらクレジット契約，インターネット取引，TV ショッピングなどを通じて，自分が要求する商品を購入できる時代へと大きく変化してしまった。もし，これらの取引が問題となった場合には，民法上の詐欺・錯誤・強迫・債務不履行等の法的手続きで救済が図られることになるが，一般消費者を保護するには限界があることから，国はその対策として，1968（昭和 43）年に消費者保護基本法を制定し，その後社会状況に合わせて種々の法律の制定・改正を行ってきた。ここでは，最初に**割賦販売法**を説明し，その後に特定商取引法（**訪問販売・通信販売**および**電話勧誘販売**に係る取引・**連鎖販売取引**［マルチ商法］）を中心に要約・紹介することにする。

② 割賦販売法

　割賦販売法とは，クレジット取引を対象に，事業者が守るべきルールを定めるものである。購入者の利益を保護すること，割賦販売等に係る取引を公正にすること，商品等の流通，役務の保護を円滑にすることを目的とするものである。割賦販売には，ある程度代金が積み立てられてから，買主に目的物を引き渡す前払い式と，最初に目的物を買主に引き渡してしまう後払い式がある。とくに，後者は信用売買といわれるもので，売主が代金債権を担保するため，所有権留保を行ったり，違約罰を定めたりするなど，買主に不利な条件が付けられる場合が多く，今日消費者問題が生じ，消費者を保護するための特別法である割賦販売法へ発展している。

　平成 28 年 12 月 2 日に割賦販売法の一部改正が可決・成立し，クレジットカードの情報管理，販売業者に対する管理の強化など，環境整備に対応するための改正が行われた。

　主な改正点は，クレジットカードの取扱いを認める契約を締結する加盟店契約締結業者についても登録制を導入すること（改正割賦 35 条の 17 の 2），加盟店契約締結業者に対してクレジットカード番号等に関する情報の適切な管理のために必要な措置を講ずることを義務付けること（改正割賦 35 条の 17 の 9），経済産業省令で定める一定の事項を確認し（改正割賦 35 条の 17 の 8 第 1 項），加盟店が不適格と認められる場合には加盟店契約の締結または維持を禁ずること（改正割賦 35 条の 17 の 8 第 2 項・4 項），加盟店に対してクレジットカード番号等の適切な管理・不正利用防止の措置を取ることを義務付けること（改正割賦 35 条の 16），これまでの書面交付義務を情報提供義務の構成にすること（改正割賦 30 条の 2 の 2 第 4 項）などである。その他の細かい点は条文に譲ることにする。

　(1)　割賦販売の類型　　割賦販売の類型は，**割賦販売**，**ローン提携販売**，**信用購入あっせん**（包括・個別信用あっせんを含む）の 3 類型がある。

　　(a)　**割賦販売**　　割賦販売とは，販売会社が法律で定められた指定商品，指定権利，指定役務を販売する際に，その代金を 2 ヵ月以上かつ 3 回払い以上の支払い（リボルビングを含む）によって，後払いで受け取る販売形態である（割

賦2条1項)。その他に個別方式の割賦販売,販売会社が発行するクレジットカードを用いた割賦販売もある。

(b) **ローン提携販売**　ローン提携販売とは,販売会社が法律で定められた指定商品,指定権利,指定役務を販売する際に,その代金について,金融機関から借り入れて2ヵ月以上3回払い以上の支払いによって返済することを条件に,販売会社が消費者の債務を保証して行う形態である(割賦2条2項)。この販売では,消費者と金融機関の間には金銭消費貸借契約,消費者と販売会社の間には売買契約・保証委託契約,金融機関と販売会社の間には保証契約が結ばれることになる。改正割賦販売法では,クレジットカードを用いた包括方式のローン提携販売が定義され,この方式でも個別方式のものは信用購入あっせんに含まれることになった。

(c) **包括信用購入あっせん販売**(包括クレジット)　信用購入あっせんとは,消費者が販売会社で商品等を購入する際,クレジット会社が消費者に代わって販売会社に代金の支払いをし,後日消費者が代金2ヵ月を超えてクレジット会社に支払う形態である(割賦2条3項)。3者間契約のうち,クレジット会社への代金の支払いが2ヵ月を超えるものは,信用購入あっせんとなる。この販

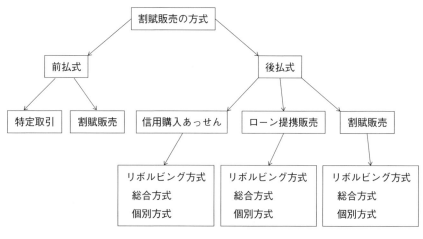

図表 2-1　割賦販売の方式

売では，消費者と販売会社との間には売買契約，消費者とクレジット会社の間には立替払契約が結ばれることになる。

　(d)　**個別信用あっせん販売**（個別クレジット）　　個別信用あっせん販売とは，消費者が商品等を購入する際に，カード等を利用することなく，クレジット会社が特定の商品等の販売代金等を立て替え払いにすることをいう（割賦2条4項）。

　(2)　割賦販売の規制　　(a)　**書面の交付**　　割賦販売業者は，割賦販売法2条1項1号に規定する割賦販売の方法により指定商品もしくは指定権利を販売する契約または指定役務を提供する契約を締結したときは，遅滞なく契約の内容を明らかにする書面を購入者または役務の提供を受ける者に交付しなければならない（割賦4条1項）。その他，ローン提携販売（割賦29条の3第1項・2項），包括割賦購入あっせん（割賦30条1項）の規定がある。

　(b)　**支払停止の抗弁権**　　支払停止の抗弁権とは，販売業者に問題が生じている場合に，クレジット会社に対して，その生じている問題を主張して，クレジット会社からの支払を拒否する権利である（割賦30条の4）。要件としては，販売業者に対して抗弁事由があること，総支払額が4万円以上であることである（割賦令18条・21条）。ローン提携販売は，2ヵ月以上の期間にわたっての3回以上の分割である（割賦2条2項1号）。包括信用購入あっせんは，2ヵ月以上の期間にわたる支払いがあること（同条3項1号），売買契約が割賦販売法35条の3の60に該当しないことなどがあげられる。

Case

個品信用購入あっせん販売とクレジット契約の効力

事実

　Aは，平成15年3月に信販会社Bの加盟店Cの販売員の電話勧誘を受けて指輪等宝飾品3点を157万5000円で購入した（査定では10万程度である）。売買契約締結の際に，AはB会社の申込書に署名し，BがAの立て替え払いをし，AがBに本件商品の代金額と分割手数料の合計218万9250円を平成15年5月から平成20年4月まで分割して支払う立替払契約の申込みをした。Aは平成17年9月までに106万0850円を支払ってきたが，Bが個品割賦購入あっせん事業をYに譲渡した後は，Aは支払いをせず，未払金は112万8400円になった。その後，AはYに対し本件売買契約は公序良俗に反し

無効であるとして，不当利得返還請求権に基づいて既払金を請求した事案である。第1
審は，A敗訴，第2審はA勝訴，これに対してYが上告。

判旨

　最高裁は，「……個品割賦購入あっせんにおいて，購入者Aと販売業者Cとの間の売
買契約が公序良俗に反し無効とされる場合であっても，Cとあっせん業者Bとの関係，
Cの立替払契約締結手続への関与の内容及び程度，Cの公序良俗に反する行為について
のBの認識の有無及び程度等に照らし，Cによる公序良俗に反する行為の結果をBに
帰せしめ，売買契約と一体的に立替払契約についてもその効力を否定することを信義則
上相当とする特段の事情があるときでない限り，売買契約と個別の契約であるAとB
との間の立替払契約が無効となる余地はない。……本件CはBの加盟店の一つにすぎず，
……資本関係その他の密接な関係があることはうかがわれない。そしてBは，本件立
替払契約の締結の手続を……自らAに本件立替払契約の申込みの意思，内容等を確認
して，本件立替払契約を締結している。また，Aが本件立替払契約に基づく割賦金の支
払につき異議等を述べ出したのは，長期間にわたり約定どおり割賦金の支払を続けた後
になってからのことであり，本件Bは，本件立替払契約の締結前に，本件販売業者の
販売行為につき，他の購入者から苦情の申出を受けたことや公的機関から問題とされた
こともなかった……」と判示し，特段の事情に当たらないとして，Aの控訴を棄却した
（最判平23・10・25民集65・7・3114）。

③　特定商取引法

　特定商取引法とは，消費者トラブルを生じやすい取引類型を対象にして，事
業者が守るべきルールとクーリング・オフ等の消費者を守るルールを定めるも
のである。消費者の利益を中心に，事業者による違法・悪質な勧誘行為等を防
止するための法律である。この取引類型には，訪問販売・通信販売・電話勧誘
販売・連鎖販売取引・特定継続的役務提供業務・提供誘引販売取引・訪問購入
が含まれる。

　平成28年6月3日に特定商取引に関する法律の一部改正が可決・成立し，
平成29年12月1日から施行されることになった。主な改正点は，訪問販売等
におけるアポイントメントセールスの誘引方法等の追加（特定商取引施行規則11
条の2），規制対象を拡大（指定権利制の見直し）（特定商取引2条第4項），金銭借
入や預貯金の引出し等に関する禁止行為の導入（特定商取引施行規則7条6号等），
取消権の行使期間の伸長（特定商取引9条の3第4項等），通信販売におけるファ

クシミリ広告規制の導入（特定商取引12条の5），通信販売における定期購入契約に関する表示義務の追加・明確化（特定商取引施行規則8条7号等），電話勧誘販売における過量販売規制の導入（特定商取引22条，24条の2），美容医療契約の特定継続役務提供への追加（特定商取引施行令別表4，施行規則31条の4）などである。その他の細かい点は条文に譲ることにする。

(1) **訪問販売** (a) 定義 訪問販売とは，販売業者または役務提供事業者が，店舗等以外の場所で行う商品，権利の販売または役務の提供を行う取引，キャッチセールス（たとえば，路上等で営業所以外の場所で消費者を呼び止めて営業所等に同行させて契約させること），アポイントメント（たとえば，セールス電話や郵便等で販売目的を明示せずに消費者を呼び出し，ほかの者に比べて著しく有利な条件で契約できると消費者を誘って営業所等に呼び出して契約させること）を行って取引をすることをいう。一般的には，セールスマンが自宅を訪問して契約を行う販売方法である。ここでいう販売業者または役務提供事業者とは，販売または役務の提供を業として営む者を意味する（特定商取引2条）。

(b) 訪問販売の規制 (ア) **氏名の明示** 事業者は，その勧誘に先立ってその相手方に対し，事業者の氏名または名称，売買契約または役務提供契約の締結について，勧誘をする目的である旨および当該勧誘に係る商品もしくは権利または役務の種類を明らかにしなければならない（特定商取引3条）。

(イ) **再勧誘の禁止** 事業者は，相手方に対し，勧誘を受ける意思があることを確認するよう努めなければならない。売買契約を締結しない旨の意思を表示した者に対しては，売買契約または役務提供契約の締結について勧誘をしてはならない（特定商取引3条の2）。

(ウ) **書面の交付** 事業者は，売買契約の申込みを受けたときは，その申込みの内容を記載した書面をその申込みをした者に交付しなければならない。ただし，その申込みを受けた際，契約を締結した場合においては，この限りでない（特定商取引4条）。法定事項には，商品もしくは権利または役務の種類（同条1号），商品もしくは権利の販売価格または役務の対価（同2号），商品もしくは権利の代金または役務の対価の支払の時期および方法（同3号），商品の引渡

し時期もしくは権利の移転時期または役務の提供時期（同4号），特定商取引法9条1項の規定による売買契約もしくは役務提供契約の申込みの撤回または売買契約もしくは役務提供契約の解除に関する事項（同5号），そのほか，主務省令で定める事項（同6号）が記載されている。

(エ) **禁止行為**　事業者は，契約の締結について勧誘をするに際し，申込みの撤回もしくは解除を妨げるため，不実のことを告げる行為をしてはならない（特定商取引6条）。法定事項には，売買契約等の締結について勧誘を行う際，または契約の申込みの撤回を妨げるために，事実と違うことを告げること（同条1項）故意に事実を告げないこと（同2項），相手を威迫して困惑させること（同3項），勧誘目的を告げない誘引方法により誘引した消費者に対して，公衆の出入りする場所以外の場所で，売買契約等の締結について勧誘を行うこと（同4項）が記載されている。

(オ) **行政処分・罰則**　行政規制に違反した事業者は，業務改善の指示（特定商取引7条）や業務停止命令（特定商取引8条）の行政処分のほか，罰則の対象となる。

(カ) **クーリング・オフ**　消費者が契約を申し込み，契約をした場合でも，法律で決められた書面を受け取った日から数えて8日間以内であれば，消費者は事業者に対して書面により申込みの撤回や契約の解除をすることができる。事業者が，クーリング・オフに関する事項につき事実と違うことを告げたり，威迫したりすることによって，消費者が誤認・困惑してクーリング・オフをしなかった場合には，上記期間を経過していても，消費者はクーリング・オフをすることができる。消費者が，すでに商品もしくは権利を受け取っている場合には，販売業者の負担によってその商品を引き取ってもらうこと，権利を返還することもできる。ただし，消耗品である健康食品，化粧品等を使用した場合や現金取引の場合であって代金または対価の総額が3000円未満の場合には，クーリング・オフの規定が適用されない（特定商取引9条）。

(キ) 契約解除後の**損害賠償**　事業者は，売買契約またはその役務提供契約が解除されたときは，損害賠償額の予定または違約金の定めがあるときに

おいても，これに対する法定利率による遅延損害金の額を加算した金額を超える額の金銭の支払を購入者または役務の提供を受ける者に対して請求することができない（特定商取引10条）。法定事項には，商品または権利が返還された場合，商品の通常の使用料の額または当該権利の行使により通常得られる利益に相当する額（同条1号），商品または権利が返還されない場合，商品または権利の販売価格に相当する額（同2号），役務提供契約の解除が役務の提供の開始後である場合，提供された役務の対価に相当する額（同3号），契約の解除が商品の引渡しもしくは役務の提供の開始前である場合，契約の締結および履行のために通常要する費用の額（同4号）が記載されている。

　（ク）　**差止請求**　　消費者契約法に規定する適格消費者団体は，事業者に対し，行為の停止もしくは予防その他の当該行為の停止もしくは予防に必要な措置をとることを請求することができる（特定商取引58条の18第1項）。法定事項には，売買契約の申込みの撤回もしくは解除を妨げるため不実のことを告げる行為（同項1号），故意に事実を告げない行為（同2号），威迫して困惑させる行為（同3号）が記載されている。

　(2)　**通信販売**　　(a)　定義　　通信販売とは，販売業者または役務提供事業者が，郵便等によって売買契約または役務提供契約の申込みを受けて行う商品，権利の販売または役務の提供のことをいう。たとえば，新聞，テレビ，インターネット上のホームページなどによる広告や，ダイレクトメール，チラシ等を見た消費者が，郵便や電話，ファクシミリ，インターネット等で購入の申込みを行う取引方法をいう（特定商取引2条2項）。

　　(b)　通信販売の規制　　(ア)　**広告の表示**　　事業者は，商品もしくは指定権利の販売条件または役務の提供条件について広告をするときは，法定事項を表示しなければならない。ただし，これらの事項を記載した書面を遅滞なく交付し，または電磁的記録を提供する旨の表示をする場合には，事項の一部を表示しなくてもよい。法定事項には，商品もしくは権利の販売価格または役務の対価（特定商取引11条1号），商品もしくは権利の代金または役務の対価の支払いの時期および方法（同2号），商品の引渡し時期もしくは権利の移転時期また

は役務の提供時期（同3号），商品もしくは指定権利の売買契約の申込みの撤回または売買契約の解除に関する事項（同4号），そのほか，主務省令で定める事項（同5項）が記載されている。

(イ) **誇大広告等の禁止**　　事業者は，商品もしくは指定権利の販売条件または役務の提供条件について広告をするときは，売買契約の申込みの撤回または売買契約の解除に関する事項，その他の主務省令で定める事項について，著しく事実に相違する表示をしまたは実際のものよりも著しく優良であり，もしくは有利であると人を誤認させるような表示をしてはならない（特定商取引12条）。

(ウ) **指示**　　主務大臣は，購入者または役務の提供を受ける者の利益が害されるおそれがあると認めるときは，その販売業者または役務提供事業者に対し，必要な措置をとるべきことを指示することができる（特定商取引14条1項）。法定事項には，契約の解除によって生ずる債務の全部または一部の履行を拒否し，または不当に遅延させること（同項1号），顧客の意に反して契約の申込みをさせようとする行為（同2号），通信販売に係る取引の提供を受ける者の利益を害するおそれがあるもの（同3号）が記載されている。主務大臣は，役務の提供を受ける者の利益が害されるおそれがあると認めるときは，その通信販売電子メール広告受託事業者に対し，必要な措置をとるべきことを指示することができる（特定商取引14条2項）。

(エ) **業務の停止**　　主務大臣は，購入者もしくは役務の提供を受ける者の利益が著しく害されるおそれがあると認めるとき，または販売業者もしくは役務提供事業者が同項の規定による指示に従わないときは，1年以内の期間を限り通信販売に関する業務の全部または一部を停止すべきことを命ずることができる（特定商取引15条1項）。主務大臣は，購入者もしくは役務の提供を受ける者の利益が著しく害されるおそれがあると認めるとき，または通信販売電子メール広告受託事業者が同項の規定による指示に従わないときも同様である（同2項）。

(オ) **行政処分・罰則**　　行政規制に違反した事業者は，業務改善の指示

（特定商取引 14 条）や業務停止命令（特定商取引 15 条）などの行政処分のほか，罰則の対象となる。

(カ)　**クーリング・オフ**　消費者が契約を申し込んだり，契約をしたりした場合でも，その契約にかかる商品の引渡しまたは指定権利の移転を受けた日から数えて 8 日間以内であれば，消費者は事業者に対して，売買契約の申込みの撤回または解除をすることができる。事業者が広告であらかじめ，この契約申込みの撤回や解除につき，特約を表示していた場合は，特約による（特定商取引 15 条の 2）。

(キ)　**差止請求**　適格消費者団体は，著しく事実に相違する表示をし，または実際のものよりも著しく優良であり，もしくは有利であると誤認させるような表示をする行為を現に行いまたは行うおそれがあるときは，その販売業者または役務提供事業者に対し，行為の停止もしくは予防または行為に供した物の廃棄もしくは除去その他の行為の停止もしくは予防に必要な措置をとることを請求することができる（特定商取引 58 条の 19）。

(3)　**電話勧誘販売**　(a)　定義　電話勧誘販売とは，電話で勧誘して申込みを受ける取引のことをいう（特定商取引 2 条 3 項）。事業者が電話をかけて勧誘を行い，その電話の中で消費者からの申込みを受けた場合だけでなく，電話をいったん切った後，郵便，電話等によって消費者が申込みを行った場合でも，電話勧誘によって消費者の購入意思の決定が行われた場合には，電話勧誘販売となる。

(b)　電話勧誘販売の規制　(ア)　**氏名の明示**　事業者は，電話勧誘販売をしようとするときには，勧誘に先立って相手方に対し，勧誘をするためのものであることを告げなければならない（特定商取引 16 条）。

(イ)　**再勧誘の禁止**　事業者は，役務提供契約を締結しない旨の意思を表示した者に対し，役務提供契約の締結について勧誘をしてはならない（特定商取引 17 条）。

(ウ)　**書面の交付**　事業者は，売買契約の申込みを郵便等により受けたときは，遅滞なく，その申込みの内容を記載した書面をその申込みをした者に

交付しなければならない。ただし，その申込みを受けた際，契約を締結した場合においてはこの限りでない（特定商取引18条）。法定事項には，商品もしくは権利または役務の種類（同条1号），商品もしくは権利の販売価格または役務の対価（同2号），商品もしくは権利の代金または役務の対価の支払の時期および方法（同3号），商品の引渡し時期もしくは権利の移転時期または役務の提供時期（同4号），特定商取引法24条1項の規定による売買契約もしくは役務提供契約の申込みの撤回または売買契約もしくは役務提供契約の解除に関する事項（同5号），前各号に掲げるもののほか，主務省令で定める事項（同6号）が記載されている。

(エ) **禁止行為**　　事業者は，売買契約もしくは役務提供契約の締結について勧誘をするに際し，売買契約もしくは役務提供契約の申込みの撤回もしくは解除を妨げるため，不実のことを告げる行為をしてはならない（特定商取引21条）。法定事項には，商品の種類およびその性能その他これらに類するもの（同条1号），商品もしくは権利の販売価格または役務の対価（同2号），商品もしくは権利の代金または役務の対価の支払の時期および方法（同3号），商品の引渡し時期もしくは権利の移転時期または役務の提供時期（同4号），売買契約もしくは当該役務提供契約の申込みの撤回または当該売買契約もしくは役務提供契約の解除に関する事項（同5号），売買契約または役務提供契約の締結を必要とする事情に関する事項（同6号），購入者もしくは役務の提供を受ける者の判断に影響を及ぼすこととなる重要なもの（同7号）が記載されている。

(オ) **行政処分・罰則**　　行政規制に違反した事業者は，業務改善指示（特定商取引22条）や業務停止命令（特定商取引23条）等の行政処分のほか，罰則の対象となる。

(カ) **クーリング・オフ**　　消費者が契約を申し込んだり，契約をしたりした場合でも，法律で決められた書面を受け取った日から数えて8日間以内であれば，消費者は事業者に対して，書面により申込みの撤回や契約の解除（クーリング・オフ）をすることができる（特定商取引24条）。

(キ) 契約解除後の**損害賠償**　　事業者は，その売買契約またはその役務

提供契約が解除されたときは，損害賠償額の予定または違約金の定めがあるときにおいても，これに対する法定利率による遅延損害金の額を加算した金額を超える額の金銭の支払を購入者または役務の提供を受ける者に対して請求することができない（特定商取引25条）。

(ケ)　**差止請求**　　適格消費者団体は，事業者に対し，行為の停止もしくは予防または行為に供した物の廃棄もしくは除去その他の当該行為の停止もしくは予防に必要な措置をとることを請求することができる（特定商取引58条の20第1項）。法定事項には，売契約の申込みの撤回もしくは解除を妨げるため不実のことを告げる行為（同項1号），故意に事実を告げない行為（同2号），威迫して困惑させる行為（同3号）が記載されている。

(4)　**連鎖販売取引**　　(a)　定義　　連鎖販売取引とは，個人を販売員として勧誘し，さらに次の販売員を勧誘させるというかたちで，販売組織を連鎖的に拡大して行う商品・役務（サービス）の取引のことをいう（特定商取引33条）。たとえば，この会に入会すると売値の5割引で商品を買えるので，他人を誘いその人に売れば儲かると言って人々を勧誘し，取引条件として，3万円以上の負担をさせる場合である。

(b)　連鎖販売取引の規制　　(ア)　**氏名の明示**　　統括者，勧誘者または一般連鎖販売業者は，一連の連鎖販売業に係る連鎖販売取引をしようとするときは，その勧誘に先立って，その相手方に対し特定負担を伴う取引についての契約の締結について勧誘をする目的である旨および勧誘に係る商品または役務の種類を明らかにしなければならない（特定商取引33条の2）。

(イ)　**禁止行為**　　統括者または勧誘者は，一連の連鎖販売業に係る連鎖販売取引についての契約の締結について勧誘をするに際し，またはその連鎖販売業に係る連鎖販売取引についての契約の解除を妨げるため，故意に事実を告げず，または不実のことを告げる行為をしてはならない（特定商取引34条1項）。法定事項には，商品の種類およびその性能その他これらに類するもの（同項1号），連鎖販売取引に伴う特定負担に関する事項（同2号），契約の解除に関する事項（同3号），連鎖販売業に係る特定利益に関する事項（同4号），前各号に

掲げるもののほか，連鎖販売取引の相手方の判断に影響を及ぼすもの（同5号）が記載されている。

　　　(ウ)　**広告の表示**　　統括者，勧誘者または一般連鎖販売業者は，一連の連鎖販売業に係る連鎖販売取引について広告をするときは，次の事項を表示しなければならない（特定商取引35条）。法定事項には，商品または役務の種類（同条1号），連鎖販売取引に伴う特定負担に関する事項（同2号），連鎖販売業に係る特定利益について広告をするときは，その計算の方法（同3号），前3号に掲げるもののほか，主務省令で定める事項（同4号）が記載されている。

　　　(エ)　**誇大広告の禁止**　　統括者，勧誘者または一般連鎖販売業者は，一連の連鎖販売業に係る連鎖販売取引について広告をするときは，その連鎖販売業に係る商品の性能もしくは品質または施設を利用しもしくは役務の提供を受ける権利もしくは役務の内容，連鎖販売取引に伴う特定負担，特定利益その他の主務省令で定める事項について，著しく事実に相違する表示をし，または実際のものよりも著しく優良であり，もしくは有利であると人を誤認させるような表示をしてはならない（特定商取引36条）。

　　　(オ)　**書面の交付**　　連鎖販売業を行う者は，連鎖販売取引に伴う特定負担をしようとする者とその特定負担についての契約を締結しようとするときは，その契約を締結するまでにその連鎖販売業の概要について記載した書面をその者に交付しなければならない（特定商取引37条1項）。その連鎖販売契約の相手方がその連鎖販売業に係る商品の販売もしくはそのあっせんまたは役務の提供もしくはそのあっせんを店舗等によらないで行う個人であるときは，遅滞なくその連鎖販売契約の内容を明らかにする書面をその者に交付しなければならない（同条2項）。法定事項には，商品の種類もしくは役務の種類およびこれらの内容に関する事項（同項1号），商品の再販売，受託販売もしくは販売のあっせんまたは同種役務の提供もしくは役務の提供のあっせんについての条件に関する事項（同2号），連鎖販売取引に伴う特定負担に関する事項（同3号），連鎖販売契約の解除に関する事項（同4号），そのほか，主務省令で定める事項（同5号）が記載されている。

　㈹　**行政処分・罰則**　　行政規制に違反した者は，業務改善指示（特定商取引 38 条）や業務停止命令（特定商取引 39 条）などの行政処分のほか，罰則の対象となる。

　㈺　**クーリング・オフ**　　消費者が契約をした場合でも，法律で決められた書面を受け取った日から数えて 20 日間以内であれば，消費者は連鎖販売業を行う者に対して，書面により契約の解除をすることができる（特定商取引 40 条）。連鎖販売加入者は，特定商取引法 37 条 2 項の書面を受領した日から起算して 20 日を経過した後においては，将来に向かってその連鎖販売契約の解除を行うことができる（特定商取引 40 条の 2）。

　㈼　**差止請求**　　適格消費者団体は，統括者，勧誘者または一般連鎖販売業者が，行為の停止もしくは予防または当該行為に供した物の廃棄もしくは除去その他の当該行為の停止もしくは予防に必要な措置をとることを請求することができる（特定商取引 58 条の 21）。法定事項には，故意に事実を告げず，または不実のことを告げる行為（同 1 項），一般連鎖販売業者が，特定商取引法 58 条の 21 第 1 項 1 号イ（商品の製品および性能）またはロ（特定商取引 34 条 1 項 2 号～5 号）に掲げる事項につき，不実のことを告げる行為（特定商取引 58 条の 21 第 1 項 2 号），威迫して困惑させる行為（同 3 号），著しく事実に相違する表示をし，または実際のものよりも著しく優良であり，もしくは有利であると誤認させるような表示をする行為（同 4 号），連鎖販売取引につき利益を生ずることが確実であると誤解させるべき断定的判断を提供して契約の締結について勧誘をする行為（同 5 号）が記載されている。

　＊特殊な売買に関する条文は，わかりやすくするために，記述を簡略化してあることをお断りしておく。

クーリング・オフの一覧表

商品・販売方法・契約の種類	クーリング・オフ期間	関係法令
訪問販売	書面受領日から8日間	特定商取引に関する法律9条及び9条の2
電話勧誘販売	書面受領日から8日間	特定商取引に関する法律24条
連鎖販売取引（マルチ商法）	契約書面受領日から20日間	特定商取引に関する法律40条
特定継続的役務提供	契約書面受領日から8日間	特定商取引に関する法律48条
業務提供誘引販売取引	契約書面受領日から20日間	特定商取引に関する法律58条
個別信用購入あっせん	書面受領日から8日間 特定連鎖販売個人契約及び業務提供誘引販売取引については契約書面受領日から20日間	割賦販売法35条の3の10〜12
預託取引契約（現物まがい商法）	契約書面受領日から14日間	特定商品等の預託等取引契約に関する法律8条
宅地建物取引	契約書面受領日から8日間	宅地建物取引業法37条の2
ゴルフ会員権契約	契約書面受領日から8日間	ゴルフ場等に係る会員契約の適正化に関する法律12条
投資顧問契約	契約書面受領日から10日間（但し，クーリング・オフをしてもそれまでの報酬の支払義務は残る。）	有価証券に係る投資顧問業の規制等に関する法律17条
保険契約（保険会社外での契約に限る。）	契約書面受領日から8日間	保険業法309条

5 買 戻 し

1 買戻しの意義

買戻しとは，売買契約を締結するときに，売主が一定期間内に売買代価と契

約費用を返還すれば，目的物を取り戻すことができる旨を約することをいう（改正民 579 条）。買戻しは，解除権を留保した売買であり，特約をすれば目的物は売主に戻ることになる。**買戻しの特約**は，ただ単に，売主が買主から不動産を買ってその所有権を取り戻すということではなくて，不動産の売買契約に際して，売主が将来その売買契約を解除しうることを約定することである。

　たとえば，売主 A が所有する不動産を買主 B に売却する場合に，B が A に支払った代金と契約の費用を A が返還することで，後日 A が契約を解除することができるとする特約である。この買戻しの特約は，売買契約と同時にすることが必要であるが，買戻特約の登記をしておけば，A は B がさらに第三者 C にその不動産を売却しても，その不動産を取り戻すことができるのである。もし，買戻しの特約が付された不動産に抵当権が設定されていた場合でも同様である。その点について，判例は，第三者に不動産を売り渡し，かつ売買による所有権移転について更に登記を経由した場合は，その不動産の売主が転得者に対してこれをなすべきであると解している（最判昭 36・5・30 民集 15・5・1459）

　買戻しは，今日有効な**担保制度**として利用されるものであるが，後述するように厳格な要件が定められていることから，利用されにくい状況にある。実務上，不動産については再売買の予約，動産については譲渡担保などが多く担保制度として利用されている。

② 買戻しの要件

　買戻しの要件は，以下の通りである（改正民 579 条以下）。

　まず，目的物は不動産に限ることである。動産には登記に代わる公示方法がないため，認められていない。買戻しの特約は，売買契約と同時にしなければならないし，登記をしなければ第三者に特約を対抗することができない。買戻しの代金については，売買代金と**契約費用**（たとえば，不動産の測量，鑑定の費用，契約書の印紙代，公正証書を作成したときはその作成費，買主が負担した登録免許税も入る）だけである。それを超えてはならないが，ただし代金の利息を支払うときは，特約は許される。買戻期間は，10 年を超えることはできない（民

580条1項前段）。特約でこれより長い期間を定めたとしても，10年となる（民580条1項後段）。買戻しについて期間を定めなかったときは5年以内に買戻しをしなければならない。期間の更新は認められない（民580条2項・3項）。

③ 買戻しの実行

(1) 買戻しの特約の対抗力 **買戻しの実行**は，売買契約と同時に買戻しの特約を登記したときは，買戻しは，第三者に対抗することができる（民581条1項）。買主または転得者が不動産について費用を支出したときは，売主は民法196条の規定に従い償還しなければならない。ただし，有益費については，裁判所は売主の請求により，その償還について相当の期限を許与することができる（民583条2項）。

(2) 買戻権の代位行使 売主の債権者が，民法423条の規定により，売主に代わって買戻しをしようとするときは，買主は，裁判所において選んだ鑑定人の評価に従い，不動産の現在価額から売主が返還すべき金額を控除した残額に達するまで売主の債務を弁済し，なお残余があるときはこれを売主に返還して買戻権を消滅させることができる（民582条）。

(3) **共有持分**の買戻し 不動産の共有者の1人が買戻しの特約を付してその持分を売却した後に，その不動産の分割または競売があったときは，売主は，買主が受け，もしくは受けるべき部分または代金について，買戻しをすることができる。ただし，売主に通知をしないでした分割および競売は，売主に対抗することができない（民584条）。民法584条の場合において，買主が不動産の競売における買受人となったときは，売主は，競売の代金および民法583条に規定する費用を払って買戻しをすることができる。この場合において，売主はその不動産の全部の所有権を取得する（民585条1項）。他の共有者が分割を請求したことにより，買主が競売における買受人となったときは，売主はその持分のみについてを買戻しをすることはできない（民585条2項）。

4　買戻しの効力

(1)　**目的不動産の所有権**　売買契約によって，買主または転得者は目的不動産の完全な所有者となる。したがって，自由に用益物権や担保物権を設定することが可能となるが，売主が買戻しの特約をした場合には，売主は売買代価と契約費用を返還して目的物を取り戻すことができる。目的不動産の所有権は売主に復帰し，これらの権利は全て消滅することになる。この規定は，第三者の権利を害することはできない。買主からの不動産賃借人は，買戻しによって賃借権を失う恐れがあるが，**賃借権**を登記しておけば買戻し後でも 1 年間は賃借できる。ただし，売主を害する目的で賃借権の登記をした場合はそうではない（改正民 581 条 2 項）。

(2)　**費用の償還**　買主または転得者が不動産について費用を支出したときは，売主は，民法 196 条の規定にしたがい，その償還をしなければならない。ただし，有益費については，裁判所は，売主の請求によってその償還について相当の期限を与えることができる（民 583 条 2 項）。

今回の民法（債権関係）の改正においては，改正前民法 579 条前段は，「買主が支払った代金及び契約の費用」が強行規定と解され，実務上は再売買の予約が用いられている実態があり，金銭の範囲を強行法的に固定する実益は乏しく合理性もないとして任意規定にすべきとし，同 579 条の文言についても，「返還」は「現実の提供」を意味すると解釈されているので，その点も改正すべきなどの意見があった。改正民法 579 条は，「不動産の売主は，売買契約と同時にした買戻しの特約により，買主が支払った代金（別段の合意をした場合にあっては，その合意により定めた金額。第 583 条第 1 項において同じ。）及び契約の費用を返還して，売買の解除をすることができる。この場合において，当事者が別段の意思を表示しなかったときは，不動産の果実と代金の利息とは相殺したものとみなす」とした。

6 再売買の予約

① 再売買の予約とは

　再売買の予約とは，いったん売却した目的物を売主が再度買い受けることをいう。債権担保の機能を有するものである。買戻権の留保と同様の目的を達する点では類似している。買戻しとの相違点は，不動産に限定されていないこと，予約完結権を行使すべき期間に制限がないことである。期間に特約をつけることも可能であるが，特約をつけなかったときは，相手方は予約完結権を有する者に，相当の期間を定めてその期間内に完結するかどうかを催告することができる。その期間内に確答がなければ予約は効力を失うことになる。再売買の予約は，当初の売買契約とは別個の契約であるので，売買後いつでも予約をすることができるし，再売買代金も自由に決定することができる。逆に，買戻しは，買戻し代金を自由に決定することができず，期間中の不動産の値上りを加味できない欠点がある。

② 再売買の予約と対抗力

　再売買予約には，売主が不動産に所有権移転請求権仮登記をしておけば，その不動産を取得した第三者に対して権利を主張することができる。譲渡も可能である。その場合は，相手方に通知することが必要で，第三者に対しては，買戻しと同様に付記登記が対抗力となる。現在では，代物弁済の予約や停止条件付代物弁済などの仮登記担保が利用されているので，再売買の予約の利用が高いとはいえないようである。

4 ┃ 交　　換

1 交　　換

　交換とは，当事者が互いに金銭の所有権以外の財産権を移転することを約す

ることによってその効力を生ずる（民586条1項）。たとえば，時計とカメラの所有権を互いに金銭でない財産権として交換するようなものである。交換には貨幣の授受はないが，物と物との交換はあることになるので，対価的意義を有するものといえる。売買と同様に有償・双務・諾成契約である。今日の社会は，価値を重視する貨幣経済の時代となっているので，交換の利用は少ない。両替も交換に似ているが，交換ではなく，特別な有償契約であると解される。

2　交 換 と 売 買

　交換は，**売買**と類似していることもあって，一般的に売買の規定が準用される（民559条）。本来，交換は，当事者双方の物または権利の等価交換とも思えるが，実際には等価でない場合も多い。このような場合は，金銭を支払うことによって価値の平等を図ることになる。この金銭を**補足金**といい，売買代金に関する規定が準用される（民586条2項）。たとえば，新製品であるパソコンと旧パソコンとの交換である。この場合には，交換と売買が入り混じった混合契約といえる。

貸借型の契約

POINT

- 貸借型の契約には，民法上，消費貸借・使用貸借・賃貸借の3種類が定められている。
- 賃貸借契約のうち，宅地や建物の賃貸借は借地借家法，農用地の賃貸借は農地法等の特別法により契約関係の修正を受けている。
- 賃貸借契約は当事者間の信頼関係を基礎とするため，契約の解除は信頼関係破壊の法理により制限されることがある。

1 序

　民法では，限定された期間だけ物の使用価値を相手方に委譲する典型契約として消費貸借・使用貸借・賃貸借の3種類を規定している。

　いずれも他人の物を一時的に利用して事後に返還する貸借型の契約である。消費貸借は，目的物の所有権が借主のもとに移転して消費され，目的物と同種，同等，同量の物が返還される。それに対して，使用貸借および賃貸借は，目的物の所有権が貸主のところにとどまり借主は目的物を使用収益することができるにすぎないから，目的物自体を返還しなければならない。そして，使用貸借は利用の対価の支払いを伴わないのに対して，賃貸借は利用の対価の支払いを伴う点で，両者は異なる。

2 ┃ 消 費 貸 借

1 消費貸借とは

[1] 意　　義

　消費貸借は，当事者の一方が相手方から受け取った金銭その他の物を借りて
これを消費し，種類，品質および数量の同じ物を返還することを約束する契約
である（民587条）。貸付けの対象は金銭その他の代替物である。

　たとえば，Aが友人Bから「財布を忘れたので5,000円貸してくれ。明日バ
イト代が入るからそのとき返すよ。」といわれ，Aが「いいよ。」といって5,000
円をBに手渡した場合なども消費貸借に該当する。消費貸借は，このように
日常生活のなかでも頻繁に登場する。近年では，金銭消費貸借における消費者
信用（消費者ローンともいう）が身近なものとして定着している。多くの場合，
金融業者（銀行等の金融機関のほか，信販会社，消費者金融会社など）との契約に
おいて分割での返済が定められる。消費者信用には，住宅ローンやマイカーロー
ンなどの使途が定められているローンと，カードローンやフリーローンなどの
使途が定められていないローンがある。前者は貸付金額が大きいため担保を求
める場合が多いが，利息は比較的低い利率に抑えられる。後者は無担保のもの
が多い反面，通常利率は高い。

　消費貸借は，原則として，要物・片務契約とされている。借主が目的物を「受
け取ることによって」効力が生じる契約であるから（民587条），要物契約である。
そのため，借主は返還義務を負うが，貸主には目的物を引き渡す義務はない。
また，借主が目的物の所有権を取得するので，貸主には目的物を借主に使用収
益させる義務もない。したがって，消費貸借は片務契約に当たる。

　ただし，平成29年改正においては，書面でする消費貸借に限り，例外的に
諾成的消費貸借とすることができる旨の規定が新設された（改正民587条の2）。
このような契約も片務契約であると解される。借主の返還義務は貸主の目的物

引渡義務と対価的関係にないからである。書面でなされなければならない点では，改正前から定められている消費貸借（民587条）と異なり，要式契約となる。

こうして，平成29年改正により，消費貸借には，要物契約としての消費貸借と書面でする諾成的消費貸借の2種類が併存することとなった。

次に，消費貸借は，原則として無利息とされており，無償契約である。特約により，利息付消費貸借とすることは可能である（改正民589条1項）。この場合は有償契約となる。利息付消費貸借の場合は，貸借期間に貸主が目的物を使用することができないという経済的損失が生じるので，それに対する対価として利息が支払われることとなる。そのため，貸主は，借主が金銭その他のものを受け取った以後の利息を請求することができる（改正民589条2項）。今日では，利息付消費貸借の方が一般的であろう。なお，商人間の消費貸借は原則として利息付きである（商513条1項）。

② 社会的役割

生活の窮乏する時代においては，金銭のほか米，味噌，酒等の食物なども頻繁に貸付けの対象とされていたが，現代では主に金銭を対象とする金銭消費貸借が利用されている。

金銭消費貸借も大きく分けて2通りがある。1つは，一般の人が生活費用などを得るために金銭を借り受ける非経済的金融（消費金融）である。これは古くから存在する。もう1つは，企業などが他人の資金を利用して経済的活動を行うために金銭を借り受ける経済的金融（生産金融）である。こちらは資本主義経済の進展とともに登場してきた。

このように，経済社会における消費から生産までのあらゆる場面で，消費貸借は大きな影響を及ぼし社会的に重要な役割を果たしている。そのぶん，消費者保護や金融政策の観点から消費貸借に対する法規制が必要とされる。

まず，一般市民が高利による犠牲とならないよう，借主の保護政策としての法がいくつか設けられている。代表的な法としては，高利を無効とする「利息制限法」が挙げられよう。不当な高利を搾取する貸主側を厳しく規制する法と

しては,「貸金業法」(昭58法32),「出資の受入れ,預り金及び金利等の取締りに関する法律」(昭29法195)（以下「出資法」という）などがある。だが,これらの利息の規制をめぐる特別法は借主を保護するには問題の多い規定を含んでいた。改正前の利息制限法1条1項は上限を超える利息の契約を無効としていたが,同条2項では任意弁済した超過利息は返還請求することができないとしていた。超過利息で苦しむ借主を救済する必要が生じたため,判例は同条2項を実質的に空文化してきた（最大判昭39・11・18民集18・9・1868,最大判昭43・11・13民集22・12・2526など）。ただし,利息制限法の上限金利20％に対して出資法が貸金業者に適用される上限金利29.2％を定めていたため,その間の金利（いわゆるグレーゾーン金利）は判例法理の適用外とされた。その結果,超過利息の支払も有効な利息債務の弁済とみなす貸金業法43条1項の「みなし弁済」規定により借主の返還請求は認められなかった。そこで,「みなし弁済」要件を厳格に解釈することにより,「みなし弁済」規定の適用を排除する判例も登場するに至った（最判平16・2・20民集58・2・475,最判平18・1・13民集60・1・1）。そうした判例法および実務の動きを受け,平成18年に利息制限法,貸金業法,出資法に関する改正法が成立し段階的施行を経て平成22年には完全施行されている。この改正により,利息制限法1条2項は削除され,貸金業法43条の「みなし弁済」制度も廃止された。出資法の上限金利も20％に引き下げられた。

　次に,企業への融資,中小企業への融資,住宅金融,庶民小口金融等に向け,低利で合理的な資金を借主に供給するための法律として,株式会社日本政策金融公庫法（平19法57）,株式会社日本政策投資銀行法（平19法85）などが設けられている。とくに庶民小口金融に向けた法律としては,質屋営業法（昭25法158）,母子及び父子並びに寡婦福祉法（昭39法129）などがある。

2　消費貸借の成立

1　要物契約

　すでに述べたとおり,消費貸借は,原則として要物契約であるから当事者間の合意だけでなく目的物の交付がなされることによって契約が成立し効力が生

じる。目的物の授受前にいまだ借主の返還義務は発生していないから，貸主が目的物を引き渡さないうちに借主に返還請求してくることを阻止できる。その点で要物契約は借主保護の役割を果たすとも説明されてきた。しかし，学説上，諾成契約とみても貸主の返還請求に対する借主の抗弁権を認めれば不都合はないとの反論もあった。

そもそも要物契約性はローマ法の沿革によるとされる。すなわち，契約の拘束力の根拠を明確な基準となる目的物の授受に求めていた時代の名残というべきである。取引活動が活発な現代社会においては，迅速な取引行為が求められており，当事者間の「合意」に法的拘束力を認める必要性が大きい。改正前民法589条が消費貸借の予約を定めていた点ですでに要物契約性は破られているとの指摘もあった。そのため，消費貸借の要物性には，学説上多くの疑問が投げかけられてきたのである。

② 要物契約における実際の不都合とその対処

消費貸借がすべて要物契約とされていたため，実際に多くの不都合が生じていた。消費貸借の要物性に抵触するおそれがある典型例としては，以下の(1)目的物の授受前に公正証書が作成される場合，(2)目的物の授受前に抵当権が設定される場合，(3)金銭以外の物が授受される場合が挙げられてきた。

(1) 目的物の授受前の公正証書作成　消費貸借契約は要式行為ではないから，公正証書の交付は契約上必ずしも要求されていない。しかし，金融業者との消費貸借契約には公正証書が作成され交付されることが多い。そして，目的物が授受される前に消費貸借契約に関する公正証書がすでに作成・交付されてしまっている場合が一般的である。要物契約であるから，本来，目的物の授受がなければ消費貸借は成立していないはずであるのに，公正証書上ではすでに消費貸借が成立していることになる。

そのため，記載事項が事実と異なる公正証書には，強制執行を認める債務名義としての効力が生じないのではないかという疑問が生じた。当初，判例は債務名義の効力を有しないとする見解を採っていた（大判明40・5・27民録13・585）。

しかし，その後，公正証書を作成して5日経過後に金銭の授受があった場合（大判昭8・3・6民集12・325），公正証書を作成して2ヵ月半後に金銭の授受があった場合（大判昭11・6・16民集15・13・1125）などに，公正証書は債務名義としての効力を有するとしている。その根拠としては，公正証書がその具体的債務を表示するという性質を有する点が挙げられている。公正証書の記載自体には，消費貸借の合意と同時に消費貸借が成立したような口吻があったとしても，当該具体的債務そのものの表示である点で同一性が認識できればよいというのである。こうして，判例は消費貸借の要物性を緩和するのではなく，公正証書の性質から問題を解決しようとしてきた。

(2)　目的物の授受前の抵当権設定　　たとえば，建物を建てたり，土地を購入したりするためには多額の資金が必要となる。このとき，銀行などの金融機関から金銭を借り受け徐々に返済していく方法を採るのが一般的である。そのとき，貸主は確実な債権回収のために借主から担保として建物や土地等に抵当権設定を受けることを望む場合も多いであろう。

消費貸借の要物性を厳格に解すれば，まず金銭の授受が行われたのちに抵当権設定登記がなされることになる。しかし，それでは金銭の授受後，借主が抵当権設定を拒むおそれがある。そのような危険を回避するために，通常，貸主は借主とあらかじめ抵当権設定契約を締結し抵当権設定登記を受けた後，金銭授受が行われ消費貸借契約が成立する。そうすると，被担保債権が存しないうちに抵当権が設定されることになるため，抵当権の有効性が問題となる。判例は早くからその有効性を認めている（大判明38・12・6民録11・1653）。その後の判例においては，将来成立すべき消費貸借契約に基づく債権を担保するために抵当権を設定することも可能であるとして，抵当権の付従性を緩和する方向から問題に対処しようとしてきた（大判大2・5・8民録19・312，大判昭5・11・19裁判例4民111など）。

(3)　金銭授受前の金銭以外の物の授受　　金銭消費貸借の成立が認められるためには，金銭そのものの授受が必要とも思われるが，実際には金銭以外の物が交付されることがある。要物性を重視すれば，消費貸借は成立していないと

も考えられる。しかし，判例は，借主に金銭の授受と同一の経済上の利益を得させれば足りるとする（大判大 11・10・25 民集 1・621）。具体的には，現金の代わりとして国庫債券を交付したとき（大判明 44・11・9 民録 17・648），預金通帳と印章とを交付したとき（大判大 11・10・25 民集 1・621），約束手形を交付したとき（大判大 14・9・24 民集 4・470），小切手を交付したとき（大判昭 11・9・7 法学 6・1・82）などには，消費貸借の要物性を認めている。

③ 諾成的消費貸借

改正前民法では消費貸借は要物契約とされていたため，**諾成的消費貸借**が認められるか否かについては議論があった。その点，判例は金融業を営む会社が相手方と諾成的消費貸借契約を締結したことにより金員の給付義務を負っているとして，相手方から金員給付請求を受けた事案でこの会社に金員給付義務の履行遅滞による責任を認めた（最判昭 48・3・16 金法 683・25）。学説も，契約自由の原則からすれば，一種の無名契約として諾成的消費貸借を認めることも可能であるとする肯定説が通説であった。また，利息付消費貸借においては諾成的消費貸借を認めるが，無利息消費貸借については要物契約性を維持すべきであるとする説も有力に主張されていた。さらには，要物性の緩和や消費貸借の予約により処理することができるので諾成的消費貸借を認める実益がないとする否定説もあった。

改正民法では，実務におけるかねてからのニーズに応え，諾成的消費貸借を明文化した（改正民 587 条の 2）。このときの契約は書面によることを要件とする。書面を要件とするのは，次のような理由による。要物契約の消費貸借と諾成的消費貸借が併存すれば，それがいずれの契約となるのか判然としない場合が生じてこよう。また，諾成的消費貸借を認める場合，貸主または借主が軽率に消費貸借の合意をしてしまうおそれがある。そこで，改正民法では，諾成契約か否かのメルクマールとなるものとして，また，当事者が消費貸借契約の締結を慎重に行うための措置として，諾成的消費貸借は書面によることとしたのである。なお，インターネットが普及した現代社会においては，電子商取引等の利

用も増加傾向にあるから，メール等の電磁的記録によってされた消費貸借契約を書面と同様に扱うこととしている（改正民同条4項）。

4　消費貸借の予約

　消費貸借の予約とは，当事者間で，将来，本契約（消費貸借契約）を締結する債務を負う契約のことをいう。書面でする諾成的消費貸借の新設に伴い，消費貸借の予約に関する改正前民法589条は削除された。消費貸借の予約は貸主に貸す債務を負わせる点に主な意義を有していたわけであるが，諾成的消費貸借が改正民法で規定されたため，その存在意義を失ったのである。

　しかし，利息付消費貸借は有償契約となるから，売買の一方の予約に関する民法556条が準用される（民559条）。したがって，消費貸借の一方の予約は改正後もすることができる。予約権利者は相手方の承諾を求めずに消費貸借完結の意思表示をすれば合意がなされたことになる。書面でする諾成的消費貸借の潜脱を回避するためには，予約に際して書面を必要とすべきことになろう。

3　消費貸借の効力

1　貸主の義務

　(1)　目的物引渡義務　　消費貸借が要物契約である限り，貸主に目的物を引き渡す義務は生じない。これに対し，書面による諾成的消費貸借の場合，貸主に目的物を引き渡す義務が発生する。

　(2)　担保責任　　利息付消費貸借の場合には，有償契約であるため，貸主が瑕疵ある物を引き渡したとき，売買の規定が準用され売主の担保責任と同様の責任を負う（民559条）。借主は，貸主に対して，原則として目的物の修補，代替物の引渡しまたは不足分の引渡しを請求することができる（改正民562条準用）。

　無利息消費貸借においては，無償契約であるため，同じ無償契約である贈与に関する規定が準用され，贈与者と同様の担保責任を負う（改正民590条1項）。貸主は，目的物を消費貸借の目的として特定したときの状態で引き渡す約束をしたものと推定される（改正民551条準用）。したがって，借主は貸主との担保責

任を負う旨の合意を主張・立証しない限り，貸主に担保責任を負わせることはできない。無利息消費貸借は恩恵的な貸与という側面が強いので，利息付消費貸借の場合に比べ，貸主の負担が軽減されている。

② 借主の義務

(1) 返還義務　　要物契約としての消費貸借の場合は，契約成立時から借主には返還義務が発生する。諾成的消費貸借の場合は，契約成立時に貸主に対する目的物の引渡し請求権が借主に生じ，目的物の授受後に借主に返還義務が発生することになる。返還する物は，原則として，貸主から借りた物と同種・同等・同量の物である。目的物に瑕疵があった場合には，借主は瑕疵がある物の価額を返還すれば足りる（改正民590条2項）。改正前は無利息消費貸借についてのみの規定であったが，改正民法では，利息特約の有無に関わりなく適用される。利息付消費貸借においても，借主が追完請求をしなかった場合には（民559条，改正民562条1項），やはり瑕疵ある物と同額のものを返還すれば足りることになる。

借主が同種・同等・同量の物を返還することができない場合には，借主は返還できなくなった時点での物の価額を償還しなければならない（民592条）。履行不能が認められ借主が債務を免れるとすれば，借主に不当利得が生じ当事者間の公平に反するからである。

(2) 利息支払義務　　利息付消費貸借の場合，借主は利息の支払義務を負う（改正民589条1項）。すでに述べたとおり，借主は，原則として，目的物を受け取った日以後の利息を支払わなければならない（改正民同条2項）。

4　消費貸借の終了

① 期 間 満 了

返還時期が定まっている場合には，その時期が到来したときに，借主は返還しなければならない。確定期限によるとき，たとえば，平成29年10月15日，2ヵ月間というように約定されている時期の到来したとき，借主は返還する義務を

負う。不確定期限によるときは，桜が咲いたとき，試験に合格したとき等の約定されている時期の到来を知ったとき，借主は返還義務を負う。もっとも，民法137条や特約による期限の利益喪失事由に該当するときは，ただちに借主は返還義務を負うこととなる。

　改正民法では，返還時期の定めの有無にかかわらず，借主はいつでも返還しうることを認める（改正民591条2項）。返還時期の定めのある利息付消費賃貸借に関しては，民法136条2項が適用される。すなわち，借主は期限の利益を放棄することができるが，貸主の利益を害することはできない。このような期限前弁済は消費貸借の場面で多く生じることから，貸主が借主の期限前弁済によって損害を受けたときは，借主に対しその賠償を請求することができると規定する（改正民591条3項）。貸主が被る損害賠償の責任を借主が負う旨を消費貸借規定のなかで明確化したものである。

② 催告による相当期間経過

　返還時期が定まっていない場合には，借主はいつでも返還することができる（改正民591条2項）。貸主は，**相当期間**を定めて催告したうえで，返還請求しうる（同条1項）。相当期間とは，借主の返還準備のための猶予期間であるから，どの程度を指すのかについては契約の目的・金額その他の客観的事情に従って判断すべきものとされる。本来ならば，債務の履行について期限を定めなかったときは催告の時から債務者は履行遅滞となるはずであるが（民412条3項），消費貸借の場合は借主保護のために相当期間が付加されている。もし民法591条1項がなければ，借主は消費貸借契約の成立時からいつ貸主に請求されてもよいように返還の準備をしておかなければならず，契約の目的を達成することができないからである。

　これと関連して，貸主が相当期間を定めた催告をしなければ，借主の返還義務は履行期に達しないのかという問題がある。返還時期を定めない消費貸借では契約成立と同時にすでに履行期に達しているにもかかわらず，相当期間を定めて催告する趣旨は借主保護のために借主に相当期間が経過していないとの抗

弁権を付与したものにすぎないとするのが判例である（大判大2・2・19民録19・379）。この抗弁権を借主が行使しない限り，裁判所は催告の有無を調査することなく，民法412条3項により貸主の催告時から借主は遅滞責任を負うという（大判大3・3・18民録20・191，大判昭5・6・4民集9・595）。学説では，判例と同様に借主保護のための抗弁権を付与したと解する説と，判例とは異なり相当期間を定めた催告によって履行期が到来するとする説がある。後説によれば，貸主の方が相当の期間を定めて催告したことを主張・立証しなければならないこととなる。借主の保護を重視すれば，後説が妥当である。

また，貸主が期間を定めないで催告したとき，または不相当な期間を定めて催告したとき，催告の効力が認められるかについても問題である。

その点，判例は，そのような催告後，催告の時から返還の準備をするのに「相当の期間」経過によって，借主は履行遅滞の責めに任ずるとしている（大判昭5・1・29民集9・97）。学説のなかには，その催告に効力は認められないとする説もある。だが，近時は，借主保護と消費貸借の性質から催告の効力を無効とはせず，客観的に相当の期間が経過すれば借主は履行遅滞の責めを負うとする説が多数説となってきている。

③　書面でする諾成的消費貸借特有の終了事由

書面でする諾成的消費貸借の場合，目的物を未だ受け取っていない段階においては，借主が貸主に対して契約の解除をすることができる（改正民587条の2第2項前段）。この契約解除によって貸主が損害を被ったときは，借主に対して損害賠償を請求することもできる（同条同項後段）。

そのほか，借主が目的物を未だ受け取っていない段階で，契約当事者の一方が破産手続開始の決定を受けたときは，その効力を失う（同条3項）。借主が破産開始決定を受けたならば，目的物の受領後，返還義務を履行する可能性は低い。また貸主が破産開始決定を受けた場合には，借主に配当を受ける権利が生じることになる。実際の配当後は，借主の目的物返還義務（貸主側からすれば返還請求権）が破産財団を構成することになり，手続が煩雑化する。そこで，

改正民法は消費貸借の効力を目的物の授受前に失わせることにしたのである。

5　準消費貸借

1　意　　義

たとえば，売買代金を支払わなければならない者がいる場合に，この者が負う代金支払義務を消費貸借契約上の貸金返還義務に切り替えることを目的とする契約が**準消費貸借契約**である。わざわざ新たにそのような契約を結ぶ理由はいくつかある。ⓐ金利が別の形式で確保されるため，ⓑ借主にとっては売買代金債権に先取特権が認められてしまうのに対して貸金債権であれば認められないという利益があるため，ⓒすぐに支払えない債務の弁済期を延期するため，ⓓ従前からの複数の債務を1つにまとめて新たに借用証書を作成し債権債務関係を明確化するため，さらにはⓔ新たに保証契約を締結するためなどである。

2　成立要件

（1）　基礎となる債務の存在　　基礎となりうる債務は金銭その他の代替物の給付義務であればよく，そのほかに制限はない。改正前民法588条は，「消費貸借によらないで」と規定していたが，判例は，既存の消費貸借上の債務でも準消費貸借の目的とすることができると解していた（大判大2・1・24民録19・11）。実際に，AがBに10万円を借り，次いで25万円を借り，さらに15万円を借りた場合のように，3つの消費貸借契約により生じた複数の債務をAが負うとき，便宜のためAB間でこれらを1つにまとめ50万円の債務とするニーズは存在しよう。そこで，改正民法588条は，準消費貸借の要件ともなりうる「消費貸借によらないで」の文言を使用していない。

また，当事者間に将来生じる金銭債務を基礎としても準消費貸借を成立させることができ，その金銭が貸与されたときに準消費貸借は当然に効力を生ずるという（最判昭40・10・7民集19・7・1723）。

基礎となる債務が存在しなければ，準消費貸借は成立しない（最判昭43・2・

16民集22・2・217)。基礎となる債務が無効・取消しとなる場合は，準消費貸借は不成立となる。逆に，準消費貸借が無効または取消しとなる場合には，基礎となる債務は消滅しない。

(2) 基礎となる債務の目的物を消費貸借の目的とする旨の契約の締結　準消費貸借は当事者間で基礎となる債務を消費貸借上の返還債務に切り替えることについての合意がなければならない。消費貸借の要物性が緩和されており，目的物の交付を要件とはしない。準消費貸借では借用証書が交わされる場合が多いが，これも証拠となりうるものであって，成立要件には含まれない。

③ 準消費貸借の効力

準消費貸借も消費貸借と成立要件が異なるだけで，借主の返還義務が生じることなどその効力は通常の消費貸借と異ならない。

準消費貸借によって生じた新債務と基礎となる旧債務との関連性については種々の議論がある。

まず，旧債務と新債務の同一性の有無が問題となる。その点については，判例の変遷がある。当初の判例は，準消費貸借により旧債務は消滅し新債務が発生するから，両債務は同一性を失うとし，新債務に旧債務の同時履行の抗弁権は認められないとした（大判大5・5・30民録22・1074）。その後，同一性の有無は当事者の意思によって決められるとする判例が現れた（大判大7・3・25民録24・531）。さらなる判例が，この立場に立ちつつ，当事者の意思は原則として債務の同一性を維持するものとする態度を示した（大判昭4・5・4新聞3004・12）。

次に，旧債務に伴う抗弁権や担保，消滅時効などは，新債務にそのまま存続するのかという問題がある。この問題は，債務の同一性の有無に関わるとする捉え方もできるが，旧債務の性質や準消費貸借がなされた趣旨等によって判断されよう。

同時履行の抗弁権については，原則として存続すると考えられる（大判昭8・2・24民集12・265）。学説にはこれを否定する説もあるが，同時履行の抗弁権が当事者間の公平を図るために認められていることからすると準消費貸借におい

てもその存続が当事者の合理的意思に沿うと解してよいであろう。旧債務に伴う担保（抵当権，質権，保証など）も原則として新債務に引き継がれ存続すると解される（保証につき最判昭 33・6・24 集民 32・437）。債権の確実な回収のための担保を債権者が放棄し自ら不利益を招く意思は原則として推定できないからである。消滅時効については，当事者の意思で左右できないものであるから，準消費貸借におけるその債務の性質によって判断されると解すべきである（大判昭 8・6・13 民集 12・1484）。

3 ┃ 使 用 貸 借

1　使用貸借とは

1　意　　義

　使用貸借とは，当事者の一方がある物を引き渡すことを約し，相手方がその受け取った物について無償で使用及び収益をして契約が終了したときにそれを返還することを約束する契約である（改正民 593 条）。対象となる目的物は動産または不動産であるが，立法者は不動産への利用は十分に想定していなかったようである。

　使用貸借は，無償・諾成・片務契約である。借主は使用収益の対価を支払わないから，無償契約である。有償である賃貸借とはその点で異なる。たとえば，期末試験前に講義ノートを友人から借りる場合や図書館で本を借りる場合などを思い出してほしい。

　改正前の使用貸借は，目的物を「受け取る」ことによって効力が生じる要物契約であった（改正前民 593 条）。これも消費貸借と同様，沿革によるところが大きい。改正民法では，使用貸借は諾成契約に改められた。立法当時の使用貸借と異なり，現代社会における使用貸借は経済的取引の一環として行われるものも多い。目的物の引渡しがなされるまで貸主は契約上の義務を負わないとするのでは，取引の安全は確保することができない。そこで，契約の拘束力を目

的物引渡し前にも認めるために使用貸借を諾成契約としたのである。

そして使用貸借は諾成契約であるが，改正前と同じく片務契約である。たしかに貸主も目的物引渡義務を負うが，借主の負担する目的物返還義務とは対価的関係を有する債務ではないからである。

②　社 会 的 役 割

使用貸借は，何らかの人的関係に基づき好意や感謝を背景に契約関係が生じることが一般的である。通常，当事者どうしは親戚・友人などの親しい間柄にあり，その範囲は限定的である。したがって，賃貸借ほどには社会経済的作用を有しない。ただ，今日の使用貸借は，遊休農地の活用等の政策目的で利用される場合も多くなっており，新たな活用領域が見出されつつある。

2　使用貸借の成立

①　諾 成 契 約

すでに述べてきたように，改正民法における使用貸借は諾成契約であるから，当事者間の合意だけで契約が成立し効力が発生する（改正民593条）。

親族など特殊な人的関係に基づいて建物に所有者とその親族が同居する場合には，当事者間で明確な使用貸借の合意がなされないまま目的物の利用が継続されることも少なくない。同居親族はいわば建物の占有補助人であるが，建物所有者である被相続人の死亡などにより，占有補助人の地位を失う。このとき，同居親族の居住の利益を保護するためには目的物の利用関係の法的根拠を明らかにする必要性が生じ，使用貸借の成否が問題となることがある。

判例には，共同相続人の一人が相続開始前から被相続人の許諾を得て遺産である建物に被相続人と同居してきた場合，「特段の事情のない限り，被相続人と右同居の相続人との間において，被相続人が死亡し相続が開始した後も，遺産分割により右建物の所有関係が最終的に確定するまでの間は，引き続き右同居の相続人にこれを無償で使用させる旨の合意があったものと推認される」としたものがある（最判平8・12・17民集50・10・2778）。

2　使用貸借と賃貸借の区別

実際には，賃貸借との区別が難しい場合が存在する。借主が貸主の負担すべき費用を支出していたり，貸主から多少の出捐を義務づけられていたりすることがあるからである。とくに目的物が不動産であるとき，それが借地借家法等の適用のある賃貸借であれば賃借人側が厚く保護されるから，その契約が賃貸借か使用貸借かについて深刻な争いとなることがある。

判例には，1畳あたり月1,000円くらいを相場とする時代に家主の妻の伯父と弟が建物7畳と6畳2室を毎月1,000円の支払いで間借りしていた事案で，「各室使用の対価というよりは貸借当事者間の特殊関係に基く謝礼の意味のものとみるのが相当」として使用貸借であるとしたもの（最判昭35・4・12民集14・5・817），建物の借主がその建物を含む不動産の固定資産税等の公租公課を支払っていた事案で，その公租公課の負担が「使用収益に対する対価の意味をもつものと認めるに足りる特別の事情のないかぎり，この負担は借主の貸主に対する関係を使用貸借と認める妨げとなるものではない」としたもの（最判昭41・10・27民集20・8・1649）などがある。

3　目的物受領前の貸主からの解除

使用貸借は無償の諾成契約であるから，軽率に合意がなされる危険性もある。そこで，改正民法においては，原則として，借主が目的物を受け取るまで貸主は契約を解除することができるものとしている（改正民593条の2本文）。書面によらない贈与（改正民550条本文）と同様，契約の拘束力を緩和し，貸主の保護を図ったものである。ただし，書面による使用貸借に関しては，貸主の解除権を認めない（改正民593条の2ただし書）。書面で行われた場合は慎重に契約がなされたとみて，契約の拘束力を重視している。

配偶者の居住権

　民法における相続編の一部が改正され（2018 年 7 月 13 日公布，2019 年 7 月 10 日施行［一部を除く］)，配偶者の居住権制度が導入される（2020 年 4 月 1 日施行）。配偶者の居住権には，①短期配偶者居住権（改正民 1037 条）と②配偶者居住権（改正民 1028 条）の 2 種類がある。

　①短期配偶者居住権とは，配偶者が被相続人の財産に属した建物に相続開始時に無償で居住していた場合，被相続人の死亡後も，一定期間（遺産分割により居住建物の帰属が確定した日，遺贈により取得した者が短期配偶者居住権の消滅申入れをした日から 6 ヵ月を経過する日までの間など），無償で使用することができる権利をいう。

　前掲最高裁平成 8 年 12 月 17 日判決が当事者の合理的な意思解釈によって遺産分割を終期とする使用貸借の成立を認め，同居親族の居住の保護が図られていることはすでに述べた。しかし，被相続人の明確な意思がこれとは異なる場合，たとえば，夫 A 所有の建物に A と妻 B が暮らしていたが，A が第三者 C にこの建物を遺贈した場合，A 死亡後，B は短期的にもこの建物を使用することができなくなる。それでは，配偶者は短期的にさえ居住の利益を確保することができないから，新たに短期配偶者居住権が規定されたのである。

　②配偶者居住権とは，配偶者が被相続人の財産に属した建物に相続開始時に無償で居住していた場合，遺産分割または遺言によって，被相続人の死亡後も，原則として配偶者が死亡するまで建物を無償で使用および収益することができる権利をいう。高齢社会の到来とともに，相続人である配偶者も高齢化しつつある現代においては，配偶者の居住の利益を長期間保護する必要性が生じている。そのために，創設されたものである。

3　使用貸借の効力

1　借主の権利・義務

　(1)　目的物の使用収益権　　借主には目的物の使用収益権がある。見方を変えれば貸主は借主に目的物の使用収益を許す消極的義務を負う。もちろん，借主は契約または目的物の性質によって定まった用法に従い使用・収益をしなければならない（用法遵守義務，民 594 条 1 項）。また，借主は，貸主の承諾を得なければ，第三者に目的物の使用または収益をさせることができない（同条 2 項）。借主がこれらに反して使用・収益をしたとき，貸主は契約を解除することがで

きる（同条3項）。

　(2)　**目的物の保管義務**　　借主は賃料支払い義務を負わないが，目的物を返還する義務を負う。そのため，善良な管理者として注意をもって管理する義務（善管注意義務，民400条）をも負う。

　(3)　**費用負担義務と費用償還請求権**　　借主は目的物を無償で使用収益をすることができるぶん，**通常の必要費**を負担しなければならない（民595条1項）。通常の必要費には，目的物についての固定資産税等の公租公課，目的物の現状維持に必要な補修費や修繕費，動物の餌代や車のガレージ代などの目的物の保管費などがある。

　通常の必要費以外の費用は借主が支出した場合，買戻しに関する民法583条2項の準用により貸主にその費用の償還請求をすることができる（民595条2項）。風水害による家屋損傷の修繕費などの**特別の必要費**や，増築費などの目的物の価格を増加させる改良に要する**有益費**は，借主が貸主に対して費用償還請求することができる。有益費については，価額の増加が現存する限度で，その選択により支出額か増加額を償還請求することができる。

　この費用償還請求権は，目的物の返還時から1年で消滅する（除斥期間，改正民600条1項）。

　(4)　**目的物の返還義務・収去義務**　　借主は，使用貸借契約の終了により，目的物を返還しなければならない。その際に目的物を原則として原状回復しなければならない（改正民599条3項）。ただし，その損傷が借主の責めに帰することができない事由によるものであるときは，この限りでない（同項ただし書）。

　また，借主は，附属させたものを収去することができるとともに（収去権，同条2項），原則として収去義務を有する（同条1項本文）。借主の重要な義務であるため，改正民法でこれを明文化したのである。ただし，借用物から分離することができない物または分離するのに過分の費用を要する物については，収去義務を負わないとした（同項ただし書）。

② 貸主の権利・義務

(1) 目的物引渡義務　使用貸借は諾成契約であるから，まず貸主は借主に目的物を引き渡す義務を負う（改正民596条）。

(2) 担保責任　貸主の担保責任については，贈与者の担保責任に関する民法551条が準用される（民596条）。使用貸借も贈与と同じく無償契約であるから，原則として貸主は担保責任を負わない。ただし，貸主が目的物の瑕疵または権利の不存在を知りながら借主にこれを告げなかった場合には，担保責任を負う。

(3) 損害賠償請求権　借主が用法遵守義務に違反し，貸主に損害が発生したとき，貸主は借主に対して損害賠償を請求することができる（改正民600条1項）。

貸主の損害賠償請求権は，借主が用法遵守義務違反をした時点（客観的起算点）から10年で消滅時効にかかるが（改正民166条1項2号），貸主が返還を受けた時から1年を経過するまでの間は，時効は，完成しない（改正民600条2項）。現代における使用貸借は，経済的な取引の一環としてされる場合も増えその存続期間も長期にわたることが多くなったため，借主が用法遵守義務違反をしてからも使用貸借が存続している。目的物の返還を受ける前に貸主はその状況を把握できない。そのまま時効期間が経過してしまい，時効期間が完成してしまう危険性がある。そこで，改正民法は借主の用法違反による貸主の損害賠償請求権の消滅時効に関して，新たな停止事由を定め，貸主が目的物の返還を受けてから1年間は時効完成しないとしたのである。

4　使用貸借の終了

① 期　間　満　了

存続期間の定めがあるときは，その期間満了時に契約は終了するので，その時点で目的物を返還しなければならない（民597条1項）。このときの期間の定めは，明示，黙示を問わない。また，たとえば「来年3月末日まで」や「子が小学校を卒業するまで」（名古屋高決平18・5・31家月59・2・134）というような確定期限，「債務完済の資力が充実するまで」（大判大7・2・19民録24・225）や「借主の死亡まで」（大判昭9・11・30法学4・4・495）というような不確定期限，いず

れでもよい。

② 使用収益目的に従った使用収益の終了

　存続期間の定めはないが契約に使用収益目的を定めていたときは，その目的に従った使用収益を終了した時点，つまり使用収益目的の達成時点で使用貸借は終了する（民597条2項本文）。

　この使用収益目的は，土地の使用貸借における「建物所有の目的」や「居住の目的」などという一般的抽象的なものではなく，契約成立時の当事者の意思から推測される具体的個別的なものと解すべきであろう（東京地判昭31・10・22下民集7・10・2947など）。使用収益目的を一般的抽象的に解せば貸借の期間は長期化する可能性がある。しかし，使用貸借は無償であるから，有償の賃貸借とは異なり長期にわたる使用収益を借主に保障する必要性はない。

③ 契 約 解 除

　使用貸借は，契約の解除によっても終了する。次の(1)(a)(b)(c)(d)，(2)の事由により当事者は契約を解除することが認められている。

　(1)　貸主からの解除　　(a) 目的物受領前の解除　　すでに述べたとおり，書面によらない使用貸借は，借主の目的物受領前ならば貸主から契約を解除することができる（改正民593条の2本文）。

　　　(b)　存続期間を定めていないが使用収益目的を定めているとき　　契約に定めた使用収益目的の達成以前といえども使用収益をなすに足りるべき期間を経過したときは，貸主はただちに契約解除をすることができる（改正民598条1項）。

　判例では，借主の所有家屋が焼失したので貸主の建物を「他に適当な家屋に移るまで暫くの間」住居として使用するため無償で借受けた事案で，「その『使用，収益の目的』は，当事者の意思解釈上，適当な家屋を見付けるまでの一時的住居として使用収益するということであると認められるから，適当な家屋を見付けるに必要と思われる期間を経過した場合には，たとえ現実に見付かる以前でも民法597条2項但書により貸主において告知し得べきものと解すべきで

ある」とした（最判昭34・8・18集民37・644）。「使用及び収益をするのに足りる期間」経過の認否は，実際に問題とされることが多い。判例は，建物所有目的の土地の使用貸借について，約38年8ヵ月の長期間を経過し，この間に貸主と借主の間の人的なつながりの状況も著しく変化しているという事案では，それらが「使用収益をするのに足りるべき期間の経過を肯定するのに役立つ事情というべきである」としている（最判平11・2・25集民191・391）。その一方で，伝道，礼拝のための礼拝堂建築目的の土地使用貸借で，契約成立後約15年8ヵ月が経過している事案においても，貸主・借主間で使用継続の相互了解があったと認定し「さらにその後に使用継続を否定しうる特別な事情の生じたことが認められないかぎり，本件土地の使用貸借を解約しうる程度に相当期間が経過したとは，たやすく断定しえない」とした（最判昭45・10・16集民101・77）。結局，借主の使用収益の目的，方法，程度だけでなく，使用貸借されるに至った特殊な事情，その後の当事者間の人的つながり，目的物に対する各当事者の緊要度等の諸事情を考慮して判断されることになる。

　　　(c)　存続期間および使用収益目的を定めていないとき　　存続期間および使用収益目的を定めていないときは，貸主はいつでも契約の解除をすることができる（改正民598条2項）。このとき，なんら理由を要しない。これは使用貸借が無償契約であることに基づく（最大判昭29・10・13民集8・10・1846）。

　　　(d)　借主の義務違反に対する解除　　借主が用法遵守義務に違反する場合や，貸主に無断で第三者に借用物を使用収益させた場合には，貸主は契約を解除することができる（民594条3項）。

　　(2)　借主からの解除　　改正前民法には，借主からいつでも契約を解除することができる旨の規定が欠けていたため，改正民法ではこれを明文化している（改正民598条3項）。

④　借主の死亡

　使用貸借は貸主と借主の人的な関係に基づくことが多いので，借主が死亡した場合には使用貸借は終了する（民599条）。個別の事情に照らし，特約の存在

が認められない限り，相続人への権利承継を認めることができない。借主の相続人は目的物の返還義務を負う。

4　賃　貸　借

1　賃貸借とは

1　意　　義

　賃貸借契約とは，当事者の一方が目的物の使用収益を相手方にさせることを約束し，相手方がこれに対する対価（賃料）を支払うことおよび引渡しを受けた物を契約終了時に返還することを約束するものをいう（改正民601条）。これは，有償・双務・諾成契約である。

　対象となる目的物は，動産でも不動産でもよい。重要な社会的作用を営むものは不動産賃貸借である。用益物権である地上権や永小作権も他人の不動産の使用収益を内容とする点で共通するが，こちらは実際上ほとんど利用されていない。不動産を利用させる側は強力な効力を有する物権の設定を望まないのが通常であろう。

　賃貸借といってもその内容は多岐にわたる。旅先でレンタカーを借りて使用時間に応じた料金を支払う場合のように比較的短期間で終了する賃貸借もあれば，マンションの一室を借りて毎月家賃を支払う場合のように長期間継続する賃貸借もある。また，**ファイナンス・リース契約**などの新たな取引形態も登場している（賃貸借契約に分類する説のほか，無名契約と解する説などもある）。ファイナンス・リース契約は，ユーザーAが希望する物件，たとえばコピー機をリース業者BがサプライヤーCから購入し，これをAに賃貸する形式をとる。リース期間にBに対するリース料金として，目的物の購入価格，金利，固定資産税等がAから支払われる。当事者A・Bは契約で途中解約することができない旨を定めるのが通常である。Aはリース期間の満了とともにコピー機をBに返還すればよい。Bによるコピー機の購入資金をAが借りているのと変わ

らないから，Ａのリース料金支払いはリース物件購入代金の割賦払いと実質的には同じである。この契約によれば，①ユーザーの担保提供の不要，②リース期間終了後のリース物件返還によるユーザーの廃棄負担の軽減，③技術進歩の速い物件の取引・利用促進などの利点がある。

② 社会的役割と特別法等による修正

　民法における賃貸借は当事者どうしが対等な関係で契約関係を発生・存続・終了させるものを想定している。しかし，とくに不動産賃貸借においては，生活の基盤を求める賃借人側が弱い立場に置かれていることが実際には多く，結果として賃借人に不利な契約内容となるおそれがある。そこで，宅地，建物，農地などに関する賃貸借の場面には，民法の規定を修正し賃借人側の賃借権を厚く保護するための特別法が制定されてきた。特別法の制定や改正の歩みを簡単にみておこう。

　(1)　建物保護に関する法律の制定　　日清・日露戦争後の景気上昇により市街地が拡張し地価の高騰が顕著となった時代には，土地賃貸人は賃料の値上げに応じない賃借人との契約関係の終了を切望した。その際，社会問題化したのがいわゆる「地震売買」である。これは，賃貸借の対象となっている土地を賃貸人（旧所有者）Ａが第三者（新所有者）Ｃに（仮装）売却し，この土地上に建物を建てて生活している賃借人Ｂを追い出すためＣが所有権に基づく建物収去・土地明渡し請求を行い，揺さぶりをかけるというものである。土地の賃借権をＢが新所有者Ｃに主張しうる対抗力を有しない限り，**「売買は賃貸借を破る」**という現象を回避することはできない。このとき，Ｂが賃借権の対抗要件を備える方法としては，賃借権登記をする方法がある（民605条）。しかし，賃貸人Ａにはこれに協力する義務はないと解されている（大判大10・7・11民録27・1378）。

　そこで，**「建物保護ニ関スル法律」**（明42法40）（以下「建物保護法」という）が明治42年に成立し，建物所有目的の地上権または土地賃借権を有する者（以下**「借地権者」**という）はその所有する建物自体の登記さえ備えれば地上権ま

たは土地賃借権（以下「**借地権**」という）を第三者に対抗することができるとした（同法1条）。これにより土地上に投下された資本を維持することが容易となり，その限度で借地権者の生活の基盤が確保できるようになったのである。

　(2)　借地法・借家法の制定と改正　　建物保護法の制定後も，賃貸借の存続期間は自由に定められていたから，借地権者が長期間借地上の建物を保有することは困難であった。借地権者が依然として著しく劣位に立たされているなかで，第一次大戦後には，都市における住宅難はもちろん，企業利用地としての借地需要の高まりも著しくなってきた。国はこうした事態に対応しなければならなくなり，借地権の保護が喫緊の課題となっていったのである。さらに，資本主義の発展に伴う都市における産業化は都市への人口集中を招き，やがて住宅難をいっそう深刻化させた。そのため，**借家権**の保護も要請されるに至った。

　紆余曲折を経て大正10年，ようやく**借地法**（大10法49）および**借家法**（大10法50）が制定された。借地法では，①借地権の存続期間や法定更新，②建物買取請求権，③事情変更による地代増減請求権などが規定された。借家法では，①建物引渡しによる建物賃借権の対抗力の付与，②解約申入れ期間，③造作買取請求権，④家賃増減請求権などが定められた。その後の改正としては，昭和16年に借地法・借家法ともに「正当事由」がなければ借地・借家関係を消滅させることができないものとされた。第二次大戦中の出征兵士への配慮によると解されている。そのほか，昭和41年の借地法改正において借地非訟事件手続等が導入され，同年の借家法改正では相続人不存在の場合の借家権の承継制度等が付加されている。

　また，大正12年の関東大震災をきっかけに借地借家臨時処理法（大13法16）が施行され，とりわけ都市生活に緊密なつながりを有していた借家人が厚く保護される措置が講じられた。第二次大戦後は戦時下での空爆等で宅地・建物が不足する事態となり，昭和21年には，借家人による復興を促進することを主眼とした罹災都市借地借家臨時処理法（昭21法13）が借地借家臨時処理法を受け継ぐ形で制定された。なお，平成25年には「大規模な災害の被災地における借地借家に関する特別措置法（平25法61）」が制定されたため，この法は廃

止されている。

(3) 借地借家法の制定　　平成3年には**借地借家法**（平3法90）の制定により建物保護法および借地法，借家法が一本化された。もはや戦後の住宅難はある程度解消され土地の高度利用も図られてきたことから，そのような社会・経済事情の変化に対応するために，既存の規定の修正および諸規定の新設がなされたのである。

(4) 農地法の制定と改正　　農地に関しては，昭和13年に制定された農地調整法（昭13法67）により，賃借小作権について農地の「引渡し」に対抗力を付与する，地主の解約権および更新拒絶を制限するなど，賃借小作権が強化された。第二次大戦後は農地改革が行われたことによって，小作地は解放され地主から小作人に所有権が移転し，農地は耕作者が所有すべきだとする自作農主義への転換がみられた。このとき，自作農創設特別措置法（昭21法43）が制定され，国が強制的に買い取った農地を改めて小作人に売却する措置がとられた。その結果，民主化の進展，農業生産力の向上，農業従事者の生活基盤の確保が実現された。昭和27年には，この改革の成果を維持するために農地調整法と自作農創設特別措置法などが統合され**農地法**（昭27法229）が制定された。

　その後は，高度経済成長期以降の農業政策の展開を背景として，数次の農地法改正やその他の農地関連法の制定が行われてきた。近年においては，農業の国際競争力の強化が求められるとともに，国民への安定的な食糧供給のための農地の確保・保全が課題とされ，農業政策も大きな転換期を迎えている。従前のような所有者が耕作者に最適であるとされる自作農主義によれば，自作農による家族型小規模経営が中心とならざるを得ない。それでは生産率の上昇は見込めず食糧自給率も低下する一方である。むしろ，農地所有と経営の分離こそが大規模農業経営を容易化させ生産率の上昇に繋がるという。徐々に利用権強化の方向へと移行させるため，昭和50年には農用地利用増進事業制度の創設とこれに伴う農地法改正がなされた。さらに昭和55年には農用地利用増進法（昭55法65）が制定されたが，平成5年には農業経営基盤の強化を促進するため農業経営基盤化促進法として改正がなされている。

　平成21年に，従来の自作農主義に配慮しつつも「農地を効率的に利用する耕作者による地域との調和に配慮した農地についての権利の取得を促進」（農地1条）することを目的とした農地法改正が行われている。いわば「所有から利用へ」の考え方をいっそう明確化させるものであり，農業の大規模経営の実現，農業生産力の向上を中心とした改正がなされている。この改正により，株式会社などの参入規制を緩和し，農地を有効利用する主体を確保することができるとされているが，実際には課題が多い。最近では，平成30年に，利用権の設定を容易化する農地法および農業経営基盤化促進法が一部改正されるなど，所有者不明農地の有効かつ効率的な利用も促進されている。

2　賃貸借の成立

1　諾 成 契 約

　賃貸人は賃借人に目的物の使用収益をさせ賃借人はその対価として賃貸人に賃料を支払い引渡しを受けた物を契約終了時に返還する旨の合意により賃貸借契約が成立する。

　ただし，農地または採草放牧地について賃貸借を成立させるには，原則として農業委員会の許可を得なければならない（農地3条1項）。

　また，賃借権は時効取得によって成立することもある。判例は，土地の継続的な用益という外形的事実が存在し，かつ，それが賃借の意思に基づき客観的に表現されているときは，民法163条により土地賃借権を時効取得しうるとする（最判昭43・10・8民集22・10・2145，最判昭44・7・8民集23・8・1374，最判昭45・12・15民集24・13・2051など）。

2　権利金と敷金

　権利金や**敷金**の交付は賃貸借契約の成立要件ではないが，契約成立時に支払われることが取引慣行となっている。だが，その性質・内容はさまざまである。
　（1）　権利金　　権利金とは，①営業上の利益もしくは場所的利益の対価，②賃借物の使用対価（賃料の前払い的性質のもの），③賃借権設定の対価，④賃借

権の交換価値への対価（賃借権の譲渡・転貸の承諾料の性質を有するもの）など，多種にわたる。実際には，②に該当するものが多いといわれる。

権利金は賃貸借終了時に賃貸人から賃借人へ返還されるべきものか否かについては争いがある。判例は，賃貸店舗（借家）の十数年間の使用後に賃借人が賃貸人に対して「建物の場所，営業設備等有形無形の利益に対して支払われる対価の性質を有する」権利金の返還を請求した場合，特約がない限り賃貸借が終了しても権利金の返還を認めるべきではないとした（最判昭29・3・11民集8・3・672）。

（2）　敷金　　改正民法で敷金の定義が初めて明記された。敷金とは，「いかなる名目によるかを問わず，賃料債務その他の賃貸借に基づいて生ずる賃借人の賃貸人に対する金銭の給付を目的とする債務を担保する目的で，賃借人が賃貸人に交付する金銭」をいう（改正民622条の2第1項）。敷金の返還時期は，①賃貸借が終了し，かつ，賃貸物の返還を受けたとき，または，②賃借人が適法に賃借権を譲り渡したとき，である（同条同項1号・2号）。すなわち，①または②に該当するときに存する被担保債権を敷金から控除した残額が賃借人に返還されることになる。これは改正前の判例（最判昭48・2・2民集27・1・80，最判昭53・12・22民集32・9・1768）に従うものである。たとえば，Aが敷金24万円，毎月の家賃8万円のB所有アパートの一室を借りて暮らしていたが，明渡しまでに賃借人Aに8万円の延滞賃料債務が残っていた場合に，賃貸人Bはその分（延滞賃料8万円，そのほかに損害はない場合）を敷金24万円から差し引いた残額16万円をAに返還すればよいことになる。

問題となるのが，敷金返還義務と目的物の返還義務とは同時履行の関係にあるか否かである。判例は，敷金返還義務は目的物の返還時点で発生する義務であり，目的物返還義務が先履行義務であるから同時履行の関係にないと解している（最判昭49・9・2民集28・6・1152）。

もっとも，いまだ敷金返還義務が具体的に生じる前であっても，賃借人の債務不履行が認められるときには，賃貸人は「敷金をその債務の弁済に充てることができる」（改正民622条の2第2項前段）。これも改正前の判例法理（大判昭5・3・

10 民集 9・253）に基づくものである。このような場合においても，賃借人の方から，賃貸人に対し，敷金をその債務の弁済に充当するよう請求することはできない（同条同項後段）。

3　賃貸借の存続

1　賃貸借の存続期間

賃貸借の存続期間は 50 年を超えることができない（改正民 604 条 1 項前段）。契約でこれより長い期間を定めた場合においてもその存続期間は 50 年とする（同条同項後段）。存続期間の更新もまたそのときから 50 年を超えることができない（同条 2 項）。

立法者はあまりに長期間の賃貸借は「経済上大ニ不利益」であり「物ノ頽敗，毀損」を顧みない弊害の可能性があるとして，20 年という短い期間を最長期間としていた（改正前民 604 条 1 項前段）。ところが，最近では，ゴルフ場や太陽光発電パネル設置のための敷地の賃貸借など，20 年を超える賃貸借へのニーズが高い。改正審議過程においては同条を削除すべきとする案も登場したが，それでは，100 年を超える賃貸借も可能となってしまい，やはり弊害が大きいとの批判があった。そこで，永小作権の存続期間（民 278 条 1 項）等との均衡から存続期間の上限を 20 年から 50 年に変更したのである。

2　短期賃貸借における存続期間の制限

本来，賃貸借は，管理行為の性質を有するはずであるが，長期賃貸借は実際上処分行為に類似しているため，「処分の権限を有しない者」（不在者の財産管理人［民 28 条・103 条］など）には賃貸借の期間を制限することとした（改正民 602 条）。改正前民法 602 条は，「処分につき行為能力の制限を受けた者」（被保佐人（民 13 条 1 項 9 号）・被補助人（民 17 条 1 項ただし書参照））も含まれるとしていたが，改正民法では削除されている。被保佐人に関しては，民法 13 条 1 項 9 号により保佐人の同意がなくとも単独で短期賃貸借をすることができる。被補助人に関しては，民法 17 条 1 項ただし書により短期賃貸借は被保佐人と同様

に補助人の同意がなくとも単独で行うことができる。両規定のほか，さらに「処分につき行為能力の制限を受けた者」の文言を使用する改正前民法602条は規定の重複となっているとの批判があった。また，改正前の文言により，未成年者や成年被後見人も単独で短期賃貸借を行うことが可能であるとの誤解を招くおそれがあった。このような理由から一部改正されたのである。

①樹木の栽植・伐採を目的とする山林の賃貸借では10年（1号），②①以外の土地賃貸借は5年（2号），③建物の賃貸借では3年（3号），動産の賃貸借では6ヵ月である（4号）。これらの期間は更新することができるが，その期間満了前，土地の場合は1年以内，建物の場合は3ヵ月以内，動産の場合は1ヵ月以内に更新しなければならない（民603条）。契約後すぐに更新することができるとすれば，民法602条の期間制限が無意味なものになってしまうからである。

処分権限を有しない者が民法602条の期間を超えて賃貸借契約をした場合の効果については，個々の規定による。不在者の財産管理人の行為であるならば無権代理行為となり無効を主張することができる（民113条1項）。

それでは，この期間を超える賃貸借がなされた場合に，無効となりうるのは，契約の全部となるのかそれとも期間を超えた部分にすぎないのであろうか。その点について，改正民法602条後段には，「契約でこれより長い期間を定めたときであっても，その期間は，当該各号に定める期間」と規定されている。改正前においては，下級審判例が一部無効説の立場をとっていたが（名古屋高判昭33・9・20高民集11・8・509，大阪地判昭47・10・11判タ291・314など），改正民法では，これを条文化したのである。

期間の定めのない賃貸借がなされた場合は，いつでも解約申入れをして契約を終了させることができるので，改正民法602条所定の制限を超えていないと解されている（大判大3・7・13民録20・607）。

③ 契約の更新

存続期間の定めがある賃貸借においては，その契約を更新することができる。
契約の更新について当事者間に明らかな合意があれば，当然更新される。更

新内容は当事者間の自由に委ねられるが，既述したように更新後の存続期間に関しては 50 年が最長期とされている（改正民 604 条 1 項）。

そのほか，民法上，**黙示の更新**の制度がある（民 619 条 1 項前段）。期間満了後，賃借人が目的物の使用または収益を継続する場合に賃貸人がこれを知りながら異議を述べなかったときは，従前の賃貸借と同一の条件でさらに賃貸借をしたものと推定されるのである。ただし，存続期間と担保の条件だけは変更される。黙示の更新後は期間の定めのない賃貸借となり（民 619 条 1 項後段），また，従前の賃貸借で賃借人が担保（質権・抵当権・保証など）を提供していたときは，その担保は敷金を除き消滅する（改正民 619 条 2 項）。しかし，黙示の更新の制度は当事者の意思をあくまでも「推定」したものであるから，賃貸人がこれを覆す事実を主張・立証すれば，更新は認められない（大判明 42・2・15 民録 15・102）。

もっとも，借地借家法，農地法等の特別法が適用される場合には，民法 619 条で更新が「推定」されるとしていた点は更新されたものと「みなす」こととされている。賃借人に対するさらに厚い保護が特別法によりなされているのである。

4　賃貸借の効力

① 賃貸人の義務

(1)　**使用収益をさせる義務**　賃貸人はまず賃借人に契約で定められた一定の使用収益をさせる義務を負う（民 601 条）。そのために目的物を賃借人に引き渡すべきであるし，第三者が賃借人の使用収益を妨害するときはその妨害を排除すべきである（大判昭 5・7・26 民集 9・704）。

(2)　**修繕義務**　賃貸人は目的物の使用収益に必要な修繕義務を負う（民 606 条 1 項）。目的物の保存の面では賃貸人にとって権利でもあるため，賃借人はこれを受忍する義務を負う（同条 2 項）。賃貸人が修繕義務を履行しないときは，履行の強制，債務不履行に基づく損害賠償請求，契約解除をすることができる（民 415 条・541 条）。ただし，賃借人の責めに帰すべき事由によってその修繕が必要となったときは，公平の観点から賃貸人の修繕義務は免除される（改

正民 606 条 1 項ただし書）。

　また，修繕義務の不履行に対して賃借人は賃料支払い義務の履行を拒絶することができるか否かについて，判例は肯定的である（大判大 10・9・26 民録 27・1627）。修繕義務と賃料支払い義務は同時履行の関係にあるとするのが判例・通説である。しかし，どの程度の不履行により賃借人は賃料全額の支払いを拒絶することができるかについては明らかでない。その手がかりとして，「居住にある程度の支障ないし妨害があつたことは否定できないが」，家屋の賃借人の「使用収益を不能もしくは著しく困難にする程の支障はなかった」場合，賃借人は「賃料の全額について支払を拒むことは許されない」とする判例がある（最判昭 43・11・21 民集 22・12・2741）。

　加えて，改正民法では，賃貸物の修繕が必要である場合に，以下のいずれかであるとき，賃借人が「その修繕をすることができる」と定めている（改正民法 607 条の 2）。

① 　賃借人が賃貸人に修繕が必要である旨を通知し，または賃貸人がその旨を知ったにもかかわらず，賃貸人が相当の期間内に必要な修繕をしないとき（同条 1 号）。

② 　急迫の事情があるとき（同条 2 号）。

　賃借人が支出した必要費の償還義務を賃貸人が負うことを前提とすれば（民法 608 条 1 項），賃貸人が修繕義務を履行しないときは賃借人自らが必要な修繕をすることができるはずである。これを修繕権限として明示したものである。物理的変更を行う処分権限を賃借人は通常もたないから，修繕権限が認められるのは，賃借人が修繕せざるを得ない事情が生じた①と②の場合に限られる。

　なお，当事者間で賃貸人の修繕義務を軽減または免除する旨の特約をすることもできる。その場合においても，賃貸人は柱の根継ぎや水害による甚大な被害に対する修繕などの大修繕の義務を免れることはできない（大判昭 15・3・6 新聞 4551・12 など）。このような特約は両当事者の予測の範囲内に限られると考えるべきであろう。

　(3)　費用償還義務　　(a)　必要費償還義務　　目的物の**必要費**を賃借人が支

出したときには，賃貸人に対して賃貸借の終了を待たずにその都度，償還請求
することができる（民 608 条 1 項）。必要費とは，単に目的物自体の原状維持ま
たは原状回復のための費用に限らず，通常の用法に適する状態で目的物を保存
するために支出された費用も含む（大判昭 12・11・16 民集 16・1615）。賃借人が支
出した修繕費用なども当然これに含まれることになる。

　(b)　有益費償還義務　　賃貸借の期間中に，賃借人が**有益費**を支出する場
合がある。有益費とは目的物とその周辺のものの改良のために支出された費用
をいい，家屋前の道路コンクリート舗装費用（大判昭 5・4・26 新聞 3158・9）や賃
借店舗の装飾棚設置費用（東京地判昭 13・8・12 新聞 4316・17）などが有益費とされ
ている。目的物の価格の増加が現存しているときは，賃借人の選択に従い支出
額または増加額を賃貸人に対して賃貸借終了時に償還請求することができる（民
608 条 2 項）。賃借人に償還されなければ，賃貸人が目的物の価格増加分について
不当に利得してしまうことになるので，公平の見地から認められた規定である。

　ただし，これらの費用償還義務は，特約により軽減または免除することがで
きる。

　賃借人側からは費用償還請求権となる。この権利は目的物の返還時点から 1
年以内に行使しなければならない（民 622 条・600 条 1 項準用）。

　(4)　担保責任　　賃貸借の目的物が他人の所有物である場合などにより賃借
人が使用収益をすることができなかったときには，賃貸人は担保責任を負う（民
559 条・561 条以下準用）。目的物について権利を主張する者がいるときには賃借
人は遅滞なく賃貸人に通知する義務を負う（民 615 条）。賃貸借の目的物に隠れ
た瑕疵があった場合には賃借人は賃貸人に対して瑕疵担保責任を追及すること
ができる（民 559 条・570 条準用）。

② 賃借人の義務

　(1)　賃料支払義務　　賃借人は，賃料支払義務を負う（民 601 条）。賃料は金
銭のほか，収穫物などの現物でもよい。賃料は，通常，当事者の合意により定
まる。支払時期については，民法 614 条により原則として後払いとされるが，

本条は任意規定であるから特約により修正することができる。

しかし，諸事情により定められた賃料額の支払いが困難となる場合もある。民法では，2つの場合における賃借人の賃料の減額請求権・解除権を認めている。

(a) 減収による場合　耕作または牧畜を目的とする土地の賃借人は，不可抗力によって賃料より少ない収益を得たときは，その収益の額まで賃料の減額請求をすることができる（改正民609条）。不可抗力によって引き続き2年以上賃料より少ない収益となる場合には，耕作または牧畜を目的とする土地の賃借人は契約の解除もすることができる（民610条）。

(b) 賃借物の一部使用収益することができない場合　賃借人の帰責事由によることなく貸借物の一部を使用収益することができなくなったときは，賃借人はその部分の割合に応じて賃料の減額請求を行うことができる（改正民611条1項）。残存部分のみでは賃借人が賃借した目的を達成することができない場合には契約を解除することもできる（改正民611条2項）。

改正前民法では，「賃借物の一部滅失」がある場合のみに限定されていたが，改正民法では，賃借物の一部について使用収益することができなくなった場合一般について減額請求，さらに契約解除することができるとする。これは賃借人に賃貸人が賃借物の使用収益を可能にさせる状態に置いた対価として賃料が支払われると解されていることに基づく。

(2) 目的物の保管義務　賃借人は善良な管理者の注意をもって目的物を保管する義務を負う（民400条）。目的物が修繕を要し，または目的物について権利を主張する者があるときは，賃借人は遅滞なくその旨を賃貸人に通知しなければならない（民615条本文）。ただし，賃貸人がすでにこれを知っているときは，通知する必要はない（民615条ただし書）。賃借人は賃貸人の保存行為を受忍する義務を負うが（民606条2項），賃借人の意思も考慮され保存行為によって賃借した目的を達することができなくなるときは，賃借人は契約を解除することができる（民607条）。

(3) 用法遵守義務　賃借人は，契約または物の性質によって定まった用法に従い目的物の使用収益をしなければならない（民616条・594条1項準用）。違

反した場合については，民法616条が民法594条3項を準用していないので，契約解除が認められるかについて問題となる。違反の効果として，賃貸人は債務不履行や不法行為責任を追及することができるものとされ，損害賠償請求や契約解除が認められると考えられている。ただ，契約の解除の根拠規定に関しては争いがあり，判例は賃借人の妻子が賃借家屋を乱暴に使用し損壊した状態で使用を継続していた事案で民法541条の適用を前提とした判断をしている（最判昭27・4・25民集6・4・451）。

(4)　無断譲渡または無断転貸の禁止　　賃借人は，賃貸人の承諾がなければ賃借権の譲渡，転貸をしてはならないという義務を有する（民612条1項）。賃借権譲渡または転貸に対する承諾は明示であっても黙示であってもよい（最判昭31・10・5民集10・10・1239）。

(a)　適法な賃借権譲渡　　賃貸人が賃借権の譲渡に承諾したときは，これまでの賃借人（譲渡人）は賃貸借関係から離脱し譲受人が新賃借人の地位を得る。賃貸人と新賃借人との間の賃貸借関係は従前の内容と同一であるが，保存義務違反による損害賠償債務，延滞賃料債務などは新賃借人の引受けがなければ移転しない（最判昭53・12・22民集32・9・1768）。

(b)　適法な転貸借　　賃貸人が転貸借に承諾したときは，これまでの賃借人の地位に影響はない。その賃貸借関係を前提とした新たな転貸借関係を賃貸人に主張しうる。賃貸人と転借人との間には直接なんらの関係も生じないが，便宜上，転借人は，賃貸借に基づく「賃借人の債務の範囲を限度として」，転貸借に基づく債務を直接履行する義務を負う（改正民613条1項前段）。したがって，賃貸人は転借人に賃料の請求をすることができる。たとえば原賃貸借の賃料が月額16万円，転貸借の賃料が月額12万円であるとき，賃貸人は転借人に月額12万円を超えて請求することはできない。また，原賃貸借の賃料が月額8万円，転貸借の賃料が月額12万円であるときは，賃貸人は転借人に月額8万円を超えて請求することはできない。

転借人が賃貸人に賃料の前払いをしている場合においても，転借人の前払いを賃貸人に対抗できない（同項後段）。転借人に二重払いの危険性が生じるが，

賃貸人の利益を保護する必要性が高いためである。

　転貸借終了前に賃貸借が終了したときは，転貸借がそれ以後当然に効力を失うことはないが，転貸借をもって賃貸人に対抗しえなくなるので賃貸人から転貸人に対して転借物の返還請求をすることができる（最判昭36・12・21民集15・12・3243）。賃貸借が債務不履行に基づく契約解除により終了したときは，原則として賃貸人が転借人に対して目的物の返還を請求した時に履行不能となり終了する（最判平9・2・25民集51・2・398）。しかし，賃貸人と賃借人との間で契約の合意解除がなされた場合には，改正民法613条3項により，その合意解除の効力を転借人に主張することができないとしている。ただし，その解除の当時，賃貸人が賃借人の債務不履行による解除権を有していたときは，転貸借も終了となる（改正民613条3項ただし書）。改正前においても，判例は，転借人に不信な行為があるなどして，賃貸人と賃借人との間で賃貸借を合意解除することが信義誠実の原則に反しないような特段の事由のある場合以外は，転借人の権利は消滅しない，としていた（最判昭37・2・1集民58・441）。また，転貸を予定する事業用ビル全体の一括賃貸借（いわゆるサブリース事案）において，賃借人の更新拒絶により賃貸借が終了しても，賃貸人は信義則上その終了を再転借人に対抗できないとしている（最判平14・3・28民集56・3・662）。

　(c)　無断譲渡または無断転貸　　賃借人が民法612条1項に違反して他の者に賃借権の譲渡または転貸を行った場合に賃貸人は契約を解除することができる（民612条2項）。賃貸借は当事者間の信頼関係が基礎となっているので，賃貸人の意思を無視した譲渡や転貸は背信行為となり賃貸借を継続するのが困難となるからである。ただし，判例はそうした同条の趣旨に立ち返り，解除権行使については制限的に解している。すなわち，無断譲渡または無断転貸に背信行為と認めるに足りない特段の事情がある場合には民法612条の解除権は発生しないとする**信頼関係破壊の法理**に依拠しているのである（最判昭28・9・25民集7・9・979 [Case 参照]，最判昭30・9・22民集9・10・1294，最判昭31・5・8民集10・5・475など）。特段の事情の存在は賃借人側において主張，立証すべきものと解されている（最判昭41・1・27民集20・1・136）。特段の事情の存否は，事案

ごとに個別具体的に諸事情を総合的に考慮して判断されることになる。

　特段の事情があるとされる場合については，多数の判例の蓄積があり，学説上，多様な分類がなされている。おおまかに整理すれば，①譲受人・転借人が同居の親族のように特殊な人的関係があり，利用実態に実質的な変更がない場合（最判昭 40・6・18 民集 19・4・976，最判昭 40・9・21 民集 19・6・1550，最判昭 44・4・24 民集 23・4・855 など），②建物の一部分のみの間貸しなど利用実態に軽微な変更しか認められない場合（前掲最判昭 31・5・8，最判昭 36・4・28 民集 15・4・1211 など），③営業形態が個人から会社に変わるなど，法律上は別人格であるが実質的には同一人である場合（最判昭 39・11・19 民集 18・9・1900），④譲渡担保のために賃借人が他に目的物を譲渡したとしても実質的には権利移転がなされていない場合（最判昭 40・12・17 民集 19・9・2159）などに分けられる。

　このような背信的行為と認めるに足らない特段の事情がある場合には，賃貸人の賃借人に対する契約解除は無効となるから，賃借権の譲渡または転貸による使用を譲受人または転借人は賃貸人に対抗することができるものというべきである（前掲最判昭 36・4・28，最判昭 39・6・30 民集 18・5・991，前掲最判昭 40・6・18 など）。

　(5)　目的物返還義務　　賃貸借の終了したときに目的物を返還しなければならない（改正民 601 条）。返還にあたり，目的物を原状に復して，これに附属させた物を収去する権利を有する。これは同時に義務でもある。

　改正前は賃借人の収去権のみ明文規定を有していたが，賃借人の収去義務も重要な義務であるから，改正民法 622 条では 599 条 1 項を準用し収去義務も明文化された。

　民法改正前においては，単に改正前民法 598 条を準用していたにとどまる。改正民法では，賃借人の原状回復義務に関する一般的理解（最判平 17・12・16 集民 218・1239 等）に従い，原状回復義務の範囲を明確にしている。すなわち，賃借物の通常損耗ならびに経年変化は含まれないとしている（改正民法 621 条）。通常損耗とは，たとえば，家具の設置による床のへこみ，電気焼けと呼ばれる家電製品の設置による壁の黒ずみなど，通常の使用収益によって生じた損耗等

をいう。経年変化とは，たとえば，耐用年数経過による浴槽のヒビ，日照による畳の色あせ，壁の色あせなど，建物・設備等の自然的な劣化・損耗等をいう。

　これらのものを原状回復義務から除くのは，有償契約である賃貸借の場合は，通常損耗が生じることを前提とした減価償却費や修繕費等の必要経費を折り込んで賃料の額を定めるというのが一般的だからである。

Case

無断転貸と契約解除

事実

　Y_1 は建物所有目的で A 所有土地（以下「本件土地」という）を賃借し，甲建物と乙建物を建築し甲建物は B に賃貸したが，戦災によって甲・乙両建物が焼失した。その後，本件土地は A から X に売却された。また，B は甲建物の跡地（約50坪）の借地権を適法に Y_1 から譲り受けた。B は自分の子 Y_2 名義の建物（以下「本件建物」という）を建築したが，本件建物は Y_1 の乙建物跡地に20坪ほどまたがる形となってしまった。それは，B と Y_1 が Y_1 の元の借地上であれば他の場所に再築してもよいと考えていたからである。そこで，X は，Y_1 に対して無断転貸に当たるとして民法612条2項に基づき XY_1 間の賃貸借契約を解除し，Y_1・Y_2 に対し建物収去および土地明渡請求をした。一審は X の請求を棄却し，原審も本件 Y_1 の転貸には背信性がないから解除は許されないとしたので，X が上告した。

①戦災前

土地賃貸借契約

A ←————————→ Y_1
賃貸人　　　　　　　　賃借人

甲建物賃貸借契約　　甲建物

B　　　　　　　　　　　　　　　　　乙建物
建物賃借人

本件土地

↓

②戦災後（甲・乙建物の焼失）

X ←————————→ Y_1賃借人
新賃貸人　　**土地賃貸借契約**

A　　　　　　　　　　　　　　B賃借人（甲建物の跡地のみ）
旧賃貸人　　　　　　　　　　Y_2（本件建物名義人）

B（Y_2）所有
本件建物

B借地権　　　　Y_1借地権

Bへの無断転貸？

判旨

　最高裁判所は次のとおり判示し上告を棄却した（最判昭 28・9・25 民集 7・9・979）。

　「元来民法 612 条は，賃貸借が当事者の個人的信頼を基礎とする継続的法律関係であることにかんがみ，賃借人は賃貸人の承諾がなければ第三者に賃借権を譲渡し又は転貸することを得ないものとすると同時に，賃借人がもし賃貸人の承諾なくして第三者をして賃借物の使用収益を為さしめたときは，賃貸借関係を継続するに堪えない背信的所為があったものとして，賃貸人において一方的に賃貸借関係を終止せしめ得ることを規定したものと解すべきである。したがって，賃借人が賃貸人の承諾なく第三者をして賃借物の使用収益を為さしめた場合においても，賃借人の当該行為が賃貸人に対する背信的行為と認めるに足らない特段の事情がある場合においては，同条の解除権は発生しないものと解するを相当とする」。

　「本件において，Y₁ が B に係争土地の使用を許した事情」からすると，「Y₁ の行為を以て賃貸借関係を継続するに堪えない著しい背信的行為となすに足らないことはもちろんであるから，X の同条に基く解除は無効というの外はな」いとした。

③　不動産賃貸借の登記による対抗力

　(1)　賃借権の物権化　　賃借権は排他性のない債権として構成されるため，本来であれば物権に対抗することはできないはずである。「売買は賃貸借を破る」といわれるゆえんである。だが，すでに述べたとおり，不動産の賃貸借の場合は，その登記により不動産所有権等の物権を譲り受けた第三者に賃借権を主張することができる（改正民 605 条）。民法 605 条は，賃借人の保護のために民法 177 条の対抗力と同様のものを認め，賃借権の物権化を図っている。

　改正前においては，判例上，対抗要件を備えた賃借権に基づいて賃借人は第三者に対し妨害排除請求することもできると解されてきた（最判昭 28・12・18 民集 7・12・1515，最判昭 30・4・5 民集 9・4・431 など）。改正民法 605 条の 4 はこの判例法理を明文化し，対抗要件を備えた賃借人の妨害排除請求権（同条 1 号），返還請求権（同条 2 号）を認めている。

　しかし，賃借権登記は，賃貸人・賃借人双方が共同してしなければならないところ（不登 60 条），民法 605 条は，賃借人に賃貸人に対する登記請求権を与える規定とは解されていない（前掲大判大 10・7・11）。そのため，賃貸人が賃借権登記に協力してくれなければ，同条による対抗力は生じない。それでは，賃

借人を十分に保護することができないので，後述する特別法により，不動産賃借権の対抗力は強化されている。

(2) **賃貸人の地位の移転**　改正前においては，賃貸人の地位の移転について詳細を規定する条文を欠いていた。そこで，改正民法605条の2，605条の3は，賃貸人の地位の移転について詳しく規定している。

(a) **当然承継**　賃借人が賃貸借の対抗要件を備えた場合，その不動産が譲渡されたときは，その不動産の賃貸人たる地位は，その譲受人に移転する。賃貸人の地位の当然承継を定める判例法理（大判大10・5・30民録27・1013）を明文化したものである。

通常は所有権の移転に伴い賃貸人の地位も譲渡人から譲受人へ当然承継されるものであるが，なかには旧所有者と新所有者との間で賃貸人の地位を留保する合意がなされていることがある。具体的には，賃貸不動産の信託による譲渡の場面で，賃貸人の地位を旧所有者に留保するニーズがある。

そこで，改正民法605条の2第2項前段では，①**賃貸人の地位を留保する旨の合意**に加え，②**新所有者を賃貸人，旧所有者を賃借人とする賃貸借契約を締結すること**を要件とし，賃貸借契約が終了したときに改めて賃貸人の地位が旧所有者から新所有者その他の承継人に移転するとする。同項後段では，譲渡人と譲受人（またはその承継人）との間で賃貸借が終了した場合，賃貸人の地位が譲渡人（またはその承継人）に移転するとする。これも判例（最判平11・3・25判時1674・61）の見解を基礎とした規定である。たとえば，次のような例をみてみよう。Aが甲土地を所有し，Cに甲土地を賃貸していたが，その後，Aは甲土地をBに売却した。しかし，AB間で，前述のような賃貸人の地位留保の合意およびB（新所有者）を賃貸人，A（旧所有者）を賃借人とする甲土地の賃貸借契約の締結があったとする。Aは，従来どおり賃借人Cに対して賃貸人の地位を有しているが，A自身，甲土地の賃借人であるから，AB間の賃貸借を前提としたAC間の転貸借関係が形成されることになる。AB間の賃貸借が終了したときは，Aに留保されていた賃貸人の地位はB（またはその承継人）に移転する。

　賃貸人の地位の移転について賃借人に対抗するための要件，賃貸人の地位が移転した場合の賃貸人の費用償還債務および敷金返還債務の承継の有無についても現行法では明文規定を欠くから，改正民法 605 条の 2 第 3 項・4 項は，判例に従い明文化している。先ほどの例によれば，AB 間の賃貸借が終了したとしても，B が甲土地の所有権移転登記を備えなければ，B は C に対して賃貸人として地位を対抗することはできない。また，費用償還義務，敷金返還義務は B（またはその承継人）に移転するので，C は B に対してこれらを請求することができる。賃借人たる C の地位は十分保護されているといえよう。

　　(b)　合意承継　　新設規定として，さらに「合意による賃貸人たる地位の移転」に関する改正民法 605 条の 3 を設けている。

　契約上の地位の移転については，一般的に相手方の承諾が必要とされているが，賃貸人の地位の移転は所有権の移転に伴うものであるから相手方の承諾は不要と解されていた（最判昭 46・4・23 民集 25・3・388）。前段はこれを明文化したものであり，後段は合意承継の場面も当然承継の場面と同様の法律関係が生じることを定めたものである（前条 3 項および 4 項の準用）。つまり，賃貸人としての地位は所有権移転登記がなければ賃借人に対抗することはできないこと，また，新賃貸人は敷金返還義務，費用償還義務を承継すること等については当然承継の場合と同様である。

5　賃貸借の終了

① 期 間 満 了

　存続期間の定めがあるときは期間満了により賃貸借は終了する（民 616 条・597 条 1 項）。期間内であっても賃貸借の解約権を留保していたときは，後述する ② のときと同様となる（民 618 条・617 条準用）。たとえば，賃貸人側の解約権留保理由としては，自ら居住する必要性が生じた場合や目的物を第三者に売却したいときに賃借権が妨げとなるような場合に備えることが考えられる。賃借人側の留保理由としては，不時の転勤により居住の必要性がなくなった場合に備えることが想定される。

2 解約申入れ

　存続期間の定めがないとき，各当事者はいつでも解約申入れすることができる（民617条1項）。存続期間の定めがないことについては，当事者間に明示または黙示の合意があればよい。借地契約書に「永久貸与」と書かれていた場合には存続期間を定めたものではないと解しても経験則に反しない（最判昭27・12・11民集6・11・1139）。

　解約申入れ後ただちに終了すれば当事者の事後処理などで不都合が生じやすいから，一定の猶予期間経過後に賃貸借は終了するとされている。猶予期間は，①土地の賃貸借の場合は1年（民617条1項1号），②建物の賃貸借の場合は3ヵ月（ただし，借家の場合には賃貸人からの解約申入れは6ヵ月）（2号），③動産および貸席の賃貸借は1日とされる（3号）。さらに，収穫の季節がある土地の賃貸借はその季節の後，次の耕作着手前に解約申入れしなければならない（同条2項）。

3 契約解除

　一定の事由が生じたときには，当事者は賃貸借契約を解除することができる。このときの解除に遡及効はなく，将来に向ってのみ効力が生じる（改正民620条）。継続的な契約関係による賃貸借で遡及効を認めれば，当事者間に原状回復義務が生じるが賃借人にそれまでの収益果実などすべてを返還させるのは困難であるからである。

　(1)　賃貸借規定の定める解除原因　　民法において賃貸借における解除原因を明確に定めている規定はいくつかある。賃借人に解除権を与えた規定としては，民法607条（賃借人の意思に反する保存行為により賃借した目的を達することができなくなるとき），610条（賃料より収益が少ない期間が2年以上続くとき），改正民611条2項（賃借物の一部滅失等使用収益をすることができず賃借した目的を達することができないとき）がある。賃貸人に解除権を与えた規定は，612条2項（無断譲渡・無断転貸）がある。

　(2)　そのほかの解除原因　　一般の債務不履行（民415条）に基づく解除原

因として賃料延滞，増改築禁止特約違反等の義務違反が挙げられる。無断譲渡および無断転貸の場合と同様に，これらの場合にも，判例は信頼関係破壊の法理により解除制限を行っている。こうした動きは第二次大戦後の極端な住宅難から解除制限を認める下級審判例が続出したことに始まる。最近では，運送会社の法人格の同一性は維持されているから賃借権の無断譲渡は認められないが，経営者の交代の事実が「賃貸人・賃借人間の信頼関係を悪化させるものと評価され，その他の事情と相まって賃貸借の契約解除事由となり得る」余地があることを示した判例もある（最判平8・10・14民集50・9・2431）。なお，賃貸人の解除が認められるためには，原則として相当期間を定めた催告を要すると解すべきである（最判昭31・6・26民集10・6・730参照）。

　(a)　賃料延滞　　賃借人が賃料支払いを1回でも怠ったときは，賃貸借は当然解除となる旨の訴訟上の和解がなされていたとしても，賃借人が和解成立後1ヵ月分の賃料以外は誠実に銀行振込みで支払っていた事案で，「当事者間の信頼関係が，解除の意思表示を要せず賃貸借契約が当然に解除されたものとみなすのを相当とする程度にまで破壊されたとはいえず」，和解条項に基づき契約は当然に解除されたものとは認められないとする（最判昭51・12・17民集30・11・1036）。

　(b)　増改築禁止特約違反　　普通建物所有目的でXから土地を賃借したYが，増改築禁止特約があるにもかかわらずXに無断で居住用の旧建物の一部を改造して2階部分を拡張し賃貸アパートにしたためにXが特約違反を理由に賃貸借契約を解除し建物収去および土地明渡し請求を行った事案で，判例は「一般に，建物所有を目的とする土地の賃貸借契約中に，賃借人が賃貸人の承諾をえないで賃借地内の建物を増改築するときは，賃貸人は催告を要しないで，賃貸借契約を解除することができる旨の特約があるにかかわらず，賃借人が賃貸人の承諾を得ないで増改築をした場合においても，この増改築が借地人の土地の通常の利用上相当であり，土地賃貸人に著しい影響を及ぼさないため，賃貸人に対する信頼関係を破壊するおそれがあると認めるに足りないときは，賃貸人が前記特約に基づき解除権を行使することは，信義誠実の原則上，許さ

れないものというべきである」と判示した（最判昭41・4・21民集20・4・720）。

④ 履 行 不 能

家屋が火災により滅失した場合のように，目的物の全部滅失その他により使用収益をさせる賃貸人の義務が履行不能となった場合には，賃貸借は終了し賃料支払義務は消滅する。

改正前には明文規定がなかったが，改正民法は，賃借物の全部滅失等による賃貸借の終了について定めている（改正民616条の2）。賃借物が全部滅失すれば賃貸借契約の目的を達成することができないから，当然に契約は終了となるとする判例法理（最判昭32・12・3民集11・13・2018，最判昭36・12・21民集15・12・3243等）を明文化したものである。

なお，賃貸人に責めに帰すべき事由が認められるとき，または賃借人の保管義務違反のように賃借人に責めに帰すべき事由が認められるときは，債務不履行の一般原則にしたがい，相手方に損害賠償を請求することができる（民415条）。

⑤ 混　　同

賃借人Aが賃貸人Bの地位を相続する場合など，賃借人と賃貸人の地位が同一化するときは，混同により賃貸借は終了する（民520条）。ただし，賃借権を存続させる利益があるときには，例外として賃借権は消滅しない。たとえば，借地借家法15条の自己借地権が認められる場合が挙げられる。

6　宅地に関する賃貸借

① 借 地 権 と は

（1）　意義　　借地権とは，建物所有目的の地上権および土地の賃借権のことをいう（借地借家2条1号）。借地の主たる目的が建物所有であることが必要である。建物所有目的か否かは賃貸借契約の解釈によって定まるが，土地の使用状況等も考慮される。ゴルフ練習場として使用する目的で土地賃貸借がなされた場合は，その土地上に経営に必要な事務所用の建物を築造することになってい

たとしても，建物所有目的の賃貸借とはいえないが（最判昭42・12・5民集21・10・2545），自動車学校経営のための土地賃貸借では単に自動車運転教習コースのみならず，経営に必要な建物所有をも主たる目的であるとして，建物所有目的の賃貸借であることが認められたものがある（最判昭58・9・9判時1092・59）。また，地上権と賃借権は権利の性質上の区別があるが，借地借家法にはいずれの権利にも共通する規定が置かれている。ただし，賃借権である借地権においては，無断譲渡および無断転貸を禁ずる民法612条の適用があることを受けて，借地借家法で**借地権設定者**が賃借権譲渡ないし転貸を承諾しない場合に関する規定を置いている（借地借家14条・19条・20条）。なお，借地権を有する者が借地権者であり（同2条2号），借地権者に対して借地権を設定している者が借地権設定者である（同条3号）。

(2)　借地権の種類　　借地借家法には法定更新の有無による区別として3種類の借地権が設けられている。それは，①普通借地権（借地借家3条〜21条），②定期借地権（借地借家22条〜24条），③一時使用目的の借地権（借地借家25条）である。①は借地借家法の通則であり，②および③は借地借家法の特則規定による。

② 普通借地権

(1)　存続期間　　普通借地権の存続期間は30年とされている（借地借家3条本文）。契約でこれより長い期間を定めたときはその期間となる（同条ただし書）。借地法2条で堅固建物と非堅固建物とを区別し最短存続期間を堅固30年，非堅固20年，法定存続期間を堅固60年，非堅固30年としていたのを，最短存続期間および法定存続期間を借地借家法では一律に30年とした。堅固・非堅固の区別も一義的でないなどの批判があったうえ，建築技術の発達により今後建築される建物は堅固建物であることが通常となってきたことなどによる。

(2)　建物の滅失・再築による期間延長　　(a)　再築の承諾があるとき　　借地権の存続期間中に建物が滅失した場合に，借地権者が残存期間を超えて存続すべき建物を再築したときは，その再築について借地権設定者の承諾がある場

合に限り，その承諾があった日または建物が再築された日から20年の期間延長がなされる（借地借家7条1項）。再築建物の存続に必要な期間を確保することにより，借地権の安定性を図るためである。ただし，残存期間がこれより長い期間を定めたときは，その期間による（同項ただし書）。また，転借地権が設定されている場合においては，転借地権者がする建物の再築は借地権者がする再築とみなして同一の扱いがされる（同条3項）。

(b) 再築の承諾がないとき　借地権者が借地権設定者に対し残存期間を超えて存続すべき建物を再築する旨を通知した場合において，借地権設定者がその通知を受けた後2ヵ月以内に異議を述べなかったときは，その建物の再築について借地権設定者の承諾があったものとみなされる（承諾擬制，借地借家7条2項本文）。契約更新後に通知があった場合は承諾があったものとはみなされない（同項ただし書）。

(3) 契約の更新　契約を更新する場合には，その期間は最初の更新の日から20年，2度目以降の更新の日から10年となる（借地借家4条本文）。更新後，期間の定めのない賃貸借になるとすれば，借地権設定者に後述する**正当事由**が認められるときには，いつでも解約申入れされてしまう。それでは，借地権の安定性を害するので，このような期間を定めている。当事者がこれより長い期間を定めたときはその期間となる（同条ただし書）。

(a) 更新料　契約の更新に際して，借地権設定者が借地権者に**更新料**を請求することがある。更新料については明文規定が存しないため，更新料の性質や更新料請求の可否等について学説上議論がある。判例は，「賃貸期間の満了にあたり，賃貸人の請求があれば当然に賃貸人に対する賃借人の更新料支払義務が生ずる旨の商慣習ないし事実たる慣習」は存在しないとする（最判昭51・10・1判時835・63）。だが，更新料支払いの特約がある場合には，更新料の不払いが債務不履行となり契約を解除されることがある（最判昭59・4・20民集38・6・610）。また，更新料は，「一般に，賃料の補充ないし前払，賃貸借契約を継続するための対価等の趣旨を含む複合的な性質を有する」として，「更新料の支払にはおよそ経済的合理性がないなどということはできない」と述べ，当事者

間に明確な合意が成立している場合の更新料支払い特約の有効性を認めた（最判平23・7・15民集65・5・2269）。

(b)　**法定更新**　借地借家法の定める法定更新には2種類ある。1つは、㋐更新請求による更新である。もう1つは、㋑土地の使用継続による更新である。

　　　㋐　借地権者が契約の更新を請求し、かつ、建物がある場合に限り、存続期間を除き、従前と同一の条件で契約を更新したものとみなされる（借地借家5条1項本文）。民法619条2項の扱いとは異なり、借地権者が更新前の契約で担保の提供をしている場合には、更新後もその効力を生じる。

　なお、建物が存続しない場合には、当事者間の合意による更新しか認められない。

　　　㋑　存続期間満了後、借地権者が土地の使用を継続するときも、借地権設定者の遅滞のない異議がない限り、従前と同一の条件で契約を更新したものとみなされる（借地借家5条2項）。転借地権が設定されている場合においては、転借地権者がする土地の使用の継続を借地権者がする土地の使用継続とみなして、更新したものとされる（同条3項）。

　　(c)　**更新拒絶の認否**　㋐と㋑のいずれのときも、借地権設定者が異議を述べたとき更新拒絶が認められうる。しかし、そのためには正当事由が必要である。正当事由存否の判断要素には、①借地権設定者および借地権者が土地の使用を必要とする事情を基本要素とし、②借地に関する従前の経過および土地の利用状況、③借地権設定者が土地の明渡しと引き換えに借地権者に対して財産上の給付をする旨の申出をした場合にはその申出等の補完要素が考慮される（借地借家6条）。いずれも判例（最大判昭37・6・6民集16・7・1265など）から抽出されてきた判断要素を明文化したものである。②の「従前の経過」とは契約成立時から存続期間満了時点までの事情であり、権利金支払いの有無や地代の滞納状況等を指し、「土地の利用状況」には借地上の建物の有無、建物の利用状況等が含まれる。③の「財産上の給付」については、代替地や家屋の提供も含まれるが、多くは**立退料**と呼ばれる金銭給付を指す。立退料は、立退きによっ

て借地権者が被る経済的損失を補塡するために借地権設定者から提供されるものであり，正当事由の存否判断の一要素と考えられてきたものである。

正当事由が認められたものとしては，⑦借地権設定者が居住・営業等のために必要とする場合（東京高判昭56・1・29東高民時報32・1・25，東京地判昭59・7・10判時1159・130など），⑦当事者双方の土地に必要性が同程度であるが立退料の提供が補完要素として作用しているとみられる場合（東京地判昭59・12・21判タ553・185，東京高判平11・12・2判タ1035・250など），⑦借地権設定者の土地の高度利用のために必要とする場合（東京地判平7・2・24判タ902・101など）などがある。正当事由が認められなかったものとしては，⑦借地権者が居住・営業等のために必要とする場合（東京高判昭59・11・8判タ552・178など），⑦借地権設定者が資力・代替地等を有している場合（東京高判昭51・10・28判時841・37など），⑦借地権者が移転困難または移転費用が多額である場合（東京高判昭34・10・19判時206・16）などが挙げられる。多くの場合，立退料が正当事由を認められるうえで重要な役割を果している。

(4) 更新後の建物滅失・再築　　契約の更新後に建物の滅失があった場合には，借地権者は，地上権の放棄または土地の賃貸借の解約の申入れをすることができる（借地借家8条1項）。

更新後に建物が滅失したにもかかわらず，借地権者が借地権設定者の承諾を得ないで残存期間を超えて存続すべき建物を再築したときは，借地権設定者は，地上権消滅請求または土地の賃貸借の解約申入れをすることができる（同条2項）。借地権は，地上権の放棄もしくは消滅請求，または土地の賃貸借の解約申入れがあった日から3ヵ月を経過することによって消滅する（同条3項）。転借地権が設定されている場合においては，転借地権者がする建物の再築を借地権者がする建物の再築とみなして，借地権者と借地権設定者との間について同様に扱われる（同条5項）。

このように，建物の再築が更新前であれば，借地権設定者の承諾が擬制され借地権者は厚く保護されるのに対して，更新後の再築には承諾擬制は認められていない。その点で，更新前と更新後の借地権者保護に差を設けていなかった

旧借地法とは異なる。しかし，借地借家法においても，借地権者に「やむを得ない事情」が認められるにもかかわらず，更新後の再築について借地権設定者が承諾しないときは，裁判所は借地権者の申立てにより，「借地権設定者の承諾に代わる許可」を付与することができるとしている（借地借家18条1項）。この建物再築許可申立て事件は借地非訟事件であり，管轄裁判所は原則として借地権の目的である土地の所在地を管轄する地方裁判所である（借地借家41条）。

　借地権設定者の承諾を得られるときは，更新前の建物滅失と同様に，その建物の再築について借地権設定者の承諾があった日または建物が再築された日から20年間存続する（借地借家7条1項）。

　(5)　借地権者に不利な特約の効力　　借地権者を保護するために，存続期間を30年未満とする特約など，借地権者に不利な内容の特約は無効とされる（借地借家9条）。本条は片面的強行規定である。

③　定 期 借 地 権

　普通の借地契約は借地権が厚く保護されるため，借地権設定者からすれば，土地を借地に供すると土地を売却したのと変わらないとの不満が大きくなっていた。そのため，遊休地を借地に供することに躊躇する場合もみられ，宅地の供給不足が問題化した。そこで，更新を認めない新たな定期借地契約が借地借家法により設けられたのである。

　(1)　狭義の定期借地権　　狭義の**定期借地権**とは，存続期間を50年以上として，次のような特約付きの借地権を設定したものをいう（借地借家22条）。この場合には，①契約の更新および建物の築造による存続期間の延長がなく，②建物買取請求をしないとする旨を特約として定めることができる。この場合においては，その特約は公正証書等の書面によってしなければならない。50年以上の長期間にわたる契約であるから，合意内容および合意の存在を明確化しておくためである。

　(2)　事業用定期借地権等　　もっぱら事業の用に供する建物所有を目的とし，かつ，存続期間を10年以上50年未満として，公正証書により設定した借地権

のことをいう。たとえばレストラン事業を行う目的で一定期間だけ建物を所有するために設定すると便利な借地権である。もっぱら「事業」の用に供するとは，営利・収益を目的とする活動のほか，公共的または公益的な活動も含むと解されている。したがって，店舗・事務所・倉庫・工場等の営業用建物のほか，公会堂・競技場・野球場・公民館等の公共的建物の所有目的であってもよい。また，「もっぱら」事業の用に供するとされているので，継続的に人の起臥寝食に供する場所であってはならず，事務所の一部に居住用スペースを設けたりすることはできない。当然，社員寮やマンションは対象に含まれない。

以前は，事業目的の土地賃貸借は，比較的短期のものが想定されていたが，堅固建物の増加，税務上の問題等から長期賃貸借を望む声が高まってきたため，次のように平成 20 年の改正により長期の存続期間が定められた。

(a) 事業用定期借地権（借地借家 23 条 1 項）　平成 20 年施行の借地借家法改正で存続期間を 30 年以上 50 年未満とする**事業用定期借地権**が新たに設けられた。①契約の更新および建物の築造による存続期間の延長がなく，②建物買取請求しないとする旨を特約として定めることができる。これらの事業用定期借地権を設定する契約は必ず公正証書によってしなければならない（同条 3 項）。公正証書によらない場合は，契約は無効となる。

(b) 事業用借地権（借地借家 23 条 2 項）　　従前の**事業用借地権**は存続期間を 10 年以上 20 年以下とされていたが，その上限を平成 20 年改正により「30 年未満」に引き上げた。この場合は特約として定める必要はないが，借地借家法 3 条以下の普通借地権の諸規定や建物買取請求権（同 13 条），契約更新後の建物再築の許可（同 18 条）に関する規定は適用されない。

(3) 建物譲渡特約付借地権　　**建物譲渡特約付借地権**とは，借地権の存続期間が満了した場合に，土地上の建物を借地権設定者が買い取り，借地権を消滅させることを意図した特約付きの借地権のことをいう。借地権を設定する場合において，特約には，借地権を消滅させるため，その設定後 30 年以上経過した日に借地権の目的である土地上の建物を借地権設定者に相当の対価で譲渡する旨を定めることができる（借地借家 24 条 1 項）。

　この特約により，借地権が消滅した場合において，その借地権者または建物の賃借人が消滅後もその建物の使用を継続し請求をしたときは，請求時にその建物につきその借地権者または建物の賃借人と借地権設定者との間で期間の定めのない建物賃貸借が設定されたものとみなされる（同条2項前段）。この場合の建物の賃料は当事者の請求により，裁判所が定める（同項後段）。賃貸マンションや賃貸ビル等への利用が期待されていたが，実際のところ，それほどの利用はない。30年以上経過後の建物の相当対価を算定するのが困難であることや借家人が最終的に付いてくることが，利用の障害になっているといわれている。

4　一時使用目的の借地権

　一時使用目的の借地権とは，臨時設備の設置その他一時使用のために設定された借地権のことをいう（借地借家25条）。「臨時設備」とは使用目的からみて限定された期間に用いることが明らかな建築物をいい，たとえば建設工事現場の飯場や博覧会の会場施設などがそれに当たる。一時使用目的の借地権を設定したことが明らかな場合には，借地借家法3条から8条・13条・17条・18条

図表 3-1　3種類の定期借地権の比較

	定期借地権（借地借家22条）	事業用定期借地権（借地借家23条）	建物譲渡特約付借地権（借地借家24条）
存続期間	50年以上	10年以上50年未満	30年以上
利用目的	用途制限なし	事業用建物所有に限る	用途制限なし
契約方法	公正証書等の書面	公正証書	制約なし
特約内容	①契約の更新をしない②存続期間の延長をしない③建物買取請求をしない	①契約の更新をしない②存続期間の延長をしない③建物買取請求をしない	30年以上経過した時点で建物を相当の対価で借地権設定者に譲渡する
存続期間経過後の借地上の建物賃借人の保護措置	裁判所による立退きまでに相当の期限の許与がある（借地借家35条）	裁判所による立退きまでに相当の期限の許与がある（借地借家35条）	請求により，期間の定めのない建物賃貸借が設定される（借地借家24条2項）

および 22 条から 24 条までの規定は適用されない。

　したがって，一時使用目的か否かについて争いとなることは多い。その判断基準について判例は，一時使用目的の借地権に関する借地法 9 条に関してではあるが，「その目的とされた土地の利用目的，地上建物の種類，設備，構造，賃貸期間等，諸般の事情を考慮し，賃貸借当事者間に短期間にかぎり賃貸借を存続させる合意が成立したと認められる客観的合理的な理由が存する場合にかぎり」該当するとしている（最判昭 43・3・28 民集 22・3・692，そのほか最判昭 45・7・21 民集 24・7・1091 など）。

　一時使用目的の借地権の場合，借地上の建物に関して第三者の建物買取請求権（借地借家 14 条）が認められるか否かについては議論がある。借地法 9 条の下では，判例はこれを否定した（最判昭 29・7・20 民集 8・7・1415）。学説は判例を支持し借地借家法 25 条においても借地借家法 14 条の適用を認めないとする否定説と，同法 25 条が 14 条の適用を明文で排除していないことをも根拠として適用が認められるとする肯定説に分かれる。規定の文言どおりに解釈すべきであり，同法 14 条を排除していない以上，後説が妥当である。

⑤　借地権の効力

　(1)　対抗力　　すでに述べたとおり，不動産の賃貸借においてはその登記により第三者に対抗することができるが（民 605 条），実際には賃貸人の協力を得られず賃借権の登記を具備することができない場合が多い。そのため，建物保護法により，借地権者が賃借する土地上に登記した建物を有していれば，これにより第三者に借地権を対抗することができることとなった。そして，平成 4 年に施行された借地借家法が建物保護よりも借地権保護を強調する形に修正を加え，これを受け継いでいる（同 10 条 1 項）。

　このときの建物の登記については単に「登記」とされているにとどまるから，いくつかの問題点がある。まず，登記の種類に関しては文言上明らかでないが，土地取引を行う者にも借地権の存在を推知しうるものであればよいとして，判例は建物限定せず柔軟に解している。保存登記であっても移転登記であっても

よいし（大判昭5・12・16新聞3213・12，大判昭13・10・1民集17・1937など），表示登記であってもよいとしている（最判昭50・2・13民集29・2・83）。学説もこれらを支持する。次に，規定上明らかではないが，登記上の地番等の正確度についても判例はその相違について非常に寛容である。建物所在地番の表示において実際と多少相違していても，「その登記が登記事項全体から見て当該建物の表示として同一性が認められる程度の軽微の誤謬である限り」，更正登記による遡及的是正が可能であるとして，建物保護法1条にいう「登記」に該当するとした（最大判昭40・3・17民集19・2・453）。最後に，登記の所有名義人が借地権者と異なる場合に借地権を対抗することができるかという問題がある。判例は，別人名義の登記は無効であり，建物所有権を第三者に対抗するときにも自己名義の登記が必要であることとの均衡等から，これを認めない（最大判昭41・4・27民集20・4・870，最判昭47・6・22民集26・5・1051，最判昭47・7・13判時682・23，最判昭50・11・28判時803・63など）。学説の多くは反対している。

　建物が滅失した場合には，対抗力は消滅するはずである。だが，借地権者がその土地上の見やすいところに「掲示」をするという**明認方法**によって，そのときから将来に向かってなお借地権の対抗力を確保することができる（同条2項本文）。旧借地法にはなかった制度である。「掲示」には，第三者がその土地上に建物所有目的の借地権があることを知りうるように，建物を特定するために必要な事項，その滅失があった日，建物を新たに築造する旨が記載されていなければならない。

　しかし，建物の滅失があった日から2年を経過してしまった場合に対抗力を失わないためには，その前に建物を新たに築造し，かつ，その建物の登記を備えなければならない（同条2項ただし書）。

> ### Case
>
> #### 息子名義の建物登記による借地権の対抗力の認否
>
> **事実**
> 　Yは，昭和20年10月に本件土地を建物所有目的でAから期間を定めることなく賃借した。昭和21年以来，Yはその土地上に建物を建築し居住している。昭和31年11

月にYは長男B名義の保存登記をした。本件家屋の保存登記の当時，Yは胃を害して手術をすることになっており，また長く生きられないかもしれないと思っていたので，建物を長男Bの名前にしておけば後々面倒がないと考え，Bには無断でB所有名義の登記をしたものである。それに対して，Aから土地を譲り受けたXは，Yに対して建物収去土地明渡しを請求した。1審も原審もYの借地権に対抗力が認められるとして，Xの請求を棄却した。そこで，Xが上告した。

判旨

　最高裁判所は，以下のように原判決を破棄し自判した（前掲最大判昭41・4・27）。

　建物保護法1条が，「賃借人が地上に登記した建物を所有することを以って土地賃借権の登記に代わる対抗事由としている」理由について，「当該土地の取引をなす者は，地上建物の登記名義により，その名義者が地上に建物を所有し得る土地賃借権を有することを推知」させることができるからであるとしている。

　「従って，地上建物を所有する賃借権者は，自己の名義で登記した建物を有することにより，始めて右賃借権を第三者に対抗し得るものと解すべく，地上建物を所有する賃借権者が，自らの意思に基づき，他人名義で建物の保存登記をしたような場合には，当該賃借権者はその賃借権を第三者に対抗することはできないものといわなければならない」。

　「Yは，自らの意思により，長男Bに無断でその名義を以って建物の保存登記をしたものであるというのであって」，「これを以ってY名義の保存登記とはいい得ないこと明らかである」としYが登記ある建物を有するものとして，「右建物保護法により土地賃借権を第三者に対抗することは許されないものである」とした。

　(2)　建物買取請求権　　(a)　借地権者の建物買取請求権　　借地権の存続期間が満了した場合に契約の更新がないときは，借地権者は借地権設定者に対して建物その他の借地権者が権原により土地に附属させた物を時価で買い取るべきことを請求することができる（借地借家13条1項）。建物買取請求権はその性質上形成権とされているから，その行使によって売買契約に類似した効果が発生する（最判昭42・9・14民集21・7・1791）。これにより借地権者は費用投下した建物の価値（減価償却後の残存価値）を回収することができる。しかも，社会的効用を有する建物の取り壊しを防ぐことによって，国民経済的損失を回避することができる。この規定は旧借地法4条と同様のものである。

　しかし，建物が借地権の存続期間が満了する前に借地権設定者の承諾を得ないで残存期間を超えて存続すべきものとして新たに築造されたものであるとき

は，裁判所は，借地権設定者の請求により，代金の全部または一部の支払いに
つき相当の期限を許与することができるとする同条 2 項は新設規定である。新
建物を基準として時価を定めると予期せぬ多額の代金を支払わされることとな
り，借地権設定者には酷である。かつては民法 608 条 2 項を類推適用して新旧
建物の差額の範囲で裁判所の支払猶予の期限を与えると解されていたものを，
借地借家法で新たに規定したのである。

　これらは転借地権者と借地権設定者との間についても準用される（借地借家
13 条 3 項）。

　(b)　第三者の建物買取請求権　　第三者が賃借権の目的である土地上の建
物その他借地権者が権原によって附属させた物を取得した場合において，借地
権設定者が賃借権の譲渡または転貸を承諾しないときは，その第三者は借地権
設定者に対して建物その他借地権者が権原によって土地に附属させた物を時価
で買い取るべきことを請求することができる（借地借家 14 条）。これも旧借地法
10 条と同様の規定である。

　(3)　自己借地権　　土地所有者がその土地上に自己の借地権を設定すること
は原則としてできない。しかし，借地権を設定する場合に，他の者と共有する
こととなるときに限り，借地権設定者自らその借地権を有することを妨げない
とされている（借地借家 15 条）。借地法にはなかった規定である。この規定は，
借地権設定者の所有する土地上にある分譲マンションの区分所有権に自らの借
地権を設定して他の者に譲渡する場合や自己所有の土地上に自己と第三者との
共有建物を建てる場合などに対応するために設けられたものである。

　(4)　地代等の増減請求権　　地代または土地の借賃（以下「地代等」という）が，
①土地に対する租税その他の公課の増減により，②土地の価格の上昇もしくは
低下その他の経済事情の変動により，または③近傍類似の土地の地代等に比較
して不相当となったときは，契約の条件にかかわらず，当事者は，将来に向かっ
て地代等の額の増減を請求することができる（借地借家 11 条 1 項本文）。①から
③の基準を例示的に挙げ，地代等の改定基準を定めたものである。

　賃料減額をしない旨の特約がある場合に地代等減額請求をすることができる

かが問題となるが，本条は強行規定であるから，減額請求は認められるとするのが判例である（大判昭13・11・1民集17・2089，最判平16・6・29集民214・595など）。また，賃料自動改定特約がなされている場合においても，判例は減額請求を認めている（前掲大判昭13・11・1，最判平15・6・12民集57・6・595，最判平17・3・10集民216・389など）。

ただし，一定の期間，地代等を増額しない旨の特約がある場合には，その定めに従う（同項ただし書）。実務上では，特約をすることが多い。

地代等の増減について当事者間だけで協議が調わないときは，まず円満な関係の継続を目指すために，民事調停を利用しなければならない（**調停前置主義**，民調24条の2）。調停により可能な限り当事者間の合意形成が促されることとなる。調停でもなお協議が調わず，ⓐ調停条項に服する旨の書面による合意（民調24条の3），またはⓑ調停に代わる決定（民調17条）がなされない場合には，民事訴訟（地代等増減額請求訴訟）による解決を目指すことになる（借地借家11条2項・3項）。

地代等増額請求を受けた者は，増額を正当とする裁判が確定するまでは，相当と認める額の地代等を支払うことをもって足りる。ただし，その裁判が確定した場合において，すでに支払った額に不足があるときは，その不足額に年1割の割合による支払期後の利息を付してこれを支払わなければならない。地代等の減額請求を受けた者は，減額を正当とする裁判が確定するまでは，相当と認める額の地代等の支払を請求することができる。ただし，その裁判が確定した場合において，すでに支払を受けた額が正当とされた地代等の額を超えるときは，その超過額に年1割の割合による受領の時からの利息を付してこれを返還しなければならない。

(5) 借地条件の変更等　(a) 借地条件の変更　借地条件の変更には，ⅰ建物の種類，構造，規模または用途を制限する旨の借地条件を変更する場合と，ⅱ増改築を制限する旨の借地条件を変更する場合がある。借地法8条の2の規定を受け継いだものである。借地条件の違反や増改築禁止特約の違反は契約の解除原因とされることがあるが，裁判を利用することによって，借地契約の消

減を防ごうとするものである。

　①は，たとえば建物は平屋建てに限るとする借地条件があるにもかかわらず2階建てを建設しようとするとき借地条件の変更が必要となる。法令による土地利用の規制の変更，付近の土地の利用状況の変化その他の事情の変更により現に借地権を設定するにおいてはその借地条件と異なる建物の所有を目的とすることが相当であるにもかかわらず，借地条件の変更につき当事者間に協議が調わないときは，裁判所は，当事者の申立てにより，その借地条件を変更することができる（借地借家17条1項）。

　ⅱは，たとえば，土地の通常の利用上相当とすべき増改築につき当事者間に協議が調わないときは，裁判所は，借地権者の申立てにより，その増改築についての借地権設定者の承諾に代わる許可を与えることができる（同条2項）。

　裁判所は，①またはⅱの裁判をする場合において，当事者間の利益の衡平を図るため必要があるときは，付随的裁判として，①他の借地条件を変更し，②財産上の給付を命じ，③その他相当の処分をすることができる（同条3項）。裁判所は，これらの裁判をするには，借地権の残存期間，土地の状況，借地に関する従前の経過その他一切の事情を考慮しなければならない（同条4項）。建物の規模を制限する借地条件を変更し，増改築により建物の存続期間（耐用年数）が延びるときは，期間延長に関する付随的裁判がなされる。財産上の給付は，存続期間の延長を伴うときは高めに設定されるが，そうではないときは低めに設定されるであろう。

　裁判所は，とくに必要がないと認める場合を除き，裁判前に鑑定委員会の意見を聴かなければならないこととなっている（同条6項）。

　（b）　賃借権の譲渡・転貸　　賃借権の譲渡・転貸は賃貸人の承諾を必要とするところ（民612条），賃貸人が承諾してくれない場合には無断譲渡・無断転貸となり契約を解除される危険性がある。既述したとおり，判例法理により一定の解除制限が認められているが，それでもなお契約を解除される危険性は払拭しきれていない。そこで，借地権の場合には，その譲渡または転貸が借地権設定者に不利益をもたらす場合ではないにもかかわらず，借地権設定者が承諾

をしないとき，裁判所が借地権設定者の**承諾に代わる許可**を与えてくれる（借地借家19条）。この規定は借地法9条の2および9条の4を承継している。

承諾に代わる許可を与える場合に裁判所は賃借権譲渡もしくは転貸を条件とする借地条件への変更を命じたり，その許可の代わりに財産上の給付（承諾料，名義書換料など）を命じたりすることもできる（借地借家19条1項）。

借地権設定者から建物・賃借権の優先譲受けの申立てをすることもできる（同条3項～5項）。第三者に借地権が譲渡・転貸されることを防止し，自己の土地所有権の機能を回復させる趣旨の規定である。借地権設定者の申立てが認容された場合には，第三者への譲渡・転貸はできなくなるが相当の対価の支払を受けることができるので，投下資本の回収と借地権価格の取得は確保される。

6 借地法の適用

(1) **借地権** 日本国に駐留する米国の軍隊などに接収された土地については，借地法4条（更新の請求）を準用するなどとした「接収不動産に関する借地借家臨時処理法（昭和31年法第138号）第9条第2項」の適用については，借地法が廃止され，借地借家法が施行された後も，なおその効力を有する（借地借家附則3条参照）。このように，借地借家法施行前に成立した借地関係には，次に述べるように，存続保護に関する面では依然として借地法が適用される。

(2) **存続期間** 存続期間は堅固建物の借地と非堅固建物の借地で区別があり，法定存続期間は堅固60年，非堅固30年とされている（借地2条）。当事者間が定める場合には最短存続期間を堅固30年，非堅固20年でなければならない。存続期間の満了により借地権が消滅する場合，借地権者は借地上の建物買取請求権を行使できる（借地4条2項）。また，借地権の存続期間が法定存続期間の定めによるとされる場合や更新後の存続期間が法定存続期間の定めによるとされる場合には，その期間内の建物の朽廃によって借地権は消滅する（借地2条1項ただし書）。

(3) **建物再築による期間延長** 存続期間内に借地上の建物が滅失したときで借地権者が借地権の残存期間を超えて存続する建物を築造した場合において

は，借地権設定者が遅滞なく異議を述べない限り，借地権は建物滅失の日から，堅固建物の場合は 30 年，非堅固建物の場合は 20 年の期間延長がなされる（借地 7 条）。

　（4）　更新　　借地権も存続期間が満了しても当然には消滅しない。合意による更新のほか，存続期間満了後に借地権者が土地の使用を継続する場合に，借地権設定者が遅滞なく異議を述べないときも更新されたものとみなされる（法定更新，借地 6 条）。更新後の存続期間は，堅固 30 年，非堅固 20 年とされている。借地権設定者が遅滞なく異議を述べ更新を拒絶するには正当事由を必要とする（借地 4 条 1 項）。正当事由の有無については借地法およびその下での判例法によって判断される。

7　建物に関する賃貸借

1　借家権とは

　借地借家法 26 条以下で規定する借家権とは，建物の賃借権をいう。ただし，一時使用の建物賃貸借の場合は，借地借家法の適用はなく民法の諸規定が適用される（借地借家 40 条，借家 8 条）。なお，借地借家法施行前の借家関係については借家法が適用されるが，借家権の存続保護に関しての諸規定は借地借家法のそれと内容的にさほど相違はない。

　借家権は，契約の更新可能性の有無により，①普通借家権と②期限付借家権の 2 種類に分けられる。さらに②には，定期借家権（借地借家 38 条）と取壊し予定の建物賃貸借（同 39 条）がある。

2　普通借家権

　（1）　存続期間　　存続期間を 1 年未満とする建物の賃貸借は，民法 604 条には何ら抵触しないはずである。しかし，借地借家法は期間の定めがない建物の賃貸借とみなすことにより（借地借家 29 条 1 項），借家人を保護している。借地法 3 条の 2 と同様の規定である。

　また，定期借家制度の導入に伴う平成 12 年借地借家法の改正により，建物

賃貸借の存続期間に関して，民法604条の適用はないものとされるに至った。1年以上の期間を定めた賃貸借であれば，存続期間についてなんら制限はない。20年を超える存続期間を設けてもよい（同条2項）。本条に反する特約で賃借人に不利なものは無効である（借地借家30条）。

(2) 契約の更新　(a) 法定更新　(ㄱ) 更新拒絶の通知がないとき　建物の賃貸借について期間の定めがある場合において，当事者が期間の満了の1年前から6ヵ月前までの間に相手方に対して更新をしない旨の通知または条件を変更しなければ更新をしない旨の通知（更新拒絶の通知）をしなかったときは，従前の契約と同一の条件で契約を更新したものとみなされる（借地借家26条1項本文）。ただし，その期間は，定めがないものとされる（同条1項ただし書）。

(ㄴ) 更新拒絶の通知があるが使用継続されるとき　当事者が期間の満了の1年前から6ヵ月前までの間に相手方に対して更新拒絶の通知をしたときであっても，建物の賃貸借の期間が満了した後，建物の賃借人が使用を継続する場合において，建物の賃貸人が遅滞なく異議を述べなかったときも，従前の契約と同一の条件で契約を更新したものとみなされる。

(b) 更新拒絶の認否　建物の賃貸人による借地借家法26条1項の通知は，①建物の賃貸人および賃借人（転借人を含む）が建物の使用を必要とする事情のほか，②建物の賃貸借に関する従前の経過および建物の利用状況，建物の現況，③建物の賃貸人が建物の明渡しの条件として，または建物の明渡しと引換えに建物の賃借人に対して財産上の給付（立退料等の提供）をする旨の申出をした場合におけるその申出を考慮して，正当事由があると認められる場合でなければ，することができない（借地借家28条）。借地権の場合と同様，①が基本的要素であり，②・③は補完的要素である。正当事由が認められるものとして，(ㄱ)賃貸人の居住・営業等の必要性がある場合，(ㄴ)老朽化等による立て替えの必要性がある場合（東京地判平3・11・26判時1443・128など），(ㄷ)建物敷地の高度利用の必要性と立退料の提供がある場合（東京地判平元・7・10判時1356・106など）などがある。正当事由が認められないものとしては，賃借人の居住・営業等の必要性がある場合（東京高判昭60・12・12判時1182・85など）などがある。

賃貸人・賃借人の建物利用の必要性の程度が同等である場合などには，立退料の支払いにより正当事由が認められることが多いようである。

　(3)　契約の終了　　(a)　期間満了　　期間の定めがある賃貸借では，契約更新がなされないときは期間の満了により契約は終了する。

　(b)　解約の申入れ　　期間の定めがない賃貸借では，建物の賃貸人による解約の申入れの日から6ヵ月を経過することによって終了する（借地借家27条1項）。建物の賃借人からの解約申入れによるときはその申入れの日から3ヵ月経過することによって終了する（民617条1項）。

　ただし，賃貸人側からの解約申入れが認められるためには，正当事由が必要となる。このときの正当事由の存否を判断する考慮要素は，更新拒絶の場合と同様である（借地借家28条）。

　賃貸人が解約申入れをしてから6ヵ月が経過しても，賃借人または転借人が使用を継続する場合に賃貸人が遅滞なく異議を述べなかったときは，やはり契約は従前と同一条件で更新されたものとみなされる（借地借家27条2項）。

　(c)　借地権の存続期間満了　　借地権の目的である土地の上の建物につき賃貸借がされている場合において，借地権の存続期間の満了によって建物の賃借人が土地を明け渡すべきこととなる。このとき，建物の賃借人の不利益を軽減するため明渡しまでに一定の猶予期間を与えている。借地権の存続期間が満了することをその1年前までに知らなかった場合に限り，裁判所は，建物の賃借人の請求により，建物の賃借人がこれを知った日から1年を超えない範囲内において，土地の明渡しにつき相当の期限を許与することができる（借地借家35条1項）。裁判所が期限の許与をしたときは，建物の賃貸借は，その期限が到来することによって終了する（同条2項）。借家法には同趣旨の規定は存しなかったところ，建物賃借人保護のために新設されたのである。

　(d)　建物賃貸借終了の場合における転借人の保護　　建物の転貸借がされている場合において，建物の賃貸借が期間の満了または解約の申入れによって終了するときは，建物の賃貸人は，建物の転借人にその旨の通知をしなければ，その終了を建物の転借人に対抗することができない（借地借家34条1項）。建物

の賃貸人が契約終了の旨の通知をしたときは，建物の転貸借は，その通知がされた日から6ヵ月を経過することによって終了する（同条2項）。

③ 借家権の効力

(1) 対抗力　建物の賃貸借は，その登記がなくても，建物の引渡しがあったときは，その後その建物について物権を取得した者に対し，借家権を主張することができる（借地借家31条1項）。借家法1条と同様の規定である。

このときの「引渡し」に占有改定を含むか否かについては議論がある。対抗要件としての公示の要請を果たすためには外部からの認識可能性が求められるから，否定的に解すべきであろう。

(2) 賃貸人の担保責任　賃貸借の目的物である建物が地上権，永小作権，地役権，留置権または質権の目的である場合にも民法566条1項および3項が準用され賃借人から賃貸人に担保責任を追及することができる（借地借家31条2項）。

(3) 家賃増減請求権　旧借家法7条の規定を踏襲したものである。建物の賃料（以下「家賃」という）が，①土地もしくは建物に対する租税その他の負担の増減により，②土地もしくは建物の価格の上昇もしくは低下その他の経済事情の変動により，または③近傍同種の建物の家賃に比較して不相当となったときは，契約の条件にかかわらず，当事者は，将来に向かって建物の家賃の額の増減を請求することができる（借地借家32条1項本文）。これは強行法規と解されている（最判昭31・5・15民集10・5・496）。ただし，一定の期間建物の家賃を増額しない旨の特約がある場合には，その定めに従う（同項ただし書）。これに対して，家賃の減額をしない旨の特約については，その有効性が問題となるが，「契約の条件にかかわらず」増減請求することができるとされているから，このような特約は無効と解されている。

建物の家賃の増額または減額について当事者間だけで協議が調わないときは，借地権の場合と同様に調停前置主義が採用されているので，まず民事調停を利用しなければならない（民調24条の2）。裁判所は原則として建物の所在地を管

轄する簡易裁判所である（同24条）。それでも合意が成立しないときは，一定の場合（同24条の3）を除き，民事訴訟（家賃増減請求訴訟）を提起することになる。その請求を受けた者は，増額請求の場合には増額を正当とする裁判が確定するまでは，相当と認める額の家賃を支払うことをもって足り，減額請求の場合には相当と認める額の家賃の支払を請求することができる。ただし，増額請求の場合にはその裁判が確定した場合において，すでに支払った額に不足があるときは，その不足額に年1割の割合による支払期後の利息を付してこれを支払わなければならない。減額請求の場合にはその裁判が確定した場合において，すでに支払を受けた額が正当とされた家賃の額を超えるときは，その超過額に年1割の割合による受領の時からの利息を付してこれを返還しなければならない。

 Topics

サブリース契約

　サブリース契約は，不動産業者が土地所有者に大規模な賃貸用建物を建てさせた後，その建物を一括で長期間借り上げる契約である。不動産業者は，賃借した建物の各フロア等を複数の者に転貸することを予定して建物を賃借する。サブリース契約は，バブル期に盛んに利用された契約形態である。その後さまざまな紛争を生じさせており，バブル経済の負の遺産ともいわれている。

　このような契約がなされるようになった背景には，バブル最盛期の地価高騰がある。一方の土地所有者は土地を手放さずに安定的な収入を得たいとの要望があった。もう一方の不動産業者は自ら不動産を購入し高額な資金を投入せずとも，他人の土地・建物を利用することによって比較的少ない投資で管理委託手数料以上の収入を期待できた。ここに両者の利害が一致したのである。そのうえ，通常，サブリース契約には最低賃料額保証や賃料自動増額改定特約が付けられていたので，土地所有者は賃貸用建物における巨額の建築資金を賃貸人の賃料収入から得られるものと見込んでいた。

　しかし，バブル経済崩壊によって，賃料額が転貸料額を上回る状況が発生し，不動産業者は多額の赤字を抱えるようになった。そうしたなかで，借地借家法32条に基づき不動産業者が土地・建物所有者を相手方とする賃料減額請求訴訟を提起する事件が多発するようになった。その争点となるサブリース契約に同法32条の適用があるか否かについては，議論があり，下級審判例も見解が分かれていた。

　学説には，大きく分けて同法32条の適用肯定説と適用否定説がある。適用肯定説は，サブリース契約も賃貸借契約の要素を有している点を重視する。この説の中にはさら

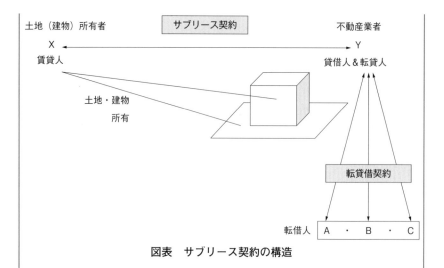

土地（建物）所有者　　　　サブリース契約　　　　不動産業者

X ←――――――――――――――――――→ Y
賃貸人　　　　　　　　　　　　　　　　　賃借人＆転貸人

土地・建物
所有

転貸借契約

転借人　A ・ B ・ C

図表　サブリース契約の構造

に，サブリース契約の特殊性に着目し減額幅を制限する，または減額請求を認めない
とする見解もある。適用否定説は，サブリース契約は一種の事業契約であるとして借
地借家法の適用を認めないものや賃貸借契約であるとしつつ賃料相場変動のリスクを
不動産業者が引き受けるときには同条の適用を認めないとするものなどがある。

　判例は，適用肯定説に立つことを明らかにした。賃料自動増額特約付きのサブリー
ス契約を締結した建物賃借人が賃貸人に対して賃料の減額を求めた事案で最高裁平成
15年10月21日判決（民集57・9・1213）は，サブリース契約である「本件契約は，建
物の賃貸借契約であることが明らかであるから，本件契約には，借地借家法が適用され，
同法32条の規定も適用されるものというべきである」とした。そして，「借地借家法
32条1項の規定は，強行法規であって，本件賃料自動増額特約によってもその適用を
排除することができないものであるから，本件契約の当事者は，本件賃料自動増額特
約が存するとしても，そのことにより直ちに上記規定に基づく賃料減額請求権の行使
が妨げられるものではない」と述べた。

　ただし，サブリース契約は，建物賃借人（転貸人）の転貸事業の一部を構成するもの
であり，賃料自動増額特約は，建物賃借人が，その賃借人の転貸事業のために多額の
資本を投下する前提となっている点にも留意している。そのため，「この減額請求の当
否及び相当賃料額を判断するに当たっては，賃貸借契約の当事者が賃料額決定の要素
とした事情その他諸般の事情を総合的に考慮すべきであり，本件契約において賃料額
が決定されるに至った経緯や賃料自動増額特約が付されるに至った事情，とりわけ，
当該約定賃料額と当時の近傍同種の建物の賃料相場との関係（賃料相場とのかい離の有
無，程度等），第一審被告の転貸事業における収支予測にかかわる事情（賃料の転貸収入
に占める割合の推移の見通しについての当事者の認識等），第一審原告の敷金及び銀行借入

金の返済の予定にかかわる事情等をも十分に考慮すべきである」としている。

　同日に出た判例（最判平 15・10・21 判時 1844・50）も同様の見解を示したほか，その後の判例（最判平 16・6・29 判時 1868・52，最判平 16・11・8 判時 1883・52，最判平 17・3・10 判時 1894・14 など）も前掲最高裁平成 15 年 10 月 21 日判決を踏襲している。

　しかし，こうした判例により賃貸人である土地・建物所有者は多大なる不利益を被り破綻する者も増加した。サブリース契約の賃借人を通常の賃借人と同様に保護する必要性があるのかという批判は多い。

　(4)　造作買取請求権　　建物の賃貸人の同意を得て建物に付加した畳，建具その他の造作がある場合には，建物の賃借人は，建物の賃貸借が期間の満了または解約の申入れによって終了するときに，建物の賃貸人に対し，その造作を時価で買い取るべきことを請求することができる（借地借家 33 条 1 項）。これが**造作買取請求権**である。建物の賃貸人から買い受けた造作についても，同様である。造作とは，「建物に附加せられた物件で，賃借人の所有に属し，かつ建物の使用に客観的便益を与えるもの」をいう（最判昭 29・3・11 民集 8・3・672）。投下資本の保護と建物賃貸人の不当利得の弊害抑止のために設けられた規定である。

　建物の賃貸借が期間の満了または解約の申入れによって終了する場合における建物の転借人と賃貸人との間にも準用される（同条 2 項）。

　(5)　居住用建物の賃貸借の承継　　(a)　相続人がいる場合　　居住の用に供する建物の賃借人が死亡した場合，その借家権は相続人に承継される（民 896 条）。その当時，内縁の配偶者または事実上の養親子などの関係にあった同居者がいるとき，その者は本来借家権を相続できないから建物を明け渡さざるを得ないはずである。

　しかし，その同居者の居住の基盤を確保する必要性は高い。そのため，判例は，その同居者は家主に対して非同居相続人の承継した借家権を援用して自己の居住する権利を対抗することができると解している（最判昭 37・12・25 民集 16・12・2455，最判昭 42・4・28 民集 21・3・780）。

　(b)　相続人がいない場合　　居住の用に供する建物の賃借人が相続人なし

に死亡した場合においては，内縁の配偶者または事実上の養親子などの関係にあった同居者の居住の基盤を維持する手段がない。そこで，借地借家法36条本文により，その同居者は，建物の賃借人の権利義務を承継することとされている。ただし，相続人なしに死亡したことを知った後1ヵ月以内に建物の賃貸人に反対の意思を表示したときは，そのような同居者の保護は必要ない（同条ただし書）。借地借家法36条は，借家法7条の2をそのまま承継した規定である。

(6) **強行規定**　借地借家法31条，34条および35条の規定に反する特約で建物の賃借人または転借人に不利なものは，無効とする（借地借家法37条）。無効となるのは特約だけにとどまり，契約自体には影響しない。旧借家法6条と同様の規定であるが，建物賃借人の保護を図る借地借家法35条のような規定は旧借家法になかったから，その点で新しい意味内容を含む。

4 期限付借家権

戦後の住宅難は徐々に解消されてきた。今日では住宅事情も改善され住宅供給も進んできているが，さらに今後目指されるところは良質の賃貸住宅の拡充である。そうしたなかで，借家権利用の流動化を容易にする期限付借家権制度が導入されたのである。「良質な賃貸住宅等の供給の促進に関する特別措置法」（平11法153）が平成11年に成立し，平成12年の施行により，借地借家法38条も改正され，新たに**定期借家権**の規定が設けられた。

(1) **定期借家権**　(a) **意義**　定期借家権とは，期間の定めがある建物の賃貸借で，契約の更新がないこととする旨を定めたものをいう（借地借家38条1項）。この契約は公正証書による等**書面**によってなされなければならない。定期借家権の場合には，借地借家法29条1項の規定を適用しない。

(b) **賃貸人の書面交付・説明義務**　定期借地権を設定するときには，建物の賃貸人は，事前に建物の賃借人に対しこの建物の賃貸借は契約の更新がなく，期間の満了により当該建物の賃貸借は終了すること（日付・賃貸人の氏名・代理人を選任するときは代理人の氏名・定期借家契約の骨子［賃借人・期間・対象物件・賃料］も含む）について，その旨を記載した**書面**を交付して説明しなけ

ればならない（借地借家 38 条 2 項）。紛争を未然に予防する趣旨である。建物の賃貸人が，その旨を説明しなかったときは，契約の更新が可能となる。

　このときの書面は契約書と別物である必要があるか否かについては議論がある。学説では**不要説**と**必要説**がある。不要説は，契約更新がなく期間満了によって終了することがわかっていればよいから，必ずしも別個の書面を要しないとする。必要説は，同条 2 項の文言および趣旨から別個に書面が必要であるとする。判例は，「上記書面の交付を要するか否かについては，当該契約の締結に至る経緯，当該契約の内容についての賃借人の認識の有無及び程度等といった個別具体的事情を考慮することなく，形式的，画一的に取り扱うのが相当である」とし，「賃借人が，当該契約に係る賃貸借は契約の更新がなく，期間の満了により終了すると認識しているか否かにかかわらず，契約書とは別個独立の書面」を要するとしており（最判平 24・9・13 民集 66・9・3263），必要説の立場をとる。

　　(c)　契約の終了　　契約の終了は，(ア)終了通知による場合と(イ)中途解約権の行使による場合がある。

　　(ア)　定期借家権において，期間が 1 年以上である場合には，建物の賃貸人は，期間満了の 1 年前から 6 ヵ月前までの間（以下「通知期間」という）に建物の賃借人に対し期間満了により建物の賃貸借が終了する旨の通知をしなければ，その終了を建物の賃借人に対抗することができない（借地借家 38 条 4 項本文）。ただし，建物の賃貸人が通知期間の経過後建物の賃借人に対しその旨の通知をした場合においては，その通知の日から 6 ヵ月を経過した後は，この限りでない（同項ただし書）。

　　(イ)　居住の用に供する建物の賃貸借（床面積［建物の一部を賃貸借の目的とする場合にあっては，当該一部分の床面積］が 200 平方メートル未満の建物に係るものに限る）において，転勤，療養，親族の介護その他のやむを得ない事情により，建物の賃借人が建物を自己の生活の本拠として使用することが困難となったときは，建物の賃借人は，建物の賃貸借の解約の申入れをすることができる。営業用の建物には適用されない。この場合においては，建物の賃貸借

は，解約の申入れの日から1ヵ月を経過することによって終了する（同条5項）。

(2) 取壊し予定の建物の賃貸借　法令または契約により一定の期間を経過した後に建物を取り壊すべきことが明らかな建物について賃貸借がなされるときは，建物の取り壊し時に賃貸借が終了する旨の特約を結ぶことができる（借地借家39条1項）。普通の借家契約であれば，正当事由が認められない限り更新拒絶することができない（借地借家30条）。しかし，借地借家法39条によれば，実際に建物を取り壊すまでの期間に限り，その建物を他人に賃貸することができる。建物の効率的な活用と借家の流動化を図る趣旨で借地借家法により新設された規定である。たとえば，借地借家法22条以下により定期借地権の設定された土地上の建物所有者が期間満了時に土地明渡義務を負うときや，土地収用法2条，102条により建物所有者が建物を除去する義務を負うときに，期間を限定してその建物を他人に賃貸する場合がそれである。

この特約は，権利関係を明確化し紛争を予防するために，建物を取り壊すべき事由を記載した**書面**によってしなければならない（借地借家39条2項）。

(3) 一時使用目的の建物の賃貸借　一時使用のために建物の賃貸借をしたことが明らかな場合には，賃借権保護の必要性が比較的小さいから，第3章「借家」は適用しない（借地借家40条）。借家法8条を承継した規定である。一時使用目的の建物賃貸借は，もっぱら民法の規定が適用される。

一時使用目的か否かの判断基準については，借家法8条に関しては「必ずしもその期間の長短だけを標準として決せられるべきものではなく，賃貸借の目的，動機，その他諸般の事情から，該賃貸借契約を短期間内に限り存続させる趣旨のものであることが，客観的に判断される場合であればよいのであつて，その期間が一年未満の場合でなければならないものではない」と述べている判例がある（最判昭36・10・10民集15・9・2294）。このように，かつて借家法の下では，使用目的だけでなく，賃貸人側の事情により建物の利用期間を限定する場合も含むとされてきた。しかし，借地借家法の下では一時使用目的の賃貸借は，使用目的が一時的・臨時的である場合に限られるとする見解が有力である。借地借家法では期限付借家権（同法38条・39条）がその需要に応えうるものとし

て導入されたので後者の事情は含まれないと考えられる。

8　農用地に関する賃貸借

1　農用地の賃貸借とは

　農地と採草放牧地の賃貸借（以下「農用地の賃貸借」）には，農地法が適用される。農地であるか否かの判断は，いわゆる現況主義が採用されており，「その土地の現況によって区分する」（昭和 27 年 12 月 20 日付け 27 農地第 5129 号農林事務次官通達）とされている。

2　農用地の賃貸借の成立

　農用地の賃貸借契約が成立するためには，原則として農業委員会の許可が必要となる（農地 3 条 1 項本文）。許可を受けないでした行為は効力を生じない（同条 7 項）。農業委員会の許可を不要とする例外事由には，土地改良法や農業経営基盤強化促進法，農地中間管理事業の推進に関する法律等の諸法律により権利設定または権利移転がなされる場合など，種々のものがある（同条 1 項ただし書 1 号〜 16 号）。

　また，農用地を農用地以外のものに転用するために賃貸借契約を締結する場合においては，原則として，都道府県知事の許可を必要とする（農地 5 条 1 項本文）。

　農用地の賃貸借契約については，当事者は，書面によりその存続期間，賃料（小作料）等の額および支払条件等を明らかにしなければならない（書面主義，農地 21 条）。

3　存　続　期　間

　農用地の賃貸借の存続期間は，これを定めた場合には最長 50 年とされており，定めなかった場合には 50 年とされる（農地 19 条）。

4　賃料増額または減額の請求権

借地借家法と同様に，賃料の額が農産物の価格もしくは生産費の上昇もしく

は低下その他の経済事情の変動により，または近傍類似の農地の賃料額に比較して不相当となったときは，一定の期間借賃等の額を増加しない旨の特約がない場合には，契約の条件にかかわらず，当事者は将来に向かって賃料額の増減請求をすることができる（農地20条）。

5 対 抗 力

農用地の賃貸借は，その登記がなくても，農地の「引渡し」があったときは，その後その農地について物権を取得した第三者に賃借権を主張することができる（農地16条1項）。

同条による対抗力を備えた賃貸借農地に用益的権利による制限がある場合の担保責任については農地法16条2項が民法566条1項および3項を準用している。

6 契 約 の 終 了

契約の更新の保障と解約等の制限により，農地賃借人は手厚く保護されている。

(1) 期間の満了　農用地の賃貸借について存続期間の定めがある場合には，期間満了により契約は終了するはずである。しかし，農用地の賃借権を保護する観点から，借地借家法と同様に法定更新の制度が設けられている。すなわち，その当事者が，その期間の満了の1年前から6ヵ月前までの間に，相手方に対して更新をしない旨の通知（更新拒絶の通知）をしないときは，原則として従前の賃貸借と同一の条件で更に賃貸借をしたものとみなすこととされている（農地17条本文）。ただし，水田裏作を目的とする賃貸借でその期間が1年未満であるもの等，いくつかの例外がある（同条ただし書）。

なお，更新拒絶の通知をするためには，都道府県知事の許可を受けなければない（農地18条1項本文）。もっとも，正当事由が認められなければ許可はなされない（同条2項）。許可を受けずにした通知は効力を生じない。

(2) 解約申入れ・合意による解約・契約の解除　解約の申入れが認められ

る場合のほか，合意による解約や契約解除によっても契約は終了する。このときの解約申入れ・合意による解約・契約の解除を行うときも原則として都道府県知事の許可が必要とされている（農地 18 条 1 項本文）。このときも，更新拒絶の通知の許可と同様の事由が必要とされる。

労務提供型の契約

POINT

- 民法は，労務提供型の契約として，雇用，請負，委任，寄託の4種類を定めている。
- 雇用は，労働者が使用者に対して労働に従事することを約束し，使用者がこれに報酬を支払うことを約束することによって成立する契約である。
- 請負は，請負人が仕事の完成を約束し，注文者がその仕事の結果に対して報酬を支払うことを約束することによって成立する契約である。
- 委任は，委任者が法律行為をすることを受任者に委託し，受任者がこれを承諾することによって成立する契約である。
- 寄託は，寄託者がある物を保管することを受寄者に委託し，受寄者がこれを承諾することによって成立する契約である。

1 序

　民法は，労務の提供を目的とする契約（労務提供型の契約）として，雇用，請負，委任，寄託の4種類を定めている。雇用は，労働への従事に対して報酬を支払う契約であり，請負は，仕事の完成に対して報酬を支払う契約である。雇用は労務の提供自体を目的としている点で，労務の提供はその手段にすぎず，労務提供の成果たる仕事の完成を目的とする請負と異なる。委任は，事務処理を委託する契約であり，労務の提供自体を目的とするが，雇用では使用者の指揮命令に従って労務の提供が行われるのに対して，委任では労務の提供が受任者の相当自由な判断に任される。寄託は，他人の物の保管を目的とする契約である。雇用・請負・委任にあっては労務の内容に制限がないが，寄託では労務の内容が物の保管に限定される。

2 ｜ 雇 用

1 雇用契約の意義

① 雇用契約とは

　雇用契約は，当事者の一方（労働者）が相手方（使用者）に対して労働に従事することを約し，使用者が労働者に報酬を与えることを約することによって成立する諾成・双務・有償の契約である（民 623 条）。

② 雇用契約と労働契約

　(1) **労働法の成立**　　民法は，具体的な契約内容については，自由・平等・対等な当事者間の契約の自由に委ねている。民法の定める雇用の規定には強行法規的な内容はほとんど含まれていないため，契約当事者は自由に雇用契約関係を形成することができる。ところが，現実の労働関係においては，使用者と労働者の関係は形式的・法律的に自由・平等・対等であるにすぎず，両当事者の社会経済的不均衡などから，契約自由の名のもとに労働者は劣悪な労働条件をのむことを余儀なくされる。

　労働者の地位の劣悪化に対しては，一方で労働運動が起こり，他方で労働者の保護と労働関係の安定を図ることを目的とする立法がなされた。わが国では，鉱業法や工場法など労働者保護のための特別立法が戦前になされたが，適用対象が限定されるなど十分なものとはいえず，本格的な労働法の形成がなされたのは戦後になってからである。現在，労働組合法，労働関係調整法，労働基準法，最低賃金法，労働安全衛生法など多くの労働立法がなされている。

　(2) **労働契約**　　労働法の確立にしたがい，労働法の対象とする労務提供契約は労働契約と呼ばれるようになったが，この労働契約と民法上の雇用・請負・委任との関係が問題になる。

　労働基準法は，同居の親族のみを使用する事業と家事使用人とを同法の適用

から除外している（労基116条2項）。しかし，同居の親族のみを使用する事業と家事使用人についても，労働基準法の精神を類推適用すべきであるというのが通説であるため，民法上の雇用契約は実質的にはすべて労働契約といえる。また，形式的には委任契約ないしは請負契約と見られる契約であっても，実質的に契約当事者間に使用従属関係がある場合は，労働法の適用を受ける（福岡地小倉支判昭50・2・25労民集26・1・1）。

民法の雇用契約はそのほとんどが労働契約として，特別法たる労働基準法などの適用を受け，労働法学の対象とされる。本書では，労働法の諸規定については民法の雇用契約との関係で必要なものについてのみ触れる。

2　雇用契約の成立

雇用契約は，労働者と使用者との間の合意によって成立する諾成契約であり，民法上契約締結に関する特別な労働者保護規定は存在しないが，労働基準法では種々の規制がなされている。

1　未成年者の労働契約

民法では，法定代理人たる親権者または後見人は未成年者に代わって雇用契約を締結することが可能である（民824条・859条）が，法定代理人の権利の濫用による身売りから未成年者を保護するため，労働基準法では，未成年者の同意があっても，親権者または後見人が未成年者に代わって労働契約を締結することを禁止している（労基58条1項）。したがって，未成年者は法定代理人の同意を得て自ら労働契約を締結しなければならない。未成年者が法定代理人の同意を得て締結した労働契約の内容が未成年者に不利であると認められる場合，親権者もしくは後見人または行政官庁（労働基準監督署長）は将来に向かって契約を解除できる（労基58条2項）。

法定代理人の同意を得て自ら労働契約を締結した未成年者は，独立して賃金を請求することができ，未成年者の賃金を親権者または後見人が代わって受け取ることは禁止される（労基59条）。また，労働基準法は満15歳に達した日以

後の最初の 3 月 31 日が終了するまでの児童の雇用を原則として禁止している（労基 56 条）。

② 雇用の期間

雇用期間の最長期について，民法は直接の制限をしていない。しかし，雇用の期間が 5 年を超え，またはその終期が不確定であるときは，当事者の一方は，5 年経過後はいつでも解除できるとされているため，これが間接的な制限となる（改正民 626 条参照）。労働基準法は，期間の定めのないものを除き，労働契約は，一定の事業の完成に必要な期間を定めるもののほかは 3 年（一部の専門職等は 5 年）を超えることができないとしている（労基 14 条）。雇用期間の最短期については規定がないため，1 日ごとの雇用も認められるが，継続して雇っているにもかかわらず，解雇の責任を免れるためにこのような形式をとることは認められず，この場合，期間の定めのない雇用契約として，その告知については，民法上（民 627 条）および労働基準法上（労基 20 条）の制約を受ける。

③ 労働条件の明示

雇用契約は労働者と使用者との間の合意により成立するが，労働基準法は，労働契約の締結に際し，賃金，労働時間その他の労働条件を労働者に明示する義務を使用者に課している（労基 15 条 1 項）。明示された労働条件が事実と相違する場合には，民法の一般原則により，労働者は使用者に明示された契約どおりの履行の請求ができ，その不履行に対しては損害賠償請求（改正民 415 条）や契約解除ができる（改正民 541 条）が，労働基準法は明示された労働条件が事実と相違している場合，労働者は即時に労働契約を解除できるとしている（労基 15 条 2 項）。

④ 採用内定

労働者の採用にあたっては，実際の入社・就労開始のかなり前に採用を内定する慣行が一般化している。ある企業に内定すると，他の企業への就職の機会

と可能性を放棄するのが通例であるため，採用内定が取り消されると，労働者は深刻な打撃を受ける。こうした事態から労働者を保護するために採用内定の法的性格をめぐる議論がなされてきた。

民間企業における新規学卒者の採用内定の法的性質につき，会社からの募集（申込みの誘引）に対し労働者が応募することが労働契約の申込みであり，会社からの採用内定通知はこれに対する承諾になるとされ，採用内定によって，就労始期を卒業直後とし，誓約書記載の採用内定取消事由に基づく解約権を留保した労働契約が成立するとされる（最判昭54・7・20民集33・5・582）。

したがって，採用内定の取消しは解雇とは区別されるものであるが，採用内定の取消事由については，採用内定当時知ることができず，また知ることが期待できないような事実であって，これを理由として採用内定を取り消すことが解約権留保の趣旨，目的に照らして客観的に合理的と認められ，社会通念上相当として是認できるものに限られる（前掲最判昭54・7・20）。留保解約権が行使される典型的な例として，内定者である学生が学校を卒業できない場合や健康を著しく害したような場合を挙げることができる。

5 身 元 保 証

雇用契約を締結するに際して，雇用契約に付随して身元保証（広義）がなされることが少なくない。身元保証とは，被用者の行為により使用者の受けた損害を賠償することを約して，使用者と第三者の間で締結される契約である。広義の身元保証には，①被用者の雇用契約上の債務不履行や不法行為によって使用者が被った損害の賠償を担保する契約（狭義の身元保証）と，②被用者の損害賠償債務の有無を問わず，被用者の病気などによって使用者が被った損害など，被用者の雇用によって生じた一切の損害を担保する契約（身元引受）の2種の場合がある。

身元保証の契約内容は広範で，保証額が多額になることが多く，身元保証人にとって苛酷な結果となることが多い。そのため，早くから判例・学説は身元保証人の責任の制限に努めた。そして，昭和8年に「身元保証ニ関スル法律」（身

元保証法）が制定され，身元保証，身元引受その他名称のいかんを問わず，被用者の行為により使用者が受けた損害の賠償を約する契約は，この法律により規制されることになった（身元保証1条）。

(1)　保証責任の範囲　　身元保証人は，被用者の行為により使用者の受けた損害を賠償する責任を負う。身元保証人の損害賠償責任および賠償額は，被用者の監督に関する使用者の過失の有無，身元保証人が身元保証をするに至った事由および身元保証をするにあたって払った注意の程度，被用者の任務または身上の変化その他一切の事情を斟酌して決定される（同法5条）。

(2)　保証期間　　①保証期間を定めない身元保証契約は，契約成立の日から通常3年間その効力を有する。ただし，商工業見習者の身元保証契約については5年とされる（同法1条）。②保証期間の定めのある身元保証契約の場合にも，その期間は5年を超えることはできない。これより長い期間を定めても5年に短縮される（同法2条1項）。身元保証契約は更新が可能であるが，その期間は更新時より5年を超えることができない（同法2条2項）。

(3)　使用者の通知義務と解約告知権　　使用者は，①被用者に業務上不適任または不誠実な行いがあって，将来，身元保証人が賠償責任を負うおそれがあることを知ったとき，②身元保証人の責任を加重しまたはその監督を困難にするような被用者の任務任地の変更があったときは，その旨を遅滞なく身元保証人に通知しなければならない（同法3条）。この通知義務をあらかじめ免除する特約は無効である（同法6条）。使用者の通知義務違反は身元保証人の損害賠償責任および賠償額の決定に際して斟酌される（大判昭17・8・6民集21・788）。

身元保証人がこの通知を受けたとき，もしくは通知を受けなくてもその事実を知ったときは，将来に向かって契約を解除することができる（同法4条）。その事実が発生しても身元保証契約が当然に失効することはない（最判昭44・2・21判時551・50）。

(4)　強行法規性　　本法の規定に反する特約で身元保証人に不利なものは，すべて無効である（同法6条）。

(5)　身元保証債務の相続性　　身元保証債務の相続性についての規定はない

が，身元保証債務が具体的に発生しない以上，身元保証債務は一身専属的なものであって，特別の事情のない限り相続されない（大判昭18・9・10民集22・948，大判昭2・7・4民集6・436）。

3　雇用契約の効力

①　労働者の義務

(1)　労務提供義務　　労働者は，使用者の指揮命令の下，労務を提供する義務を負う（民623条）。労務の提供に際して，労働者は善良な管理者の注意を要求される。雇用契約においては，労働者の個性に重きが置かれるため，労働者は，使用者の承諾がない限り自己に代わって第三者に労務を提供させることはできない（民625条2項）。労働者がこれに違反して第三者に代行させた場合には，使用者は契約を解除することができる（同条3項）。

(2)　付随的義務　　労働者は誠実に労務を提供する義務を負うが，労務提供に付随して，使用者の正当な利益を不当に害してはならないという義務（誠実義務）を負う。これにより，労働者は労務の提供過程で知り得た業務上の秘密を洩らしたり，労務の提供過程で知り得た業務上の秘密を私益に用いたりしてはならない義務を負う。

②　使用者の義務

(1)　報酬支払義務　　使用者は労働者に対して報酬を支払う義務を負う（民623条）。報酬の支払時期は，特約がない場合には，労務提供後であり（民624条1項），期間によって報酬を定めた場合（日給・月給などの場合）には，その期間後である（同条2項）。

報酬の支払方法について，民法は制限を設けていないが，労働基準法は，原則として，賃金は毎月1回以上，一定の期日に，通貨で直接労働者に全額を支払わなければならないと定める（労基24条）。金融機関の口座を利用した振込支給を行うためには労働者の同意が必要である（労基則7条の2第1項）。労働基準法上の直接払の原則から，報酬請求権が第三者に譲渡された場合においても，

使用者は譲受人に支払うことはできない（最判昭43・3・12民集22・3・562）。

　使用者の責めに帰することができない事由によって労働に従事することができなくなった場合，使用者はすでになされた履行の割合に応じて報酬を支払わなければならない（改正民624条の2第1号）。

　使用者の責に帰すべき事由によって労働者が労務を提供することができなかった場合，民法の原則によれば，使用者は反対給付の履行を拒むことができない（改正民536条2項）が，労働基準法は，使用者は休業期間中，労働者に平均賃金の6割以上の手当を支払わなければならない（労基26条）としている。そこで，民法536条2項と労基法26条の関係が問題になるが，労基法26条の帰責事由の方が民法536条2項の帰責事由よりも範囲が広く（最判昭62・7・17民集41・5・1283），また，労基法26条が平均賃金の6割以上の手当を労働者に支払うべき旨を規定しているのは，労働者の生活を保障しようとする趣旨によるもので，民法536条2項の適用を排除するものではないとされている。したがって，民法536条2項の帰責事由がある場合には，労働基準法上の休業手当の額を超えて報酬全額の請求ができる。なお，労働者が労務の提供を免れたことにより利益を得た場合は，これを使用者に償還しなければならない（民536条2項後段）が，その限度は特約のない限り平均賃金の4割である（最判昭37・7・20民集16・8・1656）。

　(2)　使用者の付随的義務　　民法は使用者の付随的義務として，労務請求権の第三者への譲渡禁止義務を規定している（民625条1項）。労働者の承諾なしに労務請求権が譲渡された場合，その譲渡は無効である。

　また，使用者は労働者が労務提供のため設置する場所，設備もしくは器具などを使用し，または使用者の指示のもとに労務を提供する過程において，労働者の生命・身体などを危険から保護するよう配慮する義務（**安全配慮義務**）を負う。労働安全衛生法（昭和47年法律第57号）が，この義務を具体化し，労働災害防止のため各種の義務を事業者に負わせるほか，業務災害につき使用者の無過失責任に基づく災害補償制度が定められている（労基第8章）。そして，労働基準法が定める災害補償制度を担保するため，労災保険制度が労働者災害補

償保険法（昭和22年法律第50号）により定められており，使用者は政府管掌の労災保険への加入が強制されている。

労働者災害補償保険法により労災保険給付がなされるべき場合，使用者は労働基準法上の補償責任を免れる（労基84条1項）。また，労働基準法による災害補償がなされると，使用者は同一の事由については，補償した価額の限度において民法による損害賠償責任を免れる（労基84条2項）が，このことは労災保険給付が行われた場合にも妥当するとされている。

災害補償の価額を超える損害については，労働者は使用者に対して民法に基づく損害賠償請求ができるが，従来，不法行為責任を根拠になされるのが通例であった。しかし，近年，ある法律関係に基づいて特別な社会的接触の関係に入った当事者間において，当該法律関係の付随的義務として信義則上認められる安全配慮義務違反（債務不履行）として構成することが主流となった（最判昭50・2・25民集29・2・143）。現在では，労働契約法（平成19年法律第128号）5条が，「使用者は，労働契約に伴い，労働者がその生命，身体等の安全を確保しつつ労働することができるよう，必要な配慮をするものとする」と規定している。

安全配慮義務違反を理由として損害賠償請求をすることのメリットとして，時効期間が，不法行為責任として構成する場合には，損害および加害者を知ったときから3年（改正前民724条）であるのに対して，安全配慮義務違反として構成する場合には，損害賠償請求権を行使できるときから10年（改正前民167条）であることが挙げられてきた。しかし，改正民法により，人の生命または身体の侵害による損害賠償請求権の消滅時効期間は，不法行為構成の場合も債務不履行構成の場合も，主観的起算点から5年，客観的起算点から20年とされ，差異はなくなった（改正民166条・167条，724条・724条の2）。また，証明責任についても安全配慮義務違反と構成しても，安全配慮義務の内容を具体的に特定し，その義務に違反した事実を主張立証する責任は労働者側にあるとされているため（最判昭56・2・16民集35・1・56），不法行為責任と構成する場合に比して必ずしも有利であるとはいえない。

4　雇用契約の終了

雇用契約は，仕事の完了という契約目的の達成により終了するほか，契約の一般的終了原因によって終了する。さらに，以下のような雇用契約に特有な終了原因によっても終了する。

① 期 間 満 了

雇用契約は，契約期間の定めがある場合には，期間満了により終了する。ただし，期間の定めがある場合でも期間満了後に労働者が引き続き労務に服している場合において，使用者がこれを知りながら異議を述べないときは，従前と同一の条件でさらに雇用契約をしたものと推定される。この場合，更新後の雇用は期間の定めのない雇用となる（民629条）。

民法は，契約期間について制限を設けていないが，あまり長期の契約は人身束縛の危険もあるため，雇用の期間が5年を超え，またはその終期が不確定であるときは，当事者の一方は，5年経過後はいつでも，使用者からの解除の場合は3ヵ月前，労働者からの解除の場合は2週間前に予告をして契約の解除ができるとしている（改正民626条）。この点につき，労働基準法は，期間の定めのないものを除き，労働契約は，一定の事業の完成に必要な期間を定めるもののほかは3年（一部の専門職等は5年）を超えることはできないと規定している（労基14条1項）。

② 解 約 申 入 れ

期間の定めのない雇用契約は，いつでも解約申入れをすることができ，契約は解約申入れから2週間後に終了する（改正民627条1項）。月給のように期間をもって報酬を定めた場合には，使用者からの解約の申入れは，当期の前半に次期以後に対してしなければならない（同条2項）。ただし，6ヵ月以上の期間をもって報酬を定めた場合の使用者からの解約の申入れは当期の前半でなくても3ヵ月前にすれば足りる（同条3項）。

以上のような民法の規定に対して労働基準法は，労働者を解雇する場合，天災事変などのやむを得ない事由または労働者の責に帰すべき事由があり，行政官庁の認定を受けた場合のほかは，使用者は 30 日前に予告するか，あるいは解雇予告手当として 30 日分以上の平均賃金を支払わなければならないとしている（労基 20 条 1 項）。なお，労働者から解約申入れする場合は，契約締結に際し明示された労働条件が事実と相違しているために即時解除が認められる場合を除き，民法 627 条が適用される。

　期間の定めのない雇用契約については，使用者は，原則として，民法 627 条や労働基準法 20 条による限り自由に解約申入れできるが，解雇は労働者から生活の手段を奪うものであることから，労働者の国籍，信条または社会的身分を理由とする解雇（労基 3 条），労働組合の組合員であること，その他正当な組合活動を理由とする解雇（労組 7 条 1 号）等一定の理由による解雇が禁止されている。また，法令等の解雇制限が存在しない場合であっても，客観的に合理的な理由を欠き，社会通念上相当であると認められない場合の解雇は，権利の濫用として無効とされる（労契 16 条）。

③ 「やむを得ない事由」による解除

　期間の定めの有無を問わず，「やむを得ない事由」がある場合には，各当事者はただちに契約を解除することができる。ただし，その事由が当事者の一方の過失によって生じたときは相手方に対して損害賠償責任を負う（民 628 条）。「やむを得ない事由」とは雇用契約を締結した目的を達するのに重大な支障を惹起する事項をいう（大判大 11・5・29 民集 1・259）。労働基準法は，天災事変その他やむを得ない事由のために事業の継続が不可能となった場合または労働者の責に帰すべき事由に基づいて解雇する場合に限って即時解雇できるとしている（労基 20 条 1 項ただし書）。したがって，使用者が雇用契約を解除しようとする場合，民法 628 条の「やむを得ない事由」に該当する場合であっても，労働基準法 20 条第 1 項ただし書の要件を満たさない場合には即時解雇はできない。なお，期間の定めのある労働契約について，労働契約法 17 条 1 項により，使

用者は，やむを得ない事由がある場合でなければ，その契約期間が満了するまでの間において，労働者を解雇することはできない。

④　当事者の死亡

　労働者が死亡した場合には，雇用契約の一身専属性から雇用契約は終了するが，使用者が死亡した場合には，原則として雇用契約は終了しない。

⑤　使用者の破産手続開始決定

　使用者が破産手続開始の決定を受けた場合には，契約期間が定められていても，労働者または破産管財人は解約の申入れをして，雇用契約を終了させることができる（民 631 条）。

3 ｜ 請　　負

1　請負契約の意義

①　請負契約とは

　請負契約は，当事者の一方（請負人）がある仕事を完成することを約し，相手方（注文者）がその仕事の結果に対して報酬を支払うことを約することによって成立する諾成・双務・有償の契約である（民 632 条）。請負契約の目的たる「仕事」の内容にとくに制限はなく，住宅の建設や自動車の修理など有形的なものでも，講演や運送のように無形的なものでもよい。また，仕事の「完成」とは，労務によってまとまった結果を発生させることをいう。請負は仕事の完成を目的とするため，講演や演奏などのように仕事の性質上請負人の個性が重視される場合を除き，請負人は原則として自分で労務を提供する必要はなく，仕事完成のため履行補助者（狭義）や下請負人（履行代行者）を使用することができる。

② 製作物供給契約

製作物供給契約とは，契約当事者の一方が，相手方の注文に応じて，もっぱら，または主として自己の供する材料を用いて製作した物を供給し，相手方がこれに対して報酬を支払う契約をいう。この契約は物の製作という面から見ると請負の性質を持ち，完成した物の所有権の移転という面から見ると売買の性質を持つ。製作物供給契約の法的性質については，古くから議論されてきたが，通説は売買と請負の混合契約と解し，製作の側面では請負に関する規定を適用し，供給の側面では売買の規定を準用すべきとしている。

③ 請負契約に関する特別法

建設請負契約については，建設業法（昭和24年法律第100号）による規律を受けるが，民間建設工事では，日本建築学会・日本建築協会・日本建築家協会・全国建設業協会・日本建設業連合会・日本建築士会連合会・日本建築士事務所協会連合会の7団体が作成した「民間（旧四会）連合協定工事請負契約約款」が，公共工事では，中央建設業審議会が作成した「公共工事標準請負契約約款」が広く用いられ，民間建設工事や公共工事の請負に関する標準となっている。運送契約については，商法に規定（商569条〜592条・737条〜787条）があるほか，鉄道営業法（明治33年法律第65号），道路運送法（昭和26年法律第183号），海上運送法（昭和24年法律第187号），航空法（昭和27年法律第231号）など多数の特別法が具体的契約関係を規律している。

2　請負契約の成立

請負契約は当事者間の合意のみで成立する諾成契約であり，何らの方式も要求されない（民632条）。建設業法19条が，工事内容，請負代金の額，工事着手・工事完成の時期等の契約内容を書面に記載して，署名または記名捺印して相互に交付しなければならないとしているが，これは後日の紛争を予防するためであり，書面の作成・交付を請負契約の成立要件とするものではない。下請代金支払遅延等防止法3条が，下請業者に対して製造委託等をした場合に，親事業

者は，下請業者の給付の内容，下請代金の額，支払期日などを記載した書面を
下請業者に交付しなければならないとするのも同じく書面の作成・交付を請負
契約の成立要件とするものではない。

3　請負契約の効力

1　請負人の義務

　(1)　仕事完成義務　　(a)　請負人は仕事を完成する義務を負う（民632条）。
そのため，請負人は仕事に着手しなければならないが，契約で仕事に着手する
時期が定められている場合には，契約で定めた時期，もしくは契約により着手
する時期は定められていないが，完成時期が定められている場合には，契約期
日までに仕事を完成させるのに適当な時期に着手しなければならない。請負人
がその責に帰すべき事由によってこれらの時期に仕事に着手しない場合には，
注文者は催告の上契約を解除できる（民541条）。履行遅滞を理由とする解除の
要件としての「相当の期間」は契約期日までの完成を期待しうるか否かを考慮
して判断される。相当な期間の猶予を与えても，契約期日までに完成すること
ができないことが明らかになった場合には，注文者は期限到来を待たずに契約
を解除することができる（改正民542条1項5号）。請負が仕事の完成前に解除さ
れた場合，請負人が既にした仕事の結果のうち可分な部分の給付によって注文
者が利益を受けるときは，その部分は仕事の完成とみなされる（改正民634条2号）。

　　　(b)　**下請負**　　下請負とは，請負人（元請人）が自分の請負った仕事の全
部ないし一部を第三者（下請人）に請負わせることをいう。請負の目的は仕事
の完成にあるため，特約があるか，または仕事の性質上請負人自身が労務の提
供をしなければ債務の本旨に従った履行にならないような特別の場合を除き，
請負人自身で仕事を完成する必要はなく，下請人を使用できる。下請負禁止の
特約があるにもかかわらず，請負人が下請人を使用した場合も，下請負契約の
効力に影響はない（大判明45・3・16民録18・255）。なお，建設工事の請負につき，
建設業法は，注文者の書面による同意がある場合を除き，一括下請負を禁止し
（建設22条），また，下請人が建設工事の施工上著しく不適当なときは，注文者

はその変更を請求できるとしている（建設23条）。

　(2)　**目的物引渡義務と所有権の帰属**　　請負の目的たる仕事が物の製作である場合には，請負人は完成した物を注文者に引き渡す義務を負うが，その際，完成した目的物の所有権が注文者と請負人のいずれに帰属するかが問題になる。

　判例は，材料提供の主体を基準に判断し，①注文者が材料の全部ないし主要部分を提供した場合は，特約のない限り，目的物の所有権は原始的に注文者に帰属するとしている（大判昭7・5・9民集11・824）。そして，②請負人が材料の全部または主要部分を提供した場合は，目的物の所有権は請負人が取得し，引渡しにより注文者に移転するとする（大判明37・6・22民録10・861，大判大3・12・26民録20・1208）。ただし，当事者間に特約がある場合には，請負人が材料の全部または主要部分を提供した場合であっても，目的物の所有権は引渡し前に注文者に移転する（大判大5・12・13民録22・2417）。完成前に請負代金が全額支払われている場合には，建物の所有権は完成と同時に注文者に帰属する旨の特約が推認される（大判昭18・7・20民集22・660）。また，代金未払であっても，建物の完成と同時に注文者に所有権を帰属させる旨の合意がなされたと認められる場合もある（最判昭46・3・5判時628・48）。施工者が下請人の場合における所有権の帰属についても上記基準によって判断される（大判大4・10・22民録21・1746）。元請負契約に，契約が中途で解除された際の出来形部分の所有権については注文者に帰属する旨の特約がある場合に，契約が中途で解除されたとき，下請人が自ら材料を提供して出来形部分を築造したとしても，特段の事情がない限り，出来形部分の所有権は注文者に帰属するとされている（最判平5・10・19民集47・8・5061。Case 参照）。

Case

出来形部分の所有権の帰属

　注文者Ｙは，建設業者Ａとの間でＹ所有地上に本件建物を建築する旨の工事請負契約を締結した。この契約には，Ｙは工事中契約を解除することができ，その場合工事の出来形部分は注文者の所有とするとの条項があった。Ａはこの建築工事を建設業者Ｘに一括して請け負わせた。なお，本件下請契約には完成建物や出来形部分の所有権帰属

についての約定はなかった。X は自ら材料を提供して本件建物の建築工事を行ったが，A が倒産し，工事は取りやめられた。工事を取りやめた時点における工事の出来高は，工事全体の約 26％であった。Y は A との約定に基づき 1950 万円を A に支払ったが，A が倒産したため X は下請代金の支払を全く受けられなかった。Y は X から聞かされて初めて本件下請契約の存在を知り，A との間の契約を解除し，B との間で本件建前を基に建物を完成させる旨の請負契約を締結して工事を完成させ，本件建物の所有権保存登記をした。そこで，X は，第一次的に，所有権に基づき本件建物の明渡しおよび賃料相当の損害金の支払を求め，第二次的に，民法 248 条・704 条による償金および遅延損害金の支払を求めた。

　最高裁は，建物建築工事請負契約において，注文者と元請負人との間に，契約が中途で解除された際の出来形部分の所有権は注文者に帰属する旨の約定がある場合に，当該契約が中途で解除されたときは，元請負人から一括して当該工事を請け負った下請負人が自ら材料を提供して出来形部分を築造したとしても，注文者と下請負人との間に格別の合意があるなど特段の事情のない限り，当該出来形部分の所有権は注文者に帰属すると解するのが相当であるとした（最判平 5・10・19 民集 47・8・5061）。

　学説は，材料提供の主体を基準に判断する判例に従う見解もあるが，近年，材料提供の主体にかかわらず，目的物の所有権は注文者に原始的に帰属させるべきとする見解が有力である。請負の合意においては，目的物の所有権を原始的に注文者に帰属させるということが当事者の意思と考えられること，また，請負人の報酬請求権は留置権，先取特権，同時履行の抗弁権の行使により確保されうることなどを考慮すると，有力説が妥当と思われる。

　(3)　目的物の滅失・損傷　　請負人が注文者から建築を請負った建物が滅失・損傷した場合，請負人の仕事完成義務および報酬請求権の有無が問題になる。

　　(a)　仕事完成前に目的物が滅失・損傷した場合　　請負人の仕事完成が可能であれば原則として請負人の仕事完成義務は消滅しない。滅失・損傷が請負人の責に帰すべき事由によるときには，滅失・損傷により仕事の完成が遅延すれば請負人に履行遅滞の責任が生ずる。滅失・損傷が注文者の責に帰すべき事由によるときには，滅失・損傷により仕事の完成が遅延しても請負人は履行遅滞の責任を負わない。請負人は注文者に損害賠償請求できる。滅失・損傷が両当事者の責に帰すべからざる事由によるときも，滅失・損傷により仕事の完成が遅延しても請負人は履行遅滞の責任を負わないが，請負は仕事の完成を目的

とするため，請負人はすでに支出した工事費用の賠償請求はできない（大判明35・12・18民録8・11・100）。もっとも，請負人が事情変更の原則により報酬増額請求権または解除権を取得することはありうる。

仕事完成が不可能な場合（履行不能）には，仕事完成義務は消滅する。滅失・損傷が請負人の責に帰すべき事由によるときには，請負人は債務不履行責任を負う。請負人は仕事を完成していないため報酬を請求することはできない。ただし，請負人が既にした仕事の結果のうち，可分な部分の給付によって注文者が利益を受けるときは，その部分を仕事の完成とみなし，請負人は，注文者が受ける利益の割合に応じて報酬を請求することができる（改正民634条）。滅失・損傷が注文者の責に帰すべき事由によるときには，請負人は注文者に対し報酬全額を請求できるが，自己の債務を免れたことによって得た利益は注文者に返還しなければならない（民536条2項。最判昭52・2・22民集31・1・79）。滅失・損傷が両当事者の責に帰すべからざる事由によるときには，請負人は報酬を請求することができない（改正民536条1項）。ただし，請負人が既にした仕事の結果のうち，可分な部分の給付によって注文者が利益を受けるときは，その部分を仕事の完成とみなし，請負人は，注文者が受ける利益の割合に応じて報酬を請求することができる（改正民634条）。

(b) 仕事完成後目的物の引渡し前に目的物が滅失・損傷した場合　仕事完成後目的物の引渡し前に目的物が滅失・損傷した場合については，一般的に，請負人の仕事完成義務は履行不能となり消滅すると解されている。したがって，前述(a)の仕事完成が不可能な場合と同様に，滅失・損傷が請負人の責に帰すべき事由によるときには，請負人に報酬請求権はなく，さらに債務不履行責任を負う。滅失・損傷が注文者の責に帰すべき事由によるときには，請負人は民法536条2項により注文者に対し報酬全額を請求できる。滅失・損傷が両当事者の責に帰すべからざる事由によるときには，請負人は報酬を請求することができない（改正民536条1項）。

図表 4-1　目的物の減失・損傷と請負人の責任

仕事完成前の減失・損傷	仕事完成が可能な場合	請負人に帰責事由あり	請負人の仕事完成義務存続	請負人に債務不履行責任
		注文者に帰責事由あり		注文者に損害賠償請求可
		両当事者に帰責事由なし		請負人に報酬増額請求権なし
	仕事完成が不可能な場合	請負人に帰責事由あり	請負人の仕事完成義務消滅	請負人に報酬請求権なし 請負人に債務不履行責任
		注文者に帰責事由あり		請負人に報酬請求権あり（民536条2項）
		両当事者に帰責事由なし		請負人に報酬請求権なし（民536条1項）
仕事完成後引渡前の減失・損傷		請負人に帰責事由あり	請負人の仕事完成義務消滅	請負人に報酬請求権なし 請負人に債務不履行責任
		注文者に帰責事由あり		請負人に報酬請求権あり（民536条2項）
		両当事者に帰責事由なし		請負人に報酬請求権なし（民536条1項）

② 請負人の担保責任

(1)　総説　　売主の担保責任の規定は売買以外の有償契約に準用される（民559条）。請負は有償契約であるため，請負人が完成した仕事の目的物が種類，品質または数量に関して契約の内容に適合しないときには，請負人は売主と同様の担保責任を負う。

(2)　担保責任の内容　　仕事の目的物が種類，品質または数量に関して契約の内容に適合しない場合，注文者には修補請求権，報酬減額請求権，損害賠償請求権，契約解除権が認められる。

(a)　修補請求権　　仕事の目的物が契約に適合しないものであるときは，注文者は請負人に対して相当の期間を定めて修補を請求できる（改正民559条・562条）。ただし，修補が契約その他の債務の発生原因および取引上の社会通念に照らして不能であるときは修補請求をすることはできない（改正民412条の2）。注文者が，相当の期間を定めて修補請求をした場合，仕事の目的物の引渡しと報酬の支払は同時履行の関係に立つため，修補が完了するまで注文者は報酬の

支払を拒絶することができる。

　(b)　報酬減額請求権　　契約に適合しない目的物について注文者が相当の期間を定めて修補の催告をし，その期間内に修補がなされないときは，注文者は，その不適合の程度に応じて報酬の減額を請求することができる（改正民559条・563条1項）。ただし，①修補が不能であるとき，②請負人が修補を拒絶する意思を明確に表示したとき，③契約の性質または当事者の意思表示により，特定の日時または一定の期間内に修補をしなければ契約をした目的を達することができない場合において，請負人が修補をしないでその時期を経過したとき，④上記①～③に掲げる場合のほか，注文者が催告をしても修補がなされる見込みがないことが明らかであるときには，注文者は上記の催告をすることなく，直ちに代金の減額を請求することができる（改正民559条・563条2項）。

　(c)　損害賠償請求権　　注文者は目的物の契約不適合に基づいて損害賠償を請求することができる（改正民559条・564条・415条）。この損害賠償請求権と請負人の報酬請求権とは同時履行の関係にあり（改正民533条），注文者は請負人が損害賠償に応じない限り，報酬全額の支払を拒むことができる（最判平9・2・14民集51・2・337　Case 参照）。

Case

修補に代わる損害賠償債権と報酬債権との同時履行関係

　Xは昭和61年12月24日，Yとの間に，Yが従来有していた納屋を解体して新たに住居を建築する請負契約を締結した。Xは，昭和62年11月30日までに，Yに対し，工事を完成させて引き渡したほか，追加工事も行った。他方，工事の目的物である建物には，10ヵ所の瑕疵が存在した。Yは当該瑕疵の処理についてXと協議を重ね，Xから昭和63年1月25日ころ当該瑕疵については工事代金を減額することによって処理したいとの申出を受けた後は，瑕疵の修補に要する費用を工事残代金の約1割とみて1000万円を支払って解決することを提案したが，XはYの提案を拒否する旨回答したのみで具体的な対案を提示せず交渉は決裂した。Xは工事残代金およびこれに対する約定遅延損害金の支払を求めて本件訴えを提起した。

　最高裁は，請負契約において，仕事の目的物に瑕疵があり，注文者が請負人に対して瑕疵の修補に代わる損害の賠償を求めたが，契約当事者のいずれからも右損害賠償債権と報酬債権とを相殺する旨の意思表示が行われなかった場合またはその意思表示の効果が生じないとされた場合には，改正前民法634条2項（改正民533条）により右両債権

は同時履行の関係に立ち，契約当事者の一方は，相手方から債務の履行を受けるまでは，自己の債務の履行を拒むことができ，履行遅滞による責任も負わないものと解するのが相当であると判示した（最判平 9・2・14 民集 51・2・337）。

瑕疵の修補に代わる損害賠償債権と請負人の報酬債権は相殺することができる（最判昭 53・9・21 判時 907・54）。注文者が請負人の報酬債権に対して相殺の意思表示をした場合に，注文者が相殺後の残報酬債務につき履行遅滞の責任を負うのは，相殺の意思表示をした日の翌日からである（最判平 9・7・15 民集 51・6・2581）。

　(d)　契約解除権　　注文者は改正民法 541 条および 542 条の規定により契約を解除できる（改正民 559 条・564 条）。したがって，契約に適合しない目的物について注文者が相当の期間を定めて修補の催告をし，その期間内に修補がなされないときは，注文者は，契約の解除をすることができる（改正民 541 条）。

　(e)　担保責任の存続期間　　注文者が種類または品質に関する契約不適合を知った時から 1 年以内にその旨を請負人に通知しないときは，注文者は，その不適合を理由として，修補請求，報酬減額請求，損害賠償請求および契約解除をすることができない（改正民 637 条 1 項）。ただし，目的物の引渡し時（引渡しを要しない場合にあっては，仕事終了時）に，請負人がこの不適合を知り，または重過失によって知らなかったときは，このような期間制限は適用されない（同条 2 項）。また注文者の権利には消滅時効の規定の適用があり，この消滅時効は，注文者が目的物の引渡しを受けた時から進行すると解される（最判平 13・11・27 民集 55・6・1311）。

　新築住宅の建設工事請負契約については，「住宅の品質確保の促進等に関する法律」（住宅品質確保促進法）の適用があり，請負人は，住宅の構造耐力上主要な部分等の瑕疵につき，引渡しの時より 10 年間担保責任を負う（住宅品質 94 条）。また，住宅新築請負契約においては住宅の構造耐力上主要な部分等以外の部分の瑕疵を含めて，担保責任の存続期間を注文者に引き渡したときから 20 年以内で伸長できる（同法 97 条）。

(f) 担保責任の免責　　請負人が種類または品質に関して契約の内容に適合しない仕事の目的物を注文者に引き渡したとき（その引渡しを要しない場合にあっては，仕事が終了した時に仕事の目的物が種類または品質に関して契約の内容に適合しないとき），注文者は，注文者の供した材料の性質または注文者の与えた指図によって生じた不適合を理由として，修補請求，報酬減額請求，損害賠償請求および契約解除をすることができない（改正民 636 条本文）。ただし，請負人がその材料または指図が不適当であることを知りながら告げなかったときは，この限りでない（同条ただし書）。注文者の指図については，単に注文者が希望を述べただけでは足りないとされている（大判昭 10・5・31 判決全集 1・20・22）。

担保責任に関する規定は任意規定であるため，担保責任を負わない特約や責任を軽減する特約も一般に有効であるが，このような特約をした場合であっても，請負人が知っていながら告げなかった事実については担保責任を免れえない（改正民 559 条・572 条）。なお，消費者と事業者との間の請負契約については，消費者契約法の適用があり，目的物の契約不適合による事業者の損害賠償責任（担保責任）を全部免除する特約は原則として無効である（消費者契約 8 条 1 項 5 号）。

③ 注文者の義務

(1) 報酬支払義務　　注文者は仕事の完成に対して請負人に報酬を支払う義務を負う（民 632 条）。報酬の支払時期については，特約のない限り，仕事の目的物の引渡しを要する場合には引渡し時，引渡しを要しない場合には仕事の完成時である（民 633 条・624 条 1 項）。仕事の目的物の引渡しを要する請負においては，報酬の支払は目的物の引渡しと同時履行の関係に立つ（大判大 13・6・6 民集 3・265）。報酬前払の特約があるときには，注文者が弁済期の到来した報酬を支払うまで，請負人は工事完成および引渡しを拒むことができる（大判明 44・1・25 民録 17・5）。なお，建設業法 21 条は，建設工事の請負契約において前払の特約がなされた場合に，注文者は請負人に対して保証人を立てることを請求でき，請負人がこれに応じて保証人を立てない場合，注文者は前払をしないことがで

きるとしている。

（2）協力義務　　注文者は，請負契約の趣旨に従って，請負人に対して仕事の完成に必要な材料を提供したり指図をするなど請負人の仕事の完成に協力する義務がある。

（3）目的物受領義務　　仕事の目的物の引渡しを要する場合に，注文者に完成した目的物を受領する義務があるかについては，多くの学説はこれを肯定するが，判例は否定的である（最判昭40・12・3民集19・9・2090）。

4　請負契約の終了

請負契約は仕事の完成ないし完成した物の引渡しという契約目的の達成により終了するほか，債務不履行による解除，履行不能による解除など契約の一般的終了原因によって終了する。さらに，民法は請負契約に特有な終了原因として請負の担保責任による解除のほか，2つの解除原因を定めている。

① 仕事未完成の間における注文者の解除

請負人が仕事を完成しない間は，注文者はいつでも損害を賠償して契約を解除できる（民641条）。注文者が必要としない仕事を強いて完成させることは無意味であることから注文者に任意解除権が認められている。注文者による解除は仕事の完成前になされなければならない。仕事が完成してしまえば，まだ引渡しがなされていなくても解除はできないとするのが通説である。この場合の完成とは必ずしも全部の完成に限らず，請負人が既にした仕事の結果のうち，可分な部分の給付によって注文者が利益を受けるときは，その部分は仕事の完成とみなされる（改正民634条2号）。解除に際して損害賠償の提供の必要はない（大判明37・10・1民録10・1201）。解除権行使の効果として，注文者は損害賠償をしなければならないが，その範囲は請負人がすでに支出した費用にその仕事の完成により得られたであろう利益（履行利益）を加えたものである（東京高判昭60・5・28判時1158・200）。

2 注文者が破産手続開始決定を受けた場合の解除

注文者が破産手続開始決定を受けた場合，請負人または破産管財人は請負契約を解除できる（改正民642条1項本文）。だたし，請負人による契約の解除については，仕事完成後はすることができない（同条1項ただし書）。契約が解除された場合，請負人はすでにした仕事の報酬およびその中に含まれていない費用について破産財団の配当に加入することができる（同条2項）。請負契約解除の結果生ずる損害については，破産管財人が解除した場合には，請負人は損害賠償請求ができる（同条3項）。

4 委 任

1 委任の意義・法的性質および委任の成立

1 委 任 と は

委任とは，当事者の一方（**委任者**）が相手方（**受任者**）に，「**法律行為をすること**」を委託し，相手方がこれを承諾することでその効力が生じる契約である（**狭義の委任**。民643条）。

商社勤務のサラリーマンＡが２年間の海外出張を命じられたので，その間，京都・嵯峨野にある自宅土地・建物を誰か適切な者に賃貸することを不動産取引に詳しい友人Ｂに依頼する場合が具体例として挙げられる。この場合，誰か適切な相手方と賃貸借契約（法律行為）を締結することをＡがＢにやってもらうことが委任の目的ないし対象となる。

ここまでで，委任とは，民法643条を見る限り，「法律行為（≒契約）を誰かにしてもらう契約」ということができそうである。しかし，委任の定義づけが厄介なのはここからである。丁寧に見ていこう。民法典 第三編 第二章 第十節「委任」の最後の条文である民法656条は，「この節の規定は，法律行為でない事務の委託について準用する。」と規定する。これを**準委任**と呼ぶ。そして，ここにいう「**法律行為でない事務の委託**」とは，患者が医師に診断・治療など

をしてもらう，自分の子を保育園で預かってもらう，あるいは，弁護士に訴訟を追行してもらう場合など，様々な**事実行為**や一般の事務の委託を指す。そうすると，準委任に適用される規定はすべて委任の規定だから，委任と準委任とを厳密に区別する実益は乏しいということになる。

よって，広く，委任とは，当事者の一方（委任者）が相手方（受任者）に対して，（法律行為であるか否かを問わず）**事務の処理**を委託する契約と定義できよう。委任は，他人を信頼して一定の事務を委託する契約なのである。

② 委任の法的性質

(1) 無償・片務・諾成・不要式契約　　委任は，原則として，**無償・片務・諾成・不要式**の契約である。まず，委任においては，民法648条1項により，受任者は，特約がなければ委任者に報酬を請求できないとされている。つまり，原則は無報酬であり**無償契約**に分類される。また，**無償委任**の場合，当事者の負う債務は，受任者の**善管注意義務**（民644条）がその主なものであるから**片務契約**である。対して，**報酬**（事務処理の対価）の特約がある場合は，**有償・双務契約**となる（民648条1項の反対解釈）。

委任は，当事者間の合意のみで成立するから，**諾成契約**である。そこから論理的に，委任が**不要式契約**であることが導かれる。なお，委任契約締結の際，実務上，**委任状**が作成・交付されることが多い。だが，委任状（およびその交付）は，あくまで第三者に対して受任者の権限を示すものであるから，委任の契約成立要件ではない。この点に注意しよう。

さて，委任が原則，**無報酬**（無償契約）とされているのはなぜか。現代における委任の具体例（準委任も含む）は，そのほとんどが報酬を伴うものである。にもかかわらず，なぜ民法典は委任を原則無報酬としたのか。この無償性は，**ローマ法**以来の伝統に従っている。当事者間の信頼関係に基づく知的高級労務（弁護士や医師の業務など）から報酬を得ることは不名誉なこととローマ法では考えられていたからである。この伝統がわが国の民法典の中に，時代を越えてその名残を留めているのである。しかし，現代では，**有償委任**の方が実質的に

は原則になっている。

　なお，委任に関わる事務は，通常は継続的事務がほとんどであるから，委任は，**継続的契約**である。その根拠として，民法652条は，委任の**解除の遡及効**を否定している（**将来効**と呼ぶ。民652条が準用する改正民620条参照。なお，改正同条後段について，改正前は，「この場合において，当事者の一方に過失があったときは，その者に対する損害賠償の請求を妨げない。」と規定されていた。しかし，改正民415条1項ただし書が**債務不履行**の一般規律として，改正前同条が採用していた「債務者の**帰責事由**＝債務者の過失」という考え方〔過失責任主義〕を否定したことにより，**賃貸借の解除**およびそれを準用する委任の解除の際の損害賠償についても，その成否や免責事由について，改正民415条1項ただし書によって処理されることが明文化された。このように，準用される規定〔改正民620条〕およびその一般規律〔改正民415条1項〕が改正されている場合があるので注意を要する）。

　(2)　**委任と他の労務提供型契約との差異**　　委任は，他の**労務提供型の契約**（雇用・請負）とその性質を異にする。たとえば，雇用において，労働者は，使用者の指揮・命令に服しつつ労務を提供する。これに対し，委任では，受任者は，委任者から指図を一応は受けるが，委任事務の処理上は委任者から相当程度の独立性を有し，自己の裁量によって委託された事務の処理，つまり，労務の提供を行う。このように，労務提供者の独立性の程度によって，雇用と委任とは区別される。だが，実際には，両契約の区別が難しい場合もある。

　次に，請負では，請負人の労務提供による「**仕事の完成**」に重点が置かれているのに対し，委任では，受任者による委託された事務の処理（労務提供）自体に意味がある。要するに，委任では，事務処理の目的を達成できたか否かはさほど問題とはならない。つまり，仕事の完成を目的とするのではない点で，請負と委任とは区別される。だが，請負も委任も，独立性のある労務提供である点は類似している。この両契約の区別も実際は容易でない場合が多い。

③　委 任 の 成 立

　委任は，諾成・不要式契約であるから，委任者と受任者との合意のみで成立

する。以下，成立要件に関して，従来の通説（主に改正前民法下）における解釈論などを概観しよう。

(1)　契約の目的が一定の事務の処理であることが必要（民643条・656条）
「事務」とは，法律行為でも，法律行為ではない事実行為でもどちらでもよいと解されている。また，前述の委任の定義のうち，「事務の処理を委託する」とは，一定の目的の下で，合理的に処置することを任せることを指す。ここから，事務処理に関する受任者の一定程度の自由裁量の権限が与えられるとされる。

なお，前述の通り，委任状の交付は，委任の成立要件ではない。しかし，委任者が輾転流通する**白紙委任状**を交付した場合，白紙委任状の最後の正当な取得者が当該白紙委任状に受任者として自身の氏名を記載することにより，この者と委任者との間に委任契約が成立すると解されている（改正前民法下の判例として，大判大5・10・30民録24・2087）。この判例の規範に従うと，白紙委任状が交付された場合，委任が要式契約性を帯びることになるとも考えられよう。

(2)　委任の成立を強制する特別法　　たとえば，医師法や公証人法等には，委任契約締結の申込みがなされた場合に，正当な理由なしに**受任**（申込みに対する承諾）を拒むことができない旨の規定が置かれている（医師法19条，公証人法3条など）。ただし，この義務（**締約義務**）は，あくまで公法上の義務であることに注意したい。

2　委任の効力

委任契約が成立すると，受任者，委任者には，それぞれどのような権利・義務が発生するだろうか。以下，義務（債務）の観点から，委任の効力について解説する。

1　受任者の義務

(1)　善管注意義務（民644条）・序　　同条は，「受任者は，委任の本旨に従い，善良な管理者の注意をもって，委任事務を処理する義務を負う。」と定めている。これを**善管注意義務**と呼ぶ。有償・無償を問わず，委任における受任者の義務

（債務）の中核をなすものである。以下，詳しく見ていこう。

　(a)　「委任の本旨」　　同条にいう「**委任の本旨に従い**」とは，当該委任契約の目的および当該事務の性質に応じて，最も合理的に処理することと解されている（通説）。したがって，委任に際し，委任者から事務の処理につき指示・指図がなされた場合，受任者は，一応これに従うべきものとされている。だが，委任者が委任事務の処理につき不適当な指示・指図を与えた場合，受任者は，この指示・指図に従うべきか。この点が問題となる。

　受任者は，雇用における労働者とは異なり，委任者の指揮監督に服して労務提供をしているわけではない。よって，受任者は，指示・指図を不適当と判断した場合，委任者に対して，当該指示・指図が不適当であることを説明し，それらの変更を求め，必要があれば，臨機応変な措置を執るべきものとされている。受任者がこのような対応をしない場合には，**善管注意義務違反**になりうると考えられている。

　(b)　善管注意義務の意義・性質　　善管注意義務とは，一般に，その事務を行う**平均人**またはその業務に従事する**平均的職業人**について通常尽くすべきことが要求されている程度の抽象的かつ一般的な**注意義務**のことである。たとえば，弁護士であれば，通常の弁護士ならば払うべき程度の注意をもって委任事務の処理をしなければならない。

　受任者の注意義務の程度について，民法典は，委任が有償か無償かで区別をせず，受任者に善管注意義務を要求している（民644条）。この点，有償と無償とで**受寄者**の注意義務の程度に差がある「寄託」（改正民657条～改正民666条）とは異なる。寄託の場合，無報酬で物を預かる者（**無償受寄者**）の注意義務の程度は，「**自己の財産に対するのと同一の注意**」（改正民659条。改正前同条も注意義務の程度に関しては同じ内容・文言である）の程度まで軽減される。善管注意義務と異なり，当該債務者（当該寄託における当該受寄者）の個人的・具体的な注意能力に応じて要求される程度の注意義務なのである。

　では，民法典は，なぜ無償の受任者に対しても，善管注意義務を要求したのか。主な理由として，委任は，それが無償の場合でも，特に契約当事者間の信

196

頼関係に基づくものだからだということが挙げられる。なお，学説には，無償委任の場合，注意義務の程度を「自己の財産に対するのと同一の注意」まで軽減すべきと主張するものもある。

　しかし，判例の立場は，受任者に厳しいようである。判例によれば，受任者は，その受ける報酬の多寡にかかわらず，委任の本旨に従い，善良な管理者の注意をもって委任事務を処理すべき義務を負うとされている（大判大 10・4・23 民録 27・757。詳細は，Case 参照）。なお，無償委任の場合，注意義務を軽減する特約は有効である。

Case

報酬の多寡と受任者の善管注意義務

　Ａ生命保険相互会社（委任者）の嘱託診察医Ｂ（受任者）が過失により，保険契約締結申込者Ｃの肺疾患（肺結核の既往症）を発見できず，健康体と報告したので，Ａ・Ｃ間の生命保険契約が締結された。しかし，Ｃが間もなく肺結核で死亡した結果，Ａは多額の生命保険金を支払わなければならなかったので，ＡがＢに対し，委任事務の債務不履行（善管注意義務違反）を理由に損害賠償請求をした。

　原審がＡの請求を認容したのに対し，Ｂは，被保険者１人につき，わずか１円の審査報酬で業務に従事していた点を指摘し，注意義務の程度は報酬の多寡と相関すると主張して上告した。

　大審院は，「……Ｂハ……Ａ社ノ診査医タル以上ハ其受クル報酬ノ多寡ニ拘ハラス診査医トシテ委託アリタル事務ニ付キ委託ノ本旨ニ従ヒ善良ナル管理者ノ注意ヲ以テ処理ヲ為スヘキ義務ヲ負フ筋合ナルヲ以テ原裁判所カ本訴ノ請求金額ハＢカ委託ノ本旨ニ違ヒ必要ナル注意ヲ缺キタル結果トシテ生シタル損害ニ他ナラサレハＢニ於テ賠償ノ責ニ任スヘキ旨ヲ判示シＢ敗訴ノ判決ヲ言渡シタルハ正当……」（下線は引用者）と判示し，Ｂの善管注意義務違反を認めた（上告棄却）。

　本判決に対しては，従来学説からの批判が多かった。だが，平成 29 年民法（債権関係）改正によっても民法 644 条の内容は変更されなかったので，本判決の改正民法下における位置づけに変更はないと思われる。しかし，今後も学説からの批判的検討がなされる判決であろう。

　(c)　善管注意義務の具体例　　以下，代表的なものを２つ挙げておこう。

　まず，**不動産取引仲介業者**の善管注意義務についてである。**宅地建物取引業者**は，土地の賃貸借の仲介に際して，直接の委託関係にない賃借人に対しても，

賃貸人が土地の真の所有者であるか否かについて格別に注意をする業務上の一般的注意義務を負担するものとされている（最判昭36・5・26民集15・5・1440）。

銀行の注意義務に関しても，具体例が裁判例に現れている。銀行取引（手形の支払委託を受けた銀行が手形の支払いをする場合）に当たり，印鑑照合（手形上の印影と届出の印鑑との照合）に習熟している銀行員が相当の注意を払って熟視するならば肉眼でも発見できるような印影の違いを看過し，偽造手形の支払いをした場合，銀行に善管注意義務違反があるとされた（最判昭46・6・10民集25・4・492）。

(2) 自己執行義務（自身服務の原則）と復委任　(a) 自己執行義務——事務処理義務の一身専属性（改正民644条の2）——　委任は，委任者と受任者との信頼関係に基づく契約である。よって，委任者の許諾ないし承諾がある場合，やむを得ない事由がある場合，または当該事務の性質上，誰が処理してもよい場合等を除き，受任者は，自ら事務を処理しなければならない。これを**自己執行義務**（**自身服務の原則**）という。なお，委任について，改正前民法には，自己執行義務に関する明文規定がなかった（雇用には規定がある。民625条2項参照）。だが，この原則は，改正前民法下においても当然に肯定すべきものと解されてきた。しかし，委任事務の内容・性質によっては，受任者が事務処理を他人に任せた方がかえって委任の本旨に従うことになる場合もありうる。そこで，問題となったのが**復委任**の許否であった。受任者が事務処理を第三者（**復受任者**）に行わせる場合である。以下，改正民法の規定の概要も含め，項を改めて解説しよう。なお，受任者が**履行補助者**を用いて重大でない事務の処理をすることができるのは当然と解されている。

(b) 復委任と改正民法644条の2の新設　**復委任**とは，受任者が委任者から委託された事務を第三者（**復受任者**）に委託することである。前述の通り，委任は，当事者間の信頼関係に基づく契約であるから，原則として，委任者に無断で復委任をすることは許されない。そこで，改正前民法下では，**復代理**に関する民法104条の規定を委任に**類推適用**して，受任者が委任者の許諾を得た場合，または，やむを得ない事由がある場合（受任者が急病で入院したため，委

任事務の処理ができない場合など）は，復委任をして**復受任者**を選任できるとの
解釈を導き出してきた。

　このような通説の解釈を受けて，改正民法典は，改正民法 644 条の 2 を新設
することで，民法総則の**復代理**の規定に対応する**復委任**の規律を明文化した（受
任者の**自己執行義務**の明文化でもある）。同条によれば，委任者の許諾がある場合，
またはやむを得ない事由がある場合でなければ，**復受任者**を選任できないこと
とした（改正民 644 条の 2 第 1 項）。加えて，**復委任**の内部関係（特に**委任者**と**復受
任者**の法律関係）についても，これまで判例・学説上議論のあった点を踏まえて，
改正民法 644 条の 2 第 2 項は，これを整理して明文化した。同条項によれば，
代理権を付与する委任において，受任者が代理権を有する**復受任者**を選任した
場合，復受任者は，委任者に対して，その権限の範囲内において，受任者と同
一の権利を有し，義務を負うものとされた。なお，同条項は，**復代理**に関する
改正民法 106 条 2 項における本人と復代理人の法律関係に関する規律と同趣旨
のものである。

　以上から，復代理関係の改正民法規定群と併せて考えれば，本人・委任者を
A，代理人・受任者を B，復代理人・復受任者を C，そして，第三者（取引の
相手方）を D とすると，**任意代理**（**委任による代理**）の場合，改正民法では，
AD 間の関係は改正民法 106 条 1 項が，AB 間の関係は改正民法 644 条の 2 第
1 項が，AC 間の関係は同条 2 項が，そして，CD 間の関係は改正民法 106 条 2
項（同条項の文言に，「本人及び第三者に対して」とある点に注意）がそれぞれ規
律することになる。この点はしっかりと理解しておこう。なお，そもそも受任
者に**代理権**が与えられている場合は，民法 104 条により復委任が認められる。

　復委任が認められた場合において，受任者が復受任者に事務の処理を委託し
た結果，委任者に損害を与えてしまったとき，改正前民法下の解釈では，受任
者は，復委任が同時に復代理にもなる場合には，改正前民法 105 条 1 項によっ
て**復受任者の選任・監督**について責任を負うものと解されてきた。しかし，改
正前民法 105 条が削除された結果，改正民法の下では，受任者が復受任者の行
為について委任者に対し責任を負うか否かという問題は，受任者が復受任者に

関する**選任・監督義務**を尽くしたかという問題ではなく，**代理権授与行為（契約）**の**債務不履行**の成否の問題として，債務不履行の一般規律によって処理されることとなる。

（3）　事務処理に関する受任者の付随的義務　　（a）　受任者の報告義務（民645条）　　同条は，事務処理に関する受任者の具体的義務として，**報告義務**を課している。受任者は，委任者からの請求がある場合，いつでも事務処理の状況を報告しなければならない。また，委任が終了した後は遅滞なくその経過および結果（顛末(てんまつ)）についても報告しなければならない。委任者は，自己の事務の処理を受任者に任せているわけであるから，当然には事務処理の具体的状況を知ることができない。委任者としては，事務処理の状況を知っておきたいと考えるのが通常であろう。報告義務が課されているのはこのためである。

受任者がこの報告義務を怠ると，**債務不履行**となり，損害賠償や委任の解除（解約）の効果が生じるとされる。

なお，たとえば，委任契約終了後，委任者が事務の処理を引き継ぐ場合に際して，知っておかなければならない事情，なかでも，その事情を知っておかなければ不測の損害を委任者が被ってしまう恐れのあるような事情，このようなものについては，受任者は，委任者からの請求がなくても，説明・報告すべき義務を負うものと解されている（通説）。

（b）　受取物および収取した果実の引渡義務（民646条1項）　　受任者は，委任事務を処理するに際して受け取った金銭その他の物を委任者に引き渡さなければならない（同条項前段）。「委任事務を処理するに当たって受け取った金銭その他の物」とは，第三者から受け取った物に限られず，委任者から受け取った物（事務処理に必要な書類など）をも含むと解するのが判例（前払費用の残額につき大判大7・2・13民録24・254）・通説の立場である。

受任者は，委任事務を処理するに当たって「**収取した果実**」についても，委任者に引き渡さなければならない（同条項後段）。同条項（後段）は，要するに，**不当利得**における**現存利益の返還**（民703条参照）の例外則である。なお，同条項にいう「果実」には，**天然果実・法定果実**の双方が含まれると解されている。

　(c)　受任者の名で取得した権利の移転義務（民646条2項）　受任者は，委任者のために自己の名で取得した権利を委任者に移転しなければならない。受任者が代理権を有しない場合，受任者は，委任者のために自己の名で権利を取得するので，当該権利は当然には委任者には帰属しない。よって，当該権利を委任者に当然移転すべきことになる。同条項は，このような場面を想定している。なお，同条項における権利の移転義務には，当該権利の移転だけでなく，**対抗要件**の具備（移転登記など）や**引渡し**も含まれると解されている。

　(d)　金銭を消費した場合の責任（民647条）　　受任者は，委任者に引き渡すべき**金額**（通常は，第三者から受領した場合を指すと解される）または同人の利益のために用いるべき金額（通常は，委任者から受領した場合を指すと解される）を自己のために消費した場合には，消費した日以後の利息（**遅延利息**）を支払わなければならず，この場合，委任者になお損害があるときには，これを賠償する責任を負うものとされる。

　同条の趣旨は，前条（民646条）における金銭引渡義務を履行しない場合に，受任者に対して制裁を課すことにある。受任者が委任事務を処理するに際して，金銭を受け取ったとしても，その金銭は，実質的には委任者の財産というべきだから，受任者は，自己のために当該金銭を使うべきではない。自己のために流用したとなれば，一種の背任的行為とさえ評価されよう。それゆえ，同条（前段）は，受任者の善意・悪意や故意・過失の有無を問わず，また，損害の証明も問わず，当然に**法定利息**を委任者が受任者に対して請求できると定めているのである。

　また，同条（後段）は，委任者が法定利息以上の損害が生じたことを立証できれば，その賠償をも請求できると定めており，この点は同条の特色と解されている。**遅延利息**に加えて損害賠償をも認めることは，金銭債務に関する損害賠償についての一般原則を定める改正民法419条（趣旨は改正前と同じ）の例外則といえる。民法647条の責任は，一般の債務不履行責任や**不法行為責任**とは異なり，法が特に認めた責任と解される。

　最後に，同条の解釈に関して一点解説しておく。「自己のために消費した」

の意味である。有力説の中には，受任者は受け取った金銭それ自体を返還する必要はなく，受任者の資産・信用状態から判断して，受け取った「金額」と同額の金銭を委任者に返還できなくなったような事情がある場合に限り同条が適用されるべきとする考え方がある（同条が「金銭」でなく，「金額」との文言を用いたこともこの考え方から説明できなくもない）。しかし，通説は，受任者に対して，受け取った金銭それ自体を積極的に利殖すべき義務を（善管注意義務の一つとして）認め，受任者が受け取った金銭を預貯金しない場合には，「自己のために消費した」ものと推定すべきと解している。

② 委任者の義務

(1)　有償委任における報酬支払義務とその類型（改正民648条・改正民648条の2）

(a)　報酬の特約　　民法648条1項は，委任を原則無償としており，特約のある場合に限って委任者に**報酬支払義務**を認めている。前述の通り，この「**無報酬の原則**」は，ローマ法以来の伝統に由来するものである。しかし，現代社会においては，知的高級労務といわれた委任であっても，特約で報酬の支払いが定められている場合がほとんどである。つまり，有償委任が事実上原則になっている。このような社会状況に対して，民法の解釈（論）も柔軟に応接していかなければならないのは当然である。判例によれば，報酬に関して何ら特約がない場合でも，弁護士が訴訟事件を受任したときは，特別の事情がない限り，委任者は弁護士に対して当然に報酬支払義務を負うものとされている（大判大7・6・15民録24・1126）。

(b)　報酬の内容，額，および支払時期　　報酬の内容は，契約により定まる。報酬を金銭以外のもので支払う合意も考えられなくはない。だが，通常は金銭で報酬を支払うことになろう。

次に，金銭で報酬を支払う場合，**報酬額**をいくらにするかが問題となる。これも当事者間の合意によるのが通常だが，当事者が報酬額につき別段の定めをしなかった場合は，諸般の事情（取引慣行や当事者間の事情等）を考慮・斟酌して相当額を決定せざるをえないと解されている。**弁護士報酬**について，判例は，

訴訟事件の経緯，事件の進行状況・難易の程度，訴額の程度，手数の繁簡，訴訟期間の長短，事件終結の顛末，労力の程度だけでなく，依頼者との平素からの関係，所属弁護士会の報酬規程（同規程は，平成16年4月1日から廃止され，弁護士報酬は自由化された）等その他諸般の事情をも審査し，当事者の意思を推定して相当報酬額を算定すべきとの立場を採っている（最判昭37・2・1民集16・2・157）。

報酬の支払時期については，改正民法が有償委任を後述の2類型に分けて，それぞれ報酬支払時期等に関する規律を整理・再編した。まず，委任事務処理の労務それ自体に対して報酬が支払われる有償委任（**履行割合型委任**と呼ぶ。託児所における乳幼児の養育や有料老人ホームにおける高齢者の介護に対して報酬が支払われる場合が具体例として挙げられる。**雇用**に近い有償委任類型と理解すればよい）については，民法648条2項本文が，報酬の支払時期につき，特約のない限り「**後払い**」であると定める。委任者は，受任者が委任事務を履行した後に報酬を支払うべきものとされる。ただし，期間によって報酬を定めた場合は，当該期間の終了後に報酬を支払うべきと定められている（同条項ただし書および準用される民624条2項）。

これに対して，弁護士に対する訴訟委任における成功報酬や不動産仲介における報酬のように，委任事務の履行によって得られる成果（委任事務処理の結果，達成された成果）に対して報酬が支払われる有償委任（**成果完成型委任**ないし**成果報酬型委任**と呼ぶ。**請負**に近い有償委任類型と理解しておけばよい）については，改正民法648条の2第1項が新たな規律を定めている。同条項によれば，**成果完成型委任**において，成果の引渡しを要する場合には，受任者によるその成果の引渡しと同時に，委任者は，報酬を支払わなければならない。なお，その成果が引渡しを要しない場合は，原則に立ち返って，報酬は後払い（委任事務の履行後に支払う）となる（民648条2項本文）。

上記いずれの有償委任類型においても，特約で報酬を「**前払い**」にすることは可能であると解されている。

(c)　委任の中途終了と報酬支払義務に関する改正民法の規律　　改正民

法648条3項および改正民法648条の2第2項は，それぞれ，**履行割合型委任**，**成果完成型委任**（**成果報酬型委任**）において，委任事務処理の中途で履行ができなくなった場合や履行の中途で委任が終了（解除された場合など）した場合に，委任者の報酬支払義務がどのように扱われるかにつき新たな規律を設けた。

履行割合型委任の場合，改正民法648条3項によれば，委任者の帰責事由（改正民法における「帰責事由」の内容および判断基準には充分注意すべきである）なしに委任事務の履行ができなくなったとき（改正民648条3項1号），または，委任が解除されたり（民651条1項）履行途中で終了事由が生じる（民653条）など，履行の中途で委任が終了したとき（改正民648条3項2号）には，受任者は，既にした履行の割合に応じて委任者に対し報酬を請求することができる。

他方，**成果完成型委任**の場合，改正民法648条の2第2項および同条項が準用する改正民法634条（**請負**の節を参照）の規律によれば，委任者の責めに帰することのできない事由によって受任者が成果を得ることができなくなったとき（改正民648条の2第2項・改正民634条1号），または，成果が得られる前に委任が解除されたとき（改正民648条の2第2項・改正民634条2号）には，既にした委任事務の処理による成果のうち，可分な部分の給付によって委任者が利益を受けるときは，当該部分を「得られた成果」とみなして，受任者は，委任者が受ける利益の割合に応じて，報酬を請求することができる（改正民648条の2第2項・改正民634条柱書）。

なお，委任者の責めに帰すべき事由によって委任事務を履行することができなくなったとき（**履行割合型委任**の場合。**成果完成型委任**の場合にあっては，受任者が成果を得ることができなくなったとき）には，委任者は報酬の全額支払いを拒むことができないと解されている（改正民536条2項前段の法意から，このような解釈の余地が残るとされている）。

(2) **委任者のその他の義務**　　委任者は，有償委任・無償委任を問わず，受任者に対して何ら経済的負担をかけず，また，損失を被らせないようにする義務を負っている。民法典は，その具体的内容を649条および650条で規定している。

(a)　費用前払義務（民 649 条）　　委任者は，受任者が委任事務を処理するについて費用を必要とする場合，受任者からの請求により，その費用の前払いをしなければならない。同条にいう「費用」とは，客観的かつ現実的に事務処理のために必要な費用を指すものと解されている。よって，次に述べる民法 650 条 1 項の「必要と認められる費用」とは異なる。民法 649 条の趣旨は，受任者は立替払いをする必要がないことにある。

　では，委任者が同条の**前払義務**に応じない場合はどうなるか。この場合，受任者は，事務処理をしなくても**債務不履行（履行遅滞）**にならないと解されている（通説）。なお，前払費用に残額が生じたときは，受任者は，これを委任者に返還しなければならない（民 646 条 1 項前段。前掲大判大 7・2・13）。

(b)　立替費用償還義務（民 650 条 1 項）　　受任者は，委任事務を処理するのに必要と認められる費用を支出した場合，委任者に対して，その費用および支出の日以後におけるその利息（法定利息）の償還を請求できる。要するに，委任者は，受任者が立て替えた費用を償還しなければならない。同条項にいう「委任事務を処理するのに必要と認められる費用」とは，必ずしも客観的必要性は求められず，受任者が相当の注意をもって必要と判断した費用であれば足りると解されており，結果的に見て必要な費用でなかった場合（土地の購入につき，受任者が適当と考えた土地の測量をしたが，結果的に購入には至らなかった場合における当該測量費用など）でも償還の対象となる（判例・通説）。

(c)　債務の代弁済，担保供与義務（民 650 条 2 項）　　受任者は，委任事務を処理するのに必要と認められる債務を負担した場合，委任者に対し，自己に代わってその弁済を請求することができ（同条項前段），また，その債務が弁済期にないときには，委任者に相当の担保を供与させることができる（同条項後段）。

(d)　損害賠償義務（民 650 条 3 項）　　受任者は，委任事務を処理するために自己に過失なく損害を受けたときは，委任者に対して，その賠償を請求できる。同条項の趣旨としては，委任事務は，そもそも受任者にとって他人（委任者）の事務であるから，場合により，受任者が業として当該事務を処理する場合でも思いがけない事由・事情によって損害を被ることがあり，このような場合，

少なくとも受任者に，損害を被ったことにつき過失がない限りは，委任者に賠償義務を負わせるべきというものである（この趣旨・根拠について，有力な反対説もある）。受任者に経済的負担をかけさせないとの趣旨の表れであって，そこから，同条項が定めるように，委任者の**無過失責任**（**無過失損害賠償義務**）が導かれるのである。

　同条項の要件は，次の通りである。まず，委任者が賠償すべき損害が委任事務処理のために生じたものであることが必要である。次に，受任者に過失がないことである。ここで注意すべきは，委任者の故意・過失は必要とされていない点である（無過失責任）。だが，学説上，有償委任の場合には，委任者の無過失責任を認めるべきでないとする有力説も存在する。

3　委任の終了

① 序——委任の終了原因

　委任も契約である以上，契約一般の終了原因，すなわち，委任事務の終了，契約期間の満了，および債務不履行による解除などによって終了する。だが，これらに加え，委任固有の終了原因が民法典には定められている。以下，委任固有の終了原因等につき解説する。

② 当事者による任意の解除（解約・告知）——委任固有の終了原因・その①

　(1)　解除の自由とその制限——改正民法651条2項2号の新設　　民法651条1項によれば，委任は，各当事者がいつでもその解除をすることができる。委任は，当事者間の高度な信頼関係に基づくものだからである。よって，債務不履行など何らかの特別な理由がなくても，委任者・受任者ともに，自由に解除できる。判例によれば，委任者は何らその理由を告知せずに委任の解除ができるとしている（最判昭58・9・20判時1100・55）。なお，前述の通り，同条項にいう「解除」には**遡及効**がなく，将来に向かってのみその効力が認められるので（民652および同条が準用する改正民620条。なお，改正民620条〔特に後段〕については，1②(1)参照），いわゆる「**解約（告知）**」としての性質を有する。委任も

賃貸借と同様，継続的契約なので，解除の効果は遡及しないのである（**将来効**）。

　なお，民法651条1項に関しては，以下の諸論点が挙げられる（後述の通り，委任事務処理が委任者のためだけでなく，受任者の利益にもなっている場合における解除の許否について，改正前民法下では，以下に述べる判例・学説の対立・推移が観られた。これを受けて改正民法は，改正民651条2項2号において，関連判例法理を明文化し，この問題の一端を立法的に解決した）。まず，委任者が受任者の債務不履行を理由に，委任の一般的終了原因である**債務不履行による解除**（改正民541条）の意思表示をしたけれども，実際には債務不履行がなかった場合（改正民同条の要件を満たさなかった場合），この解除を651条1項の解除として転用することが許されるかという問題である。判例・通説は，この「転用」を肯定する（改正前民法下の判例として，大判大3・6・4民録20・551）。ただし，有力な反対説も存在する。

　次に，委任事務が委任者のためだけでなく，受任者の利益をも目的としている場合に，委任者は，同条項に基づく一方的な委任の解除ができるかという問題が改正前民法下では議論されていた。判例の立場にも推移が見られる（なお，学説では，実質的な判例変更があったとする見方と，反対に，事案を異にするとして判例理論に矛盾はないとする見方とが併存していた）。まず，大審院時代の判例は，委任事務処理が受任者にとっても利益になる場合には，委任者による同条項の解除は認められないとしていた（大判大9・4・24民録26・562。債権の取立委任契約の解除事案）。

　しかし，その後，最高裁は，委任事務処理が受任者の利益にもなっている場合でも，受任者が著しく不誠実な行動に出た等，**やむを得ない事由**があるときは，委任者は，同条項により委任を解除できると判示した（最判昭43・9・20判時536・51）。ところが，最高裁は，賃貸不動産の管理を委任された受任者が，賃借人が差し入れる保証金を自己の運転資金として自由に利用する利益を与えられていたところ，委任者が一方的に当該管理契約を解除した事案において，やむを得ない事由がない場合であっても，委任者は同条項により一方的に委任契約を解除できると認めるに至った（最判昭56・1・19民集35・1・1。詳しくは，

Case 参照）。

改正民法 651 条 2 項および同項 2 号は，この昭和 56 年最判が示した判例法理を明文化したものである。よって，同号を理解するには，改正前民法下における前述の判例・学説の推移を充分に理解しておく必要がある。

Case

受任者の利益をも目的として締結された委任契約と改正前民法 651 条の解除

Xは，所有する本件建物をA社に賃貸し，同日，建築・不動産管理を業とするY社との間で，本件建物の管理契約を締結した。本件管理契約において，Yは，賃借人Aからの賃料徴収，本件建物の公租公課の支払い，修理等本件建物賃貸に関する事務一切を任されたほか，Aが賃貸人Xに差し入れる保証金の保管も委ねられた。Yは，この管理を無償で行うほか，保証金を保管する間，月 10%の利息をXに支払う旨約したが，その代わりにXは，Yがこの保証金を自己の事業資金として常時自由に利用することを許した。その後，本件管理契約は順次更新され，Yは約 11 年間，保証金を自己の事業資金として利用していたが，Xは，Yに対し本件管理契約の解除の意思表示をして，保証金の返還を請求した。1 審・原審ともXの請求を棄却（X上告）。

だが，最高裁は，「……本件管理契約の如く単に委任者の利益のみならず受任者の利益のためにも委任がなされた場合……やむをえない事由がない場合であつても，委任者が委任契約の解除権自体を放棄したものとは解されない事情があるときは，該委任契約が受任者の利益のためにもなされていることを理由として，委任者の意思に反して事務処理を継続させることは，委任者の利益を阻害し委任契約の本旨に反することになるから，委任者は，民法 651 条に則り委任契約を解除することができ（る。）……」と判示した（事案の処理としては破棄差戻し。前掲最判昭和 56・1・19）。

改正民法 651 条 2 項および同項 2 号は，上記判例規範を明文化したものである。なお，改正民法 651 条が任意規定と解されることから，委任者が解除権自体を放棄したと解される事情が存する場合には，委任を解除することはできないという結論になろう。よって，昭和 56 年最判が定立した規範の内容は，改正民法下においても実質的に維持されるものと評価されている。

(2) **相手方に不利な時期における解除**（改正民 651 条 2 項 1 号）　委任の当事者の一方が相手方にとって不利な時期に委任の解除をした場合，その当事者の一方は，相手方の損害を賠償しなければならない（同条項柱書本文および同条項 1 号）。同条 1 項により，委任の解除は自由にできるけれども，損害賠償義務は発生する。この点は注意すべきである。

「**相手方に不利な時期**」（改正民 651 条 2 項 1 号）とは，受任者側からの解除について言えば，委任者が自らまたは（受任者以外の）他の者に委任して当該事務を処理するのに支障をきたすような場合を挙げることができる。また，委任者側からの解除について言えば，受任者が委任の継続を予定して他に収入を得られる機会を失った場合などが考えられよう。

　なお，改正民法 651 条 2 項にいう「損害」について，改正前民法同条項の解釈では，委任の解除が不利な時期になされたことによって特に生じたものに限られ，解除自体から生じた損害は含まれないと解されてきた。しかし，改正民法同条項 2 号の新設により，同条項にいう「損害」の範囲は，これまでに比して広く解されよう。たとえば，委任が解除されなければ受任者が得たであろう利益から受任者が債務を免れたことによって得た利益を控除したものが含まれるとの解釈が改正民法下では採られることになろう（立案担当者の考え方および有力学説）。

　また，改正民法 651 条 2 項ただし書によれば，解除する者に「**やむを得ない事由**」があった場合には，損害賠償義務は生じない。受任者が重病に罹り，委任事務の処理が困難になった場合などが具体例として考えられる。

　(3)　解除権の放棄特約　　民法 651 条 1 項の**解除権を放棄する特約**または制限する特約は有効か。従来の多数説は，委任が当事者間の信頼関係に基づくことを理由に，**解除権の放棄特約**を原則無効と解してきた。しかし，有力説は，同条項が**任意規定**であること，および**契約自由の原則**などから，解除権の放棄特約を原則有効と解し，支持を集めていた。

　改正民法の下では，前述の通り，改正民法 651 条 2 項 2 号の新設により，同条の任意規定性がより明確になったことから，解除権の放棄特約を有効とする解釈が原則化していことになる。ただし，この場合でも，解除権の放棄が**公序良俗違反**や**脱法行為**になる場合には，解除権の放棄特約は無効とされる。判例も同旨である（大判昭 7・3・25 民集 11・464 および大判昭 14・4・12 民集 18・397）。

③　当事者の死亡等──委任固有の終了原因・その②

　委任は，**委任者または受任者の死亡**によって終了する（民653条1号）。委任は当事者間の信頼関係を基礎とするからである。ただし，**商行為の委任**（商506条）や**訴訟委任**の場合（民訴58条1項1号）には，委任者の死亡は終了事由とならない。その他，特約または委任契約の趣旨等から，委任者の死亡によっても委任が終了しないと解される場合がある（最判平4・9・22金法1358・55。**自己の死後の事務を含めた法律行為の委任**の事案）。

　また，委任は，委任者または受任者が**破産手続開始の決定**を受けた場合にも終了する（民653条2号）。さらに，受任者が**成年後見開始の審判**を受けた場合にも終了する（同条3号）。**成年被後見人**は委任事務の処理能力を喪失するため，事務処理が事実上困難となるからである。よって，同条同号の趣旨から，委任者が**後見開始の審判**を受けた場合，委任は終了しない。この点，注意しよう。

④　委任終了の際の特別措置

　(1)　委任終了時の緊急処分義務（民654条）　　委任が終了した場合において，急迫の事情がある場合には，そのまま事務処理を放置しておくと，委任者側が不測の損害を被るおそれがあるので，受任者またはその相続人もしくは法定代理人は，委任者またはその相続人もしくは法定代理人が委任事務の処理をすることが可能になるまで，必要な処分をしなければならない。すぐに**時効の完成猶予ないし時効の更新**措置を執らなければ，委任者の権利が時効で消滅してしまうおそれがある場合を具体例として挙げることができよう。

　(2)　委任終了の通知（民655条）　　委任の終了事由は，これを相手方に通知したとき，または相手方がこれを知っていたときでなければ，これをもってその相手方に対抗できない。同条の趣旨は，委任者に終了事由が生じても，受任者がそれを知らないまま事務処理を続け，そのことで受任者が不測の損害を被ったり，また，受任者に終了事由が生じて，受任者が事務処理を打ち切ったにもかかわらず，委任者がそれを知らないままでいて，不測の損害を被ることを防ぐことにある。

　5　　寄　　　託

1　寄託の意義・法的性質および寄託の成立

1　寄　託　と　は

　寄託とは，当事者の一方（**寄託者**）がある物を保管することを相手方（**受寄者**）に委託し，相手方（**受寄者**）がこれを承諾することによって成立して，その効力を生ずる契約である（改正民657条）。目的物を保管させる方が**寄託者**，保管をする方が**受寄者**と呼ばれる。寄託は，「他人の物を預かる，保管する」ことを目的とした契約である。

　具体例としては，某・嵯峨野書院の敏腕編集長 A（寄託者）が，自宅建物をリフォームすることになったので，友人 B（受寄者）にリフォームが済むまでの間，家具一式を保管してもらう場合が挙げられる。他にも，ホテルのクロークにコートを預ける，居酒屋やレストランなどで携行品を無料で預かってもらう，買い物に行く間の 2 時間だけ飼っている黒ネコを隣人に預かってもらう場合などが挙げられよう。

　では，駅にあるコインロッカーや貸駐車場などは寄託の具体例といえるだろうか？答えはどちらも寄託ではない。寄託は，労務提供型の契約である。つまり，物を預かる側（受寄者）が"目的物の保管のために労務を提供"してこそ寄託になる。よって，労務提供を行わないで保管場所のみを提供する契約は，保管場所の**賃貸借**となる（改正民601条）。

2　寄託の法的性質——寄託の諾成契約化と改正民法 657 条

　改正民法 657 条によれば，寄託は，当事者の一方（寄託者）とその相手方（受寄者）の合意のみで成立するから，**諾成契約**である。また，寄託は，原則として，当事者間において報酬を支払う旨の特約がなされない限り，無報酬であり，**無償・片務契約**である（改正民665条が準用する民648条1項）。つまり，寄託は，受

寄者のみが寄託物を保管するという経済的負担（**出捐**）をするので，**無償契約**に分類される。また，**無償寄託**の場合，受寄者のみが寄託物の**保管・返還義務**（**債務**）などを負うから**片務契約**となる。このように，寄託（無償寄託）は，**無償・片務・諾成契約**である。なお，報酬を支払う特約がある場合，つまり，**有償寄託**の場合には，**有償・双務・諾成契約**となる（受寄者が寄託物を保管して返還する義務と寄託者が報酬を支払う義務とが対価的関係に立つから双務契約となる）。

なお，実社会においては，**倉庫業**などの有償寄託が重要な機能を果たしている（商 593 条以下に**商事寄託**の規定が置かれ，特に，同 597 条以下に，**倉庫営業**に関する詳細な規定群が存在する）。これに対して，無償寄託は日常生活で好意的に行われる程度であるから，その社会的機能は有償寄託ほど重要とはいえない。

ところで，改正前民法では，寄託は，**要物契約**とされていた（改正前民 657 条）。この要物契約性は，**ローマ法**以来の沿革によるもので，現代ではその合理的根拠が見い出せず，かつ，実務上も倉庫寄託契約を中心に，**諾成的寄託契約**を認める場合が非常に多く，寄託を要物契約とする改正前民法の規定は取引の実態に合致していないと民法改正作業段階で公表された部会資料等は指摘していた。そこで，改正民法 657 条は，寄託契約を要物契約から諾成契約に変更したのである。

3 **寄託の成立および寄託物受取り前の寄託者・受寄者による寄託の解除**

(1) 寄託の成立と改正前民法 657 条の解釈 寄託は，前述の通り，「物を保管する」という労務を提供する契約である。以下，改正前民法 657 条（諾成契約に変更された部分以外は，改正民法下でもその解釈に大きな変更はないと考えられる）の解釈を中心に若干解説しておく。

まず，同条（改正民 657 条も同様）にいう「ある物」とは，動産でも不動産でもよい（土地の寄託につき，大判大 7・3・13 民録 24・481）。だが，通常は動産の寄託が圧倒的に多く行われている。次に，同条の「**保管**」とは，受寄者が寄託の目的物を自分の所持（支配）内に置き，当該目的物の滅失・損傷を防いでその**原状**（"現状"ではない！）を維持・保全することをいう。なお，寄託の目的物（**寄**

託物）の所有権が寄託者に属する必要はないと解するのが改正前民法下の判例・通説の立場である（他人物寄託の肯定。大判大 7・5・24 民録 24・1008）。改正民法下においても，これらの解釈に変更はないものとされている。

　(2)　寄託物受取り前の寄託者・受寄者による寄託の解除——改正民 657 条の 2 の規律　　前述の通り，改正民法は，寄託を諾成契約としたので，契約成立後，**寄託物の受取りないし預入れ**までの間の法律関係を新たに規律することが必要となった。そこで，改正民法 657 条の 2（**寄託物受取り前の寄託者および受寄者による寄託の解除等**）が新設された。以下，その内容を解説する。

　(a)　寄託者の解除権（改正民 657 条の 2 第 1 項）　　**有償寄託・無償寄託**を問わず，寄託者は，受寄者が寄託物を受け取るまでの間，契約を**解除**することができる（改正民同条項前段）。なお，有償寄託の場合でも寄託者は解除できるわけであるから，改正民法は，有償寄託契約の拘束力を弱める規律を設けたといえよう。ところで，この場合（寄託者が解除した場合）において，受寄者は，当該契約の解除によって損害を受けたときは，寄託者に対して損害賠償を請求することができる（改正民同条項後段）。

　立案担当者の見解や部会資料等によれば，寄託は，寄託者のためになされる契約であるから，寄託者が寄託を望まなくなった場合にまで寄託物を預けることを寄託者に強いる必要はなく，よって，受寄者が被った損害の賠償さえ寄託者がすれば，任意に寄託契約を解消できることとされたのである。なお，同条項後段にいう「損害」として，保管場所を空けておいたために生じた費用ないし損失などが考えられる。また，特に，有償寄託の場合，同条項後段にいう「損害」とは，寄託契約が解除されなければ受寄者が得たであろうと認められる利益から，受寄者が債務を免れたことによって得た利益を控除したものと解されている。ただし，このような解釈ないし立案担当者の考え方に対しては，同条項後段の「損害」の過度の一般化につながるとして批判的な態度を採る学説も存在する。

　(b)　受寄者の解除権・その①——書面によらない**無償寄託**の受寄者の解除権（改正民 657 条の 2 第 2 項）　　**無償寄託**の受寄者（**無償受寄者**）は，寄託物を受

け取るまでは，寄託契約を解除することができる（改正民657条の2第2項本文）。寄託が諾成契約となったことで，軽率に寄託契約を締結してしまった**無償寄託の受寄者**が寄託契約から生じる債務の履行を強制されることがないようにするため新設された規律である。よって，**無償寄託であっても**，一般に受寄者の契約締結意思が明確になる「**書面による寄託**」の場合には，受寄者は解除できない（改正民657条の2第2項ただし書）。

　(c)　受寄者の解除権・その②──寄託物が引き渡されない場合の受寄者の解除権（改正民657条の2第3項）　**有償寄託**の受寄者および**書面による無償寄託**の受寄者は，寄託物を受け取る時期が経過したにもかかわらず，寄託者が寄託物を引き渡さない場合，**相当の期間**を定めて寄託物の引渡しの催告をし，その期間内に引渡しがなければ，契約の解除をすることができる（改正民同条項）。たとえば，寄託者の方から解除せず，かつ，寄託物の引渡しもない場合，受寄者は，保管場所の確保を強いられつづけることになる。このような場合における受寄者を契約から解放するために同条項が新設された。なお，**書面によらない無償寄託**の受寄者は，この場合，同条2項によって契約を解除することができる。

2　寄託の効力

　寄託契約が成立すると，受寄者および寄託者には，それぞれどのような権利・義務が発生するか。以下，義務（債務）の観点から，寄託の効力について解説する。

---

[1]　**受寄者の義務と改正民法の規律**

　(1)　目的物（寄託物）の保管義務・①──受寄者の注意義務　　受寄者は，寄託の目的物を保管する義務を負う（改正民657条）。ただし，保管に際して受寄者に課される**注意義務**の程度は，**無償寄託**と**有償寄託**とで異なる。

　無償寄託の受寄者（無償受寄者）は，改正民法659条（文言上の表現が変わっただけで，民659条と内容は同じ）により，「**自己の財産に対するのと同一の注**

意をもって」寄託物を保管する義務を負う。この点，**無償委任**の受任者が**善管注意義務**を要求される（民644条）のとは異なる。**無償寄託**の受寄者は，通常人ではなく受寄者個人を基準として要求される程度の注意義務しか負わない。当該受寄者の個人的・具体的注意能力に応じて要求される程度の軽減された注意義務といえよう。これに対して，**有償寄託**の受寄者は，**善管注意義務**を負う（改正民400条。改正前同条と異なり，善管注意義務が定まる判断基準が改正された点に注意）。

　受寄者がこれらの保管義務に違反して寄託物を（一部ないし全部）滅失させ，または損傷させた場合は，**債務不履行**に基づく損害賠償責任を負うことになる。なお，この場合の寄託者の損害賠償請求権（逆から言えば，受寄者の損害賠償債務）について，改正民法664条の2が短期の期間制限を新たに設けている。同条1項によれば，寄託物の一部滅失または損傷によって生じた損害賠償請求権の権利行使期間は，「寄託者が返還を受けた時」から1年以内とされる（この期間は除斥期間と解される）。また，同条2項によれば，この損害賠償請求権については，寄託者が返還を受けた時から1年が経過するまでの間は時効が完成しない（**時効の完成猶予**）とされている（同様の規律は，改正民600条〔**使用貸借**〕および改正民622条〔**賃貸借**〕にも見られる）。

　なお，寄託物を全部滅失させた場合は，改正民法664条の2の期間制限の適用はなく，債務不履行に基づく損害賠償に関する一般の規律に従う。

　(2) 目的物（寄託物）の保管義務・②——受寄者の自己執行義務（自己保管義務）と再寄託　受寄者は，寄託者の承諾がなければ，寄託物を自ら使用することができない（改正民658条1項。**寄託物の使用禁止の原則**）。また，受寄者は，原則として，寄託物を自ら保管すべきであるとされている（**受寄者の自己執行義務〔自己保管義務〕**）。ただし，寄託者の承諾を得たとき，または，やむを得ない事由があるときは，受寄者は，寄託物を第三者（**再受寄者**）に保管させることができる（改正民658条2項。改正前民658条1項には，「やむを得ない事由」が規定されていなかった。なお，委任における**復委任**を規律する改正民644条の2第1項も参照）。これを**再寄託**という。

改正民法 658 条 3 項は，適法に**再寄託**がなされた場合の法律関係を新たに規律し直した。改正前民法においては，**復代理**に関する改正前民法 105 条および改正前同 107 条 2 項が準用される結果（改正前民 658 条 2 項），受寄者は，**再受寄者の選任および監督**についてのみ責任を負うものとされていた（改正前民同条項が準用する改正前民 105 条 1 項）。また，適法に選任された**再受寄者**は，寄託者および第三者に対して，受寄者と同一の権利を有し，義務を負う。つまり，寄託者と直接的な法律関係に立つとの規律が設けられていた（改正前民 658 条 2 項が準用する改正前民 107 条 2 項）。

　これら改正前民法の規律に対して，改正民法 658 条 3 項によれば，**再寄託**がなされた場合，**再受寄者**は，寄託者に対して，その権限の範囲内において，受寄者と同一の権利（報酬請求権など）を有し，義務（寄託物の返還義務など）を負うこととなる。この結果，改正民法では，**再寄託**の場合において，受寄者の責任を再受寄者の**選任および監督上の過失**に限定していた規律が改められることとなった。なお，受寄者が再受寄者の行為によって寄託者に対し負う責任の問題は，債務不履行の一般規律によって処理されることになる（つまり，受寄者と寄託者との間で締結された寄託契約の内容による）。

　(3)　保管に付随する義務と改正民法の規律（改正民 660 条および同 665 条）
改正民法 660 条 1 項によれば，寄託物について所有権等権利を主張する第三者が受寄者に対して訴えを提起し，または**差押え**，**仮差押え**もしくは**仮処分**をした場合，受寄者は，遅滞なくその事実を寄託者に通知しなければならない（同条項本文）。受寄者の**通知義務**と呼ばれるものである。同条項の趣旨は，寄託者を訴訟に参加させたり，差押え等に対する異議を申し立てたりする機会を与えることにある。よって，寄託者が既にその事実を知っている場合には，受寄者は，通知義務を負わない（同条項ただし書。同趣旨の規律として，賃貸借に関する民 615 条参照）。

　このほか，受寄者は，委任の規定の準用により，寄託事務を処理する際に寄託者のために受け取った金銭その他の物を寄託者に引き渡す義務（収取した果実も同様。民 665 条が準用する民 646 条 1 項），寄託者のために自己の名で取得した

権利を寄託者に移転する義務（民 665 条が準用する民 646 条 2 項），および寄託者のための金銭（金額）を消費した場合における責任（損害賠償義務も含む。民 665 条が準用する民 647 条）をそれぞれ負うことになる。

　(4)　目的物（寄託物）返還義務　　受寄者は，寄託契約が終了すれば，目的物（寄託物）を寄託者に返還しなければならない。まず，**返還の場所**については，民法 664 条が規定しており，**寄託物の返還**は，原則として保管をすべき場所においてしなければならない。ただし，受寄者が正当な事由によって寄託物の保管場所を変更したときは，その現在の場所において返還をすることができる（同条ただし書）。なお，保管をすべき場所につき特約がなされていない場合は，改正民法 484 条 1 項（改正前民 484 条と同内容）の一般原則に拠る。なお，寄託者は，寄託契約上の返還請求権が**消滅時効**にかかった場合でも，受寄者が**時効取得**するまでは，**所有権に基づく返還請求権**を行使することができると解されている（改正前民法下の判例として，大判大 11・8・21 民集 1・493）。

　次に，改正民法 660 条 2 項によれば，第三者が寄託物について権利を主張する場合であっても，受寄者は，寄託者の指図がない限り，寄託者に対して当該寄託物を返還しなければならない（改正民 660 条 2 項本文）。よって，この規律から，受寄者は，当該第三者に対して，当該寄託物の引渡しを拒絶することができるとの帰結が導き出される。ただし，受寄者が改正民法同条 1 項本文に定める前掲通知をした場合，または同条項ただし書により**通知義務**を負わない場合において，その寄託物を当該第三者に引き渡すべき旨を命じる**確定判決**（たとえば，**裁判上の和解**など，確定判決と同一の効力を有するものを含む）があり，受寄者が当該寄託物を当該第三者に引き渡したときは，寄託者に対する寄託物返還義務を免れ，同義務の不履行による責任を負わないものとされる（改正民 660 条 2 項ただし書）。

　なお，改正民法 660 条 3 項の規律によれば，受寄者は，寄託者に対して寄託物を返還しなければならない場合（同条 2 項の規律によって寄託者に返還すべきかどうかが定まる），返還義務の履行として当該寄託物を寄託者に引き渡したことにより，第三者に損害が生じた場合であっても，その第三者に対して**損害賠**

償責任を負わないものとされている。

（1）　有償寄託の場合における報酬支払義務（民 665 条・改正民 648 条）　　寄託者は，特約がなされている場合，受寄者に対して**報酬（保管料）**を支払わなければならない（民 665 条が準用する民 648 条 1 項）。報酬の支払時期については，保管義務の履行後とされる（「**後払い**」。民 665 条が準用する民 648 条 2 項。ただし，後掲の Case 参照）。ただし，期間によって報酬を定めた場合には，受寄者は，約定期間経過後に報酬の支払いを請求することができる（民 665 条が準用する民 648 条 2 項ただし書および民 624 条 2 項）。なお，報酬の支払時期に関しては，これらの規定と異なる特約をすることも認められる。

有償寄託の受寄者は，寄託者の責めに帰することができない事由によって（保管）債務を履行することができなくなった場合，または，寄託契約が解除されるなど，寄託が履行の中途で終了した場合，既にした履行の割合に応じて報酬を寄託者に対して請求することができる（民 665 条が準用する改正民 648 条 3 項）。なお，寄託者の責めに帰すべき事由によって（保管）債務を履行することができなくなった場合，受寄者は，報酬の全額支払いを請求できると解されている（改正民 536 条 2 項前段の法意から，このような解釈の余地が残るとされている）。

ちなみに，報酬（保管料）の支払いと目的物（寄託物）の返還とは**同時履行**の関係（改正民 533 条〔改正前民同条も内容はほぼ同じ〕）に立つと解するのが判例の立場である（改正前民法下の判例として，大判明 36・10・31 民録 9・1204。詳細は Case 参照）。

Case

受寄者の寄託物返還義務と寄託者の報酬支払義務との同時履行関係

　かなり古い事案のため，事実関係の詳細は不明だが，A（寄託者）がB（受寄者）に有償で物を寄託したところ，Aが保管料（当時の表現で<ruby>倉敷料<rt>くらしきりょう</rt></ruby>）の支払いをせずに寄託物の返還請求をした。原審は，有償寄託の場合，Bの寄託物返還義務とAの報酬・保管料支払義務とは同時履行の関係に立つとして，Aの訴えを斥けた。これに対して，Aは，民法 665 条・同 648 条 2 項を根拠に，報酬の支払いは後払いであると主張して上告した。
　大審院（前掲大判明 36・10・31）は，次のように判示して，上告を棄却した。「……民

法第 665 条ニ依リ寄託ニ準用サルヘキ同法第 648 条第 2 項ニ所謂『受任者カ報酬ヲ受クヘキ場合ニ於テハ委任履行ノ後ニアラサレハ之ヲ請求スルコトヲ得ス』トハ受任者カ其委任セラレタル法律行為ヲ為シタル後仮令ヘハ売買契約締結ノ委任ヲ受ケタル場合ニ於テハ第三者ト其売買ヲ締結シタル後ナラサレハ報酬ヲ請求シ得サルトノ趣旨ニシテ委任者ニ対スル一切ノ義務ヲ履行シタル後ニアラサレハ其請求ヲ為シ得サルトノ趣旨ニアラ<u>ス而シテ委任者カ受任者ニ対スル報酬支払義務ノ履行ト受任者カ委任者ニ対スル義務ノ履行トニ関シテハ双務契約ニ関スル法則ニ従ヒ委任者カ其義務ニ属スル報酬ヲ提供スルマテハ自己カ委任者ニ対シテ負担スル義務ノ履行ヲ拒ミ得ルモノニシテ従テ有償寄託ノ場合ニ於ケル受寄者モ寄託者カ其約シタル報酬ヲ提供スルマテハ寄託物ノ返還ヲ拒ミ得ル</u>……」（下線は引用者）。つまり，受寄者は，寄託者が報酬を提供するまでは寄託物の返還を拒むことができるのである。

　かなり古い時代に下された判決ではあるが，本判決が定立した規範は，改正民法下においても，先例としての価値を失わないものと考えられる。

　(2)　寄託者の損害賠償義務（民 661 条）　　寄託者は，寄託物の性質または**瑕疵**によって生じた損害を受寄者に賠償しなければならない（同条本文）。寄託物が腐敗したり，爆発したりして受寄者の財産に損害を与えた場合などが具体例として挙げられる。ただし，寄託者が過失なくその性質もしくは瑕疵を知らなかった場合，または受寄者がこれを知っていた場合には，寄託者は賠償責任を負わない（同条ただし書）。この点，委任者の損害賠償義務に関する民法 650 条 3 項（**無過失責任**）とは異なり，民法 661 条は，寄託者の責任を**過失責任**と捉えていることが理解できよう。

　(3)　その他の義務（民 665 条）　　委任の規定が準用される結果，寄託者は，**費用前払義務**（同条が準用する民 649 条），**立替費用償還義務**（同条が準用する民 650 条 1 項），および**債務の代弁済，担保供与義務**（同条が準用する民 650 条 2 項）を負う。注意すべきは，**委任者の損害賠償義務**に関する民法 650 条 3 項が寄託には準用されない点である。

3　寄託の終了

1　序（寄託の一般的終了原因）

　寄託も契約の一類型であるから，期間の満了，寄託物の減失，**債務不履行に**

よる**解除**など，契約一般の終了原因によって終了する。なお，寄託は**継続的契約**なので，**解除の遡及効**は否定される（**将来効**。前述）。

　以下では，民法典に定められている寄託固有の終了原因について解説する。

　寄託固有の終了原因

　(1)　寄託者の返還請求権（改正民662条）　　寄託の当事者が寄託物の返還の時期を定めていなかった場合はもちろん，それを定めた場合でも，寄託者は，いつでも寄託物の返還を請求することができる（民662条1項。改正民法では同条2項が新設された。なお，1項は改正前民法と同内容）。寄託物を保管させる必要性がなくなったにもかかわらず，敢えて寄託を継続させておく理由はないからである。

　なお，同条項には，寄託者の返還請求権の法的根拠が示されていない。この問題については，改正前民法下でも議論があり，平成29年民法（債権法）改正作業段階でも議論がなされたが，見解の一致を見ず，結局，改正民法下においても，その法的根拠（論）については，解釈に委ねられることになった（改正民657条も参照）。

　改正前民法下の通説に従えば，返還請求権の法的根拠・法的性質については，契約を**告知**（解約・解除）して，その結果，寄託契約が終了し，そのことに基づいて返還請求権が発生することになると解されている。改正民法下でもこの通説の考え方はさしあたり通用することになる。

　ここで，注意すべきは，新設された改正民法662条2項の規律である。同条項によれば，受寄者は，寄託者がその返還時期の前に寄託物の返還請求をしたことによって損害を受けたときは，寄託者に対してその賠償を請求することができる（改正民同条項）。なお，同条項にいう「**損害**」とは，当初の返還時期の通りに寄託物の返還がなされれば受寄者が得たであろうと認められる利益から，受寄者が期限前に寄託物を返還したことによって得た利益を控除したものになると解されている（部会資料等で示された立案担当者の見解）。ただし，この解釈に対しては，改正民法下の有力な学説による批判がある。

(2)　受寄者の側からの返還（民663条）　寄託の当事者が寄託物の返還時期を定めなかった場合，受寄者は，いつでも返還することができる（寄託契約を**告知**できるとの趣旨。同条1項）。ただし，返還時期の定めがある場合，受寄者は，**やむを得ない事由**がなければ，期限前に寄託物を返還することができない（同条2項）。なお，同条項にいう「やむを得ない事由」として，たとえば，寄託物の保管場所が**公用徴収**されてしまい，受寄者が他に適切な保管場所を確保できない場合や，保管施設が地震で倒壊し，他に安全な保管施設がない場合などが挙げられる。

　以下，寄託固有の終了原因について，図表4-2に詳しくまとめておいた。

4　特 殊 の 寄 託

1　混合寄託（混蔵寄託）と改正民法665条の2の規律

　混合寄託とは，複数の者が寄託した物の種類および品質が同一である場合に，受寄者が各寄託者の承諾を得たうえで，これら**代替物**を区別せずに混合して保管し，その中から各寄託者に対して，寄託を受けたのと同量の物を返還する特殊な寄託である（改正民665条の2第1項および第2項。改正前民法には明文規定がなく，学説上は**混蔵寄託**とも呼ばれていた）。具体例として，1本のサイロに，複数の業者から運び込まれてきた小麦粉を，保管の手間を省くため各寄託者別に分別せず，まとめて保管する場合などが挙げられる。その他，混合寄託の対象として，石油や酒類などが想定される。

　混合保管された寄託物は，各所有者（寄託者とは限らない点に注意）の**共有**になるが，各寄託者は，それぞれ単独で返還請求をすることができるとされている（同条2項の解釈）。

　混合寄託された寄託物の一部が滅失した場合，各寄託者は，混合して保管されている**総寄託物**に対する自己の寄託物の数量の割合に応じて返還請求をすることができる（**按分負担**。改正民同条3項前段）。たとえば，500トンの小麦粉を保管できるサイロに，A社の小麦粉が400トン，B社の小麦粉が100トン混合寄託されていた場合に，サイロが破損して，250トンの小麦粉が滅失したとき，

図表 4-2 改正民法の規律における寄託固有の終了原因・まとめの図

	寄託者の返還請求 （いつでも返還請求できるか？）	受寄者の側からの返還 （いつでも返還できるか？）
返還時期の定めの 「ある」有償寄託	○ できる（民662条1項） ※保管期間中の報酬（＝解除・告知時までの保管料）は支払わなければならない（民665条・改正民648条3項2号）。 ※返還時期の前に返還請求をしたことにより受寄者が損害を受けたときは、その賠償をしなければならない（改正民662条2項）。	× できない（民663条2項） ※ただし、やむを得ない事由があればできる（同条項ただし書）。
返還時期の定めの 「ある」無償寄託	○ できる（民662条1項） ※返還時期の前に返還請求をしたことにより受寄者が損害を受けたときは、その賠償をしなければならない（改正民662条2項）。 ※損害賠償の要否につき解釈の余地あり。	× できない（民663条2項） ※ただし、やむを得ない事由があればできる（同条項ただし書）。
返還時期の定めの 「ない」有償寄託	○ できる（民662条1項） ※保管期間中の報酬は支払わなければならない（民665条・改正民648条3項2号）。 ※根拠法条につき解釈の余地あり。	○ できる（民663条1項）
返還時期の定めの 「ない」無償寄託	○ できる（民662条1項）	○ できる（民663条1項）

残っている 250 トンの小麦粉に対して，A 社は 200 トン，B 社は 50 トンの返還請求をそれぞれすることができる。この場合，各寄託者は，受寄者の**債務不履行**を理由に，改正民法 415 条 1 項に基づく損害賠償請求をすることを妨げられない（改正民 665 条の 2 第 3 項後段）。

② 消費寄託と改正民法 666 条の規律

消費寄託とは，受寄者が寄託物（**代替物**）を消費することができる場合（言い換えれば，受寄者が寄託物の**所有権**を取得することになる場合），寄託物そのものではなく，これと種類・品質・数量の同じ物をもって返還することを約束す

る特殊な寄託である（改正民 666 条 1 項。消費寄託も**諾成契約**である。後述）。目的物
は代替性があれば何でもよいが（醤油や味噌などでもよい），最も一般的かつ実
務上重要性が高いものは**金銭**である（**金銭消費寄託**）。受寄者が寄託物の**所有権**
を取得する点において，通常の寄託および前述の**混合寄託**とは異なる。

　改正前民法 666 条 1 項は，**消費貸借**の規定群を包括的に準用する（ただし，
返還時期の定めのない消費寄託の場合にのみ，民 591 条 1 項を準用しないとしていた。
改正前民 666 条 2 項。すなわち，寄託者はいつでも返還請求ができる）規律を採用し
ていた。しかし，その規律内容には不明確さが残っていた。

　そこで，改正民法 666 条 1 項および 2 項は，消費寄託における消費貸借の規
定の準用範囲を一層明確なものとするため，消費寄託には寄託の規定が原則と
して適用されることを前提に，個別的に**消費貸借**の規定を準用する規律に改め
た。消費貸借の規定群のうち，改正民法 590 条（消費貸借の貸主の引渡義務）お
よび民法 592 条（消費貸借の借主の価額の償還）が準用される（改正民 666 条 2 項。
準用される各規定の詳細は**消費貸借**の節を参照）。その結果，改正民法において，
消費寄託も，**要物契約**から**諾成契約**となった（改正民 657 条が適用され，民 587 条
が適用されないので）。

　ところで，現代社会において，最も重要な機能を営む消費寄託の具体例は，
銀行預金・郵便貯金などの**金銭の消費寄託**である。だが，これらの経済的にも
重要な機能を営む消費寄託について，改正前民法典には**預貯金契約**に関する特
別の規定は設けられていなかった（改正前民 666 条）。

　そこで，改正民法 666 条 3 項は，**預貯金契約**に基づいて金銭が消費寄託され
た場合，受寄者（**金融機関**）は，その返還時期の定めの有無にかかわらず，い
つでも返還をすることができるとした（改正民同条項が準用する改正民 591 条 2 項）。
また，返還時期を定めた場合において，寄託者（預金者）は，受寄者のした期
限前の返還によって損害を受けたときは，受寄者に対してその賠償を請求する
ことができるとの規律を設けた（改正民 666 条 3 項が準用する改正民 591 条 3 項）。こ
のような規律が新設された理由は，預貯金契約に基づく金銭消費寄託では，受
寄者（金融機関）が預かった金銭を運用できる点で，受寄者の利益にもなるこ

とから，期間の定めのある金銭消費寄託に対して，受寄者はやむを得ない事由がなければ期限前の返還ができないと定める民法663条2項(前述。図表4-2参照)の規律を適用しないためである（部会資料等で示された立案担当者の見解）。同条項は，寄託者の保管の利益を一方的に保護するものであり，預貯金契約の実務とはなじまないと言えよう。

その他の契約

POINT

- 組合は，出資をすることと共同の事業を営むという2点を要素とする組合契約によって成立する，団体の一種である。
- 組合は権利能力を有しないため，財産は各組合員に帰属するのが原則であるが，組合財産を確保する必要性から，その財産は各組合員の「合有」であると解釈されている。
- 組合の業務執行については，対内的な場面と対外的な場面とに区別して考えられており，原則として対内的には委任の，対外的には代理の規定が適用されている。
- 和解とは，当事者が互いに主張を譲歩して紛争をやめることをいう。和解には，民法上の和解である和解契約と民法以外の制度による和解がある。

1 序

　民法には13種類の典型契約が定められているが，組合，終身定期金，和解は，これまでの権利移転型や貸借型，役務提供型のいずれにも当てはまらない契約である。組合は，組合員相互の組合契約によって成立する団体の一種である。労働組合や生活協同組合，農業協同組合などは特別法の定めにしたがって設立された団体であり，組合と名前はついているが民法上の組合ではない。また，和解はお互いの譲歩により紛争をやめる合意をすることを本質とするが，その方法として民法上の和解契約以外にも，人事訴訟法や調停など他の法制度によってなされるものがある。なお，終身定期金は現在ほとんどなされることのない契約である。

2 組　合

1　組合の意義と性質

1　意　　義

　組合は，数人の者が，互いに協力して共同の目的を遂行するために成立する結合体，すなわち広い意味での団体の一種である。民法上の組合は法人格を有しない団体であり，法人格を有する組合（生活協同組合など）とは異なる。

　組合契約とは，各当事者が出資をして，共同の事業を営むことを約する契約である（民667条1項）。すなわち，全員が「出資」して，「共同の事業」を営むという2点が，組合契約の要素であるといえる。

　「出資」は，労務でもよい（民667条2項）。財産的価値のあるものであれば，債権，信用なども含む。なお，組合契約は出資をして共同の事業を営むことを約することで成立する諾成契約であり，出資の履行は組合が成立した後でもよい。

　「事業」には，営利（金銭的収益の分配を目的とする場合），非営利（収益の分配を目的としない公益目的の場合など）を問わず広く含まれる。もっとも，漁業権者が共同使用していた土地について，土地の共有者が共同で当該土地を使用することは，共有土地利用の方法であって，共同目的，共同事業といえないとした判例がある（最判昭26・4・19民集5・5・256）。

　また，組合契約は事業を「共同」して営む必要がある。業務執行権を他の者にゆだねてもよいが（改正民670条2項），共同して事業を営む以上，各組合員は業務および組合財産の状況の検査権（改正民673条），業務執行組合員の解任権（改正民672条）を有する。なお，単に出資をして営業収益の分配を受けるだけの場合は，民法上の組合ではなく**匿名組合**（商535条）に該当する（東京高判平19・10・30訟月54・9・2120）。匿名組合は，組合員が業務執行権を有しないなど（商536条3項），民法上の組合と根本的に異なる。

2　性　　質

　組合契約の法的性質については，各組合員の双務契約であるとする見解と，各組合員の同一方向の意思表示であり合同行為であるとする見解がある。しかし，平成29年改正により以下の明文規定が設けられて結論に差異がなくなったため，議論の実益は少なくなったといえる。

　平成29年の改正では，組合業務の円滑化および団体的性質への配慮の観点から，①同時履行の抗弁権（改正民533条）や②危険負担（改正民536条），③解除（民540条以下）は適用されない旨定められた（改正民667条の2）。よって，他に出資債務を履行しない組合員がいることを理由に，自己の出資を拒絶したり，組合契約を解除したりすることはできない。

　また，組合契約は各人の意思表示によってなされることから，組合員の1人について意思表示の無効または取消し原因があった場合に，その効果をどのように解するべきか問題となる。この点，他の組合員の組合契約に影響せず，問題のある意思表示をした当事者の脱退原因となるにとどまると解されていたが，この解釈が明文化された（改正民667条の3）。

2　組 合 の 成 立

　組合は，2人以上の当事者の合意により成立する（民667条）。組合契約は，各当事者が出資をして，共同の事業を営む旨の合意をすれば成立する諾成契約である。

　建物の区分所有者間の管理組合（区分所有3条），会社の設立に際しての発起人間の関係や，複数の企業が合同で建設工事などを請け負う共同企業体（いわゆるジョイント・ベンチャー）の関係が組合であると解されている。

　組合は法人格を有しない団体であり，構成員からの独立性があまり強くない。このことは，組合の財産関係および組合員の変動について影響を及ぼしている。

1　出資について

　各組合員が出資義務を負担することが組合成立の要件である。**出資**とは，共

同の事業を営むための経済的手段を供することであり，金銭，労務（民667条2項）のほか，信用（組合債務の全部について保証するなど）や無体財産権など広く含む。出資の割合は自由であり，とくに定めがなければ平等と推定される（大判大14・5・23新聞2466・11）。また出資の時期について，定めがなければ組合の事業執行に応じて随時なされると推定される（前掲大判大14・5・23）。

② 共同の事業について

各当事者が共同して事業を執行することがもう1つの要件である。事業は，公益目的であると一時的なものであるとを問わず，広くこれに含まれる。また，共同の要件を満たすため，各組合員はたとえ事業の執行を一部の者にゆだねたとしても，業務執行を検査する権限（改正民673条）および解任権（改正民672条2項）を有する。

3 組合の財産関係

① 組 合 財 産

（1） 組合財産の内容　　**組合財産**は，各組合員の出資その他の財産をいう（民668条）。すでに出資された財産のほかに，履行前の，他の組合員が出資を約束した者に対して有する出資請求権も，組合の経済的基礎を構成するものである以上組合財産に含まれるとされている。なお，金銭出資の履行遅滞については，組合財産の充実を図るために，遅延利息に加えて損害賠償責任を負う旨特別の規定がある（民669条）。

その他，組合の業務執行により取得した財産，また，これらの財産から生じる果実，これらの物の滅失・損傷・収用による損害賠償や損失補償の請求権なども組合財産となる（大判昭13・2・15新聞4246・11）。

（2） 組合財産の性質　　組合は法人格を有しないため，組合財産は総組合員の「共有」に属する（民668条）。もっとも，ここでいう「共有」は，民法249条以下の共有関係とは異なり**合有関係**を意味するとされる。すなわち，組合財産については持分の処分の制限，清算前の分割請求の否定（改正民676条），ま

た組合財産に対する組合員の債権者の権利行使の禁止（改正民677条）など，組合財産確保の必要性および組合員間の人的結合関係の存在に基づいて共有とは異なる規定が設けられていることから，直接明文規定はないが，共有とは異なる合有という共同所有関係を認めている（東京高判平11・8・31高民集52・1・36）。

　(3)　**物権的財産について**　　組合財産に属する所有権その他の物権的な権利について，最高裁は合有としたうえで，特別の規定がない限り民法249条以下の共有の規定を適用すべきとし，不動産登記は全組合員の共有名義とする（最判昭33・7・22民集12・12・1805）。もっとも，組合員以外の者が加わることを避け，また組合債権者の利益を守るために，明文で以下の2つの制限が定められているのに加え，物権的請求権行使の可否も問題となる。

　①　処分の制限について

　　各組合員は，自己の持分を処分しても，組合および組合と取引をした第三者に対抗できない（民676条1項）。「対抗できない」という意味は，各組合員は持分を処分してもそれを組合に主張できず，他の組合員は依然として組合財産の一部として使用し，解散したら清算の対象とすることができる，ということである。また，組合と取引をした第三者は，当該財産が組合財産に含まれているとして取引対象にすることができ，これに強制執行できる。

　②　分割請求の否定について

　　組合の共同目的を遂行するための組合財産を確保するため，清算前にその分割の請求はできない（改正民676条3項）。もっとも，組合員全員の合意があれば可能である。

図表 5-1　財産の共同所有の形態

共同所有の性質	使用・収益	持分権	持分の処分	分割請求
共有	可	有	可	可
合有	可	有	不可	不可
総有	可	無	不可	不可

③　物権的請求権の行使について

　　各組合員が合有持分に基づいて妨害排除請求や返還請求を主張しうるか問題となるが，最高裁は，条文上制限する規定がない以上共有の理論を適用すべきとして，1人で行使しうるとした（前掲最判昭33・7・22）

　(4)　債権について　　組合の債権は組合員全員に合有的に帰属する。具体的には，金銭債権のような可分債権であっても，各組合員は全額について割合的・潜在的な持分を有するに過ぎず，自己の持分割合で分割した一部を請求することはできない（改正民676条2項）。

　　また，組合の債務者はその債務と組合員に対する債権とを相殺することはできない（改正民677条）。たとえば，ABC3名の組合が第三者Dに6万円の債権を有する場合に，DがAに反対債権を有していても，A持分にあたる2万円につき相殺することはできない。組合債権は，組合に合有的に帰属しており，一部であってもAの債権ではないからである。これらの規定は，組合財産と組合員の財産との区別を明確にし，組合財産が組合員個人のために用いられることを防ぐ趣旨である。

　(5)　債務について　　改正民法675条1項で，組合の債権者は，組合財産について権利行使できる旨定められた。すなわち，可分給付を目的とする場合でも分割されずに全額，組合財産が債務の引当てになる。

　　各組合員は，この組合の債務と並存して個人的責任を負担する。つまり組合債権者は，各組合員に対して，損失分担の割合を知っていたならばその割合に応じて，仮に知らなかったのであれば損失分担の割合または等しい割合のいずれかを選んで，支払いを求めることができる（改正民675条2項）。また，組合加入前の債務については責任を負わなくてよいが，加入後の債務については，組合が解散したり，組合を脱退した後でも責任を免れない（改正民677条の2第2項・680条の2）。

② 損益の分配について

　組合の事業により利益または損失が生じた場合は，各組合員へ分配される。

損益分配の割合は組合契約によって定められるが，その定めがない場合は出資の価額による（民674条1項）。また，利益と損失の分配の割合は異なってもよいが，一方についてのみ定めた場合は，双方共通と推定される（民674条2項）。

　損失を分担しない定めが認められるかについて，通説・判例は，損失の分担は組合契約の本質ではないことを理由にこれを認めている（大判明44・12・26民録17・916）。

　分配の時期については組合契約で定めるのが通常であるが，定めがなければ営業年度の終わりに決算報告および利益分配を行うと推定すべきとされている。

4　組合の業務執行

　組合は，共同の事業を営んでその目的を達成するので，そのための業務執行権は各組合員が有するのが建前であるが，組合契約で一部の組合員または第三者へ業務執行を委任することもできる（改正民670条2項・3項）。業務執行の場面は，**対内的業務**（組合員への損益分配業務など）と，**対外的業務**（組合員以外の第三者と法律行為をなす場合など）とに区別されるため，以下場面を分けて説明する。

1　対内的業務執行

　(1)　業務執行者を定めない場合　　組合の業務執行権は，**常務**に関するものについては各組合員が単独で行うことができる（改正民670条5項）。しかし，その完了前に他の組合員が異議を述べたときは単独で行うことはできなくなり（同条同項ただし書），組合員の過半数の同意を得て行うことになる（同条1項）。常務とは，その組合にとって日常の軽微な事務を意味しており，組合財産の売却，担保設定や借財は含まない。

　常務に関しない組合業務は，組合員の過半数で決定し，各組合員が執行する（改正民670条1項）。決するための手続について明文の定めはないが，全ての組合員に賛否を述べる機会を与え，その過半数の賛成が必要とされている。

　また，各組合員は自己を含む組合員全員に代わって業務を執行することから，

他の組合員との関係について委任の規定が一部準用されている（民671条）。具体的には，①善管注意義務，②他の組合員から請求があった場合の報告義務，③受取物等の引渡義務，④金銭消費についての責任を負担し，また，⑤報酬請求はとくに定めがなければできず，他方で，⑥費用の前払請求，⑦費用等の償還請求をすることができる。なお，③受取物の引渡しについて，業務執行により受け取った金銭は組合財産として組合に帰属するのでその全部を組合に引き渡す必要があり，自己の持分相当額について引渡しを拒絶することはできないとされる（大判大5・4・1民録22・755）。

(2)　業務執行者を定めた場合　組合契約で，一部の組合員または組合員以外の第三者を業務執行者に定めることができる。業務執行者を定めた場合はその者が業務の決定権と執行権を有し，数名いる場合は過半数で決する（改正民670条3項）。ただし，業務執行権者を定めても，総組合員の同意で組合の業務を決定し，又は総組合員が執行してもよい（同条4項）。また，常務については，各組合員または各業務執行者が単独で行うことができる（同条5項）。

業務執行者は，別個に委任契約を締結するわけではないが委任類似の関係に立つことから，委任の規定にしたがって権限を行使し責任を負う（改正民671条）。もっとも，業務執行者が組合員である場合，その地位は特別であり，①業務執行組合員は正当な事由がなければ辞任できず（改正民672条1項），②解任できるのは正当な事由がある場合に限られ，かつ他の組合員の一致によらなければならない（同条2項）。組合契約で一部の組合員に業務執行をゆだねるということは，そのことが組合の目的を達成するための重要な手段とされることを意味するためである。なお，業務の決定及び執行権を有しない組合員は，組合の業務および組合財産の状況を検査することができる（改正民673条）。

② 対外的業務執行

組合は法人格を有しないため，第三者との法律行為は，組合員全員が共同して行い，全員に効果が帰属するのが本来である。しかしこれは現実的ではなく，実際は組合を代理する者が行うことになる。平成29年改正で，組合の代理に

ついての規定が明文化された。なお，組合を代表する際に組合員全員の名を示す必要はなく，肩書きに組合代表者である旨を記せばよい（最判昭 36・7・31 民集 15・7・1982）。

　(1)　業務執行者を定めない場合　　業務執行者を定めない場合は，各組合員は，組合員の過半数の同意を得たときは，他の組合員を代理することができる（改正民 670 条の 2 第 1 項）。また，常務については単独で組合員を代理できる（同条 3 項）。

　常務以外の事項を過半数の決議なしに組合員が第三者と行った場合は，他の組合員を拘束しない（大判明 40・6・13 民録 13・648）。しかし，内部的な事務執行と対外的な代理とを区別すべきとして民法 110 条の権限外の表見代理により処理すべきと学説上批判がある。また，他の組合員の同意を得ずになされた常務以外の取引について，過半数の組合員が当該取引をしていた場合には，組合員全員に効力が及ぶとした判例がある（最判昭 35・12・9 民集 14・13・2994）。

　(2)　業務執行者を定めた場合　　組合契約で業務執行者を定めた場合は，原則，業務執行者が組合目的の遂行に必要な範囲で組合を代理する権限を有する（改正民 670 条の 2 第 2 項前段）。業務執行者が複数いるときは，業務執行者の過半数の同意を得たときに限り，組合員を代理することができる（同条 2 項後段）。ただし，常務については，各業務執行者が単独で組合員を代理できる（同条 3 項）。

5　組合員の脱退および加入

① 　組合員の脱退

　(1)　組合の団体性と脱退　　組合員の**脱退**とは，組合員の一部の者が組合員たる資格を失い，しかもその組合が同一性を維持して残存組合員間に存続することである。組合が組合員間の契約によって成立する以上，当事者が変更すれば常に組合の同一性は失われる。しかし，組合は同一目的のために組合員の結合を超えた団体性を有することから，民法は組合の団体性を重視して，脱退または除名の規定を設けている。

　脱退事由は，脱退者の意思に基づく任意脱退と，意思に基づかない非任意脱

退とに大きく分かれる。

(2) 任意脱退　脱退者の意思に基づく脱退を**任意脱退**という。脱退の意思表示は，組合契約の解除（告知）であり業務執行ではないので，他の組合員全員に対してする必要がある。

組合契約で，組合の存続期間を定めておらず，またはある組合員の終身の間組合が存続すべきことを定めている場合は，原則として，各組合員はいつでも脱退することができる。ただし，組合に不利な時期に脱退する場合は，やむを得ない事由がなければ脱退できない（民678条1項）。他方，存続期間を定めている場合は，やむを得ない事由があるときに限り脱退できる（同条2項）。

やむを得ない事由とは，脱退者の個人的事情のほかに，組合の事業不振，他の組合員との不和など組合自体の事情も含む。事業不振などは解散請求の事由にもなりうるが，解散に反対する組合員がいる場合には，解散せずに組合関係を解除したい組合員が脱退をすれば十分であることから，いずれの事由にもあてはまると考えられる。また，民法678条でやむを得ない事由があれば脱退を認めるとする部分は強行法規であり，やむを得ない事由があっても任意の脱退を許さない旨の組合契約は，公序良俗に反し無効である（最判平11・2・23民集53・2・193）。

組合員が2人である場合も脱退できるが，その場合は組合員が1人となって組合の解散事由にあてはまる。したがって，この場合は脱退による清算ではなく，組合の解散による清算となる。

(3) 非任意脱退　脱退者の意思によらない事由として，①死亡，②破産開始決定，③後見開始，④除名が定められている（民679条）。

① 組合員の死亡（1号）

組合員が死亡した場合，その相続人が組合員の地位を相続するのではなく，組合関係が終了して当然脱退となる。もっとも，相続人が払戻請求権を行使しないで承継を希望した場合に，相続した持分払戻請求権を出資して他の組合員と加入契約を締結することができ，その場合は組合の同一性は維持されており，相続人が組合員の持分を承継するのとほぼ同じ結果を

生じるとされる。

　また，すでに解散した組合の組合員が死亡した場合には，民法 679 条は適用されず，死亡者の有した残余財産の分配請求権がその相続人に帰属する（最判昭 33・2・13 民集 12・2・211）。

②　破産手続開始の決定を受けたこと（2 号）

　組合員が破産した場合には，破産した組合員の債権者のために組合関係を終了させ，持分を払い戻して弁済に充てる。したがって，組合契約によっても破産を脱退事由から除外することはできない。

③　後見開始の審判を受けたこと（3 号）

　後見開始により，当該組合員を後見人が代理することになるため，脱退事由にあたる。これは影響をうける組合員の利益のための規定なので，後見人と他の組合員の合意により組合関係を継続できるとされる。

④　除名（4 号）

　除名は，正当な事由がある場合に限り，他の組合員の一致によってすることができる（民 680 条本文）。「正当な事由」とは，出資義務違反や業務執行に関する不正行為など，その者を組合員としておいては組合業務の円滑な運営が妨げられることである。また，「他の組合員の一致」が要件であるため，2 人以上の組合員が共謀して反対すれば除名できなくなる。この場合には，解散請求権の行使によることになるが，やむを得ない事由として脱退の手続によるべきとする見解もある。

　除名は，除名された組合員へその通知をしなければ，その組合員に対して対抗できない（民 680 条ただし書）。したがって，除名された組合員と組合との間の計算は，通知が到達した時点を基準として行うことになる。

(4)　脱退の効果　　脱退によって，その組合員は組合員としての資格を失う。組合は，脱退者との間で財産関係の清算をしなければならず，持分の払戻しをすることになる（民 681 条）。

　(a)　組合と脱退者との関係　　計算の時期については，脱退の時における組合財産の状況に従うとされている（民 681 条 1 項）。組合財産は，組合の資産

から組合債務を控除した純資産であると解されており，脱退者に対して，純資産の額を持分の割合に応じて払い戻すべきとされている。仮に，組合財産がマイナスである場合は，脱退組合員は損失分担の割合にしたがって負担し，出資額から損失分担額を控除して償還される。持分の払戻しは金銭による旨定められているが（民681条2項），脱退者の出資した物自体を払戻の一部または全部に充てることもできる。

脱退の時にまだ完了していない事項については，その完了するまでは計算を保留することができる（同条3項）。残存組合員は，営業年度の終わりに脱退者に対して完了した部分の計算をし，未了部分につき報告をすべき信義則上の義務を負うとされている。

(b) 脱退者と組合債権者　　脱退者は，脱退前に生じた組合債務については，脱退後も責任を負う。しかし，脱退時に組合債務を清算して持分の払戻しを受けたにもかかわらず，その後脱退前の組合債務の弁済をすると，二重に支払ったことになる。このため，脱退した組合員は，組合に担保を供させ，または免責するよう請求できる旨定められた（改正民680条の2第1項）。また，脱退した組合員が，脱退前に生じた組合の債務を弁済した場合は，組合に対して求償権が生じる（同条2項）。

2　組合員の加入

(1)　加入契約　　組合員の**加入**とは，既存の組合員以外の者が新たに組合員たる資格を取得し，しかもその組合が新加入者を加えたすべての者の間の組合として，同一性を失わずに存続することである。

組合員は，全員の同意，または組合契約の定めに従って，新たに組合員を加入させることができる（改正民677条の2第1項）。

(2)　加入の効果　　加入組合員は，加入の時から，業務執行に関する権利を取得し，組合財産の合有者となる。他方，組合債務については，加入前の組合債務も含めて，加入者が出資した物や権利も引き当てとなる。組合の同一性が変わらないからである。もっとも，個人財産により責任を負うのは加入後に生

じた組合債務についてのみであり，加入前からの組合債務は負担しない（同条2項）。

③　組合員の地位の譲渡

　組合員の1人が持分を譲渡することで，組合員の地位を第三者に譲渡できるかについて，民法上規定はない。しかし，組合員の地位の譲渡は，実質的に譲渡人の脱退と譲受人の加入であり，譲受人が他の組合員と新たに加入契約を締結しなくてもよいという点が異なるだけである。したがって，組合契約または他の組合員全員の同意により，その持分を譲渡して第三者へ組合員の地位を譲渡しうるとされている。

　地位の譲渡により，譲渡人が組合員たる地位を失い，譲受人が出資を伴わずに組合員となる。譲渡人には持分の払戻しはない。なお，譲渡時までに具体化した損益分配の権利義務は移転しない。

6　組合の解散および清算

①　解　　　散

　(1)　解散の意義　　**解散**は組合契約の終了である。解散により，人的結合関係が解消し，財産を各組合員に分配することになる。その手続を**清算**といい，清算が終了するまでは組合関係は存続する。したがって，組合の解散とは，組合が目的たる事業の経営をやめ，組合財産の清算をなすべき状態に入ることを意味する。

　(2)　解散の事由

　平成29年の改正の際に，組合の解散事由として，①目的である事業の成功又は成功の不能，②存続期間の満了，③組合契約で定めた解散事由の発生，④総組合員の同意，が明文化された（改正民682条）。また，この4つに加えて，⑤解散請求による場合がある（民683条）。

　解散請求は一方的に組合契約の効力を失わせることから，解除（告知）の一種とされており，ゆえに組合員全員に対してなす必要がある（山形地判昭45・4・

14 判時 609·73)。またその効果については賃貸借の解除の効力が準用されており，不遡及である（民 684 条）。なお，解散請求権は解除に関する特別規定であるため，一組合員の出資の不履行の場合などに解除（民 540 条以下）することはできない（大判明 44・12・26 民録 17・916）。

[2] 清　算

(1) **清算の意義**　　**清算**とは，解散した組合の財産関係を整理することである。清算終了後でも各組合員は組合債権者に対して個人財産による責任を免れず，組合債権者の地位は保障されている。したがって，民法の定める清算手続きはもっぱら組合員間の公平を図ることを目的とした任意規定であるとされる。このため，組合契約の定めや，組合員全員の合意により適当な方法で組合財産を処分することも認められる。

(2) **清算人となる者**　　すべての組合員が共同して，または選任された清算人が清算を行う（改正民 685 条 1 項）。清算人の業務の決定および執行の方法については，業務執行者を定めた場合の規定が準用されている（改正民 686 条）。また，組合契約の定めにより組合員の中から清算人を選任した場合，改正民法 672 条が準用され，正当な事由がないと辞任できない（改正民 687 条）。

(3) **清算人の職務権限（清算事務の内容）**　　清算人は，①現務の結了，②債権の取立ておよび債務の弁済，③残余財産の引渡し，について職務を行う（民 688 条 1 項）。

① 現務の結了

現在行っている取引を完了させることである。

② 債権の取立ておよび債務の弁済

弁済期が来ていない債権は譲渡その他によって換価する。債務の弁済については，組合清算後も組合員であった者は責任を負うことから，組合債権者に対する保護の必要性はそれほど高くない点が特徴である。しかし，組合債務の完済なしでは，実質的に各組合員の利益分配・損失分担の割合が定まらないことから，まずは組合財産で組合債務を弁済すべきとされる。

③　残余財産の引渡し

残余財産とは，組合財産で組合債務を弁済した残りの財産をいうのか，組合債務の弁済に加えて出資を償還した残りの財産をいうのか，見解が分かれるが，前者が通説的立場である。

残余財産は，出資の価額に応じて分割される（民688条3項）。出資の価額とは，出資すべき価額ではなく現に出資した価額である。労務や信用を出資していた場合もその価額に応じて割合が定まるが，評価が困難な場合も生じる。このような場合は，清算人がとくに分配率を確定する権限を与えられていない限り，組合員全員の合意によるべきとされ，合意が成立しなければ最終的には裁判による。

Case

残余財産の分配

残余財産の分配に関しては，組合員の出資額が不明の場合に，当事者に平等に分割すべきものとする事案（甲府地判昭53・10・4判タ378・120）がある一方で，2名の弁護士による共同弁護士事務所を組合と認めたうえで，解散の際の分配の割合を6対4と判断した事例（東京高判平15・11・26判時1864・101）がある。後者は，もともと事務所開設にあたり，一方がその前身である法律事務所を運営しており，事務員などの人的，物的出資をすべて負担していたことや，これまでの顧客との信用などがあったことから「配分的正義の要請あるいは信義公平に照らし」て判断した事案である。

(4)　清算人の権限の範囲　　**清算人**は，その職務を行うために必要な一切の行為をすることができる（民688条2項）。組合財産を他に売却することもできるが，その場合には共有に関する規定（民251条・258条）は適用されない（大判大12・7・14民集2・491）。

また，清算人は，清算職務に関して第三者と法律行為を行うための代理権を有する（大判大14・5・2民集4・238）。さらに，清算人は組合員全員の名ではなく，自己の名において組合に属するすべての権利を行使する権限を与えられたものであるとされる（東京高判昭27・2・29高民集4・5・150）。

1 終身定期金の意義

　終身定期金契約とは，当事者の一方（債務者）が，自己，相手方（債権者），または第三者（受益者）が死亡するまで，定期に金銭その他の物を相手方，または第三者に給付することを約することを内容とする契約をいう（民689条）。たとえば，農業を営む者が高齢になった際，後を継ぐ者に不動産を給付する代わりに，その対価として毎月一定の金銭の給付を自分が死ぬまで受けるよう契約をして，老後の生活を維持するような場合である。

　この契約は，民法の起草者が，欧米でとくに老後の生活保障のために頻繁に行われていることから，日本でも個人独立の風潮が広まれば必要となると予想して定めた。しかし，子や親族が老親の面倒を見るという意識は戦後に家制度が消滅した後も一部強く残っており，また実際上も，公的年金として国民年金や厚生年金が，私的年金として企業年金や個人で保険会社などと任意で契約する年金があって老後の保障が充実している。しかもこれらの場合には各種特別法が適用されるため，民法の適用はない。よって，民法上の終身定期金契約を活用する場面は現在ほとんどない。

2 終身定期金契約の性質

　終身定期金契約は，諾成・不要式の契約である（民689条）。また，有償・無償を問わない。有償の場合とは，具体的には，終身定期金契約の債権者が債務者に元本を交付して，その元本から定期に一定額の給付を受ける場合（大判昭3・2・17民集7・76），不動産の買主が代金を分割して売主に定期に給付する場合，また，退職金を終身定期金として定期に給付する場合などである。この場合は，双務・有償契約であり，売買などの有償契約の規定も適用される。他方，無償の場合は贈与の規定が適用されるため，書面によらないものは各当事者が解除

できる（改正民550条）。また，第三者を受益者として定めた場合は，第三者のためにする契約を包含する。

　なお，終身定期金契約は，特定人の死亡という将来における偶然の事情によって給付される金銭その他の物の総額が定まるため，射倖契約としての側面を有する。

3　終身定期金の成立要件

　終身定期金契約が成立するためには，以下の要件を満たす必要がある。

　①　金銭その他の物を給付すること

　　給付する物は金銭に限らないが，終身定期金債権が期間の途中で消滅した場合には日割り計算をすることからすれば（民690条），物は代替物に限られる。また，労務や権利についても認められ，終身定期金の規定の類推適用によるとされている。

　②　定期給付であること

　　定期であれば，年，月，日，週や季節を単位としてもよい。定期に給付さえすれば後日減額・増額してもよく，毎期ごとの給付すべき額や分量は常に同一でなくともよい。

　③　特定人の死亡に至るまで継続すること

4　終身定期金の効力

　終身定期金契約から**終身定期金債権**という特殊な債権が発生し，基本権としての定期金債権から毎期ごとに支分権が生じる。基本権が，支分権発生の標準となる期間の途中で消滅した場合は，その期の支分権は日割り計算による（民690条）。具体的には，毎月10万円を給付する契約であったところ，4月15日に特定人が死亡した場合，4月分の給付は日割計算により5万円となる。

　また，債務者が定期金の元本を受けたにもかかわらず定期金の給付を怠った場合には，相手方は契約を解除して元本の返還を主張しうる（民691条1項）。条文上に解除の文言はないが，解除せずに元本の返還請求をすることはできな

いため，解除権行使を前提としているとされる。通常の解除の効果によれば，債権者は債務者に対してすでに受け取った定期金に利息を付して返還する必要があるが，定期金は元本と利息を包含するため計算が複雑になるばかりではなく，債務者に利益を与えることになるため，債権者はすでに受け取った定期金の中から元本の利息を控除した残額を債務者に返還すればよい（同条1項後段）。

なお，解除がなされた場合には，債権者に元本返還請求と併せて損害賠償請求（民691条2項）が認められるが，この債権と，債務者が有する受領した定期金の返還請求権は同時履行の関係になる（民692条）。

また，消滅について特則があり，裁判所は，終身定期金債権者またはその相続人の請求により，終身定期金債権が相当の期間存続することを宣告することができる（民693条1項）。これは，本来であれば特定人の死亡により契約は終了するところ，死亡が債務者の責めに帰すべき事由により生じた場合にも消滅するとすると，債権者にとって不公平な結果となるために，相当の期間債権が存続することを裁判所が宣告できるようにしたものである。たとえば債務者が債権者または第三者を故意に殺害したり，債務者が自殺したりした場合である。この場合，裁判所は本条の請求を受けて，相当の期間の存続を宣告できる。なお，終身定期金債権は，遺贈によっても成立する（民694条）。すなわち，ある者が，受遺者または第三者の死亡に至るまで定期に金銭等の給付をなす旨の遺言の効力が発生することで，定期金債権も生じる。

4　和　　解

1　和解の意義と性質

1　意　　義

和解は，当事者が互いに譲歩し合って，その間にある紛争をやめることをいう。法律的な紛争は裁判手続きによって解決できるが，当事者間に感情的なしこりが残ったり，利害関係が複雑に絡んでいる事案については，判決による一

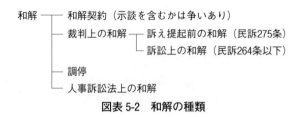

図表 5-2　和解の種類

刀両断的な解決がなじまないという問題がある。この点，和解による紛争解決
は，当事者間の合意に基づいて実際に即した柔軟な解決が可能となることから
様々な場面で活用されている。平成 19 年には **ADR 法**（裁判外紛争解決手続の
利用の促進に関する法律）も施行され，訴訟手続によらない民事紛争解決が促
進されている。

　和解に関しては民法上 2 ヵ条しかない一方で，裁判所が関与してなされる和
解もある。すなわち和解には，裁判所が関わらずになされる民法上の和解（**和
解契約**。民 695 条）の他に，裁判所でなされる**裁判上の和解**があり，裁判上の和
解はさらに，簡易裁判所でなされる訴え提起前の和解（民訴 275 条）と訴え提起
後になされる訴訟上の和解（民訴 264 条以下）に分かれる。

　また，和解の本質を有する調停（民調 16 条，家事手続 268 条），人事訴訟法上の
和解（人訴 37 条・44 条）もある。さらに，交通事故などの際に私人間で示談を
することもあるが，示談については，互譲の要件を満たさないものもあるとし
て和解に含めない見解と，話し合いによる解決方法を選ぶことも互譲であると
解釈して和解に含める立場がある。民法上の和解でない場合も，紛争当事者間
の合意によることは当然である。以下，和解契約を中心に説明する。

② 性　　質

　和解契約は，当事者間に存在する「争いをやめることを約する」契約である。
したがって，後に法律関係の存否，範囲，態様（たとえば，支払請求が売買によ
るのか金銭消費貸借によるのかなど）に関して争えなくなる。この，争いの確定
という和解の効力は，双方の譲歩，すなわち一種の取引によって生じることか

ら有償契約といえる。また，双方が譲歩して合意したことを実現する債務を負うので双務契約であるといわれるが，和解の成立により直接に争いが確定し債務は介在しない以上，双務契約にあたらないとする立場もある。さらに，和解は特別の方式を必要としない諾成契約である。

和解は，「争い」があることを前提として，「互いに譲歩」をすることを内容とする必要がある。

(1)「争い」について　「争い」とは，法律関係の存否，範囲または態様に関する主張の対立である。したがって，債務が存在しないのに，あると信じていたため債務の存否について争わず，もっぱら減額を懇請して承諾を得た場合は主張の対立がなく和解に該当しない（大判明 40・11・1 民録 13・1059）。

争いの種類に制限はないが，互譲が要件となっている以上主張の一部を放棄することになるため，当事者が処分できるものでなければならない。したがって，婚外子が一定の金員を取得するのと引き換えに認知請求権を放棄する旨の和解は認められない（最判昭 37・4・10 民集 16・4・693）。

また，合意内容が公序良俗に反しないことは当然であるが，さらに，公序良俗に反する無効な法律関係を和解によって新たな法律関係として確立できるかについて，とくに賭博による債務の和解に関して一連の判例がある。賭博によって生じた債務か適法な貸付上の債務かについて争いがあったが，債務者が賭博債務であり無効である旨の主張を放棄して，準消費貸借上の債務として弁済する旨合意した和解契約について，後日賭博に基づくことが明らかになったとしても有効である旨の判例がある（大判昭 13・10・6 民集 17・1969）。これに対して，賭博債務の支払のために振り出された小切手の支払に関して和解契約が成立し，後日当該小切手に基づいて支払を求めることが公序良俗に反するか争われた事案では，合意が小切手金支払債務の存否と無関係に金銭支払義務を負担すべきとする趣旨でなされたとしても，和解上の金銭支払の約束は公序良俗違反であると判断した（最判昭 46・4・9 民集 25・3・264）。後者の事案は債務内容に関して争っていないため，支払債務の様態につき和解の効力が及ばない。公序良俗に反する法律行為が和解によって治癒されるべきでなく，妥当であると

されている。

　(2)「互いに譲歩」すること　　和解は，当事者双方が譲歩する必要がある。これは，お互いに譲り，不利益を被ることではじめて，たとえ真実に反していても合意に従うべき義務を認めることができるからである。

　争われた法律関係についての主張を一部放棄する場合はもちろん，全面的に相手の主張を認めて自己の主張を全部放棄し，係争外で相手方の譲歩を得る場合も和解である。また第三者が対価を給付する場合でもよい。たとえば，相手方との土地所有権をめぐる争いで，係争地外の第三者の所有地の給付を受ける代わりに相手方の主張を全面的に認める旨の和解も認められる（最判昭27・2・8民集6・2・63）。

　他方で，当事者の一方のみが譲歩する場合は，紛争解決の取引としての和解ではなく，相手方の権利の承認にすぎないとされる。承認は，後に確証が出てきた際に相手方の権利を否定できる点が和解と異なる。

2　和解の成立要件

　和解が成立するためには，①争いがあること，②互いに譲歩すること，③争いをやめる合意が成立することのほかに，行為能力など，契約の一般的成立要件，有効要件を満たす必要がある。

　和解契約は他の典型契約と異なり，契約から生じる債権に特徴があるわけではなく，法律上の争いを確定する点にその特徴がある。したがって，争いや互譲がなければ和解ではないが，その合意は契約の一般理論にしたがってそれぞれの効力を生ずる。

3　和 解 の 効 力

① 法律関係の争いを確定する効力

　和解により，当事者の一方が争いの目的である権利を有すると認められ，または相手方が権利を有しないと認められた場合は，後にその当事者が権利を有していなかった，または相手方が権利を有していた旨の確証が得られたとして

も，その当事者の一方に権利は移転し，または消滅したとされる（民696条）。たとえば，AがBに対して，CがBに対して有する100万円の債権をCからAが譲り受けたとして100万円の弁済を求めたが，Bは50万円であると主張し，和解の結果AはBに80万円の債権を有すると合意したとする。その後，債権額は100万円であった旨の証拠が出てきたとしても，ABはもはや争うことはできない。Aの20万円分の債権は和解によって消滅したと解される。

　重要な点は，和解で定めた内容と異なる証拠が後に得られたとしても，和解の効力は覆らないことであるが，この効力は，争いの対象となって互譲による確定の合意がなされた事項に関して生じ，それ以外の事項については及ばない。たとえば上記の例で，債権額が50万円であったことが後に明らかとなってもBは錯誤を主張できない。債権額こそが争いであり，その点について合意したからである。しかし，そもそもCA間の債権譲渡が無効であった場合には，AB間でこの点について争っておらず合意もない。よってBは錯誤を主張できる。和解契約の効力を否定できるかについては，主に錯誤との関係で問題となる。

② 和解と錯誤

　和解契約も契約である以上錯誤（改正民95条）が適用される。そこで以下，和解契約における錯誤の内容に応じて説明する。

　(1)　和解の意思表示に意思欠缺錯誤である表示の錯誤があった場合には，意思と表示の不一致があるため，他の契約と同様に錯誤を主張できる。たとえば，和解する際に，ある土地を考えてその土地は1番地であると思い，相手方へ1番地の土地所有権を譲ると意思表示したが，実は考えていた土地の表示は2番地であったという場合である。

　(2)　争いの対象である事項の前提ないし基礎に錯誤があった場合も，通説，判例は錯誤を認める。和解契約の前提部分に錯誤がある場合はさらに，①客観的な前提と，②主観的な前提に関するものに区別される。①客観的な前提は，契約の内容上確定したものとして行為の基礎におかれ，もしその事情が事実と

一致していないことを知っていれば両当事者とも和解契約を締結しなかったであろう場合である。たとえば，上記の AB 間の和解契約の例で，甲 A 間の債権譲渡が無効で A が債権者ではなかった場合，和解契約締結時に真実を知っていれば争い自体が生じなかったといえる。また，②主観的な前提は，当事者双方がとくに和解に際し前提とした一定の事情である。たとえば，X が Y に代金の支払いを求めたのに対して Y が債権の存否を争い，最終的に Y が債務を認めてジャム 150 箱で代物弁済する裁判上の和解が成立したが，ジャムが粗悪品であったことを理由に X が錯誤を主張する場合である（最判昭 33・6・14 民集 12・9・1492［特選金菊印苺ジャム事件］Case 参照）。ジャムが粗悪品であることを X が知っていたとしても，XY 間に売買代金債権の存在に関する争いは生じるといえ，また，ジャムの品質は和解の基礎となったのではなく，両当事者がとくに前提とした事項に錯誤がある点が，客観的前提とは異なる。

(3)　これに対して，争いの目的であった事項につき錯誤があった場合，たとえ真実と違っていても争いをやめることを目的として和解の合意をしたことから，当該和解に錯誤の適用はない（民 696 条）。

> ## Case
>
> ### 特選金菊印苺ジャム事件
>
> 　X の Y に対する商品代金の支払いについて，本件ジャムを市場で一般に通用している特選金菊印苺ジャムであることを前提とし，これを一箱当り 3 千円（一罐平均 62 円 50 銭相当）と見込んで代物弁済として引き渡すことで和解した。ところが，本件ジャムが粗悪品であったため，X が和解について錯誤を主張した。最高裁は，和解の意思表示にはその重要な部分に錯誤があったとして，X の主張を認めた（最判昭 33・6・14 民集 12・9・1492）。

POINT

- ■事務管理とは，自らに義務がないにもかかわらず，他人のために事務を処理することをいう。
- ■事務管理は，社会連帯と相互扶助の精神より認められたものである。
- ■事務管理の成立には，①他人の事務の管理が開始されること，②事務処理について義務が存在しない，③他人のためにする意思の存在，④本人の意思および利益に反しないという4要件を満たさなければならない。
- ■一旦事務管理を始めると，管理者には善管注意義務が発生する。また，本人の意思に従い管理を継続しなければならない。
- ■本人には，費用償還義務が発生する。

1 序（事務管理という制度）

1 法 的 意 義

　他人から委託を受けていない（義務がない）にもかかわらず，他人のために事務を処理（管理）することを事務管理という（民697条）。

　通常，所有者の承諾なく物の状態に変更を加えることはできない。たとえば，Aの長期出張中，台風によりAの家の屋根瓦が壊れた。隣に住み，日頃からAと仲良くしていたBは雨漏りを心配して，大工Cに屋根の修理を依頼し（あるいはB自身がA宅を修理し），雨漏りは収まったとしよう。このとき，B（管理者）がA（本人）の家を管理または修理するためには準委任契約や請負契約を締結する必要があり，上記の行為は違法な行為として不法行為責任を問われるであろう。

　とはいえ，Bの善意を違法とするのも問題である。Bは，Aが雨漏りにより

財産上の不利益を被らないようにと気を遣い，Cに屋根の修理を依頼したのである。また，屋根の破損を放置すればAの財産的損害が拡大し，居住も困難になる。よって，修理行為はA自身も取った可能性の高い合理的な行為といえる。このような行為を不法行為として違法としてしまうのは，国民一般の道義的感情にもそぐわないであろう。

　そこで，民法は**社会連帯**と**相互扶助**，つまり助け合いの精神を尊重するために事務管理の規定を設け，先の例のような行為を適法なものとした。具体的には，管理者にその管理を適当に遂行する義務を課す（民700条）とともに，本人に対する管理費用の償還請求権を認めている（民702条）。このような権利義務が発生するため，事務管理は契約・不当利得・不法行為と並び，**債権の発生原因の1つ**とされる。ただし，民法の事務管理の規定は，管理者の報酬請求権（後述）までは認めない。つまり，助け合いの精神を尊重はしているが，報酬による奨励はしていないのである。

　一方，特別法においては，管理者に対する報酬請求権を認めるものもある。たとえば遺失物法は，「物件の返還を受ける遺失者は，当該物件の価格の100分の5以上100分の20以下に相当する額の報労金を拾得者に支払わなければならない」（遺失28条）と規定している。報労金（報酬）を認めることにより，拾得物の届出を奨励しているのである。

2　法的性質（準法律行為）

　事務管理を始めたとしても，その管理行為自体は法律効果（事務管理債権）の発生を目的としたものではないとされる。

　確かに事務管理は「本人のために事務を管理する」ことが要件として必要であるが，法はそのような意思を尊重して法律効果を与えているのではない。そもそも所有者の承諾なく物の状態に変更を加える行為は違法であるところ，社会連帯と相互扶助の精神から法が特別に違法性を阻却し，債権の発生という法律効果を与えているのである。つまり事務管理債権は，管理者の「本人のために事務を管理する」意思に基づく管理行為より発生するのではなく，特別に債

権の発生を認めた民法の規定に基づき発生する債権なのである。よって，事務管理の法的性質は，意思表示や法律行為ではなく**準法律行為**とされる。

なお，先の例では，BはCとの間で屋根の修理契約（請負契約）を締結している。しかしこの契約は，Bが事務管理を履行するための手段として締結した契約であり，AB間の事務管理関係とは別物である。

2 ┃ 事務管理の要件

1 事務管理の要件

事務管理が成立するためには，①他人の事務の管理が開始されること，②当該事務処理について義務が存在しないこと，③他人のためにする意思が存在すること，④本人の意思および利益に反しないことの4要件が必要である。①〜③は民法697条1項，④は民法697条2項，民法700条ただし書より導き出される。本節では，それぞれの要件について詳説する。

2 他人の事務の管理が開始されること

まず，管理者が「他人の事務」の管理を行う必要がある。ここで，たとえば管理者Bが，たまたま自宅にあった建材を使用してA宅の修繕を行う場合は客観的に見て他人の事務（**客観的他人の事務**）となるであろう。しかし，Bがホームセンターで資材を購入する場合はどうであろうか。このような場合，購入行為がAの家の修繕のためなのか，それともBの家の修繕のためなのか，客観的には区別がつかない（このような事務を「**中性の事務**」という）。中性の事務については，本人のためにする意思で行われ，それが客観的に外部から推断することができるのであれば，事務管理が成立すると考えるのが通説である（**主観的他人の事務**）。

次に，管理者が「事務の管理の開始」をする必要がある。この点については，たとえば，Cと修理契約を結ぶ行為（法律行為）だけではなく，B自身がA宅

の屋根を修理する場合（事実行為）についても「事務の管理」とされる。また，屋根の修理の場合など，Aが帰宅するまで継続的な管理が必要となる行為のみならず，たとえばBがAの不在中の町内会費を立て替えるなど，継続的な管理の必要がない行為（一時的行為）についても事務管理の対象となる。さらに，事務の目的を達成するために必要であれば，保存行為，利用行為，改良行為以外の行為でもよい。たとえば，本人に変わって契約を解除する行為（処分行為。大判大7・7・10民録24・1432）や，隣家の樹木が倒れてきそうなので伐採する行為（破壊行為）であっても事務管理は成立する。

3　当該事務処理について法律上の義務が存在しないこと

　事務管理が成立するのは，管理者に法律上の管理義務や権限のない場合である。先の例で，AがBに対して海外旅行中の自宅の管理を依頼していた場合，Bに準委任契約に基づきA宅を管理する義務（債務）が発生するので，事務管理は成立しない。このほか，親権者の財産管理権（民824条）など，何らかの法的地位に基づき管理行為を行う場合にも事務管理は成立しない。ただし，義務や権限が与えられていたものの，その範囲を越えて管理した部分や，基礎となる契約等が無効や取消しとなった後に管理を行った部分については事務管理が成立しうる。

　また，たとえば主債務者の委託を受けない保証人が，債権者に対する保証債務を履行した場合，保証人と主債務者との間に法律上の義務関係は存在しないので事務管理は成立する。このように，管理者が第三者に義務を負っていても，本人に義務を負っていない場合には事務管理が成立する。

　なお，たとえば山岳で遭難した者に対する捜索活動のうち，警察，消防や自衛隊によるものは，行政機関の職員が職務として行う活動なので事務管理ではない。一方，民間の捜索隊による捜索は，職務ではないので事務管理が成立するが，それが遭難者家族からの依頼に基づく場合には，準委任契約に基づく義務の履行となるため事務管理は成立しない。

図表 6-1　保証と事務管理

Topics

船長の救助義務と事務管理

　先に述べたように，警察官や消防官が遭難者を職務として救助しても事務管理は成立しない。一方，遭難者を発見した船舶の船長にも救助義務（船員14条）があるが，この場合には事務管理が成立する。なぜ，船長には成立する事務管理が，警察官や消防官には成立しないのであろうか。

　警察・消防から救助を受けたとしても費用がかからないのは，人命救助が国家の責務であり，警察官や消防官の救助活動は，その責務を全うするために当然行われるべき活動（つまり「職務」）だからである。ここで，仮に船長の救助義務も警察官や消防官と同じ職務と解した場合，船長（実際には船長が勤務する船舶会社）は遭難者に費用償還請求ができないことになる。そうなると，たまたま遭難者を発見した船舶に救助費用の支出という不測の損害を被らせるのみならず，費用負担を恐れた船長が遭難者をわざと見逃すなど，救助行為そのものを萎縮させることにもなりかねない。

　以上の理由から，船長の救助義務は，遭難者に対する事務管理義務を定めたものと解されているのである。

4　他人のためにする意思が存在すること

　「他人のためにする意思」とは，他人の利益を図るために行為をすることをいう。この意思は文字通り「他人」，つまり自分以外の者の利益を図るためであれば良いので，**受益者が特定されている必要はない**。胎児のように，管理行為の時点では権利能力を有しない者の利益を図るためでもよい。BがAの家と思って事務の管理を始めたが，その家は実はDの家であった場合にも，Dに対する事務管理が成立する。また，「他人のためにする意思」と「自己のた

めにする意思」が併存する場合であっても事務管理は認められる。たとえば，A宅を修繕する意図が，A宅の倒壊によりB宅に損害が及ばないようにするためであったとしても，事務管理は成立するのである。

5 本人の意思および利益に反しないこと

この要件は条文上明示されているわけではない。事務管理が本人の意思に従い行われなければならないこと（民697条2項），および事務管理が本人の意思に反していたり，不利なことが明らかである場合には中止しなければならないこと（民700条ただし書）から，解釈上，本人の意思および利益に反した事務管理は行えないと解されている。

ここで，たとえば自殺未遂により意識を失っている者を保護した場合など，行為（ここでは作為だけではなく不作為も含む）が公序良俗に反していたので，本人の意思を無視して管理行為を行った場合に事務管理が成立するかについて議論がある。管理行為が社会的に有益であったり，望まれる行為であるなら，事務管理は成立させるべきであろう。

Case

意思無能力者に代わって事務を管理することはできるの？

意思無能力者については，本人の意思を推測できないので「本人の意思および利益に反しない」かどうかの判断が困難である。このような者に代わって事務を管理した場合，費用償還請求権は発生するのだろうか。この論点について，次の判例がある。

Aが死亡し，その財産を妻Bおよび子C，Y_1〜Y_{10}（計12名）が相続した。本件相続時，すでに妻Bは意思無能力状態であったため，子Cが妻Bに代わり相続税（6953万円）を納付した。妻Bが死亡すると，その財産を子CおよびY_1〜Y_{10}（計11名）が相続したが，その後Cも死亡した。Cを相続したXがY_1〜Y_{10}に対し，Cが支払った相続税の費用償還を求めた。

この点について最高裁は，たとえBが意思無能力者であったとしても，納税すべき税額がある以上，相続税申告書の提出義務は発生し，税務署長による税額の決定（相税35条2項1号）も，意思無能力者に対して適用されうることから，本件相続税納付が意思無能力者の利益に反するとはいえないとして事務管理の成立を認めた（最判平18・7・14判時1946・45）。

---

1 違法性は阻却される

　BやCがA宅を修理するために，Aの敷地内に入る必要がある。また，Aの敷地に生える巨木の枝が屋根の破損部分の上に伸びており，伐採しなければ修理が難しい場合には，A宅の現状に変更を加える必要も生じる。そして通常，これらの行為は不法行為に基づく損害賠償請求（民709条）の対象となる。

　しかし，事務管理が成立すると，このような行為の**違法性が阻却**され，不法行為責任を問われることはない。条文上，違法性阻却については明記されていないが，事務管理が社会連帯と相互扶助の精神に基づいて，他人の利益を図ることを意図して行われることから，当然のこととして考えられている。

　ただし，事務管理が成立しても，その後の管理がずさんであれば善管注意義務違反（後述）となり損害賠償請求の対象となる。これは，事務管理に基づき管理者に発生する債務の不履行が問われているのであり，不法行為の問題ではない。

2 管理者の義務

　管理者が負う義務は，基本的に委任契約における受任者の義務と同じである。一方，管理者が勝手気ままに事務を管理することを防止する（つまり，一度事務管理を始めた管理者が，面倒くさくなって勝手に管理をやめたりすることを防ぐ）ために，事務管理の管理者に特有の義務も定められている。

1 管理開始を通知する義務

　管理者が事務管理を開始したときは，遅滞なく本人に通知しなければならない。（民699条）。先の例で，Bが自分自身で屋根の修理を開始した場合，Aとしては，Bによる素人修理ではなく，大工であるCに任せて完璧に修理した

いと考えるかもしれない。本条は本人に対して，管理者以外の適任者による管理を任せる機会を与える趣旨で設けられた規定である。よって，すでに本人が管理の開始を知っている場合には通知しなくてもよい（同条ただし書）。

　また，たとえばＢがＡの不在中の町内会費を立て替えた場合のように，継続的な管理の必要ない事務管理については，管理開始を通知することができない。このような場合，ただちに管理終了を通知する必要があろう。

② 管理を継続する義務

　管理者は，本人，その相続人または法定代理人が自ら管理できるようになるまで，管理を継続しなければならない（民700条）。管理者が面倒くさくなって勝手に管理をやめると，本人に不測の損害を被らせることになることから，このような規定が設けられた。

　一方，本人の意思に反している場合や，本人に不利になることが明らかな場合には管理を継続してはならない。ただし，自殺未遂者を保護した場合など，本人の意思が公序良俗に反する場合については，管理を継続することができる。

③ 本人の意思にしたがって管理する義務

　管理者は，本人の意思を知っている場合や予測できる場合は，これに従い管理しなければならない。一方，本人の意思が公序良俗に反する場合や不明な場合は，事務の性質に従い，最も本人の利益に適合するように管理をしなければならない（民697条）。

④ 善管注意義務

　管理者は委任契約における受任者の場合と同じく**善管注意義務**を負う。この義務については条文上規定されておらず，民法698条の反対解釈として認められている。

　民法698条は「管理者は，本人の身体，名誉又は財産に対する急迫の危害を免れさせるために事務管理をしたときは，悪意又は重大な過失があるのでなけ

れば，これによって生じた損害を賠償する責任を負わない」と規定する。「急迫の危害を免れさせるため」の事務管理とは，たとえば道端で倒れている人を助けようとして応急救護をする場合などをいう（これを**緊急事務管理**という）。そして，緊急事務管理については，悪意（ここでの悪意は「害意」と解されている）または重過失により本人に損害を与えたのでなければ，損害賠償義務は発生しない。先の例であれば，応急救護の過程で着衣を破損させたとしても，破損について悪意または重過失がなければ損害賠償義務が発生しないのである。この条文の反対解釈として，通常の事務管理については善管注意義務が発生すると解されている。

そもそも緊急事務管理となりうる行為は，本人も事務管理を望んでいる場合や，社会的にも求められる行為であることが多い。このような場合にまで善管注意義務を設けることは，社会連帯・相互扶助を趣旨とする事務管理行為そのものを萎縮させることになるのである。

⑤　その他の義務

先に述べたように，事務管理では委任契約の規定が多く準用されている（民701条）。管理状況の報告義務（民645条），受領物・取得権利の移転義務（民646条），本人に属すべき金銭を消費したときの利息支払い，損害賠償義務（民647条）がある。

3　本人の義務

① 費用償還義務

本人は，管理者が支出した有益費を償還しなければならない（民702条）。通常，有益費とは物の改良などのために支出した金銭その他をいう。しかし，本条のいう有益費には，物の管理・保存に**必要な費用（必要費）も含まれる**とされる。

有益費は，**支出時を基準**として算定される。よって，支出後の材料価格の高騰・下落は考慮されない。利息については，民法702条2項が民法650条2項のみを準用し，利息に関する民法650条1項を準用していないことから，請求

できないとするのが通説であるが，反対説も存在する。管理者に報酬請求権（後述）がないこと，社会連帯，相互扶助の精神を尊重するが，奨励はしないという事務管理の趣旨からして，利息請求権はないと考えるのが自然な帰結であろう。

有益費の範囲は，支出当時の状況を基礎として客観的に相当なものであったか否かにより判断される。たとえば，A宅にはもともと一般的な瓦が使われていたが，Bが修理をする際に，A宅の瓦を金箔張りの高級瓦にしたとしても，有益費とはならない。

管理者が事務処理にあたり有益な債務を負担した場合には，本人に対して，自己に代わって弁済をするよう請求することができる。また，その債務が弁済期にないときは，本人に対して相当の担保を請求することができる（民702条2項・650条2項）。管理者が本人の名を用いて債務を負担した場合も同様である。先の例でいえば，BがCに対して，B自身の名において（またはAの名を用いて）A宅の修理を依頼した場合，BはAに対して，修理代金をCに支払うよう請求することができる。また，BのCに対する債務が弁済期前であれば，BはAに対して担保を提供させることができるということである。そしてこの義務は，本人の管理者に対する義務といわれている。

なお，事務管理が成立しなかった場合には，「本人が現に利益を受けている限度において」費用返還義務が生ずる（民702条3項）。

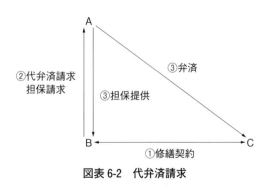

図表 6-2　代弁済請求

② 報酬支払義務

本人は，管理者に対して有益費の償還とは別に報酬を支払う義務はない（通説）。これは，民法上規定がないことに加えて，報酬支払義務を認めることが，社会連帯，相互扶助という事務管理の趣旨にそぐわないからである。一方，事務管理を積極的に奨励する学説は，報酬の支払義務を認めている。報酬支払義務を認めない学説のなかにも，一定の場合には支払義務を認めるものがある。たとえば医師が倒れている者を病院に運んで治療をした場合など，本来の営業上の行為を事務管理として行った場合には，価格表に基づいて正当に計算した報酬を請求することができると解するものもある。

③ 損害賠償義務

管理者が事務を管理する過程で損害を被った場合，本人に対して損害賠償請求をすることができるであろうか。第三者が管理者に対して損害を与えた場合には当然，第三者に損害賠償義務が発生する。問題は，管理者の過失によらない損害について，本人が損害賠償義務を負うべきかである。

委任契約については民法650条3項によって，委任者の受任者に対する損害賠償義務を認めている。しかし，民法702条2項は650条2項しか準用しないことから，事務管理の場合については，本人には管理者に対する損害賠償義務がないとされている（通説）。もっとも，損害賠償の対象となる損害が事務管理の費用としても解釈できる場合には，有益費として償還を認めている。たとえば川で溺れている者を救助する際に汚損した着衣のクリーニング代がその例である。濡れた救助者を川から引き上げて介抱する過程で，衣服の汚損は避けることができないであろう。このように，事務管理の過程で当然に予見できる費用については有益費（必要費）と解釈し，償還の対象とすることができる。

一方，事務管理の過程で管理者が負傷，死亡した場合の損害を有益費に含めることは困難であろう。そこで，たとえば私人が警察官に協力したことにより負傷，死亡したなど一定の場合には，特別法により，国または都道府県が給付を行うことを定めている（警察官の職務に協力援助した者の災害給付に関する法律

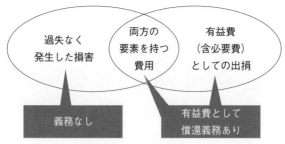

図表 6-3　過失なく発生した損害と有益費の関係

など)。

4　第三者との関係

［1］　管理者の名において法律行為をした場合

　先の例で，事務管理の関係が発生するのは AB についてであり，BC に発生するわけではない。すなわち，B が A 宅を修理するために，自己の名で材料屋から材料を購入したり，C と修理契約を結んだとしても，その効果は A に及ばない。

［2］　本人の名において法律行為をした場合

　一方，B が A の名において材料を購入したり，修理契約を締結した場合は，無権代理関係となる。そして，この関係には以下の 2 種類がある。

　ひとつ目は，B が A の代理人と称して材料屋と売買契約を結んだ場合，B は A より代理権を授与されていないので，自己の代理権を証明したとき，または本人の追認を得たときを除き無権代理行為となり，A に契約の効果は帰属しない（改正民 117 条 1 項）。

　ふたつ目は，B が，材料屋に対して「A のための事務管理である」旨伝えて売買契約を締結した場合である。この場合，材料屋は B に代理権がないことを知ったうえで取引行為をしているのであるから，表見代理は成立しない（改正民 117 条 2 項 1 号）。B に対して無権代理人の責任を問うこともできない。

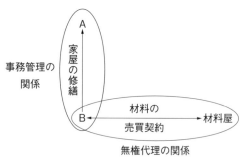

図表 6-4　事務管理と無権代理の関係

　ただし，前者については無権代理行為の追認（民 113 条）がある場合には契約の効果は本人に帰属する。後者についても，本人の意思に明らかに反するなど，事務管理の成立要件を満たしていない場合であっても，追認があれば有効な事務管理として扱われる。

4 ┃ 準 事 務 管 理

1　準事務管理とは

　たとえば A の長期出張中，家の管理を頼まれていた B は，A の許可を得ることなく A 宅を賃貸して収入を得ていたとしよう。このとき A は，B に対して，B が得た収入の引渡しを請求することができるだろうか。

　このような場合，B の賃貸行為が，A の利益を図るためのものであれば事務管理は成立し，賃料収入から有益費を差し引いた残額を A に引き渡さなければならない（民 701 条・646 条・702 条 1 項）。しかし，このような場合，B が A の利益を図って賃貸行為をするのではなく，B 自身の利益を図る意図であることがほとんどであるから事務管理は成立しない。B が得た利益を不法行為や不当利得として返還請求をすることも考えられるが，A が請求できるのは，前者は A が被った「損害」の範囲（民 709 条），後者は A が被った「損失」の範囲に限定される（民 703 条・704 条）。よって，A が得た利益すべての引渡しを B が受け

ることは難しい。

　そこで，Bの得た利益のすべてをAに帰属させるために，解釈論として，事務管理の規定を準用しようとする主張（これを「**準事務管理**」という）があり，学説上争われている。

② 学　　説

① 準事務管理を認めて利益の返還を認める学説

　正面から準事務管理を肯定する学説は，悪意の侵奪者である管理者にそのような収益の保有を許すのは，いわば泥棒や詐欺師の才覚・労働を奨励することになりかねないため不当と考える。そこで，事務管理の要件のうち「他人のためにする意思の存在があること」，「本人の意思及び利益に反しないこと」が欠ける場合を準事務管理とし，民法701条（そして，これに準用される民法646条）を適用して，管理者に受領物・取得権利の移転義務を発生させる（肯定説）。

② 準事務管理は認めないが利益の返還は認める学説

　準事務管理を採用した場合と同様の結論を，別の論理構成から導き出そうとする学説である。本人の追認により後発的に事務管理の成立を認め，受領物・取得権利の移転義務（民701条・646条）を適用して，本人に利益を引き渡させる（追認説）。

③ 利益の返還を認めない学説

　準事務管理を否定する学説は，管理者が自らの才覚や手腕，資金などにより利益を得た場合，それを保持することを認める。そして本人は，不法行為に基づく損害賠償請求権や，不当利得に基づく返還請求権の範囲内で利益の返還を受けることができるにすぎないとする（不法行為・不当利得説，通説）。このように考える理由は，事務管理が社会連帯，相互扶助の精神に基づき，利他的な行為を保護することを目的とした制度であり，管理者が過剰に得た利益を本人に帰属させるために準用することは，制度目的にそぐわないからである。とはいえ，この学説が管理者の利益保持を問題視

していないわけではなく，法改正により解決すべきであると主張する。

③ 判　　例

準事務管理に関係する判例としては，船舶の共有者であるＡが，もう１人の共有者であるＢの同意を得ることなく船舶をＣに売却した事案（大判大7・12・19民録24・2367）がある。判決は，ＢはＡに対して，事務管理の法則に則り代金の半額を請求できる旨判示した。本判例については，準事務管理を肯定したものとする見解がある一方で，追認説に立ったものとする見解もある。

④ 特　別　法

準事務管理をめぐる問題は，知的財産権の世界では立法的に解決をみている。たとえば，特許権の侵害者が侵害行為により利益を受けているときは，その利益の額が，特許権者に対する損害の額と推定される（特許102条2項）。

また，会社法においても，競業避止義務に違反した支配人や第三者が得た利益を，会社に生じた損害と推定する規定がおかれている。

第7章 不 当 利 得

POINT

- 不当利得とは，ある者が他人の財産や労務から法律上の原因なく利益を受けたときに，その利益を返還する制度である。
- 不当利得制度の類型には，給付利得，侵害利得，支出利得（費用利得，求償利得）がある。
- 不当利得の一般原則として，善意の受益者は現存利益の返還を義務付けられ（民703条），悪意の受益者は受けた利益に利息を付けて返還し，損害があれば損害も賠償しなければならない（民704条）。
- 給付利得の特則には，広義の非債弁済（狭義の非債弁済，期限前の弁済，他人の債務の弁済），不法原因給付がある。

1 | 序

1 不当利得総論

1 不当利得とは

不当利得とは，文字通り，不当な（法律上の原因のない）利益を得ることである。この場合に，損失者は受益者に対して**不当利得返還請求権**を持ち，受益者は損失者に対して**不当利得返還義務**を負う。そのため，不当利得は，契約，事務管理，不法行為とともに債権発生原因の1つとされる。なお，受益者のことを利得者とも呼ぶが，条文では受益者と表記されているので（民703条参照），本書もそれに従い，受益者で統一する。

不当利得制度は，受益者が損失者から不当に（法律上の原因なく）利益を得ていたときに，損失者がその利益を返還請求することによって，利益を受益者から本来有すべき者（損失者）に戻そうとする，いわば**後始末の問題**である。

不当利得について，特別に規定が設けられている場合には，まずはその規定を適用し，そうではない場合には，本章で取り上げる不当利得の一般規定を適用することになる。

[2] 不当利得の理論

(1) **公平説（衡平説ともいわれる）** 不当利得制度についてはかつて，「すべての類型を包括する統一的理念としては，形式的・一般的には正当視される財産的価値の移動が，実質的・相対的には正当視されない場合に，公平の理念に従ってその矛盾の調整を試みようとすることが不当利得の本質である」（我妻榮『債権各論下（一）』〔岩波書店，1972 年〕938 頁）という理解（**公平説**）が一般的であった。そして，この見解により，不当利得の要件と効果は，民法 703 条，704 条の下に統一的に捉えられていた。

(2) **類型論** しかし，不当利得には非常に様々な事例が含まれており，公平説におけるような「公平の理念」という一般的で抽象的な根拠に基づいて不当利得制度全体を理解するのは不十分・不可能であるという批判がなされた。

そして，ドイツのケメラーの見解に基づいて，統一的に不当利得制度を理解するのではなく，類型ごとに分類し，それぞれの類型について要件と効果を考えるべきであるとする**類型論**が提唱された。この類型論が今では通説的な立場を占めているといってよいであろう。平成 29（2017）年の民法改正においては，改正民法 121 条の 2（無効行為の原状回復義務）が新設されたことなどから，類型論の立場に基づいて給付利得を捉えていると評価される一方で，民法 703 条・704 条の不当利得に関する一般規定は，侵害利得について妥当するもので，その他の類型（給付利得，支出利得）には適用されないものと理解されている。

 Topics

箱庭説（法体系投影理論）

不当利得を理解する考え方としては，公平説や類型論を否定する箱庭説（法体系投影理論）も有力である。この見解は，不当利得を財貨移転と関係する全実定法の法律関

係の裏返しとして位置付けることが可能であることから，まずは不当利得を全実定法体系の「箱庭（投影体）」として統一的に把握し，その上で，「財貨移転の矯正」と「財貨帰属の確保」の 2 点において各論的に考察しようとするものである。

　類型論において類型の名称は必ずしも一致していないが，本書は類型論の立場に立ち，最も一般的と思われる名称に従って，説明をしていく。すなわち，**給付利得**と非給付利得に大別して，非給付利得を**侵害利得**と**支出利得**に二分する。

2　不当利得の要件と効果

① 要　　件

　伝統的な理解によれば，不当利得が成立するためには以下の要件が必要である。①**受益**（ある者が利益を受けること），②**損失**（他の者が損失を受けること），③受益と損失の間に**因果関係があること**，④受益に**法律上の原因がないこと**，である。

　二当事者間の不当利得では，一方当事者にとっての「受益」は同時に他方当事者にとっての「損失」であり，受益と損失は裏表の関係であるから，①受益，②損失，③因果関係の 3 つの要件を個別に検討する必要は必ずしもない。したがって，不当利得の要件としては，①受益と，④受益に法律上の原因がないことの 2 点を検討すれば十分である。もっとも，類型論においては，類型ごとに要件（とくに「法律上の原因がないこと」）の内容が異なるので，各項目において説明する。

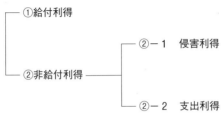

図表 7-1　不当利得における諸類型

```
① 受益（ある者が利益を受けること）

② 損失（他の者が損失を受けること）

③ 受益と損失の間に因果関係があること

④ 受益に法律上の原因がないこと
```

図表 7-2　不当利得の一般的成立要件

　（1）　受益（ある者が利益を受けること）　　ある者が他人の財産または労務によって利益を受けることを**受益**（**利得**とも呼ばれる）という。言い換えれば，ある事実によってある者の財産が増加することを意味する。受益にはある事実によって財産が積極的に増加した場合（**積極的増加**）だけでなく，その事実がなければ減少するはずであった財産の減少を免れた場合（**消極的増加**）も含まれる。後者の例としては，負担している債務を免れた場合や，他人の金銭を生活費に充てるなどして自己の財産からの支出を免れた場合がある。

　（2）　損失（他の者が損失を受けること）　　ある者の受益によって他の者が損失を受けることを損失という。損失は受益と裏表の関係にあるので，受益が認められれば，原則として損失も認められる。損失には，ある事実によって財産が積極的に減少した場合（**積極的減少**）だけでなく，その事実がなければ増加するはずであった財産の増加がなかった場合（**消極的減少**）も含む（大判大3・7・1民録20・570）。

　（3）　受益と損失の間に因果関係があること　　受益者が利益を受けたために，他人（損失者）が損失を被ることである。すなわち，受益者の受益と損失者の損失の間に**因果関係があること**が必要である。民法703条における「そのために」に相当する要件である。この因果関係は，債務不履行や不法行為に基づく損害賠償におけるような相当因果関係である必要はなく，社会観念上受益と損失に因果関係があれば十分とされる（最判昭38・12・24民集17・12・1720，最判昭38・12・24民集17・12・1744）。

　（4）　受益に法律上の原因がないこと　　**法律上の原因**とは，受益者が利益を

受けることができる正当な原因のことである（大判昭11・1・17民集15・2・101）。債権においては，債権者が給付を受けることは受益に法律上の原因があるが，債権者でない者が何らかの給付を受けて利益を受ける場合には，その受益には法律上の原因がないことになる。また，物権においては，所有権や地上権を有する権利者が物を利用する場合には法律上の原因があるが，無権利者が物を利用する場合には法律上の原因がない。

② 効　果

　要件を充たして不当利得が成立すると，受益者は損失者に対して受けた利益の返還義務を負うことになり，損失者は受益者に対して**不当利得返還請求権**を有することになる。このときの不当利得の返還範囲は，受益者が受益に法律上の原因がないことを知っていたか否か（**善意か悪意**）で区別される。**善意の受益者**は利益が現存する限度で損失者に返還する義務を負い（民703条），**悪意の受益者**は利益に利息をつけて返還し，さらに損失者に損害があるときには損害賠償する義務も負う（民704条）。

　不当利得の一般規定である民法703条と704条の規定順序からすると，703条（**現存利益**の返還）が原則規定であり，704条（受益すべての返還）が例外規定のように見える。しかし，法律上の原因なく移動した利益を戻すことが不当利得制度の趣旨であることからすると，704条（受益すべての返還）が原則であるといえ，それゆえ，703条（現存利益の返還）が善意の受益者を例外的に優遇した規定であると考えるべきである。このことは「善意で不当利得をした者の返還義務の範囲が利益の存する限度に減縮されるのは，利得に法律上の原因があると信じて利益を失った者に不当利得がなかった場合以上の不利益を与えるべきでないとする趣旨に出たものである」という最高裁の判断からも明らかであろう（最判平3・11・19民集45・8・1209）。

　(1)　**原物を返還できる場合**　　受益者は損失者に対して原則として不当利得した原物そのものを返還しなければならない（**原物返還の原則**）。原物が損傷していれば，損傷した状態で原物を返還すればよい。受益者が故意または過失に

よって原物を損傷した場合も同様であるが，この場合には現存利益が消滅・減少した理由にはならない。

受益者は原物から生じた果実や収益も返還しなければならない。消費されて他の利益に形を変えた場合も同様である。恩給証書や株券といった権利を表象する証書については，取り戻すことが可能であればその証書を返還し，可能でなければ価格を返還することになる（恩給証書について大判昭6・6・27新聞3302・16，株券について大判昭16・10・25民集20・21・1313）。

他方で，受益者が原物の保存・改良のために費用を支出したときは，保存・改良の結果が現存していれば，原物の返還請求権者に対して費用の償還を請求できる。さもないと，受益者の支出によって，返還請求権者が不当利得をすることになってしまうからである。

(2) 原物を返還できない場合　(a) 価格返還義務　原物を返還できない場合には，受益者は損失者に対して価格によって返還する義務（**価格返還義務**）を負う。原物が金銭以外の代替物であったとき（最判平19・3・8民集61・2・479）や，労務の提供や物の使用のように受益の性質上そのままでは返還することができない場合にも（大判大5・9・26民録22・1450，最判昭35・9・20民集14・11・2227），価格によって返還する義務を負う。

原物を返還できないというのは，当初から返還が不能という場合だけでなく，当初は返還が可能であったが途中から不能となった場合も含まれる。たとえば，原物を売却してしまい，取り戻すことができない場合である（大判大4・3・13民録21・371，大判昭11・7・8民集15・16・1350など）。

返還すべき価格は受益した時を基準に算定されるが，途中から不能となった場合は不能となった時に算定される。受益者が受益にあたって費用を支出したときは，受益者が支出した費用の額を控除して算出される（前掲大判昭11・7・8）。

(b) 代償返還義務　原物を返還できない場合に，受益者が原物の代償と認められるものを取得したとき，受益者は損失者に対してその代償物を返還する義務（**代償返還義務**）を負う。たとえば，原物が滅失・損傷した場合の保険金請求権や損害賠償請求権などが代償物である。

(3) 現存利益について　　(a) 現存利益の判定時期　　利益をすべて返還するべきであるというのが不当利得の一般原則であるから，**現存利益**を判断する意味は善意の受益者を保護するためにある。

現存利益を判断する時期は，①損失者が返還請求したときは**返還請求された時**（訴訟を起こしたときは**訴訟提起時**），②途中で悪意になったときには**悪意になった時**である。②によって，受益者が悪意になった後で利益が減少・消滅しても，現存利益の範囲は悪意になった時に判断されるので，受益者の返還義務の範囲が悪意になった後で減少・消滅することはない（前掲最判平3・11・19）。

(b) 現存利益と出費節約　　金銭を受領したときは，利益は現存するものと推定される（大判明35・10・14民録8・9・73，前掲最判平3・11・19など）。受領した金銭を費消したか，預金したか，貸与したかは関係ない。また，受領した金銭を生活費に充てた場合にも，現存利益はあるとされる（大判大5・6・10民録22・1149，大判昭7・10・26民集11・19・1920）。生活費は生活する上で支出せざるをえないものであり，受領した金銭を充てたことで自己の財産から本来支出すべき金銭を節約することができたと考えられるからである（**出費の節約**）。もっとも，国が遺族扶助料を過払いした事件で，過払分を生活費に充てて，それによって支出を免れて残っている財産もないという場合に，金銭授受の事情を斟酌して，現存利益はないものとされた例がある（大判昭8・2・23新聞3531・8）。

(c) 現存利益の証明責任　　現存利益がないことの証明責任は，それを主張することによって利益を受ける受益者にあるとされる（大判昭8・11・21民集12・23・2666，前掲最判平3・11・19）。したがって，損失者は現存利益の存在を証明しなくてもよい。

(4) 返還義務の範囲　　受益者が善意か悪意かで，返還義務の範囲は異なる。**善意**とは，受益が法律上の原因に基づかないことを受益者が知らないことである。**悪意**とは，受益が法律上の原因に基づかないことを受益者が知っていることである。善意・悪意の判断基準時は受益した時であり，過失の有無を考慮することなく判断される（通説）。

(a) 善意の受益者　　善意の受益者は，残っている限度で受けた利益（**現**

存利益）を返還すればよい（民703条）。現存利益には，受益時の状態のままで残っている原物だけではなく，形を変えて残っている利益も含まれる。

　善意の受益者は現存利益の範囲で返還すればよいので，損失者に現存利益を超える損害が発生しても，受益者は現存利益を超える部分について返還義務を負わない。現存利益が損失者の受けた損害額よりも大きい場合には，損害額を限度に返還されることになる（前掲大判昭11・7・8）。

　不当利得の返還義務は期限の定めのない債務であるから，善意の受益者は履行の請求を受けた時から遅滞の責任を負う（民412条3項）。これによって，遅延利息が発生する（大判昭2・12・26新聞2806・15）。

　（b）　悪意の受益者　　悪意の受益者は，現存利益があるか否かにかかわらず，受けた利益をすべて返還しなければならない。また，受けた利益について受益時からの利息をつけて返還しなければならない（民704条前段）。悪意の受益者は，受益時に自分が利益を受けたことについて法律上の原因がないことを知っており，それゆえ損失者から不当利得返還請求される可能性があることを認識しているから，善意の受益者よりも重い責任が課されている。

　さらに，悪意の受益者が受けた利益すべてとその利息を返還しても損失者に損害があるときには，悪意の受益者は損失者に対して損害賠償責任を負う（民704条後段）。この損害賠償責任の性質は不法行為責任と解されており，悪意の受益者は損失者の損害額が全部補塡されるまで賠償しなければならない。

　受益時に善意であった者も，その後に悪意となったときは，悪意となった時から悪意の受益者として責任を負うことになる。このとき，悪意となった時点での現存利益と悪意となった後の受益について，悪意の受益者として責任を負う。また，悪意となった後は利得消滅の抗弁は認められない（前掲最判平3・11・19）。なお，受益者が悪意であることについての証明責任は，損失者にある。

Topics

制限超過利息の元本充当と返還請求

　金銭消費貸借において利息制限法所定の制限を超える利息（制限超過利息）を支払った場合，弁済者には不当利得返還請求が認められる。判例はかつて，制限超過利息は残存元本に充当されないという立場（最大判昭 37・6・13 民集 16・7・1340）であったが，その後民法 491 条により充当される（最大判昭 39・11・18 民集 18・9・1868）と判断を変更した。さらに，充当によって元本を完済した後に債務者が債務の不存在を知らずに支払った場合には，不当利得返還請求できるとした（最大判昭 43・11・13 民集 22・12・2526，最判昭 44・11・25 民集 23・11・2137）。これら一連の判決が，近時に大きく注目された過払金返還請求訴訟の基礎となっている。

　(5)　消滅時効　　不当利得返還請求権の**消滅時効期間**は，①権利を行使できることを知った時（主観的起算点）から 5 年，②権利を行使できる時（客観的起算点）から 10 年である（改正民 166 条 1 項）。改正前は，改正前民法 167 条 1 項による 10 年であるとされていたが（最判昭 55・1・24 民集 34・1・61，最判平 3・4・26 判時 1389・145），改正によって二つの消滅時効期間が導入された。不当利得返還請求権は法律の規定によって発生する債権（法定債権）であるから，②については時効の起算点は**不当利得返還請求権が成立した時**である（大判昭 12・9・17 民集 16・21・1435）。

2　給 付 利 得

1　定　　義

　給付利得とは，給付者（損失者）の意思に基づいて給付がなされたが，給付の原因である法律関係が存在しない場合である。たとえば，契約に基づいて給付したが契約が解除されたり取り消された場合，無効な給付がなされた場合や，債務がないのに給付がなされた場合である。

　もっとも，債務がないのに給付された場合において給付利得として返還請求

するためには，債務が存在していなかったことについて給付者が善意である必要がある。たとえば，債務がないのに債務を負っていると誤信して給付した場合や，誤信して本来の債務額を超える給付をした場合である。給付者が悪意であったときには，**非債弁済**（民705条）となり，給付者は返還請求することができない。

2　要　　件

要件は，①**受益**，④受益に**法律上の原因がないこと**，の2つである。というのも，受益者（受領者）の受益は損失者（給付者）の損失であり，その受益と損失は1つの給付について見ているので，そこには必ず因果関係が存在するからである。それゆえ，要件として受益を検討すれば，②損失や③受益と損失の因果関係について検討する必要はない。

1　受　　益

給付利得における受益とは，給付されたもの自体である。たとえば，売買契約においては，売主から引き渡された物，買主によって支払われた金銭が給付されたものであり，利用型契約や労務提供契約においては，貸借物の使用や提供された労務が給付されたものである。

2　法律上の原因がないこと

法律上の原因がないこととは，何らかの法律関係に基づいて給付がなされたが，無効や取消しなどによってその法律関係が欠けていたことである。給付の基礎となる法律関係としては契約が代表例であるが，抵当権の設定などの物権法上の法律関係，扶養義務や遺産分割協議などの家族法上の法律関係なども該当する。

なお，契約が解除された場合（改正民545条），解除によってその契約は遡及的に消滅していると解されると（**直接効果説**，大判大8・9・15民録25・1633），法律上の原因がないにもかかわらず給付がなされたとして，不当利得として考え

ることができる。この民法 545 条の原状回復請求権は不当利得の特別規定と考えられている。

　法律上の原因が存在していないのは，給付時に原因が存在していない場合（債務がないのに給付をした場合や，契約が無効であったり，取り消された場合など）が多いが，当初予定されていた給付の目的が達成されなかった場合（**目的不到達による不当利得**）や，給付時には存在していたが後で原因が消滅した場合（大判大 11・6・14 民集 1・6・310）がある。

Topics

目的不到達による不当利得

　目的不到達による不当利得とは，一定の目的を達成するために有効な給付をしたが，期待した目的が達成されなかった場合の問題である。典型例としては，結納金を交付したが婚姻が不成立になったために，交付した結納金を不当利得返還請求する場合である。

　判例は，婚姻予約が合意解除された事例について，結納金の交付は「他日婚姻の成立すべきことを予想し授受する一種の贈与」であるとして，婚姻不成立でも贈与自体は無効にならず，それゆえ法律上の原因がなくなるわけではないが，結納金の不当利得返還請求を認めた（大判大 6・2・28 民録 23・292）。

　これに対して，単に婚姻不成立を黙示の解除条件とする贈与と考えて解決すべきという有力説がある。

③　証 明 責 任

　通常は法律上の原因に基づいて給付されるので，①受益および④受益に法律上の原因がないことの証明責任は，返還請求をする給付者にあると解される。

3　効　　　果

①　返 還 義 務

　契約が不成立であったり，無効または取り消された場合に，先の要件を充たせば，不当利得が成立し，給付者は受領者に対して給付したものを返還請求できる。これによって，履行された**契約の清算（巻戻し）**が行われることになる。

　侵害利得では民法 703 条と 704 条の一般規定が適用されるが，給付利得は法

律上の原因に基づいた法律関係を清算（巻戻し）するものであるから，一般規定を適用せず，不当利得の特則として位置づけられる改正民法121条の2に従って処理される。

　①受益者は原状回復義務を負う（改正民121条の2第1項）。原物返還が原則であるが，それができないときは，価格返還となる。他方で，②無効な行為が無償行為（贈与契約など）であった場合には，受益者が善意であれば，現存利益の範囲で返還すればよい（同条の2第2項）。この規定が新設されたのは，受益者が給付の原因である法律行為が無効・取消可能であることを知らなかった場合に，費消や滅失などについて原状回復義務を負うことになると，不測の損害を与えることになりかねないことへの配慮からである。①②から明らかなように，返還範囲については，第一次的に受益者の善意・悪意が問われるのではなく，まず無効な行為が無償であるか否かで区別され，その後に受益者の善意・悪意が問われることになる。また，③行為時に意思能力を有しなかった者や制限行為能力者であった者も，現存利益の範囲で返還義務を負う（同条の2第3項）。

　なお，民法改正に伴って消費者契約法も改正され，消費者契約に基づいて給付を受領した消費者が，給付受領時に意思表示を取り消すことができることを知らなかったときは，現存利益の範囲で返還する義務を負う，とされた（消費者契約法6条の2）。

② 有償契約関係の清算

　双務契約においては，両当事者が履行義務を負うので，給付に**牽連関係**が認められる。それゆえ，**同時履行の抗弁**や**危険負担**といった問題と関連する。

　(1)　履行上の牽連関係（同時履行の抗弁）　売買契約のような双務契約において両当事者がすでに履行をした後で，契約が解除されたり，無効または取り消された場合には，互いに給付利得の返還請求権をもつことになる。このとき，契約解除における原状回復請求権の場合（民546条）と同様に，両当事者は互いに不当利得返還請求権について同時履行の関係に立つ（最判昭28・6・16民集7・6・629，最判昭47・9・7民集26・7・1327）。

(2) 存続上の牽連関係（危険負担）　現行民法では，債務者に帰責事由があれば債権者は契約解除（改正前民534条など）することによって，自己の負う債務を消滅させることができ，両当事者に帰責事由がなければ危険負担（改正前民536条1項）によって反対債務が消滅するとされていた。

改正民法では，債務者に帰責事由がない場合でも債権者は契約を解除することができることとされ（改正民541〜543条），また，危険負担の効果は，反対債務の消滅ではなく，債権者が反対債務の履行を拒絶できるものへと変更された（改正民536条1項）。

そのため，債務者の債務が履行不能になったとしても当然には債権者の反対債務は消滅しない（たとえば，売買契約において，売主が履行不能となっても，買主の代金支払義務は消滅しないことになる）。債権者は反対債務の履行を拒むために履行拒絶権を行使することができ，また，契約を解除すれば，反対債務を消滅させることができる。

債権者が，契約を解除することなく，履行拒絶権があるにもかかわらずそれを知らずに反対債務を履行していた場合には，非債弁済と同様に，給付物の不当利得返還請求ができることとなろう。

③ 果実・使用利益

給付利得においては，受領した目的物から発生する**果実**や目的物の使用による**使用利益**を受領者が得ていた場合，それらをすべて返還しなければならない（大判昭11・5・11民集15・10・808，最判昭34・9・22民集13・11・1451，最判昭51・2・13民集30・1・1）。契約が解除されて金銭を返還するときに受領時からの利息を付して返還しなければならない規定（改正民545条2項）とのバランスからも，そして，双務契約を清算する場面で善意・悪意で返還の範囲に差異を設けるべきではないことからも，妥当な結論である。

なお，善意占有者に果実収取権を認める規定（民189条1項）からすると，善意の受益者は果実・使用利益の返還義務を負わないとする帰結もありうるが，所有者・占有者間に関する規定（民189条・190条など）は侵害利得に適用される

べきであって，給付利得の場合には適用すべきでないので，返還義務を負うと
解すべきである。

Topics ────────────

過払金返還と悪意の受益者が返還すべき利息の利率

　利息制限法の制限利率を超えて支払われた過払金の返還において，過払金に対する
利息の計算については民事法定利率の年 5 分によるか商事法定利率の年 6 分によるか
で学説上争いがあり，下級審でも判断が分かれていた。そのなかで，最判平 19・2・
13 民集 61・1・182 は，悪意の貸金業者は，民法 704 条前段に基づき，（商事法定利率の
年 6 分ではなく）民事法定利率の年 5 分で計算した利息を返還する義務を負うと判断した。
　もっとも，改正によって，商事法定利率を定めた商法 514 条は削除され，民事法定
利率（改正民 404 条）に統一されるので，この問題は条文上も解消された。

---

3 ┃ 非 給 付 利 得

　給付によって受益が発生する場合以外を非給付利得として，本節で検討する。
非給付利得には侵害利得と支出利得の 2 類型があり，さらに支出利得は費用利
得と求償利得に分類される。

1 侵 害 利 得

1 定 義

　侵害利得とは，無権利者によって権利者の物が使用・収益・処分された場合
に，権利者の利益を侵害した無権利者に利益を金銭で返還させる場合である。
物の権利者に排他的に帰属すべき利益を侵害した場合（**財貨帰属秩序**に反した
場合）に問題となるので，物権的請求権との関連性が強い。

2 要 件

　侵害利得の要件は，①受益，④法律上の原因がないこと，である。
　(1) 受益　　権利者（損失者）に排他的に帰属する「利益」が侵害されるこ

とが必要である。たとえば，無権利者が他人の土地を耕作して収益を得るような場合である。収益を得ることが無権利者の受益であり，それが土地の所有者のような権利者からすると損失になる。このように侵害利得における受益と損失は1つの事柄についての裏表の対応関係にあるので，受益の要件を充たせば損失の要件も充たされることになる。

所有権などの物権，知的財産権はもちろんであるが，財産的価値のある人格権（たとえば，肖像権）や債権であっても（無権利者の受益が受領者としての外観を有する者に対する弁済に当たる場合 [改正民478条] のように）一定の場合には侵害利得の対象となることがある。

侵害利得は財貨帰属秩序に反する利益の移動がある場合に成立する。そのため，受益者の行為による場合だけでなく，第三者による場合（不動産競売の誤配当について最判平3・3・22民集45・3・322）も含まれる。

(2)　法律上の原因がないこと　　法律上の原因がないこととは，受益者による財産の使用・収益・処分が財貨帰属秩序に反していることである。この証明責任に関しては，財貨帰属秩序に反することは認められるべきでないので，給付利得と異なり，受益者が「法律上の原因があること」を証明しなければならないと考えられている。

③　効　　　果

(1)　価格返還義務　　原物を返還できる場合は，所有権に基づく返還請求などの物権的請求権によって返還請求がなされる。そのため，侵害利得による返還請求権が対象とするのは，原物を返還できない場合である。原物を返還できないのであるから，受益者は価格返還義務を負うのが原則である。

侵害利得による不当利得返還請求権は，原物返還という原則的な物権的請求権を補完する役割を担っているといえるので，侵害利得においては，民法189条以下の物権的請求権の規定との関係を踏まえて検討する必要がある。

(a)　善意の受益者　　民法191条では，善意の占有者が自己の帰責事由によって目的物を滅失した場合は返還しなくてもよく，損傷した場合には損傷し

た状態で原物を返還すれば足り，滅失・損傷による損害賠償は，現存利益の範囲内で行えばよいとされる。このこととの関係で，善意の占有者は目的物が滅失・損傷しても，利得の消滅を主張でき，価格返還義務を負わない（民703条）。

しかし，善意の受益者が目的物を消費・処分したために原物を返還できなくなった場合には価格返還義務を負う。たとえば，受益者が第三者に目的物を売却したときには，受益者は売却代金相当額の価格返還義務を負う（大判昭12・7・3民集16・16・1089，前掲最判平19・3・8）。このような価格返還義務を負うのは，「出費の節約」によって利得は消滅していないと考えるからであるが，受益者が売却代金によって平生しないような浪費をしたときには，利得は消滅したものと考えられる。

なお，受益時に善意であっても，受益者が法律上の原因のないことを知った後で利益を消滅させたときは，悪意の受益者となるので，返還義務は軽減しない（前掲最判平3・11・19）。

(b) 悪意の受益者　　悪意の受益者は受けた利益すべてとそれに利息を付して返還して，損害がある場合には損害を賠償しなければならない（民704条）。

悪意の受益者には利得消滅の主張は認められない。このことからすると，悪意の受益者が目的物を滅失・損傷させたときは常に価格返還義務を負うようにも思われる。しかし，悪意の占有者が占有物の滅失・損傷について帰責事由のある場合にのみ損害賠償義務を負うとの規定（民191条）からすると，悪意の受益者であっても帰責事由なく（つまり不可抗力で）返還ができなくなった場合には価格返還義務を負わないと考えてよいであろう。

(2) 果実・使用利益　　民法189条以下は，契約の清算が問題となる給付利得については適用されないが，物権的請求権の規定であるから，侵害利得の場合には適用されると考えるのが一般的である。

善意の受益者は，占有物の果実を取得することができる（民189条1項）。使用利益も同様であると解される（判例・通説）。しかし，悪意の受益者は果実を返還する義務を負う。果実をすでに消費したり，過失によって損傷したりまたは収取を怠った場合には果実の代価を償還しなければならない（民190条1項）。

侵害利得の対象が金銭である場合には，受益者は価格返還をしなければならない。また，法定利率による利息支払い義務を負う。

4 不法行為に基づく損害賠償請求権との関係

無権利者 A が他人 B の土地を耕作する場合は，損失者 B は受益者 A に対して侵害利得による不当利得返還請求することができるが，A の B に対する不法行為でもあるから，B は A に対して不法行為に基づく損害賠償請求をすることもできる（民 709 条）。このように不当利得返還請求権と不法行為に基づく損害賠償請求権が競合する場合がある。どちらの請求権を行使するかは権利者が選択できると一般的に考えられている。もっとも，2 つの請求権は要件と効果が異なるため，以下に整理しておく。

不当利得においては，受益者が善意か悪意かで返還の範囲が異なるものの，他人に帰属すべき利益であることを受益者が知っていたか，知らないことについて過失があるかは問われない。これに対して，不法行為においては，加害者の故意または過失が必要とされる。また，不当利得の返還義務者（受益者）は損失者から履行の請求（催告）を受けた時から遅滞の責任を負う。これに対して，不法行為に基づく損害賠償義務者は，催告を必要とせず，不法行為の時から遅滞に陥る（最判昭 37・9・4 民集 16・9・1834）。さらに，消滅時効に関していえば，不当利得返還請求権は，債権者が権利を行使できると知った時から 5 年，または権利を行使できる時から 10 年の消滅時効にかかる（改正民 166 条 1 項）。これに対して，不法行為に基づく損害賠償請求権は，損害及び加害者を知った時から 3 年か，不法行為の時から 20 年の消滅時効にかかる（改正民 724 条）。効果においては，不当利得では原物返還を原則とするのに対して，不法行為では金銭賠償を原則とする損害賠償が認められる。

2 支 出 利 得

1 定 義

支出利得とは，本来は受益者が支出すべきものを損失者が代わりに給付以外

①契約関係がある場合 ──→ 委任契約など

②法定義務がある場合 ──→ 親子や夫婦間の監督義務や扶養義務

③契約関係も法定義務もない場合

　③－1　「法律上の原因」がある ──→ 事務管理

　③－2　「法律上の原因」がない ──→ 支出利得

図表 7-3　他人が代わりに支出する諸類型

の方法で支出して，それによって受益者が利益を受けた場合のことである。

　代わりに支出する場合であっても，依頼を受けて支出した場合には委任など
の契約関係の問題であり，法定義務に基づく場合（親子・夫婦間の監督義務や扶
養義務など）も支出利得の問題ではない。契約関係や法定義務がない場合でも，
事務管理が成立する場合には事務管理の問題になるので，支出利得はそれ以外
の範囲（図表 7-3，③-2）を対象とすることになる。

　支出利得は受益者に代わって損失者が支出する場合であるから，受益者は自
己の意思に反して損失者から利益を受けることになる（「**利得の押しつけ**」）。そ
のような受益者が利益をそのまま損失者に返還しなければならないのは適切で
ない。そこで，「利得の押しつけ」（意に反して受けた利益）をどのように解消
するかが支出利得の問題となる。

　支出利得は，損失者が①他人（受益者）の物に対して費用（必要費や有益費）
を支出したり，労務を提供した場合（**費用利得**）と，②他人（受益者）の債務
を弁済することによってその者の債務が消滅した場合（**求償利得**）に分類される。

　費用利得と求償利得については，不当利得法以外にそれぞれ特別な規定が設
けられている場合が多い。したがって，特別な規定がある場合にはその規定に
従い，特別な規定がない場合に不当利得の一般論として処理される。

○契約上の義務がある場合 ──────────────→ 給付

○契約上の義務がない場合

　・占有者が占有物に費用を支出した場合 ────→ 所有者と占有者関係に関する
　　　　　　　　　　　　　　　　　　　　　　　　規定（民196条とその準拠規定）

　・占有者でない者が他人の物に費用を支出した場合 ──→ 費用利得

図表7-4　費用利得が問題となる範囲

② 費 用 利 得

　(1)　定義　　他人の物に対して費用を支出したり，労務を提供した場合である。支出した費用の返還が問題となる。ただし，不当利得法以外に特別な規定が設けられている場合には，その規定に従う。たとえば，占有者が物に必要費や有益費を支出したときにその費用の償還請求をする場合（民196条），留置権者が留置物に必要費や有益費を支出したときにその費用の償還請求をする場合（民299条），賃借人が賃借物について必要費や有益費を支出したときにその費用の償還請求をする場合（民608条）である。このような規定がない場合に費用利得が問題となる。たとえば，他人の土地を自分のものと誤信して耕作した場合や，他人の家の壁や塀を勝手に修理した場合などである。もっとも，これらの支出は，利得の押しつけとなってはならないので，損失者がなさなくても受益者が負担したであろう支出でなければならない。

　(2)　返還の範囲　　原物返還はできないので，価格による返還である。返還の範囲は，民法196条とその準拠規定（民299条・391条・583条2項・595条・608条など）と同様に解すべきとされ，費用利得として返還の対象となる範囲は，必要費か有益費かによって異なる。必要費の場合は，全額が償還される。これに対して，有益費の場合は，支出した額か返還時の増加額のいずれかの低い方が償還される。

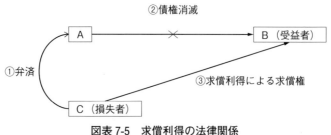

図表 7-5　求償利得の法律関係

③　求　償　利　得

（1）　定義　　ある者が他人の債務を代わりに弁済した場合である。求償利得においては，受益者（債務者）が債務から解放されることが受益であり，損失者（弁済者）による弁済が損失となる。受益者が債務から解放されていない場合には，求償利得ではなく，非債弁済となる。また，損失者による弁済は給付ではないので給付利得には該当せず，損失者自身の行為による受益であるから侵害利得とも異なる。

　求償利得が対象とする事例は，BがAに債務を負っているときにその債務をCが代わりに弁済するという問題なので，本来的には多数当事者間の不当利得の問題といえる。しかし，損失者・受益者が誰であるかは明らかであり，後述のような多数当事者間に特有の因果関係の問題は生じないので，多数当事者間の不当利得の問題とは区別することができる。

　求償利得に該当するもののうち，すでに規定が設けられているものも多く，規定がある場合にはその規定に従う。たとえば，物上保証人の求償（民351条），連帯債務者間の求償（改正民442条），委託を受けた保証人の求償（改正民459条），委託を受けない保証人の求償（改正民462条），代位弁済による求償（改正民501条），受任者による費用等の償還請求（民650条），事務管理者による費用の償還請求（民702条1項），使用者責任における使用者から被用者への求償（民715条3項）などである。

（2）　返還の範囲　　損失者（弁済者）は受益者（債務者）に対して**求償権**を持つことになる。ただし，求償利得は受益者が関わることなく成立するので，

求償権によって受益者が利益を受ける前よりも不利な立場に置かれてはならない。そこで，受益者は債権者に対して抗弁を有していたのであれば，その抗弁を用いて損失者に対抗することができる（改正民468条1項の類推）。

4 その他の不当利得

1 給付利得の特則

　本来ならば給付利得の要件を充たして不当利得返還請求が認められる場合について，民法は法政策上の理由により不当利得返還請求を認めないとする不当利得の特則（民705〜708条）を置く。

　具体的には，民法705条において「非債弁済」，706条において「期限前の弁済」，707条において「他人の債務の弁済」，708条において「不法原因給付」が規定されている。このうち，必ずしも必要とされていない弁済をしてしまった場合を規定する705条〜707条までを「広義の非債弁済」ということがあり，そのときには705条は「狭義の非債弁済」と呼ばれ，区別される。

1 （広義の）非債弁済

　他人に対して債務を負っていると思って弁済したが，実際には債務が存在していなかった場合には，弁済者は給付利得として返還請求できるというのが原則であるが，一定の場合には例外的に返還請求できない場合がある。それが，

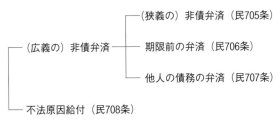

```
                              ┌─ （狭義の）非債弁済（民705条）
                              │
 ┌─ （広義の）非債弁済 ─────────┼─ 期限前の弁済（民706条）
 │                            │
 │                            └─ 他人の債務の弁済（民707条）
 │
 └─ 不法原因給付（民708条）
```

図表 7-6　不当利得の特則

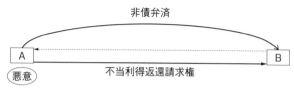

図表 7-7 （狭義の）非債弁済

(1)〜(3)である。

(1) **（狭義の）非債弁済**（民705条） たとえば，AがBに対して100万円の債務を負っていないにもかかわらず100万円を支払った場合のように，債務が存在しないにもかかわらず弁済として給付してしまった場合，その給付に法律上の原因はないので，弁済者は受領者に対して給付利得として不当利得返還請求することができる（民703条）。

しかし，**債務の不存在（債務が存在しないこと）を知りながら**弁済した場合に，弁済者が後で返還請求するというのは，有効な弁済があったと信じた受領者に不測の損害を与える可能性がある。また，このような弁済者は自己の行為に矛盾する態度をとることになるので，禁反言の原則に反する行為ともいえる。そこで，このように，弁済者が債務の不存在を知りながら弁済した場合には，弁済者は返還請求することができないとされている（民705条）。

(a) 債務の不存在を知っていること 非債弁済においては，弁済者が債務の不存在を知っていることが重要となる。しかし，単に知っていればよいわけではなく，債務の不存在を知りながら弁済したときでも，弁済することにやむを得ない事情が認められる場合は，民法705条は適用されない。たとえば，すでに弁済した債務者が，債務をもはや負っていないことを知りながら，債権者から公正証書によって強制執行を受けるのを避けるために，ひとまず弁済して後で争うつもりである場合（大判大6・12・11民録23・2075），借家人が地代家賃統制令による統制額を超える家賃であることを知りながら，債務不履行責任を問われることをおそれてやむを得ず支払った場合（最判昭35・5・6民集14・7・1127），賃料支払義務のない者が家屋明渡訴訟を提起された場合の防御のため

に賃料支払いをした場合（最判昭 40・12・21 民集 19・9・2221）などがある。また，弁済者が過失によって債務の不存在を知らなかった場合でも民法 705 条は適用されず，返還請求することができる（大判昭 16・4・19 新聞 4707・11）。

さらに，制限超過利息を任意で支払った場合（前掲最大判昭 43・11・13，前掲最判昭 44・11・25）であっても，弁済者は支払ったものを返還請求できる。

(b)　弁済として給付されること　　民法 705 条によって返還請求権が排除されるのは，「弁済として」任意に給付された場合である。そのため，弁済と同一の効力を有する代物弁済も含まれる（改正民 482 条）。これに対して，強制執行を受けた場合のように任意の弁済とはいえない場合は含まれない（前掲大判大 6・12・11）。

(c)　証明責任　　民法 705 条は，不当利得の一般原則（民 703 条）に対して，例外的に返還請求権を排除するものである。したがって，債務の不存在については，弁済者（損失者）に証明責任があるとされる（大判昭 7・4・23 民集 11・7・689）。これに対して，債務の不存在を弁済者が知っていたことについては，705 条によって利益を受ける受領者（受益者）に証明責任がある（大判大 7・9・23 民録 24・1722）。

(2)　**期限前の弁済**（民 706 条）　　期限が到来する前に債務を弁済した場合，弁済時に債務は存在していたので，弁済に法律上の原因が認められる。このとき，債務者が期限の利益を放棄して期限前に弁済したのであれば（民 136 条 2 項），その弁済は有効であるから，不当利得は成立せず，返還請求できない（民 706 条本文）。

これに対して，債務者が間違えて期限より早く弁済してしまった場合のように，債務者が期限の利益を放棄する意思なく錯誤によって弁済してしまったときは，債務者は返還請求をすることができるとしてもよさそうである。しかし，債務は存在しているので，債務者は返還請求できたとしても，いずれは再び弁済しなければならない。そこで，民法 706 条は，債務者は給付したもの自体を返還請求することはできないとする。ただし，期限までの運用利益を返還請求できる（民 706 条ただし書）。たとえば，債権者が受領した金銭を預金して利息を

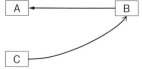

他人の債務の弁済（民707条）　　　　　　　　第三者弁済（民474条）

自分が債務を負っていると誤信して弁済　　　他人の債務と知りながら弁済

図表7-8　「他人の債務の弁済」と「第三者弁済」の違い

得ていたのであれば，債務者はその利息を返還請求できる。

　(3)　**他人の債務の弁済**（民707条）　　他人の債務を弁済するというのは，た
とえば，AがBに対して100万円の債務を負っているときに，CがBに弁済
したときのことである。このとき，CがAのBに対する債務を他人の債務と
して弁済したのであれば，原則としてCの弁済によってAの債務は消滅する（**第
三者弁済**，改正民474条）。Cの弁済は有効であるから，弁済者Cは債権者Bに
対して給付を返還請求することはできず，債務者Aに対して求償することに
なる（改正民499条以下参照）。

　これに対して，他人の債務を自分の債務と誤信して弁済したのであれば，他
人の債務に対する弁済ではないから，第三者弁済とはならない。このとき，弁
済者自身の債務は存在しないのであるから，弁済者は返還請求することができ
る（民703条）。

　しかし，有効な弁済があったと信じた債権者（善意の債権者）が，債権証書
を滅失・損傷させたり，担保を放棄したり，真の債務者に請求しなかったため
に消滅時効が完成したときには，真の債務者から取り立てることが困難になっ
てしまう。そこで，そのような善意の債権者を保護するために，弁済者は債権
者に対して返還請求できないとされる（民707条1項）。ただし，債務者の債務
は消滅するので，弁済者は債務者に対して求償することができる（民707条2項）。

　なお，証書を「損傷」させるとは，単に書面を破ったというように物理的に
破棄したり，証書に横線を書いたり債務者名の下の印影を塗り消す場合だけで

なく，証書としての効力を失わせる場合を意味する（大判明37・9・27民録10・1181）。

② 不法原因給付（民708条）

(1)　意義　賭博で負けたら金銭を支払う契約や殺し屋に殺人を依頼して報酬を支払う契約などは，公序良俗違反により無効となる（改正民90条）。このとき，支払われた金銭は，法律上の原因なく給付されたものとして，不当利得返還請求されそうである。

しかし，これを認めてしまうと，自ら公序良俗に反する不法な行為をした者がその不法を理由にして法による救済を受けることができてしまい，その結果かえって不法な行為を助長し，法の趣旨に反することになりかねない。

そこで，このような不法な原因による給付をした場合には，給付者は返還請求できないとされる（民708条本文）。この考えは，クリーン・ハンズの原則（法に救済を求める者は自らの手を不法に汚してはならないという考え）に由来するものとされ，一種の制裁的な意味合いが含まれている。

民法90条と708条はいずれも不法な行為を抑制する目的を有する点で共通するが，90条はまだ履行されていない不法な債務の履行を認めないことで不法な行為の実現を阻止するのに対し，708条はすでに履行された不法な債務の返還を認めないことで法による救済を与えないとする。このことから，90条と708条は表裏の関係にあるといわれる。

(2)　要件　(a)　「不法」な原因　不法とは，**公序良俗**違反である。時代によってその内容は変化するが，一般的に認められる不法な原因は，殺人契約，賭博契約（大判大11・12・28新聞2084・21），売春契約（大判昭12・5・26民集16・14・881）などである。

様々な解釈や判例の変遷があったが，最高裁は，単に強行法規や取締法規に違反するだけでなく，「当時の社会生活および社会感情に照らし，真に倫理，道徳に反する醜悪なものと認められる」ものであるとする（最判昭37・3・8民集16・3・500）。不法に当たらないとされた例を挙げると，強制執行を免れるため

にした仮装譲渡（最判昭27・3・18民集6・3・325），経済統制法規違反のガソリン売買（前掲最判昭37・3・8），選挙費用の法定額を超える立替払い（最判昭40・3・25民集19・2・497），導入預金取締法に違反する預金契約（最判昭49・3・1民集28・2・135）などがある。

(b) 不法な「原因」　民法708条における不法な「原因」とは，給付によって企図された目的のことをいう。したがって，給付の原因が不法である場合はもちろん不法原因給付になるが，給付の原因自体は不法でなくとも給付の動機が不法であり当事者がそのことを知っている場合や，不法な条件を付けることで不法性を帯びる場合も，不法原因給付になる可能性がある。たとえば，アメリカ密航のための資金の貸付け（大判大5・6・1民録22・1121），芸娼妓契約と密接に関連した前借金交付（最判昭30・10・7民集9・11・1616），不倫関係の継続を目的とする建物の贈与（最大判昭45・10・21民集24・11・1560）なども不法原因給付となる。

(c) 給付　「給付」とは，「終局的な利益」を受益者に与えることを意味するとされる（判例・通説）。金銭の交付や動産の引渡しはもちろん，不倫のようなサービスの提供も「給付」にあたると考えられる。不動産の場合は登記をしているかどうかで判断が分かれる。たとえば，未登記の建物については引渡しが「給付」にあたると判断されたが（前掲最大判昭45・10・21），既登記の建物については引渡しのみでは「給付」とは判断されなかった（最判昭46・10・28民集25・7・1069）。

(3) 不法性の比較　不法な原因が受益者についてのみあるときは，給付者は返還請求することができる（民708条ただし書）。たとえば，借主の無思慮につけ込んで行われる暴利契約は公序良俗違反により無効となるので，給付者は返還請求できないように思えるが，不法性がもっぱら受益者にあって，給付者には特段認められない場合には，例外的に給付者は返還請求できるのである。その他，給付者の返還請求が認められた判例としては，祖父が孫娘の不倫関係を絶つために相手の男に手切れ金を交付した贈与契約（大判大12・12・12民集2・12・668）がある。

しかし，判例・通説は，給付者と受益者の不法性を比較して，受益者の不法性が給付者の不法性よりも大きい場合には，返還請求を認める傾向にある。たとえば，密輸出計画に賛同したが思いとどまり出資を拒絶したが，要請されたのでやむを得ず経費を貸与した事例（最判昭 29・8・31 民集 8・8・1557。Case 参照）などがある。民法 708 条に不法行為を抑制するための制裁機能が求められていると考えれば，この判例・通説の立場は妥当である。

Case

不法原因の比較

事実

　Y は X に密輸出のための出資を依頼して，密輸の利益を分配する合意をした。その後，X は合意の解消を申し出たが，Y から準備を進めたことを理由に航海費用の貸与を要請され，X はやむを得ず 15 万円を貸与した。X は Y に対して一次的に貸金返還請求，二次的に不当利得返還請求をして，それに対して Y は，不法原因給付により X は返還請求できないと抗弁した。

判旨

　最高裁は，X が貸与した状況を鑑みて，多少の不法的要素があったとしても，甚だ微弱なものであり，Y の不法に比べれば問題にならない程度のものであるから，不法はほとんど Y にのみあるといってもよいとした上で，このような場合にはすでに交付された物の返還請求に関して民法 90 条も 708 条も適用されない，とした（最判昭 29・8・31 民集 8・8・1557）。

2　多数当事者間の不当利得

　第三者が介在して不当利得が生じる場合を**多数当事者間の不当利得**という。便宜上の分類であり，名称は様々であるが，受益の過程から一般的に直線関係型と三角関係型に分類される。直線関係型は 2 つの受益関係が直線的に連続する場合であり，三角関係型は債権者と債務者の関係に第三者が弁済や受領の形で介在して三角関係となる場合である。

① 直線関係型

　(1)　**騙取金銭による弁済**　　ある者 B が他人 A から騙取・横領した金銭を

自己の債権者Cに対して弁済した場合，騙取・横領された者Aは弁済受領者Cに対して不当利得返還請求できるかという問題である。騙取・横領されたものが物であれば，騙取・横領された者Aは原則として所有権に基づく返還請求によって弁済受領者Cから物を取り戻すことができる（図表7-9）。

　他方，対象が金銭である場合について，かつての判例は，受益と損失の間に**「因果関係の直接性」**が必要であるとした上で（大判大8・10・20民録25・1890），金銭の所有権は原則として騙取された者から騙取者には移転せず，騙取者が騙取した金銭を自己の金銭と混和（民245条）したかどうかで因果関係の直接性の有無を判断した（大判昭2・7・4新聞2734・15）。これに対して，金銭の所有権は占有者が有するという金銭の性質に反するものであるとの批判がなされた。その後，判例は，金銭は物としての個性を持たない単なる価値であり，金銭の所有権は貨幣や紙幣といった価値表象物の占有とともに移転するとした（最判昭29・11・5刑集8・11・1675，最判昭39・1・24判時365・26）。

　その後さらに，金銭の所有権を問題とせず，騙取者が「社会観念上乙（騙取された者）の金銭で丙（弁済受領者）の利益をはかったと認められるだけの連結」があれば因果関係として十分であるとして要件を緩和した上で，弁済受領者が騙取者からの金銭受領について悪意または重過失がある場合には，弁済受領者の受益は騙取された者との関係で法律上の原因がなく，不当利得となると判断された（最判昭49・9・26民集28・6・1243）。

　(2)　転用物訴権　　**転用物訴権**とは，給付が契約に基づいてなされたが，契約当事者ではない第三者がその給付によって利益を受けた場合に，給付者（損失者）が第三者（受益者）に対して不当利得返還請求する問題である。

図表7-9　騙取金銭による弁済

　判例はかつて，ブルドーザーの賃料を安くする代わりに修理代金を賃借人が負担するという特約をしていたときに，請負人の損失と賃貸人の利得との間に「直接の因果関係」があるとして，賃借人の無資力のために請負人の修理代金債権が無価値である場合には，その限度で，請負人は賃貸人に対して，修理によって賃貸人が受けた利益を不当利得返還請求できるとした（最判昭45・7・16民集24・7・909［ブルドーザー事件］Case 参照）。

Case

転用物訴権(1)［ブルドーザー事件］

事実

　修理業者Ｘはブルドーザーの賃借人Ａから修理の依頼を受け，修理をして引き渡した。その後Ａはブルドーザーの使用を続けたが，2ヵ月後に倒産し，ＸはＡから修理代金を回収できなくなった。他方，所有者ＹはＡの倒産後にブルドーザーを引き揚げ，他に売却した。Ｘは，修理によってＹが利益を得て，売却代金の一部としてなお現存していると主張して，修理代金相当額についてＹに対して不当利得返還請求した。

判旨

　ブルドーザーの修理は，一方では，Ｘが修理に必要とした財産および労務の提供に相当する損失を発生させ，他方では，Ｘの損失に相当する利得をＹに発生させたものであるから，「Ｘの損失とＹの利得との間に直接の因果関係ありとすることができる」。そのため，「Ｘのした給付（修理）を受領した者がＹでなくＡであることは，右の損失および利得の間に直接の因果関係を認めることの妨げとなるものではない」とした（最判昭45・7・16民集24・7・909）。

　しかし，この判例の立場には強い批判がなされ，請負人が同時履行の抗弁権を行使せずに賃借人に引き渡したことによって発生した危険を，契約当事者でない賃貸人に負担させるのは不当であると主張された。

　この学説の批判を受けて，その後，判例は，賃借したビルの改修工事費用の負担をめぐる事案において，賃貸人が法律上の原因なく利益を受けたといえる

ためには，「賃貸借契約を全体としてみて，賃貸人が対価関係なしに利益を受けたときに限られる」として，請負人は不当利得返還請求できないとした（最判平7・9・19民集49・8・2805。Case参照）。これは不当利得の成立する場面をブルドーザー事件よりも限定したものである。

Case

転用物訴権(2)

事実

　Aは，権利金を払わない代わりにビルの改修工事代金を負担すると合意して，Yからビルを賃借した。請負人XはAからビル改修工事を請け負い，完成させて引き渡した。その後，Aが無断転貸したため，Yは契約を解除して建物明渡訴訟を提起した。XはAから改修工事代金の一部を受け取っておらず，Aは行方不明で請求できない。そこで，XはYに対して代金の残額について不当利得返還請求した。

判旨

　請負人が建物賃借人との間の請負契約に基づいて建物の改修工事をしたが，その後建物賃借人が無資力になったために，請負人の建物賃借人に対する請負代金債権が無価値となった場合に，建物の所有者が法律上の原因なく改修工事に費やした財産や労務の提供に相当する利益を受けたということができるのは，所有者と建物賃借人との間の賃貸借契約を全体としてみて，所有者が対価関係なしに利益を受けたときであるとした（最判平7・9・19民集49・8・2805）。

 Topics

誤 振 込 み

　銀行の振込手続きにおいて，振込依頼人が誤って振り込んだ場合が誤振込みの問題である。銀行振込みは，振込依頼人による委託に基づき仕向銀行が，受取人の被仕向銀行に資金を送る方法で行われる。しかし，振込依頼人が明らかに誤って振込みをした場合は，振込依頼人が行った振込みに，前提となる法律関係が存在しなかったこととなり，不当利得との関係で問題となる。

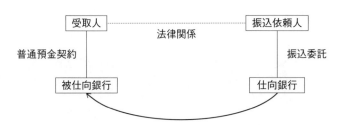

　誤振込み後になされた受取人の債権者による預金債権に対する強制執行を排除できるかという事案において，最高裁は，「振込依頼人から受取人の銀行の普通預金口座に振込みがあったときは，振込依頼人と受取人との間に振込みの原因となる法律関係が存在するか否かにかかわらず，受取人と銀行との間に振込金額相当の普通預金契約が成立し，受取人が銀行に対して右金額相当の普通預金債権を取得するものと解するのが相当である」とした上で，強制執行は認めなかったものの，振込依頼人から受取人への不当利得返還請求を認めた（最判平 8・4・26 民集 50・5・1267）。振込みを日常的に大量に処理する銀行実務としては，振込みの原因となる法律関係の有無を判断することが困難であることはある程度やむを得ないものの，この判断には批判もあり，「振り込め詐欺」との関係でも課題は残る。

② 三 角 関 係 型

　給付利得における「三角関係」とは，一定の独立性をもった第三者（代理人や使者は除く）が受益者と損失者の間の給付に関与する場合である。以下では，第三者が弁済した場合と第三者が弁済を受けた場合に分けて検討する。

　(1)　第三者が弁済した場合　　損失者が誰に対して不当利得返還請求できるか，言い換えれば，誰を受益者とみるかは，事案ごとに異なる。

　　(a)　債務者 B と第三者 C の間に支払いについて委託契約があり，それに基づいて第三者 C が債務者 B に代わって債権者 A に対して弁済したが，BC 間の委託契約が無効であった場合，第三者 C から債務者 B に対して不当利得返還請求することができる（図表7-10）。たとえば，信販会社が消費者からの立替払いの委託を受けて売主に代金を支払うような事例である。

　債権者 A は第三者 C から自己の債権に対して弁済を受けたのであるから，**第三者弁済**となる。このとき，法律上の原因は存在しているから，A には不当利得はない。これに対して，債務者 B は第三者 C の弁済によって債務を免れ

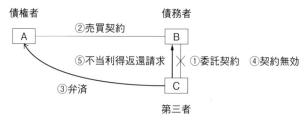

図表 7-10 無効な委託契約に基づいて受託者が弁済した場合

るので，不当利得が認められ，第三者 C は債務者 B に対して不当利得返還請求できるのである（大判大 13・7・23 新聞 2297・15，契約が解除された事例について大判昭 15・12・16 民集 19・24・2337）。

（b）債務者 B と第三者 C の間に支払いについて委託契約があり，それに基づいて第三者 C が債務者 B に代わって債権者 A に対して弁済したが，AB 間の売買契約が無効であった場合，債務者 B は債権者 A に対して不当利得返還請求することができる（図表 7-11）。というのも，第三者 C は委託契約に基づいて弁済したのであるから，給付が第三者 C から債務者 B へなされ，債務者 B から債権者 A になされた場合と同視できるからである。

（c）第三者 C が，債務者 B と委託契約をしていないにもかかわらず，債務者 B の債権者 A に弁済したが，AB 間の売買契約が無効であった場合，第三者 C は債権者 A に対して不当利得返還請求できる（図表 7-12）。AB 間の売買契約が有効であった場合には，求償利得か事務管理の問題となる。

（2）第三者が弁済を受けた場合　　弁済を受けた第三者が受領権を有するか

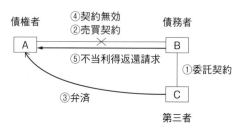

図表 7-11 無効な売買契約について受託者が弁済した場合

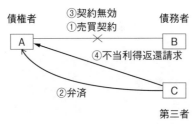

図表 7-12　無効な売買契約について第三者が弁済した場合

否かで，不当利得の帰趨が変わる。

　(a)　**受領権を有する第三者が弁済を受けた場合**　　債権者 A から受領権を与えられた第三者 C が債務者 B から弁済を受けたとき，AB 間の契約が無効であったならば，債務者（弁済者）B は債権者 A と弁済を直接受領した第三者 C のどちらに対して不当利得返還請求できるだろうか。

　①　債権者の利益のために第三者に受領権が与えられている場合

　　たとえば，債権者 A が債務者 B からの債権回収を第三者 C に委託していたような場合である。第三者 C が弁済されたものを保持している場合には，債務者 B は第三者 C に対しても，債権者 A に対しても不当利得返還請求できる（図表7-13）。これに対して，受領した第三者 C がすでに債権者 A に渡している場合には，債務者 B は債権者 A に対して不当利得返還請求することになる（図表7-14）。受益者は，直接受領した第三者 C ではなく，債権者 A だからである。

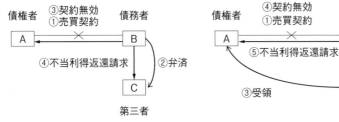

図表 7-13　受領した第三者が保持している場合　　**図表 7-14　第三者が債権者に渡している場合**

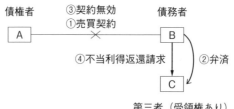

図表7-15　第三者の利益のために第三者に受領権がある場合

②　第三者の利益のために第三者に受領権が与えられている場合

たとえば，第三者Cが債権者Aに対して有する債権を担保するために，Cが代理受領権を有する場合である。このとき，第三者Cが債務者Bの弁済を最終的に保持するので，Bは，Aではなく，Cに対して不当利得返還請求できる（図表7-15）。具体的な事件としては，建物が焼失したが被保険者Aの放火によるものだったために保険金支払い義務がなかったにもかかわらず，保険会社BがAの保険金請求権上に設定されていた質権を有したCに保険金を支払ったというものがある（大阪高判昭40・6・22下民集16・6・1099）。

（b）　受領権を有さない第三者が弁済を受けた場合　　AC間の委託契約が無効であるために受領権を有さない第三者Cに対して弁済した場合，BはCに対して不当利得返還請求できる（図表7-16）。そもそも委託契約がない場合も同様である。ただし，**受領権者としての外観を有する者**（改正前は債権の準占有者と呼ばれていた）**に対する弁済**（改正民478条）がなされたときは（Aが預

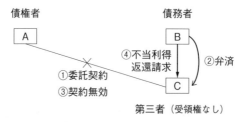

図表7-16　受領権を有さない第三者が弁済を受けた場合

金者，Bが銀行，Cが受領権者としての外観を有する者であるような場合），Cに対する弁済が有効になるのであるから，BはCに対して不当利得返還請求できず，AがCに対して不当利得返還請求することになる。

第8章 不法行為

POINT

- ■不法行為責任とは，他人の権利・利益を違法に侵害して損害を加えた場合に，加害者は，被害者に対して損害賠償義務を負うという責任である。

- ■不法行為責任の主な成立要件は，①加害者の故意または過失，②被害者の権利または利益への侵害，③実際の損害の発生，④損害と加害行為との間の因果関係である。

- ■以上の4要件を充たしたとしても，⑤加害者に責任能力がない場合（幼児など）や，⑥違法性阻却事由（正当防衛など）があれば，加害者は，不法行為責任を負わなくてよい。

- ■多くの不法行為特別法（製造物責任法，自動車損害賠償保障法，大気汚染・水質汚濁防止法など）では，「過失責任主義」を修正し，加害者に「故意・過失」がなくても責任を認める「無過失責任主義」を採用して，被害者を救済している。

- ■不法行為には，自己が自らの加害行為の責任を負う「一般不法行為（民709条）」と，一定の場合に，加害者本人ではなく第三者が責任を負うような「特殊不法行為（民714条～719条）」とがある。

- ■特殊不法行為には，①加害者の監督者が責任を負う類型（民714条～716条），②物の所有者等が物の支配・管理について責任を負う類型（民717条・718条），③複数者が共同で行った行為の責任類型（民719条）がある。

- ■不法行為の被害者は，加害者を相手どって，損害賠償を請求することができる。

- ■損害賠償を請求するに当たっては，損害賠償の範囲の画定と損害額の算定を行わなければならない。

- ■中間利息の控除に関する改正民法417条の2が新設された。

- ■判例は，過失相殺の類推適用を広く認めている。

- ■改正前民法724条が改正されて，客観的起算点からの20年間の期間制限が消滅時効とされた。

- ■人の生命又は身体を害する不法行為による損害賠償請求権の消滅時効に関する724条の2が新設された。主観的起算点からの消滅時効期間が5年間に延長された。

- ■名誉が毀損された場合，被害者は，損害賠償に代えて，または，それとともに，名誉回復のための「適当な処分」を求めることができる。

- ■損害の発生を事前に防止するために，差止請求の可否が論じられている。

1 ┃ 序

1　不法行為とは何か

　不法行為とは，他人の権利・利益を違法に侵害して損害を加える行為をいう。たとえば，Aが車を運転中によそ見をしていて，横断歩道上の歩行者Bをはねてけがをさせてしまった行為である。すなわち，Aは，他人であるBの身体・健康という権利を，Aの前方不注意という過失ある違法な行為によって侵害し，Bに負傷という損害を発生させたのであり，民法は，このような場合には，加害者Aは，被害者Bに生じた損害を賠償しなければならないとしている。交通事故のほか，私的なけんか・医療ミス・公害・薬害・名誉毀損なども不法行為にあたる。加害者と被害者との間に，契約などの特別な関係がなくても（全く見ず知らずの者同士であっても），一定の要件を充たせば，その効果として，加害者は，被害者に生じた損害の賠償責任を負うのである。

　民法は，709条〜724条において不法行為に関する規定を置いており，不法行為責任は，709条（民712条・713条・720条）に定められている「**一般不法行為責任**」と，714条〜719条に定められている「**特殊不法行為責任**」に分類される。前者は，「**過失責任主義**」（原告は被告の過失を立証しなければ不法行為責任を問えないという原則）を採用し，後者は，より被害者の救済に資するように，一般不法行為の原則を修正している（過失の立証責任を転換するなど）。ただし，両者とも，その効果は，原則として損害賠償である（民709条〜711条・721条〜724条）。また，不法行為に関する特別法（製造物責任法，国家賠償法，自動車損害賠償保障法，大気汚染防止法や水質汚濁防止法等の公害諸法，失火責任法など）が民法を修正している。たとえば，大気汚染防止法（25条）・水質汚濁防止法（19条）は，一定の範囲で事業者に無過失責任を負わせ（過失責任主義を修正），失火責任法は，失火者に重過失があるときにのみ責任を負わせている（民法709条の過失要件を軽減）。

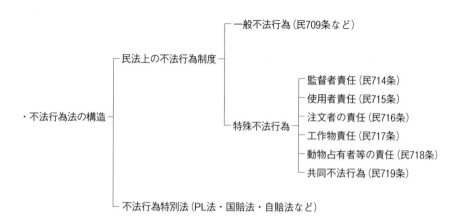

一般不法行為（民709条など）

民法上の不法行為制度

　　　　　　　　　　　監督者責任（民714条）
　　　　　　　　　　　使用者責任（民715条）
　　　　　　　　　　　注文者の責任（民716条）
・不法行為法の構造　特殊不法行為　工作物責任（民717条）
　　　　　　　　　　　動物占有者等の責任（民718条）
　　　　　　　　　　　共同不法行為（民719条）

不法行為特別法（PL法・国賠法・自賠法など）

図表 8-1　不法行為制度の全体像

　なお，以上は，民事法上の不法行為責任であるが，先の例でいうと，Aは，同時に，加害者として刑事上の責任および行政法上の責任を負わなければならない。刑事上の責任としては，業務上過失致死傷罪（刑211条），行政法上の責任としては，免許の取消しまたは停止（道交38条1項違反，同法103条による行政処分）が，民事上の責任とは別に生じることになる。

2　不法行為制度の目的と機能

　不法行為制度の主な目的と機能は，(1)「**被害者の救済**」と(2)「**不法行為の抑止**」である。

　まず，(1)「**被害者の救済**」とは，被害者に生じた損害を不法行為の加害者に事後的に賠償させることによって，その損害を補填することである。ただし，この制度には，2つの制約（①被害者が救済されるためには，不法行為責任の成立を被害者が自ら立証しなければならない，②加害者に資力がなければ被害者は救済されない）がある。これらの制約を克服する手段として，「保険制度」（自動車損害賠償責任保険，火災保険など）がある。このほか，被害者の救済をさらに徹底（補完）する制度として，一定の場合には，「公的救済制度」（労働者災害補償，公害健康被害補償など），「社会保障制度」（たとえば，加害者が不明，または加害

者に資力がないために被害者・遺族が救済されない場合に，国が給付金を支給する，犯罪被害者補償制度）がある。

　次に，(2)「**不法行為の抑止**」とは，将来の不法行為の発生を抑制し防止することである。およそ判断能力のある者は，不法行為を行うことにより損害賠償責任が生じることをあらかじめ知っていれば，賠償責任が課されることを考慮して，注意深く行動し，危険な行動を控えるからである。つまり，不法行為制度が存在することによって，結果的に将来の不法行為が抑止される。

　なお，不法行為制度には，(3)「**損害の公平な分担**」という目的・機能もあるとされている。これは，被害者に発生した損害を被害者・加害者間で公平に分担させるものであり，過失相殺（民722条2項）がその表れである。

2　一般不法行為の成立要件

　一般不法行為の成立要件には，次のような6つの成立要件がある（図表8-2）。これらの要件のすべてを満たせば，不法行為責任（効果）が発生する。

1　故意または過失

1　故意とは何か

　故意とは，自分の行為が他人に損害を与えることを知りながら，あえて行為をすることである。すなわち，故意とは，「結果の発生を認識しながらそれを

〈成立要件〉　　　　　　　　　　　　　　⇒　　　　〈不法行為責任（効果）〉

1　加害者の故意・過失（民709条）　　　　　　　　1　損害賠償（民709条・722条・724条）

2　被害者の権利または法律上の保護利益に　　　　2　慰謝料（民710条・711条）
　　対する侵害（民709条）

3　被害者の損害の発生（民709条）　　　　　　　　3　名誉毀損の原状回復（民723条）

4　損害と侵害行為との因果関係（民709条）

5　加害者に責任能力があること（民712条・713条）

6　違法性阻却事由のないこと（民720条）

図表 8-2　不法行為責任の成立要件と効果

容認して行為するという心理状態」と定義されている。①自分がその行為をすればどのような結果（他人の損害）が発生するかについて認識していること（結果発生の認識），②その結果が発生してもよいと認めながら（あえて）していることが，故意の要素である。たとえば，Aが，日頃生意気なBを懲らしめる目的でBの家に車で突っ込む行為（害意的行為）が典型例である。Aは，車をBの家に突っ込めば，Bの家が壊れるという結果を認識しており，かつ，壊してやろうまたは壊れてもよいと認めながらあえて行っているのである。ただし，加害者は，行為に際して，特定の人に対する侵害を認識している必要はなく，損害を加えること自体を目的としていなくてもよいとされている。たとえば，所有権の侵害について，特定人Yの所有権を侵害するという事実の認識がなくても，単に他人の所有権を侵害するという事実の認識があれば足り（最判昭32・3・5民集11・3・395），さらには，たとえば，群衆の中に車を突っ込んでけがをさせた場合に，目的は急いで家に帰りたいこととしても，けが人を出すかもしれないと知ってあえてこれを行えば，故意（**未必の故意**）があるとされる。なお，故意は，基本的に主観的な概念として理解されており，今日客観的な概念として捉えられている過失とは性質上異なっている。

② 過失とは何か

　過失とは，自分の行為が他人に損害を与えることを注意すれば避けられたのに不注意で防止しないことである。すなわち，自分の行為による他人の損害の発生という結果を（予見できたのに）回避する義務を怠ったことである（**結果に対する予見可能性と結果回避義務違反**）。たとえば，先の例である，横断歩道付近で人を見かけた場合に一旦停止をして事故を回避すべきであったのにこれを行わなかった場合や，スキー場における上方滑降者が，適切な速度および進路を選択して下方滑降者との接触・衝突を避けるよう注意して滑降すべきにもかかわらず，これを怠って衝突した場合（最判平7・3・10判時1526・99［ニセコひらふスキー場事件］）である。これは，別の言い方をすれば，横断歩道付近で人を見かけた場合の一旦停止義務の違反によって，また，スキー場における滑降者

が，前方滑降者との接触・衝突を避けるよう適切な速度および進路を選択して注意する義務の違反によって損害を与えたとも言えることから，現在の学説（客観的過失論）によれば，過失とは，行為者の「主観的」な心理状態ではなく，ある具体的な状況のもとにおいて行為者がとるべき行為義務・注意義務に違反していること（**客観的な行為義務違反・注意義務違反**）を過失として捉えている（**過失の客観化**）。すなわち，過失の有無は，具体的な行為義務・注意義務の違反があったかどうかによって決まるのである。ただし，損害の発生が予見可能であっても，加害者が損害を防止する措置や行為（事業に照らして相当な設備を設置していた，職業に応じた調査・実験を実施していたなど）を行っていた場合には，過失がないとされている（大判大5・12・22民録22・2474［大阪アルカリ事件］）。

③　過失の判断枠組み

過失が，損害という結果の発生を防止・回避すべき注意義務の違反と捉えた場合，行為者は，損害・結果の発生を予見できなければ（予見不可能であれば），損害という結果を回避できないばかりか，回避する手段も思いつかないはずである。したがって，過失があるというためには，結果回避義務と同時に，その前提として，行為者が注意していれば結果の発生を予見できたこと（予見可能性）も要件として必要となる。すなわち，過失の判断の枠組みは，結果の発生について予見可能な場合にそれを回避すべき義務が行為者に課され，それに違反して損害を発生させた場合に，過失ありとして損害賠償義務が生じることになる（東京地判昭53・8・3判時899・48［東京スモン事件］）。そこで，判例や現在の通説は，過失の判断枠組みを次のように定式化している。

過失 ＝ 行為義務違反・注意義務違反 ＝ （損害発生の）予見可能性＋結果回
　　　　　　　　　　　　　　　　　　　　　　　避義務違反

④　過失の具体的認定基準と注意義務の程度

通常，過失の有無を判断する際には，平均人・一般人の能力においてはらう

ことが期待されている程度の注意（＝普通人・標準人に要求される注意）が基準とされている（大判明44・11・1民録17・617）。これに対して，危険を伴う業務や行為に従事する者には，その業務・分野に応じた独自の注意義務や高度の注意義務が課されている。たとえば，自動車の運転業務に従事する者，医療行為に従事する医師，食品や医薬品製造に従事する者などである。とくに，医師の注意義務の程度については，判例上多く争われてきた。

　医師による医療行為は，社会的有用性が高い反面，ミス（医療過誤）があれば生命・身体に重大な被害を生じさせる危険な業務である。したがって，とくに，医師には非常に高い注意義務（**最善の注意義務**——最判昭36・2・16民集15・2・244［東大梅毒輸血事件］）が課されているとされ，医師が最善の注意義務を尽くしたかどうかは，当該医療機関の性格，所在地域の医療環境の特性等の諸般の事情（地方か大都市か，個人医院または地域の中核病院または大学病院かなど）を考慮して，実践の医療水準に照らして適切な医療行為を行ったかどうかによって判断される（未熟児網膜症に関する判決として，最判昭57・3・30判時1039・66，最判平7・6・9民集49・6・1499）。さらには，自らの医療水準を超える病状である場合には，医師に高度の医療水準を備えた適切な医療機関に転医・転送させる義務を認めている（最判平15・11・11民集57・10・1466）。

⑤　過失の立証責任

　加害者の過失の立証責任は，被害者側にある（被害者側が加害者に過失があったことを立証しなければならない）。しかし，とくに，医療過誤や薬害訴訟などにおいては，被害者側が，医療や薬品に関する専門的知識はもちろん，加害者側の事情に詳しくないにもかかわらず，専門知識に長けている医師や製薬会社などの過失を証拠によって証明することは，極めて困難でかつ事実上不可能であり，そのことが被害者救済の大きな障害となっている。そこで，判例は，被害者の救済を図るため，(1)過失の立証責任を被害者から加害者に転換する（**立証責任の転換**），または，(2)**過失の推定**という手法を用いて過失の立証責任を軽減している。

(1)　立証責任の転換　　民法における特殊不法行為の規定や不法行為特別法には，過失の立証責任を被害者から加害者に転換している例がある。たとえば，民法715条では，企業（使用者）は，従業員（被用者）が第三者に損害を与えた場合には，原則として責任を負わなければならず，企業（使用者）が従業員（被用者）の選任または事業の監督について過失がなかったことを証明しなければ免責されない。また，自賠法3条では，自動車の運転者が人身事故を起こした場合には損害賠償責任が発生し，自らに過失がなかったことを証明しない限り免責されない（事故を起こした加害者に過失のないことを立証させている）。

(2)　過失の推定　　判例の中には，「**過失の推定**」という手法を用いて，（実質上）被害者による過失の立証負担を軽減し，加害者の過失を認定するものがみられる（最判昭51・9・30民集30・8・816［インフルエンザ予防接種事件］）。これは，被害者が加害者の過失の立証を完全にできなくとも，ある程度の心証が形成される証明ができれば，それで一応過失ありと認定し，加害者に反対の証明（過失の不存在の証明など）を要求するものである。

⑥　過失責任主義から無過失責任主義へ

わが民法は，加害者の「故意又は過失」を成立要件としており，「**過失責任主義**」（ある者が他人に損害を与えた場合，それが故意または過失に基づくときにのみ，賠償の責任を負う）を採用している。これを反対解釈すれば，故意・過失がなければ（自己の行為について注意をはらって行動しさえすれば），たとえ他人に損害を与えた場合であっても，不法行為責任を負わなくてよいことになる。この点で，**過失責任主義**は，資本主義社会における企業の自由な経済活動と発展に大きく貢献してきた。つまり，企業は，注意をし尽くしてきたと言えば，被害者に対して責任を負うことなく自由に経済活動ができたのである。かつて公害事件では，企業は，過失がないことを理由に，自らの責任を否定する主張を行い，被害者は，広範囲に甚大な被害を受けながら全く救済されない一方で，企業は，コストのかかる公害防止措置への投資よりも生産設備の拡大への投資を優先させ，それによって莫大な利益を得るという状況が発生した。しかし，

これに対しては，企業が莫大な利益を享受しながら一切責任を負わないのは不合理であるとの批判が高まり，判例は，立証責任の転換や軽減などで被害者救済に工夫を凝らしたが，やはり限界があった。そこで，過失責任主義の弊害を克服するため，加害企業に過失がなくても被害者に対して責任を負うべきという「**無過失責任主義**」が，民法717条の工作物責任のみならず，現在，多くの特別法（鉱業法，大気汚染防止法，水質汚濁防止法，原子力損害賠償法，自動車損害賠償保障法など）によって認められるようになった（**過失責任主義の修正**）。

7 故意と過失の区別の意義

一般的には故意の方が過失よりも立証が困難であり，ある種の債権侵害ケースにおいては，故意の場合にのみ不法行為が成立するとされている（本節2 3 (1)(b)参照）。また，不法行為の効果としても，損害賠償額の算定の面で，故意による不法行為においては，不法行為の抑止や加害者の制裁に対する必要性が高くなるため（加えて被害者の救済の必要性も高まる），過失による不法行為の場合よりも賠償額（とくに慰謝料額）が大きくなる。

2 権利または利益の侵害

1 「権利」と「法律上保護される利益」とは何か

現行の民法709条は，「他人の権利又は法律上保護される利益の侵害」を不法行為の成立要件としている。「権利」とは，民法上の物権，債権などの財産権，生命・身体などの人格権などである。2004（平成16）年の民法現代語化までは，条文上「他人の権利」の文言しかなかった。「権利」という名のついたものを侵害したのでなければ不法行為にあたらないとなれば，不法行為成立の範囲は制限され，人々や企業の自由な活動は保障される（どんなに他人に損害を与えても，「権利」の侵害でなければ賠償義務はないとすれば，企業等の自由活動の範囲は広がる）が，他方では，「権利」に準ずるような利益が侵害されても，「権利」ではないから保護されないならば，被害者は一切救済されないという不都合が生じる。

そこで，被害者救済のため，判例・学説は様々な解釈を駆使していたが，最

終的には，民法の現代語化によって，条文の文言に「法律上保護される利益」が付け加えられた。「法律上保護される利益」とは，たとえば，営業上の利益や景観利益（最判平18・3・30民集60・3・948）など，私法上の権利とまでは言えない（権利性を認めることはできない）が法律上保護に値する利益のことである。

 Topics

桃中軒雲右衛門事件と大学湯事件

　判例は，当初，**桃中軒雲右衛門事件**（大判大3・7・4刑録20・1360）において，「権利」の侵害を厳格に判断し，他人の音楽（浪花節）を無断で複製・販売してレコード会社に多額の損害を与えても，当時，浪花節は低級音楽として著作物ではなく，著作権法上の著作権の侵害とはいえないから，損害賠償は認められないとしたが，学説の批判を受けて，**大学湯事件**（大判大14・11・28民集4・670）において，厳密には権利といえないもの（大学湯というのれんに基づく営業ないし老舗）であっても，法律上保護に値する利益が侵害されれば，必ずしも権利が侵害されなくても，不法行為は成立すると判例変更し，学説の批判に応えた。その後の判例・学説も，権利侵害の要件は，必ずしも厳格な権利概念にこだわらず，広く法律上保護されるべき利益の侵害があれば不法行為が成立するとされるようになった。

② 「権利」概念の拡がりと侵害行為の態様

　権利侵害の要件を厳格に解していた桃中軒雲右衛門事件判決以降，学説は，権利概念を広く解釈する学説や，権利侵害を違法性という別の概念に置き換えて，権利の侵害ではなくても違法な行為によって他人に損害を与えれば不法行為が成立するという違法性説，さらには，違法性の有無を，侵害された利益の種類と加害行為の態様の相関関係によって判断すべきとする相関関係説に発展していった（「**権利侵害から違法性へ**」）。

　相関関係説（判例・通説）は，侵害される利益が，手厚く保護されるべき利益（要保護性の高いもの）であれば，弱い侵害行為でも違法性は認められるが，保護の必要性が低い利益（要保護性の低いもの）であれば，強い侵害行為（侵害行為の悪性が強いもの）でないと違法性は認められないという判断基準を用いる。たとえば，財産権の中でも最も強い権利である所有権の侵害や，人格的利益のうち最も重要な利益である生命・身体への侵害については，原則として侵

害行為の態様を問わず容易に違法性が認められるが，弱い営業上の利益への侵害（顧客を奪う）などについては，侵害行為の不法性が強い場合（強迫など）でなければ違法性が認められない。

③ 権利または利益の侵害の類型

今日の社会において民法が保護すべき権利・利益（＝被侵害利益）への侵害は，物権，債権のような財産的利益の侵害と，生命・身体や名誉などの人格的利益の侵害に分けられる。

（1）財産的利益の侵害　（a）物権侵害　物権は，物を排他的に支配する権利であり，法的に強く保護されるべき財産権であるから，所有権・占有権・用益物権・担保物権に対する侵害は，原則として侵害行為の態様を問わず違法とされ，不法行為が成立する。たとえば，所有目的物の滅失・損傷，不法占拠等による所有目的物の利用侵害，占有の妨害（民198条）や占有を奪われた場合（民200条1項）である。また，地上権や地役権などの用益物権も，その使用・収益権能が侵害された場合には不法行為が成立する。担保物権の侵害のうち，抵当権は，目的物の占有はなく，目的物の価値を把握して，優先弁済を受ける権利であるから，目的物を損傷・妨害する行為があっても，目的物の価値が残っていてかつその価値が被担保債権を上回る場合には不法行為とはならない。なお，書物や音楽などの著作権や発明品の特許権のような知的財産権（無体財産権）への侵害も，排他的支配権ゆえに，所有権と同様に，原則として侵害行為の態様を問わず違法とされ，不法行為が成立する。

（b）債権侵害　債務者による債権侵害の場合には，債務不履行責任（民415条）が成立するが，債務者以外の第三者による債権侵害の場合に不法行為が成立するか。かつて，債権は，誰に対しても主張できる絶対権である物権とは異なり，特定の債務者に請求できるにすぎない相対権であるから排他性がなく，第三者による債権侵害は不法行為にならないとされていたが，債権も権利であって権利共通の性質である不可侵性を有するから，不法行為が成立するとされている（大判大4・3・10刑録21・279［波合村立木売買事件］）。

　第三者による債権侵害には，㋐第三者が債権の帰属自体を侵害する場合（たとえば，Cが預金者Aの通帳と印鑑を窃取し民法478条の債権の準占有者として銀行Bから預金を引き出した場合），㋑第三者が債務の給付を妨害して債権を消滅させる場合（たとえば，CがAB間の売買目的物を壊してBへの引渡しを妨害した場合，Cが店Aで働いていた芸妓Bを監禁し労務の給付を妨害した場合――大判大7・10・12民録24・1954［芸妓事件］），㋒第三者が債務の給付を妨害したが債権は消滅しない場合（不動産の二重譲渡において第二譲受人Cが第一譲受人Bより先に売主Aから移転登記を受けた場合，CがA社と労務提供契約を結んでいるBをA社から引き抜いた場合）がある。

　㋐では，債権の存在が明確であるから，一般不法行為の原則どおり，故意だけでなく過失の場合でも不法行為責任が生じるが，㋑では，間接的な被害者である債権者を広く救済することになるので，加害者である第三者には故意が必要とされている（第三者が債権の存在を認識していなければならない）。㋒では，第三者Cの行為は，基本的に自由競争原理や職業選択自由の要請から適法な行為とみなされるから，故意では足りず，加害者の行為態様が刑罰法規や保護法規あるいは公序良俗に違反しているような場合（害意や背信的悪意などが必要）でなければならない（最判昭30・5・31民集9・6・774［二重譲渡事件］，東京地判平3・2・25判時1399・69［引き抜き事件］）。

　(c)　その他の財産的利益の侵害　　営業活動上の利益の侵害としての顧客を奪う行為，企業間の取引拒否のような経済的利益の侵害がある。判例は，「老舗」（長期にわたり営業活動を続けた結果，常連の顧客がついてその名称自体に一定の経済的利益が存在する）の利益侵害について，当初，権利侵害要件を厳格に解して否定していた（大判明44・9・29民録17・519）が，後に肯定した（前掲大判大14・11・28［大学湯事件］）。このような利益の侵害については，自由競争原理や営業の自由の保障などを考慮する必要があることから，侵害行為の態様が悪性の高い場合に限って不法行為と判断される（大判大3・4・23民録20・336，最判平元・12・8民集43・11・1259）。

　(2)　人格的利益の侵害　　財産的利益のほかに，「生命」，「身体」，「自由」，「名

誉」という人格的利益が侵害された場合に不法行為が成立する（民710条・711条）のは当然であるが，日照権，環境権，身分権，プライバシー権，氏名権，肖像権など，他の人格的利益も広く保護の対象となっている。

　(a)　生命・身体・健康の侵害　　生命・身体・健康は，人格の存立基盤として最も重要な法益であるから，これらが侵害された場合にはただちに不法行為が成立する。たとえ，社会的有用性や公共性の高い行為であっても，侵害行為との相関関係は不要であり，違法性阻却事由がない限り，違法と判断される。侵害行為の態様には，直接的な暴行・傷害行為のほか，病気を感染させる間接的な侵害も含まれる（大判昭15・2・16新聞4536・10［性病感染事件］）。

　(b)　生活妨害（生活上の利益の侵害）　　生活妨害（ニューサンス）とは，騒音，振動，煤煙，排気，臭気，廃汚水，日照・通風妨害，電波障害，良好な眺望・景観阻害などのように，周辺の人々の生活に各種の妨害や悪影響を与える行為である。生活妨害によって侵害されるのは，生活の平穏や快適な生活などといった生活上の利益である。

　生活妨害行為は，行為そのものは形式上適法行為である点に特色があるから，不法行為が成立するかどうかは，生じた結果が，社会共同生活における受忍限度を超えているかどうか（我慢できる程度のものかどうか）という基準によって判断される（**受忍限度論**）。その際，被害の程度に加えて，被侵害利益の性質と内容，被害発生の場所と地域環境，侵害行為の態様・程度，侵害の経過，防止措置の難易などが判断要素として考慮される。

 Topics

眺望と景観の利益

　眺望の利益は，私人が特定の場所において良い景色を享受できる個人的利益とされ，以前は観光旅館等の営業利益に関して認められていたが（京都地決昭48・9・19判時720・81［京都岡崎有楽荘事件］，仙台地決昭59・5・29判タ527・158［松島料理飲食店事件］），近時は，マンション・別荘において，眺望が特別の価値を持ち，眺望の享受が社会通念上も独自の利益として重要性を有すると認められ，かつ侵害行為が受忍限度を超える場合には，不法行為とされている（大阪地判平10・4・16判時1718・76，横浜地小田原支判平21・4・6判時2044・111）。

一方，景観の利益は，客観化，広域化して価値ある自然状態（自然的，歴史的，文化的景観）を形成している景色を享受できる利益であり，国立景観訴訟判決（最判平18・3・30民集60・3・948）によって，私法上の救済も認められる可能性が高まった。この事件は，近隣の住民が，自ら維持してきた高さ制限を超えるマンションの建設・分譲は，都市景観上の利益を侵害するとして，建築行為等の差止め等を求めた。一審は，高さ制限以上の階を取り壊すよう判決した。しかし，最高裁は，景観は，良好な環境として，人々の歴史的な文化的環境を形作り，豊かな生活環境を構成する場合には，客観的価値を有し，居住者が有する良好な景観の恵沢を享受する権利（景観利益）は，民法709条の法律上保護されるべき利益と初めて位置づけたものの，その侵害については，少なくとも，その侵害行為が刑罰法規や行政法規の規制に違反する場合，公序良俗違反や権利の濫用に該当するなど，侵害行為の態様や程度が社会的な相当性を欠くことが必要とし，結論としては，不法行為の成立を否定した。

(c) 身分権の侵害　(ア) 貞操の侵害　相手の意思に反して，暴力・脅迫・地位利用（セクハラ）などによって性的関係を結んだような場合には，相手の貞操利益を違法に侵害したとされ，不法行為が成立する。

(イ) 婚姻関係における配偶者の利益の侵害　夫婦の一方の配偶者と情交関係を結んだ者（浮気の相手方＝愛人）は，他方の配偶者に対して不法行為責任を負う。判例は，原則として，夫婦の一方の配偶者と肉体関係を持つ行為は，故意または過失がある限り，不倫関係が自然の愛情によるかどうかにかかわらず，他方の配偶者の権利を違法に侵害する不法行為であるとしている（最判昭54・3・30民集33・2・303）。ただし，例外として，婚姻関係がすでに破綻している夫婦の一方の配偶者と肉体関係を結んだ者については，特段の事情のない限り，他方の配偶者に対して不法行為責任を負わないとしている（最判平8・3・26民集50・4・993）。なお，近時，夫と不貞行為をしたクラブのホステスYに対して妻Xが不法行為責任を追及した事案について，ホステスが不貞行為を反復・継続しても，いわゆる「枕営業」にあたるから不法行為にならないとした判決がある（東京地判平26・4・14判タ1411・312［枕営業事件］）が，結論は妥当でない。

(ウ) 家庭生活上の子供の利益の侵害　子供は家庭生活において親の愛情・監護・教育を受ける利益を有する。夫婦の一方の配偶者と情交関係を結んだ愛人は，子供の利益を侵害したとして，子供に対して不法行為責任を負うか。

判例は，父親が未成年の子に愛情を注ぎ，監護，教育を行うことは，他の女性との同棲にかかわりなく，父親自らの意思によって行うことができるから，相手の女性が害意をもって父親の子に対する監護等を積極的に阻止するなど特段の事情のない限り，未成年の子に対して不法行為責任を負わないとした（前掲最判昭54・3・30）。

(d) 名誉毀損 名誉とは，人がその品性・徳行・名声・信用などの人格的価値につき社会から受ける客観的な「社会的評価」を意味する（大判明39・2・19民録12・226，最大判昭61・6・11民集40・4・872［北方ジャーナル事件］）。名誉毀損とは，そのような「社会的評価」を低下させる行為として，不法行為になる（民710条・723条。ただし，社会的評価が客観的に低下しない場合には不法行為は成立しない）。名誉棄損には，次の2つの場合がある。

(ア) 事実の摘示による名誉毀損 一般に，事実の摘示により人の社会的評価を低下させた場合には名誉毀損になりうるが，表現の自由や報道の自由との関係上，衝突する保護法益との調整がなされている。判例は，名誉毀損にあたるとされる行為が，①公共の利害に関する事実に係り，②もっぱら公益を図る目的で，③摘示された事実の重要な部分が真実であることが証明されるか，④③が証明されなくても，真実と信ずるについて相当の理由がある場合には，不法行為は成立しないとしている（最判昭41・6・23民集20・5・1118［署名狂やら殺人前科事件］）。

(イ) 意見の表明による名誉毀損 意見の表明は，表現の自由として手厚く保護される必要があるから，意見の表明により人の社会的評価を低下させた場合であっても，判例は，意見や論評の表明が公正なものであれば名誉毀損にはならないとされている（最判平元・12・21民集43・12・2252，最判平9・9・9民集51・8・3804［ロス疑惑報道事件］）。すなわち，意見や論評の表明が，①公共の利害に関する事実に係り，②その目的がもっぱら公益を図るものであり，③人身攻撃に及ぶなど論評としての域を逸脱したものでなく，④前提としている事実が重要な部分について真実であることの証明があったか，⑤④が証明されなくても，真実と信ずるについて相当の理由がある場合には，不法行為は成立

しないとしている。

　(e)　プライバシーの侵害　　プライバシーとは，以前は，私生活をみだり
に公開されない権利（ひとりで放っておいてもらう権利）とされていたが，現在
では，みだりに私生活（私的生活領域）へ侵入されたり，他人に知られたくな
い私生活上の事実や情報を公開されたりしない権利と定義され，さらには，「自
己の情報をコントロールする権利」や「自己決定権」としても捉えられている。
プライバシー侵害は，名誉毀損とは異なり，社会的評価の低下は問題とならず，
公表された事実が真実であっても不法行為の成立は否定されない。

　判例では，私生活をみだりに公開されない権利の侵害として，小説の中で政
治家の私生活を描写した行為（東京地判昭39・9・28下民集15・9・2317 [『宴のあと』
事件]），ノンフィクション作品の中で実名を使用してある者の前科等の事実を
公表した行為（最判平6・2・8民集48・2・149 [ノンフィクション『逆転』事件]），自
伝的小説の中でモデルとされた者の生い立ちや私生活などを暴露した行為（最
判平14・9・24判時1802・60 [『石に泳ぐ魚』事件]）などがプライバシーを侵害する
不法行為として認められている。また，自己の情報をコントロールする権利の
侵害として，市が，弁護士会の照会に応じて，その必要性を調査することなく
前科や犯罪歴を公表した行為（最判昭56・4・14民集35・3・620 [弁護士前科照会事件]），
大学で開催された中国主席の講演会に関する参加者名簿の写しを，参加者の同
意なく警察に提出した行為（最判平15・9・12民集57・8・973 [早稲田大学江沢民講
演会事件]），通信教育等の会社の業務委託先従業員による顧客の住所・氏名等
の情報漏えい行為（最判平29・10・23判時2351・7 [ベネッセ顧客個人情報漏えい事件]）
なども同様である。なお，最近では，インターネット上に残り続ける個人情報
の削除を求めるいわゆる「忘れられる権利」への関心が高まっている（埼玉地
決平27・12・22判時2282・78）が，最高裁は，その権利に言及することなく，自
己のプライバシーに関する記事の削除について，当該事実を公表されない法的
利益が検索結果として提供する理由に関する諸事情よりも優越することが明ら
かな場合には，検索事業者に対して記事の削除を求めることができるとしてい
る（最決平29・1・31民集71・1・63。ただし，結論として削除請求を否定）。

（f）　その他の人格的利益の侵害　　以上のほか，氏名権（自己の氏名を他人に冒用されない権利），肖像権（自己の肖像をみだりに他人に撮影されたり使用されたりしない権利——無断撮影・無断公表の禁止）の侵害は不法行為となる。ただし，氏名を正確に呼称される利益は，保護に値する人格的な利益であるものの，ただちに不法行為は成立しない（最判昭63・2・16民集42・2・27［NHK日本語読み事件］）。刑事事件の法廷での被告人の姿を撮影した写真やイラスト画を写真週刊誌に掲載した行為（最判平17・11・10民集59・9・2428［和歌山毒カレー事件報道事件］）は肖像権侵害にあたりうるとする判例があり，その判断は，具体的事例によって異なる。また，肖像権は，本人（または遺族）の承諾なしに肖像の作成・公表を禁止する権利であるから，本人の承諾があれば違法ではなく（東京地判平3・9・27判時1411・90［田中角栄胸像事件］），承諾は明示でなくても黙示でもよい（東京地判昭31・8・8下民集7・8・2125［東京温泉事件］。ただし，その承諾の範囲は問題となる——東京地判平6・1・31判タ875・186）。なお，広く世間に知られることを望んでいるプロスポーツ選手や芸能人などの氏名・肖像は，経済的価値を持つものとして情報伝達手段に用いられる。この価値をコントロールする権利は，**パブリシティ権**と呼ばれ，この権利の侵害（商品広告における無断使用など）は，不法行為となりうる（最判平24・2・2民集66・2・89［ピンク・レディー無断掲載事件］，東京地判平25・4・26判タ1415・303［嵐無断掲載事件］など）。

 Topics

ハラスメント

　近時，パワハラ（職場上司の言葉・暴力による圧迫），セクハラ（性的表現による圧迫），マタハラ（妊娠した女性に対して退職するよう圧迫），オワハラ（内定を出すので学生に就職活動を終わるよう会社が圧迫）など，様々なハラスメントが話題となっている。たとえば，飲食会社の上司が店長に対して，社会通念上相当な限度を明らかに超える暴言（「馬鹿だな，使えないな」など），暴行（しゃもじ等で頭をたたくなど），嫌がらせ（店長の服にライターの火を近づけるなど），労働時間外拘束，プライベートへの干渉，業務と無関係の命令等行為を繰り返したために店長が自殺した事例において，裁判所は，上司の不法行為責任および会社の使用者責任を認めている（東京地判平26・11・4判時2249・54［くいしんぼパワハラ事件］）。また，セクハラについては，女性の性的自由ないし性的自己

決定権等の人格的利益（プライバシー）の侵害として不法行為責任が認められている（福岡地判平 4・4・16 判時 1426・49，神戸地判平 9・7・29 判時 1637・85 など）。

4 不作為による不法行為

民法 709 条に「行為」という文言はないが，ある行為を行う「作為」のみならず，ある行為を行うべきなのに行わなかった「不作為」（作為義務があるのにそれを果たさなかった場合）も，不法行為とされている。作為義務には，法令による作為義務（親権者の監護義務——民 820 条，扶養義務——民 877 条，交通事故時の運転者等の負傷者救護義務——道交 72 条 1 項など），契約に基づく作為義務（監護契約，雇用契約，医療契約に基づく義務など）のほか，先行行為に基づく作為義務がある（置石の雑談参加者について，先行行為に基づく義務として，当該置石の存否を点検確認し，これがあるときにはその除去等事故回避のための措置を講ずることが可能である限り，その措置を講じて事故の発生を未然に防止すべき義務を負う——最判昭 62・1・22 民集 41・1・17［京阪電車置石脱線・転覆事件］）。

3 損 害 の 発 生

1 損害とは何か

民法 709 条は，他人の権利または利益を侵害した者は，「これによって生じた損害」を賠償する責任を負うと規定しており，損害の発生を不法行為の要件としている。損害とは，侵害という事実そのものではなく，侵害により現実に生じた金銭的な被害である。具体的には，不法行為があった場合となかった場合との利益状態の金銭的差額が損害であるとされる（**差額説**）。これに対して，物損の場合には毀滅それ自体，人損の場合には死傷それ自体を損害と捉える損害事実説がある。

最高裁は，後遺症が比較的軽微で被害者の職業の性質上収入の減少もない場合には，被害者が収入減防止のために特別の努力を行った事情や，昇給・昇任・転職等で不利益を受けるおそれがある場合などの特段の事情がない限り，労働力の一部喪失を理由とする財産上の損害は認められないとしている（最判昭 56・

12・22民集35・9・1350［通産省技官労働力2％喪失事件］）。なお，下級審判例の中には，侵害による労働能力の喪失を損害と捉えて，実際の収入減がなくても損害を認めるものがある（津地四日市支判昭47・7・24判時672・30［四日市ぜんそく事件］）。

② 損害の種類

(1) 財産的損害　侵害により被害者に生じた財産的・経済的な不利益（マイナス）をいう。財産的損害は，さらに「積極的損害」と「消極的損害」とに分けられる。積極的損害とは，被害者において現実に（積極的に）生じた財産的・経済的な不利益であり，たとえば，治療費・入院費・葬式代・修理費などである。すなわち，侵害行為によって失われた利益を回復するに要する実際の費用である。また，消極的損害とは，不法行為がなければ得られたであろう利益（「得べかりし利益」，「逸失利益」）の喪失であり，たとえば，休業や死亡によって失った給料などである。

(2) 非財産的損害（精神的損害）　侵害により被害者や家族の感じた苦痛・不快感のことで，いわゆる「慰謝料」である。

4　因　果　関　係

① 因果関係とは何か

民法709条は，「故意又は過失によって他人の権利又は法律上保護される利益を侵害した者は，これによって生じた損害を賠償する責任を負う」と規定している。「これによって生じた損害」とは，加害者の行為が原因で被害者の損害という結果が生じたという，加害者の行為と被害者の損害発生との間に原因と結果の関係（因果関係）が存在することを意味している。しかし，この因果関係という概念を実際どのように捉えるかについては争いがある。

② 事実的因果関係とは何か

事実的因果関係とは，この加害行為を原因としてこの損害結果が生じたという関係である。これは，事実の経過を客観的に観察して因果関係の有無を判断

するという意味で「事実的」因果関係と呼ばれている。この関係は，加害行為がなければ損害は発生しなかったという関係，すなわち，いわゆる「あれなければこれなし」（条件関係）が存在するかどうかで判断する。

しかし，この条件関係については，事実的因果関係が競合する「仮定的因果関係」（たとえば，Ａがボールを投げて窓ガラスを割った直後に，Ｂの投げたボールがその割れた窓ガラスに飛び込んだような場合）と，「原因競合」（たとえば，Ａ工場とＢ工場がそれぞれ有毒な汚染物質を排水し，下流の農民Ｃの農作物が枯死したが，いずれの排水も枯死に十分な毒性を有していた場合）の問題が存在し，厳密にいえば，「あれなければこれなし」の公式を充たさない。ただし，前者では，Ａの行為が窓ガラスの割れたことについての直接の現実的原因となっている以上，事実的因果関係はあるとしてよい。また，後者でも，ＡＢ両者の行為に各々事実的因果関係を認めるべきである。さらに，事実的因果関係では，「風が吹けば桶屋が儲かる」というように，事実の連鎖によって原因から無限に結果が広がるおそれがある。

③ 相当因果関係とは何か

相当因果関係とは，「あれなければこれなし」が認められる場合のうち，特にこの場合にだけ損害が生じたのではなく，そのような種類の行為があれば普通の場合はそのような損害が生じるであろうと認められる場合にのみ，行為と損害発生との間に因果関係を認める。すなわち，相当因果関係とは，加害行為と原因・結果の関係にあるすべての損害について加害者に賠償義務を負わせるのではなく，「相当性」という法的判断（評価）によって賠償の範囲を限定する（賠償すべき損害を「相当な」範囲に限定する）。

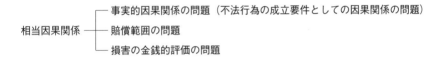

図表8-3　事実的因果関係と相当因果関係

しかし，この考え方は，狭い意味での因果関係（事実的因果関係）の問題と，賠償範囲（保護範囲）・金銭的評価の問題とを混同しているとして，学説から強い批判を受けた。すなわち，「相当因果関係」には，①事実的因果関係の問題，②賠償範囲の問題，③損害の金銭的評価の問題という，３つの異なるレベルの問題が含まれている。これらは区別されるべきであり，不法行為の成立要件としての因果関係は，事実的因果関係の意味に限定して捉えるべきとの批判である（先述の事実の連鎖としての「風が吹けば桶屋が儲かる」は，損害賠償の範囲の問題として処理すれば足りる）。

④ 因果関係の立証

(1) 因果関係の立証　　被害者側が，加害者の行為と被害者の損害との因果関係を立証しなければならない。多くの公害判例は，個々の被害者について，被害発生の病理学的・臨床的メカニズムが解明されなくとも，集団的・統計的推計により疫学的因果関係の存在が認められれば，事実的因果関係も証明されたとしている（富山地判昭46・6・30判時635・21［イタイイタイ病事件］，前掲津地四日市支判昭47・7・24［四日市ぜんそく事件］）。

(2) 因果関係立証の軽減　　被害者は，とくに，公害，薬害，医療事故などにおいて，専門知識，情報量，資力など，加害者である企業や病院等に比べて圧倒的に劣っており，因果関係の立証は極めて困難な場合が多く，あまりに過酷な立証負担を課すことは，被害者から救済の機会を不当に奪うことになりかねない。そこで，判例は，被害者救済の観点から，因果関係の立証を軽減している。

因果関係の事実上の推定（一応の推定）とは，被害者が，直接の証拠によって因果関係の存在（主要事実）を証明できない場合であっても，経験則から因果関係の存在を推認させるような事実（間接事実）を証明しさえすれば，一応因果関係は推定される。この場合，加害者としては，その推定を覆すだけの特段の事情につき反証しなければならない。判例は，被害者の人体から企業（工場）の門前まで原因をたどることができれば，因果関係が推定され，あとは企業の方で因果関係がないことを証明しなければならないとした（新潟地判昭46・9・

29下民集22・9 = 10別冊1［新潟水俣病事件］における「**門前理論**」）。また最高裁は，原則として，因果関係の証明は，一点の疑義も生じない程度の自然科学的証明ではなく，通常人が疑いを差し挟まない程度に真実性の確信を持つ =「**高度の蓋然性**」の証明で足りるとし（最判昭50・10・24民集29・9・1417，［東大ルンバール事件］），患者が実際の死亡時点において生存し得た**高度の蓋然性**を証明すれば，死亡との因果関係は肯定され，実際にあとどれだけ生きられたかという延命可能期間の評価はもっぱら損害額の算定で足りるとした（最判平11・2・25民集53・2・235［肝細胞がん事件］）。さらに，医師の過失行為と患者の死亡との間の因果関係の存在が証明されない場合でも，医師の過失行為がなければ，「患者がその死亡の時点においてなお生存していた**相当程度の可能性**」の存在が証明されれば損害賠償は認められるとした（最判平12・9・22民集54・7・2574［狭心症患者急死事件］，後遺症として，最判平15・11・11民集57・10・1466［神戸急性脳症事件］）。つまり，最高裁は，「死亡」や「後遺症」との間の因果関係の証明に代えて，「生存していた相当程度の可能性」や「後遺症が残らなかった相当程度の可能性」の存在を証明すれば足りるとしているのである（ただし，慰謝料の賠償に限られている）。

5　責 任 能 力

1　責任能力の意義

　責任能力とは，民法の条文上は，「自己の行為の責任を弁識するに足りる知能」（民712条），「自己の行為の責任を弁識する能力」（民713条）とされている（**責任弁識能力**）。この能力がなければ，不法行為責任を負うことはない。判例によれば，責任能力とは，単に自己の行為の是非善悪の区別がつくだけでは不十分で，自己の行為が法律上の責任を発生させることが分かる程度の能力，すなわち，加害行為が道徳上不正の行為であることを弁識しうる知能では足りず，加害行為の法律上の責任（行為の結果が違法なものとして法律上非難され，何らかの法律的責任が生ずること）を弁識できる知能とされている（大判大6・4・30民録23・715［光清撃つぞ事件］）。

責任無能力者が責任を免除される理由

　不法行為責任の成立要件である「故意または過失」が要求される前提として，そもそもある行為の結果を予見し回避するために必要な注意をはらうことができる能力を有するかどうかが問題となる。そして，この意思活動の能力は，本人が一定の判断能力を有するか否かによって決定される。したがって，一定の判断能力のない者に対しては，故意・過失すら認定できないため，責任も問えない。すなわち，責任能力は，過失責任主義の論理的前提であり，責任無能力者は免責される（なお，責任能力制度を故意・過失の要件と関連させることなく，単に弱者保護の政策的規定であると考える有力説がある）。

③　**責任無能力者の類型**

　(1)　**未成年者**（民712条）　民法712条は，未成年者が，他人に損害を与えた場合でも，「自己の行為の責任を弁識するに足りる知能」を有しないときは，賠償の責任を負わないと定めている。一般的には，「**12歳前後**」が判断基準とされているが，この「知能」は，具体的な当該行為者の能力である以上，個人の能力・行為類型などによって個別具体的に判断される。判例は，一方で，12歳2ヵ月の少年が友人と遊んでいる時に「光清撃つぞ」と言いながら空気銃を発砲し左目を失明させた事案について，少年の責任能力を否定し，監督者である親への賠償請求を認めながら（前掲大判大6・4・30［光清撃つぞ事件］）が，他方で，11歳11ヵ月の雇われた店員（豊太郎）が得意先に運ぶ荷物を背負って自転車で走行中，他人に衝突してけがを負わせた事案については，少年の責任能力を肯定し，不注意による過失を認め，少年を雇っていた店の使用者責任を認めている（大判大4・5・12民録21・692［豊太郎事件］）。

　事案によって大審院の判断が分かれているのは，「光清撃つぞ事件」のように未成年者の親に対して民法714条の監督者責任を追及するためには，未成年者の責任能力が否定されなければならないが，他方，「豊太郎事件」のように使用者に対して民法715条の使用者責任を追及するためには未成年者の責任能力が肯定されなければならず，判例は，被害者を救済する意図から，請求の内

容に応じて，責任能力の認定について人為的な操作を行っているとされている。つまり，①責任能力は，単に年齢だけで一律に定まるものではなく，②被害者救済を目的として，未成年者の責任能力についての判断がなされる場合があり，②の観点は，一般的に未成年者自身に資力がないことに比して，監督者たる親や使用者には資力があるため，未成年者自身に賠償請求を行うよりも，監督者らに責任を追及できる方が十分な損害賠償がなされるから，年齢にかかわらず，判断を使い分けて，被害者救済に資する判断を行ったものと指摘されている。

　(2)　責任能力喪失者（民713条）　　民法713条は，行為者が精神上の障害により「自己の行為の責任を弁識する能力」を欠く状態にある間において他人に損害を加えた場合には賠償責任を負わないと定めている。これは，成年者・未成年者を問わずに生じうる（精神病，麻酔状態，泥酔など）し，その状態が継続的に存在することは必要でなく，あくまでも，行為時にそのような状態であれば足りる。ただし，同条ただし書は，「故意又は過失によって一時的にその状態を招いたとき」は，責任弁識能力を欠いた状態で行った不法行為についても賠償責任を負うとしている。たとえば，自らすすんで泥酔状態になって責任無能力状態に陥らせ自動車を運転し交通事故を起こしたような場合である。これは，刑法の「**原因において自由な行為**」と共通の考え方である。

6　違法性阻却事由のないこと

1　違法性阻却事由とは何か

　違法性阻却事由とは，通常であれば民法709条の不法行為責任を負うはずであるが，(1)民法上の正当防衛・緊急避難（民720条），(2)その他の事由（被害者の承諾・正当業務行為・自力救済など）があれば，違法性がなくなり，不法行為責任を負わなくてよいことになる。したがって，違法性阻却事由がないことは，不法行為の要件である。

2　正当防衛・緊急避難

　「正当防衛」とは，他人の不法行為に対し，自己または第三者の権利や法律

上保護される利益を防衛するため，やむを得ず加害行為をすることであり，行為者は，損害賠償の責任を負わない（民720条1項）。たとえば，Aに突然暴力団員Bが刀をふりかざして向かってきたので，①Aが刀をうまく避けてBを殴り負傷させた場合や，②Aが近くのC宅の窓ガラスを破って逃げ込んだような場合である。そして，同項ただし書によれば，②の場合には，被害者Cは不法行為をした者Bに対して損害賠償を請求することができる。

「緊急避難」とは，他人の物から生じた急迫の危難を避けるためその物を損傷することであり，損傷者は，損害賠償の責任を負わない（民720条2項）。たとえば，Eの飼犬Dに襲われたAがDを射殺するような場合である。

③ その他の事由

明文に規定はないが，被害者の承諾がある場合（被害者が，加害行為の前に加害を承諾していた場合），正当な業務行為による場合には，違法性が阻却されることがある。ただし，被害者の承諾は，被害者の自由意思に基づくものであっても，社会的にみて合理性がない公序良俗に反するような承諾は，違法性を阻却しない（たとえば，自殺したい人に頼まれてその者を殺したような場合）。また，正当な業務行為には，法定の正当業務行為（民822条，刑訴213条，消防29条，学教11条など）のほか，解釈上の正当業務行為（医師の医療行為，格闘技やスポーツなどの社会的許容行為）がある。なお，医療行為では，インフォームド・コンセントや患者の自己決定権の尊重が問題となる（最判平12・2・29民集54・2・582［エホバの証人輸血拒否事件］では，患者や家族の意思に反する輸血が不法行為とされた）。

最後に，私人が司法手続きによらず自己の権利を実現する**自力救済**は，社会秩序維持の観点から，原則として禁止されている（たとえば，大家が家賃滞納の借家人を実力で追い出す場合）が，法律の定める手続きをとっていたのでは侵害の除去が不可能または著しく困難と認められる緊急やむを得ない特別の事情があるような場合には，その必要の限度を超えない範囲内で，例外的に違法性が阻却される（最判昭40・12・7民集19・9・2101）。

3　特殊な不法行為の成立要件

　民法は，709条において，自らの故意・過失による行為によって他人の権利・利益を侵害した場合には，自己の行為の結果の責任を自らが負うという「自己責任の原則」を認めているが，これに加えて，一般的不法行為の例外として，加害者本人ではなく，一定の場合に第三者が賠償するなど，特殊な不法行為責任を認めている。特殊な不法行為責任は，①人に対する監督から生じた責任に基づいて加害者の監督者が責任を負う場合（民714条「責任無能力者の監督者責任」，民715条「使用者責任」，民716条「注文者の責任」），②物の支配・管理から生ずる責任に基づいて物の所有者等が責任を負う場合（民717条「土地の工作物等の占有者・所有者の責任」，民718条「動物の占有者の責任」），③不法行為が複数主体によってなされた場合の不法行為責任（民719条「共同不法行為責任」）に分類されている。

1　責任無能力者の監督者責任

[1]　意　　　義

　責任無能力者の監督者責任とは，未成年者や精神障害者のような責任無能力者が他人に損害を加えた場合において，責任無能力者の監督者や代理監督者が責任無能力者に代わって損害賠償義務を負うことである（民714条1項・2項）。未成年者や精神障害者は，「自己の行為の責任を弁識する」能力を有しない場合には，損害賠償の責任を負わない（民712条・713条）から，責任無能力者からの被害者は救済されないことになりかねない。そこで，民法714条は，712条・713条により「責任無能力者がその責任を負わない場合において」，法定の監督義務者および代理監督者に，責任無能力者が第三者に加えた損害を賠償させることによって，被害者を救済している。有力説によれば，その立法趣旨は，判断能力のない弱者を保護し，かつ被害者を救済することである。

　監督者責任は，加害者の責任能力が否定された場合に成立することから，加害者に責任能力が認められる場合には発生しない補充的なものである（補充

性）。また，監督者責任は，実質的には他人の行為の責任を代わって負う責任であるが，民法714条ただし書によって，監督義務者の義務の懈怠による責任（過失責任）である一方で，監督者側が自らの監督に過失がなかったことを立証すれば免責されること（立証責任の転換）から，**中間責任**と呼ばれている。ただし，判例は，この免責をほとんど認めていない。

② 要　　件

（1）　責任無能力者が他人に損害を加えたが責任を負わないこと　　監督されていた者が，責任能力を欠き，かつ責任能力以外の一般的不法行為の要件を充たしていることである。子供が鬼ごっこの最中に他の子供に怪我をさせた場合について，子供の遊戯中の行為に違法性がないとして親の責任を否定した判例がある（最判昭37・2・27民集16・2・407［鬼ごっこ事件］）。

（2）　責任無能力者を監督する法定監督義務者または代理監督義務者の存在　監督義務者には，法定監督義務者と代理監督義務者がある。監督義務者が，その監督を他人に代行させても，監督義務者の責任がなくなるのではなく，両者の責任は，不真正連帯債務と解されている。

法定監督義務者は，未成年者では，親権者（民820条），親権代行者（民833条），後見人（民857条），児童福祉施設の長（児福47条）などであり，責任能力喪失者では，後見人（民858条），または保護者（扶養義務者の中から家庭裁判所が選任した者）などである。なお近時，認知症患者が徘徊中に起こした鉄道事故の責任について，高齢かつ要介護の配偶者や別居の長男は，監督義務者にあたらないとした判例（最判平28・3・1民集70・3・681［認知症家族徘徊事件］）がある。代理監督者は，法定監督義務者との契約など，一定の法的根拠に基づいて監督の事務処理を引き受けた者である（たとえば，託児所・保育所の保育士，幼稚園・小学校の教諭，少年院の職員，精神病院の医師）。

（3）　監督義務者がその義務を怠ったこと（監督義務者の義務を怠らなかったことの立証がないこと）　　監督義務者の義務は，責任無能力者を特定の生活領域の局面でのみ監督する義務（「特定監護義務」，たとえば，幼児を預かった保育所

の監督義務など）と，責任無能力者の生活全般にわたって監護し，危険をもたらさないような行動をするよう教育し躾をする義務（包括的一般的な「身上監護義務」，たとえば，未成年者に対する親権者の監督義務など。最判平27・4・9民集69・3・455［サッカーフリーキック練習事件］は，義務違反を否定）に区別される。前者の「特定監護義務」では，具体的な危険行為に対する監督義務が問題となることが多いが，限定された監督義務の範囲内であれば，包括的一般的に認められる（たとえば，保育所の保育の範囲内）。「特定監護義務」と「身上監護義務」の違反は，各々独立して判断され，相互に排斥し合う関係ではなく，両者がともに認められる場合もある（この場合には，不真正連帯債務）。

③　監督義務者の714条責任と709条責任の関係

　民法714条の本来の趣旨からすれば，加害者が責任能力を有する場合には，監督義務者は，責任を負わないはずであるが，責任無能力者は，固有の財産を持たないことが多いため，損害賠償を請求しても支払能力がなく実効性がない。判例は，被害者が監督義務者の監督上の注意義務違反と責任無能力者の行為結果との因果関係を証明すれば，監督義務者に対して直接民法709条の一般不法行為責任を認めている（最判昭49・3・22民集28・2・347［中学生殺害事件]）。

2　使 用 者 責 任

①　意　　　義

　民法715条は，「ある事業のために他人を使用する者は，被用者がその事業

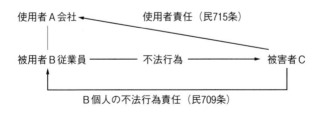

図表8-4　使用者責任の仕組み

の執行について第三者に加えた損害を賠償する責任を負う。」と規定している。使用者責任とは，他人に使用されている者（従業員）が，その使用者（会社）の事業を執行するについて他人に損害を加えた場合に，使用者またはこれに代わる代理監督者も損害賠償義務を負うことである。たとえば，A宅配便会社の社員Bが，荷物を配達に行く途中，会社の車を運転していてCに接触し，負傷させた場合，直接の加害者Bだけでなく，使用者であるA会社にも賠償責任を負わせるという制度である。

② 根　　拠

　民法の起草者は，使用者責任を使用者自身の過失に基づく「自己責任」であると解していた。しかし，その後，使用者責任とは，本来直接の加害者である被用者が負うべき責任を他者である使用者が代わって負う責任，すなわち，使用者責任を他人である被用者の不法行為責任についての「代位責任」であるとする見解が支配的となった。この代位責任説においては，使用者に責任を負わせる根拠として，「**報償責任の原理**」や，「**危険責任の原理**」という考え方が用いられる。

　報償責任の原理とは，使用者は，被用者の活動によりその事業範囲を拡大し，利益をあげているのであるから，それによる損失をも負担すべきだという考え方であり，「利益の存するところ損失も帰する」という原理である。**危険責任の原理**とは，使用者は，被用者を用いて事業を拡大することにより，個人で事業を営む場合よりも社会的な危険を増大させているのであるから，その危険が実現したならばその損失を負担すべきだという考え方であり，「危険を支配する者が責任も負う」という原理である。

③ 要　　件

　使用者に使用者責任を負わせるためには，被害者側が，(1)使用関係の存在，(2)「事業の執行について」の行為であること，(3)被用者の不法行為の成立，(4)免責事由の不存在という4要件を立証しなければならない。

（1） 使用関係の存在（使用者と被用者の関係）　　使用者がある「事業」のために他人を使用していること（使用関係）が必要である。「事業」とは，仕事と同じ意味であり，一時的，非営利的，違法なものであってもよい。使用関係とは，通常は雇用契約や委任契約などによって生じる関係であるが，契約関係がなくても，使用者と被用者の間に実質的な指揮・監督関係があればよい。判例は，交通事故の事案で，兄が運転経験の浅い弟に自動車の運転をさせつつ助手席から運転の指示を与えていた場合に，兄弟間に使用関係の存在を肯定し，兄の使用者責任を認めている（最判昭 56・11・27 民集 35・8・1271）。請負の場合には，原則として，請負人は注文者から独立して仕事を行うので，注文者と請負人との間には使用関係は存在しない（民法 716 条の問題となる）が，下請関係における元請負人と下請負人との間には，一般に指揮・監督関係がある場合も多く，使用関係が認められることが少なくない（大判昭 9・5・22 民集 13・784）。なお，元請負人 A と下請負人 B の被用者 C との間の使用関係について，判例は，元請負人 A の指揮・監督が B の被用者 C に直接・間接に及んでいるような場合に限り，使用関係が認められるとしている（最判昭 37・12・14 民集 16・12・2368 では否定，最判昭 45・2・12 判時 591・61 では肯定）。

　また，道路工事の請負人 A が，B からトラックと運転手助手 C（B の被用者）を借りた事例のように，使用関係が複数存在する場合（使用関係の競合）がある。判例は，C が A の現場監督の指揮に従っていたのであれば，A と C との間に使用関係が認められるとしている（最判昭 41・7・21 民集 20・6・1235）。さらに，自動車運送に関する営業免許を有する A が他人 B にその営業上の名義を貸与し，B が交通事故を起こした場合のように，名義貸しについて，判例は，名義貸与者は，名義借用者およびその被用者を事実上指揮監督すべき立場にあるとして，名義貸与者と名義借用者との間の使用関係を認めている（最判昭 41・6・10 民集 20・5・1029）。

　一方，たとえば，弁護士，司法書士などのように，ある者の事業に従事していても，その指揮・監督の下で行動するのではなく，自由裁量を有し独立して行動する者は被用者とはいえず，原則として依頼者との間に使用関係は認めら

れない（大判大 2・6・26 民録 19・488，大判昭 7・3・31 民集 11・540）。

（2）「事業の執行について」　被用者が「事業の執行について」損害を発生させたことが必要である。取引的不法行為の場合と事実的不法行為の場合によって判断基準が異なっている。

　（a）取引的不法行為の場合　「取引的不法行為」とは，被用者が取引行為の過程でなした不法行為である。たとえば，Y 会社の会計担当課長 A が，知人 B が融資を受けるのを助ける目的で，Y 会社振出の約束手形を偽造するような場合である。初期の大審院判例は，「事業の執行について」は，使用者の事業自体であるか，もしくはその事業の執行と相関連してこれと一体をなし不可分の関係である行為でなければならないとして，厳格に判断していた（**一体不可分説**，大判大 5・7・29 刑録 22・1240）。

　これに対して学説は，「事業の執行について」は広く解釈すべきであり，その範囲は行為の外形を標準にして判断すべきであると主張し（**外形標準説**），大審院も，株券発行担当の庶務課長が自己の金融を図るために株券を偽造発行し他人に損害を生じさせた事案において，「事業の執行について」の文言は広義に解釈すべしとして，判例を変更し（大連判大 15・10・13 民集 5・785 ［庶務課長株券偽造事件］），最高裁も，手形係を免ぜられた会計係員が会社名義の手形を偽造した事案において，「事業の執行について」には，「被用者の職務執行行為そのものには属しないが，その行為の外形から観察して，あたかも被用者の職務の範囲内の行為に属するものとみられる場合をも包含する」として，**外形標準説**を採用した（最判昭 40・11・30 民集 19・8・2049 ［約束手形偽造事件］）。この考え方では，取引に関する正当な権限が存在するという外観への相手方の信頼保護が重視されるから，被用者のした取引行為が，その外形からみて使用者の事業の範囲内に属するものと認められる場合であっても，被用者の行為が職務の範囲外であることについて相手方が悪意・重過失であるような場合には，相手方を保護する必要はなく，「事業の執行について」にあたらず，使用者責任は発生しない（最判昭 42・11・2 民集 21・9・2278 ［融通手形割引斡旋事件］）。

　（b）事実的不法行為の場合　「事実的不法行為」とは，自動車事故や暴

328

図表 8-5　「事業の執行について」の判断基準

行のように被用者がなした事実行為による不法行為である。たとえば，Y 会社の従業員 A が，私用に用いることを禁じられている会社所有の車を勝手に持ち出して運転していたところ，事故を起こして通行人の B を死亡させるような場合である。判例は，自動車事故のような事実的不法行為にも，外形標準説を適用し，外形上職務行為の範囲内の行為と認められれば「事業の執行について」にあたるとする（最判昭 30・12・22 民集 9・14・2047〔通産省秘書官公用車私用事件〕，最判昭 37・11・8 民集 16・11・2255，最判昭 39・2・4 民集 18・2・252〔業務用ジープ無断使用事件〕）。

　しかし，近時の有力説は，自動車事故のような事実的不法行為においては相手方の信頼など問題とならないので，事実的不法行為に外形標準説を採用するのは不適当とし，加害行為が客観的に「使用者の**支配領域内の危険**」に由来するか否かで判断すべきであると主張する（会社の事業用の車による自動車事故の場合，自動車という危険物の管理は会社の支配領域内にあるから，使用者責任が認められやすくなる）。

　なお，自動車事故とは異なり，被用者による暴行のように，使用者の管理する危険（物）によってではなく被用者の主体的な行為によって損害が発生した場合には，外形標準説も，「使用者の支配領域内の危険」の判断基準も有用ではない。そこで，判例は，土木工事現場で Y 会社の配管工 A が土工 X と喧嘩をして暴行を加えた事案において，被用者の行為が使用者の「事業の執行行為を契機とし，これと密接な関連を有すると認められる行為」であるか否かという判断基準（**密接関連性基準**）を採用し，A の行為は Y の「事業の執行について」

にあたるとしている（最判昭44・11・18民集23・11・2079［配管工いばるな事件］，最判昭46・6・22民集25・4・566［寿司屋の店員出前中喧嘩事件］，最判平16・11・12民集58・8・2078［山口組警官射殺事件］）。

（3）　被用者の不法行為　　使用者責任が成立するためには，被用者について一般不法行為の要件が満たされていることが必要である。

（4）　免責事由の不存在　　使用者は，①被用者の選任・監督について相当の注意をしたこと，または，②相当の注意をしても損害が生ずべきであったことを立証しない限り，使用者責任を免れることはできない（民715条1項ただし書）。①については，使用者の善管注意義務とされており，判例は，鉄道事故で機関手に常々事故のないように戒告を与え，執務前に注意事項を一読させていた場合には，相当の注意を尽くしていた（大判大6・1・26新聞1225・31）と判断していたが，近時はほとんど認めていない。②については，相当の注意をしても損害発生を到底避けることのできないことが明確な場合（大判大4・4・29民録21・606）であり，選任・監督上の過失と損害との間に因果関係がない場合を指す（最判昭36・1・24民集15・1・35。ただし，結論として因果関係を肯定）。

3　注文者の責任

1　意　　義

　注文者は，請負人がその仕事について第三者に加えた損害について，注文者の注文・指図に過失があったときは，注文者も損害賠償義務を負う（民716条ただし書）。請負人は，自らの責任で仕事を完成すべき義務を負い，その仕事について注文者は支配関係に立たないから，請負人がその仕事について第三者に損害を加えたとしても，原則として，注文者は責任を負わない（民716条本文）。しかし，請負人は，注文者の注文・指示に従って，注文者のために仕事をするから，注文者が故意・過失によって危険をはらむ仕事を請負人に指示し，請負人がその指示に従って仕事を遂行し，第三者の権利を害した場合には，注文者は，自分自身が加害行為をしたと同じように，被害者に対して責任を負わなければならない。

② 要　件

（1）請負人が第三者に損害を加えたこと　請負人が注文者の指揮監督に服する場合は除外される（民法715条が成立）。請負人の加害行為が不法行為となる場合はもちろん，不法行為にならない場合（たとえば，請負人が注文者の知る事情を知らないため，請負人に過失がない場合）でも，注文者が責任を負うことはありうる。

（2）注文または指図について注文者に過失があること　「注文」とは，ある仕事の完成を請負人に委託することである（請負人の選任と仕事内容の提示を含む）。「指図」とは，仕事の内容や実施方法についての具体的な指示である。したがって，注文または指示についての注文者の過失は，請負人が注文・指示に従って仕事を遂行すれば第三者を害する予見が可能であるのに，注文者が請負人に注文・指示した場合，契約後に請負人が第三者を害する危険を知りえたのに注文者が危険を防止する指示を怠った場合（最判昭43・12・24民集22・13・3413，最判昭54・2・20判時926・56）のほか，請負人に仕事を安全に実施する技量・注意力が欠けているのに善管注意義務を怠って選任する場合などである。ただし，注文者が，請負人に対して損害が生じないような措置を要求しかつ請負代金を加算していた場合（最判昭45・7・16民集24・7・982）には，注文者の責任は否定されている。なお，これらの要件の立証責任は被害者が負う。

4　工作物責任

① 意　義

工作物責任とは，土地の工作物の設置または保存に瑕疵があることによって他人に損害を生じさせた場合には，その工作物の占有者または所有者が損害賠償義務を負うことである（民717条1項）。たとえば，ビルの看板やブロック塀が十分に固定されていなかったため地震で崩れ落ち，たまたま通りかかった通行人Cを負傷させた場合，その看板やブロック塀の占有者Bが損害賠償責任を負うことになる。ただし，Bが損害の発生を防止するのに必要な注意をしたときは，Bは責任を免れ，所有者Aが損害賠償義務を負わなければならない。

すなわち，一次的には占有者が損害賠償義務を負うが，占有者が免責事由（損害発生の防止に必要な注意をはらったこと）を証明した場合には，二次的に所有者が損害賠償義務を負うのである。占有者については，一定の場合には免責が認められることから，「**中間責任**」である一方，所有者については，何らの免責も認められないので，「**無過失責任**」である。その趣旨は，他人に損害が生じるかもしれない危険性をもった工作物を支配している以上は，そこから発生する危険について責任を負うべきであるという「**危険責任**」に求められる。

[2] 要　件

　工作物責任が成立するためには，(1)土地の工作物，(2)土地の工作物の設置または保存の瑕疵，(3)瑕疵と損害との間の因果関係が必要である。なお，占有者の責任については，(4)占有者に免責事由のないことの要件が加わる。

　(1)　土地の工作物　　「土地の工作物」とは，従来，人工的作業によって土地に接着して設置された物であるとされてきた（大判昭3・6・7民集7・443）。たとえば，建物，塀，石垣，井戸，電柱，プール，遊動円木，道路，橋，トンネル，堤防などであり，ゴルフコースやスキー場のゲレンデなどのように地形を人工的に加工した場合も含まれる。かつて判例は，織布工場のシャフトなど，建物の内部に設置された機械等は，土地に接着していないので土地の工作物にはあたらないとしていた（大判大元・12・6民録18・1022）。しかし，現在の下級審は，建物内の機械設備なども建物と実質的に一体をなしているから，土地の工作物に含まれるとしている（工場内の旋盤について，奈良地葛城支判昭43・3・29判時539・58，パラフィン槽・バーナーについて，東京地判昭45・12・4判時627・54，製麺機について，東京高判昭47・11・29判時692・44。なお，ガスホースについて，最判平2・11・6判タ185・149）。

　(2)　土地の工作物の設置または保存の瑕疵　　「瑕疵」とは，工作物がその種の工作物として通常備えているべき性状や設備を欠いていることをいう。「設置の瑕疵」とは，瑕疵が設置当初より存在している場合，「保存の瑕疵」とは，瑕疵が設置後に生じる場合をいう。たとえば，堤防の埋管工事が不完全であっ

たため漏水した場合（大判大6・5・19民録23・879），学校の遊動円木の支柱が腐朽していた場合（大判大5・6・1民録22・1088），高圧送電線の被膜が破損していた場合（最判昭37・11・8民集16・11・2216）などである。さらには，事故が起こった鉄道の踏切に保安設備（警報機）がなかった場合にも，踏切そのものに欠陥はないが，踏切を保安設備と一体として見て，本来備えるべき安全性を欠いていると評価されれば，瑕疵が認められると判断されている（最判昭46・4・23民集25・3・351［井の頭線踏切事件］）。なお，「瑕疵」の立証責任は，被害者側が負う。

(3) 瑕疵と損害との間に因果関係があること　その損害が土地工作物の設置・保存の瑕疵によって生じたものであることが必要である。地震などの自然力と瑕疵とが競合した場合，①瑕疵が存在したために自然力による被害が拡大したようなときには，瑕疵と損害との因果関係は肯定されるが（名古屋高判昭49・11・20高民集27・6・395［飛騨川バス転落事件］），②通常の予想を超えるような自然力が発生したため，瑕疵の有無にかかわらず同様の被害が生じたとみられるようなときには，因果関係は否定される（不可抗力。名古屋地判昭37・10・12下民集13・10・2059）。

(4) 占有者に免責事由のないこと　「占有者」とは，物権法上の占有者，すなわち，土地工作物を事実上支配する者をいい，所有者でない間接占有者（賃貸人等）もこれに含まれる。占有者は，損害の発生を防止するのに必要な注意をはらったことを証明すれば，責任を免れる（民717条1項ただし書）。免責は，工作物の種類・性質，存在場所などを考慮して判断されるが，具体的な防止策を講じたものでなければならない（前掲大判大5・6・1）。

5　動物の占有者等の責任

①　意　　義

　動物の占有者またはこれに代わって管理する者は，その動物が他人に加えた損害について，原則として，賠償する義務を負う（民718条本文）。たとえば，犬の飼い主Aが犬を散歩させていたところ，歩行者Bにかみついてけがをさせてしまった場合である。ただし，動物の種類・性質に従って相当の注意をは

らってその動物を管理したときは，損害賠償義務を負わない（民718条ただし書）。動物の占有者に，民法709条の一般不法行為責任よりも厳しい責任を課したのは，動物は，特別に危険性（人間とは異なり，理性による制御がない本能に基づく恣意的行動）を有しており，これを事実上支配している（それ故に，危険性を察知して回避することができる）のは，動物の占有者だからである。

　動物占有者の責任は，一種の**危険責任**であり，動物の占有者は，原則として責任を負うのであって，無過失（相当の注意をはらったこと）を立証しない限り責任を免れない（立証責任が転換されている）ことから，使用者責任や工作物責任と同様に，**中間責任**とされている。

② 要　　件

　(1)　動物の占有者またはこれに代わって管理する者　　「動物」は，種類，家畜（たとえば，馬，牛），有用動物（たとえば，ミツバチ），愛玩動物（ペット）を問わず，野生の動物でも，人の支配下にある限り，本条の動物にあたる。細菌やウィルスについては，危険性が高いゆえに適用すべきであろう。

　「占有者」は，物権法上の占有者とすれば，自己のためにする意思を持って動物を所持する者（民180条）となる。独立して所持しているとはいえない占有補助者は含まれない。すなわち，飼主の子供が動物の面倒を見ていて他人にけがをさせた場合には，子供ではなく飼い主が責任を負う（大判大4・5・1民録21・630，最判昭37・2・1民集16・2・143）。ただし，占有補助者であっても，民法709条の要件を満たせば，不法行為責任が認められる（最判昭57・9・7民集36・8・1572）。

　「占有者に代わって管理する者」とは，動物の占有者から依頼されて独立の動物の所持をする者である。動物の占有者は，管理者がいるときには，管理者の選任および監督の注意義務を負うにとどまる（最判昭40・9・24民集19・6・1668）。

　(2)　動物による損害の発生（因果関係）　　動物の独立した行動・ふるまい（猫を他人に投げつけた場合は含まれない）によって損害が発生したことが必要であ

る。判例では，荷馬車の馬が警笛に驚いて狂ったようになり，荷車が離れて他人の店舗を壊した場合（大判大 10・12・15 民録 27・2169），急に吠えた犬に驚いて原付自転車の運転手がこれを避けようとして別の車に衝突した場合（最判昭 56・11・5 判時 1024・49）にも，動物の占有者の責任を認めている。

（3）　動物の占有者に免責事由がないこと（相当の注意をはらって管理しなかったこと）　　動物の占有者は，動物の種類および性質に従って相当の注意をはらって動物の管理をしたときは，免責される（民 718 条 1 項ただし書）。相当の注意とは，通常はらうべき程度の注意義務を意味し，異常な事態に対処すべき程度の注意義務まで課したものではない（前掲最判昭 37・2・1）。

6　共同不法行為者の責任

① 共同不法行為の意義

　共同不法行為とは，1 つの不法行為につき複数人が関与し，これらの行為が社会的一体性をなしているために，各人がその全部の責任（連帯責任）を負わされることをいう（民 719 条）。たとえば，AB の 2 人が C を殴ってけがをさせた場合に，C は，AB がどのように関与したかにかかわらず，加害者の AB どちらに対しても，治療費などの全額を賠償請求できる。その趣旨は，事実的因果関係の要件を緩和し，被害者に生じた損害全部について行為者全員に「連帯責任」を負わせることにより，被害者の責任追及を容易にして，速やかに損害を補塡することにある。つまり，民法 719 条は，一般不法行為（民 709 条）の原則を修正することにより，被害者救済を容易に図る制度である。

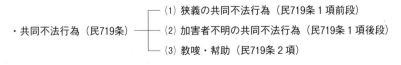

　　・共同不法行為（民719条）
　　　　　　(1) 狭義の共同不法行為（民719条 1 項前段）
　　　　　　(2) 加害者不明の共同不法行為（民719条 1 項後段）
　　　　　　(3) 教唆・幇助（民719条 2 項）

図表 8-6　共同不法行為の種類

　共同不法行為には，条文上，(1)数人の者が共同の不法行為によって他人に損害を加えたとき（民719条1項前段），(2)共同行為者のうち実際に誰が損害を加えたのか不明であるとき（同1項後段），(3)不法行為者を教唆・幇助した者があるとき（同2項）の3種類がある。

　(1)　狭義の共同不法行為　　(a)　意義　　「狭義の共同不法行為」とは，数人の者が共同の不法行為によって他人に損害を加えることをいう（民719条1項前段）。たとえば，不良グループのメンバーA・Bが敵対グループのリーダーXを襲い，AはXの右腕の骨を折り，BはXの左足の骨を折ったというような場合（「加害行為一体型」）が典型である。Aの加害行為とBが加害行為によって生じさせた損害（左足骨折）との間，Bの加害行為とAが加害行為によって生じさせた損害（右腕骨折）との間には，因果関係がないにもかかわらず，ABが共同で行った結果として連帯して全損害についてAB各自に賠償責任を課すことによって被害者を救済するのである。なお，各行為者は自己の行為と他の共同行為者が生じさせた損害との間に因果関係がないことを証明しても責任を免れることができない。

　　(b)　要件　　(ア)　各自の行為がそれぞれ独立に不法行為の要件を備えていること　　各共同行為者が，故意・過失，因果関係等の一般不法行為の成立要件を備えていることが必要であるとされている。因果関係について，従来の見解は，各人の行為と損害発生との間になければならないとしていた。しかし，この考え方では，各人についてそれぞれ民法709条の一般不法行為責任が成立することになり，民法719条1項前段の存在意義がなくなる。そこで，判例は，共同不法行為制度の意義・趣旨は，因果関係の緩和にあることから，各人の行為と損害発生との間ではなく，共同行為と損害発生との間に因果関係があればよいとしている（大判昭9・10・15民集13・1874）。

　　(イ)　共同の不法行為であること（各行為者の間に関連共同性があること）

　民法719条1項は，「共同の不法行為によって」と規定していることから，共同行為者間に「関連共同性」の存在が必要であるとされている。「関連共同性」

とは，各行為が相互に密接に関係してなされることであるが，その解釈に争いがある。

判例・通説（**客観的関連共同説**）は，共同不法行為が成立するためには，共同行為者各人の行為が客観的に関連共同していればよく，「共謀」のように主観的に関連共同している必要はないとする（大判大 2・4・26 民録 19・281，最判昭 43・4・23 民集 22・4・964［山王川事件］）。「客観的関連共同」とは，共同行為者各人の行為が客観的に関連共同して損害の原因になること，あるいは，客観的に一個の共同行為があるとみられることを意味する。この見解によると，「加害行為一体型」のみならず，「損害一体型」（大判大 3・10・29 民録 20・834 は，船舶が双方の船長 A・B の過失により衝突して積荷主に損害が発生したという事案において A・B 間に関連共同性を認容）について共同不法行為が成立し，さらには，「独立不法行為競合型（競合的不法行為）」（最判平 13・3・13 民集 55・2・328 は，交通事故で頭部にケガを負った被害者が搬送先病院医師の不適切な検査により硬膜外血腫を見落とされ死亡したという事案において，客観的関連共同性を認容）についても共同不法行為責任が認められる。これに対して，共同不法行為が成立するためには，共同行為者各人の行為が客観的に関連共同しているだけでは足りず，共同行為者間に主観的な関連共同性（共同行為者各自が，他人の行為を利用し，同時に，自己の行為が他人に利用されるのを容認する意思）を必要とする主観的関連共同説がある。

(2)　加害者不明の共同不法行為　　(a)　意義　「加害者不明の共同不法行為」とは，共同行為者のうちいずれの者が損害を加えたのかが明らかではない場合である（民 719 条 1 項後段）。たとえば，A と B が X を猪と間違えて同時に銃で撃ち一発だけが命中して X が死亡したところ，その弾丸が AB いずれの銃によるものか分からないケースである。すなわち，数人のうち誰かの行為が損害を発生させたことは明らかだが，誰が真の加害者かを知ることができない不法行為である（択一的競合）。この場合は，行為者全員が同じ損害を発生させることのできる行為を行っていることから，加害者が誰か不明でも，A および B の行為と X に生じた損害との間の因果関係を推定して，AB に連帯して全損害について賠償責任を課し被害者を救済する。なお，この規定は因果関係の推

定規定であるから，各行為者は自己の行為と損害との間に因果関係がないことを証明すれば責任を免れることができる。

(b) 要件　(ア) 各行為者が不法行為の要件を満たしていること　故意・過失等の，因果関係以外の要件を満たしていることである。

(イ) 共同の不法行為であること（関連共同性があること）　**客観的関連共同説**（判例・通説）によると，客観的に一個の共同行為があるとみられることが必要である。学説の中には，前段と区別するために，直接の加害行為についてではなく，その前提となる集団行為について客観的関連共同性が必要とする説，関連共同性を要求せず，択一的競合関係にあれば足りるとする説がある。

(ウ) 共同行為者のいずれかが損害を引き起こしたこと　行為が同時的な集団行為である必要はないとされているが，因果関係の推定がなされる以上，少なくとも，加害者が数人のうち誰かであり，この数人以外に疑われる者はいないとの立証は必要とされている。

(3) 教唆・幇助　(a) 意義　民法719条2項は，不法行為者を教唆および幇助した者は「共同行為者」とみなすと定めている。たとえば，不良グループのリーダーCが，自分は直接手を加えずに，Aをけしかけて，Bに道具を与えて，敵対グループリーダーのXを襲い，大ケガを負わせるような場合である。不法行為につき教唆や幇助を行った場合，教唆者や幇助者は，自ら直接に不法行為を行った者とはいえないが，その性質上共同行為者とみなして，共同不法行為者と同じ責任を課すのである。

(b) 要件　(ア) 行為者を教唆および幇助した者　「教唆」とは，他人をそそのかして不法行為を行う意思を決定させることをいう。「幇助」とは，窃盗の見張り番のように，当該不法行為につき補助的な行為をすることをいう。両者は，共同行為者とみなされる。

(イ) 教唆・幇助者が不法行為の要件を満たしていること　ただし，因果関係については，教唆・幇助と損害発生との間に因果関係がなくても，直接の不法行為と損害発生との間に認められればよい。

7　特別法上の不法行為責任

①　国家賠償法（国賠法）

　国または公共団体の公務員が，その職務を行うについて，故意または過失により違法に他人に損害を与えた場合に，国または公共団体が損害賠償責任を負う（国賠1条）。使用者責任（民715条）と同じような規定であるが，民法715条の監督義務を尽くした場合に免責される規定はない。

　また，道路，河川その他の公の営造物の設置または管理に瑕疵があったために他人に損害が生じた場合に，国または公共団体は損害賠償義務を負う（国賠2条）。土地工作物責任（民717条）と同じような規定であるが，動産も含み，民法717条のような占有者の損害発生防止に必要な注意を尽くした場合に免責される規定はない。

②　自動車損害賠償保障法（自賠法）

　自動車の運行供用者（運転手や所有者など）は，その運行によって他人の生命または身体を害したときは，これによって生じた損害を賠償する責任を負う（自賠3条本文）。一般不法行為責任（民709条）と同じようにみえる規定であるが，自動車の危険性を考慮して過失責任主義を修正した厳しい責任を認めている。すなわち，運行供用者は，自己に過失がなかったこと，第三者に故意・過失があったこと，自動車の構造上の欠陥または機能の障害がなかったことを証明しなければ，免責されない（自賠3条ただし書）。

③　製造物責任法（PL法）

　製造業者等は，その引き渡した物（製造・加工・輸入された動産）の欠陥（通常有すべき安全性を欠く）により，他人の生命，身体または財産を侵害したときは，これによって生じた損害を賠償する責任を負う（製造物3条）。たとえば，幼児が食べたチョコレートに異物が混入していてけがをした場合に，製造業者に対して損害賠償請求をするのが典型例である。一般不法行為責任（民709条）

と同じようにみえる規定であるが，製造業者等は，過失ではなく，欠陥のみで
責任を負わなければならない点で，被害者の立証責任を軽減している。ただし，
製造業者等には，経済の停滞を防ぐため，開発危険の抗弁（当時の科学技術に
関する知見では認識できなかった欠陥を証明すれば免責される）を認めている（製
造物4条）。

④ その他の特別法

　その他，鉱業法，大気汚染防止法，水質汚濁防止法，原子力損害賠償法など
で，加害者に無過失責任を認め，不法行為責任を加重する特別法が存在してい
る。なお，失火責任法は，「民法第709条の規定は失火の場合には之を適用せず。
但し失火者に重大なる過失ありたるときは此の限に在らず」と規定し，火事を
起こした場合，加害者は「**重過失**」がない限り不法行為責任を負わない（軽過
失で失火した場合には，責任を負わなくてもよい）。これは，わが国では木造建築
物が多く，都市において密集していることを理由に，失火責任を限定すべきと
いう考えに沿ったものであるが，失火者の責任を軽減すべきでないとの学説が
有力である。

4 ┃ 不法行為の効果

　不法行為の要件が充たされると，被害者のために，加害者を相手どっての損
害賠償請求権が与えられる（民709条）。被害者の権利または法律上保護される
利益の侵害から生じた被害者の不利益を塡補することが不法行為制度の趣旨で
ある。不法行為責任の内容は，原則，金銭賠償（改正民722条1項，民417条）で
あり，例外として，他人の名誉が毀損された場合には，「名誉を回復するのに
適当な処分」が命じられる（民723条）（後述，2「名誉毀損における原状回復請求権」
を参照）。また，民法に条文はないが，不法行為の効果として，差止請求権も
認めるべきではないかが論じられている（後述，3「差止請求権」を参照）。

　金銭賠償の方法には，**一時金賠償方式**と**定期金賠償方式**の2つがある。一時

金賠償方式とは，不法行為によって生じた損害をすべて現在の価額に換算して一度に支払う賠償方式であり，定期金賠償方式とは，損害賠償を一定期間ごとに区切って定期的に支払っていく賠償方式である。一時金方式か定期金方式かは，原告（被害者）の選択に委ねられているが，わが国では，一時金方式が一般的である。定期金方式の場合，加害者による賠償金支払いの履行の確保が問題となる。

1　損害賠償請求権

1　損害賠償請求権の主体

　損害賠償請求権の主体となるのは，権利または法律上保護される利益が侵害された被害者本人である。自然人はもちろん，法人，権利能力のない社団も含まれる。しかし，例外的に，被害者本人が損害賠償請求権を行使することができない場合がある。たとえば，被害者が胎児の場合や被害者が死亡した場合である。

　(1)　胎児　　私権の享有は出生に始まる（民3条1項）ので，**胎児**は権利能力をもたない。しかし，不法行為に基づく損害賠償請求については，胎児はすでに生まれたものとみなされる（民721条）。胎児は，自らが損害を被った場合に，民法709条に基づく損害賠償請求権を取得し，父母が死亡した場合には，民法711条の損害賠償請求権も取得する。また，相続についても，胎児はすでに生まれたものとみなされる（民886条1項）ことから，死亡した父母の損害賠償請求権も相続によって取得する。その間の胎児の権利能力の法的な構成について，**停止条件説**と**解除条件説**の対立がある。停止条件説とは，出生を条件に，胎児に権利能力が遡って認められる，という考え方である。解除条件説とは，胎児の時点から権利能力があるとみなされるが，生きて生まれてこなかったことを条件に，権利能力が遡及的に消滅する，という考え方である。胎児の出生前に，その父親が列車事故で死亡し，その祖父らによって示談（和解契約）がなされた事件で，その示談は胎児を拘束せず，胎児は出生後に加害者を相手どって損害賠償を請求することができる，とされた（大判昭7・10・6民集11・2023）。判例・

通説は，停止条件説を採っていると解される。

　(2)　被害者が死亡した場合　　被害者が負傷後に死亡した場合，損害賠償請求権（民709条・710条）は相続人に承継される（民896条）。被害者が不法行為によって即死した場合，被害者は権利能力を失うので，その損害賠償請求権の帰属先はどうなるのかが問題となる。判例は，踏切事故で被害者が死亡した事件で，被害者に傷害が生じた瞬時に損害賠償請求権が発生し，その権利が相続人に承継される，とした（大判大15・2・16民集5・150。**相続説**）。被害者が負傷後，しばらくして死亡した場合，相続人が損害賠償請求権を承継するのに対して，被害者が即死するほどの重大な加害行為に対して，加害者の不法行為の責任を免除するのは不当だからである。

　財産的損害と精神的損害に分けて説明する。

　　(a)　財産的損害　　**財産的損害**は，**積極的損害**と**消極的損害**に分かれる。

　　　(ア)　積極的損害　　積極的損害とは，治療費，入院費など，不法行為により被害者に現実に生じた損害である。それらが死亡した被害者の財産から支出されたのであれば，その損害賠償請求権は相続の対象となる（民896条）。

　　　(イ)　消極的損害　　消極的損害とは，不法行為がなければ得られたであろう利益の喪失のことであり，**逸失利益**や得べかりし利益とよばれる（以下，逸失利益とよぶ）。たとえば，被害者の給与などである。判例は，逸失利益の損害賠償請求権も相続人に相続される，とする（前掲大判大15・2・16。相続説）。これに対して，2つの問題が指摘される。まず，相続説によると，被害者の逸失利益が，被害者と長い間，没交渉だった相続人に承継されることがある（「笑う相続人」の問題）。また，たとえば，子が不法行為によって死亡し，子の相続人が親（直系尊属）だけだった場合，親が相続人として，子の逸失利益を受け取ることになるが，これが妥当かという問題である（「逆相続」の問題）。子の逸失利益の賠償請求は，子が将来受け取るはずだった利益の賠償請求であり，その逸失利益が発生する将来には，親が死亡している可能性が高いと考えられるからである。また，そもそも即死により権利能力を失った被害者本人に損害賠償請求権が帰属することに対しての疑問もある。したがって，相続説に対し

て，被害者が即死したならば，被害者に損害賠償請求権が帰属することはなく，遺族に固有の損害賠償請求を認めるべきだという考え方（**固有損害説**）が主張されている。この考え方は，遺族固有の損害を扶養利益の喪失とし，それを請求できるのは相続人に限らない，とする。ひき逃げにより死亡した被害者の相続人が，自動車損害賠償法（自賠法）72条に基づいて損害賠償を請求した事件では，被害者の内縁の配偶者に自賠法72条1項に基づいて事前に支払われた扶養利益の喪失に相当する額を，被害者の逸失利益から控除するべきである，とされた（最判平5・4・6民集47・6・4505）。被害者の内縁の配偶者の扶養に要する費用は，被害者の逸失利益から支出されるものだからである。本判例は，相続説をとりつつも，内縁の配偶者の扶養利益の賠償を認めている。

　(b)　精神的損害　　**精神的損害**に対しての**慰謝料請求権**は，その一身専属性から，相続が否定されてきた（民896条ただし書）。しかし，旧判例は，慰謝料請求権を行使するかどうかは，被害者本人が決定するものだから，慰謝料請求権は被害者の死亡とともに消滅し，相続人に承継されないことを原則とするが，被害者が加害者に対して慰謝料請求の意思を表示した場合には，慰謝料請求権は移転性を取得して，相続人に承継される，とした（大判大8・6・5民録25・962）。その結果，これ以降の判例では，被害者が慰謝料請求の意思を表示したかどうかが問題となった。被害者が「残念々々」と叫びながら死亡した場合，特別の事情のない限り，慰謝料請求の意思を表白したものと解され，被害者の相続人は慰謝料請求を相続するとした判例（大判昭2・5・30新聞2702・5，大判昭8・5・17新聞3561・13），被害者が「向フカ悪イ向フカ悪イ」という意思を表示したことに慰謝料請求の意思表示を認めた判例（大判昭12・8・6判決全集4・15・10）などがある。慰謝料請求権の相続を，被害者自身の慰謝料請求の意思表示という偶然の事実に関わらせる判例の態度に対して，意思表示の認定が困難であるという批判がなされて，最高裁判所はその態度を改め，被害者自身が慰謝料請求権を放棄したと解される特別の事情のないかぎり，慰謝料請求権は相続される，とした（最判昭42・11・1民集21・9・2249）。

　(3)　近親者　　被害者が死亡した場合，被害者の父母，配偶者および子には

固有の慰謝料請求権が認められる（民711条）。当初，被害者の慰謝料請求権の相続が否定されていたことから，被害者の近親者に固有の慰謝料請求権が認められたと説明されていたが，最近は，被害者の父母，配偶者および子は，加害者の故意・過失や，精神的損害の発生を立証しなくても，慰謝料請求をすることができることを明らかにした規定であると解する説も有力である。

　民法711条により固有の慰謝料請求権が認められるのは，被害者の父母，配偶者および子に限定されているが，判例は，民法711条を類推適用することで，民法711条所定の者と実質的に同視できる身分関係が存在し，被害者の死亡により甚大な精神的苦痛を受けた者にも固有の慰謝料請求権が認められる，とした（最判昭49・12・17民集28・10・2040［被害者の夫の妹に慰謝料請求権が認められた]）。

　被害者が死亡したケースではないが，不法行為の結果，被害女児の顔面に，医療では除去できない瘢痕が遺ったことから，その母親が，精神上多大な苦痛を受けたとして，加害者を相手どって慰謝料請求をした事件で，被害女児の母親が，被害者の「死亡したときにも比肩しうべき精神上の苦痛を受けたと認められる」ような場合には，民法711条所定の場合に類することから，民法709条，民法710条に基づいて，母親に慰謝料請求権が認められた（最判昭33・8・5民集12・12・1901）。本件では，被害者自身が生存しているので，民法711条によってではなく，民法709条，民法710条によって母親に慰謝料請求権が認められた。

　　　(4)　その他の者　　ある不法行為から生じた損害が，被害者だけではなく，被害者と関係のある者（**間接被害者**）にも及ぶことがある。間接被害者に及んだ損害は，**間接損害**と呼ばれる。たとえば，交通事故による被害者の治療費をその親が負担した場合であり，この場合，その親が加害者に対して損害賠償を請求することができる。また，民法711条による近親者の損害賠償請求も，間接被害者による賠償請求と捉えることができる。さらに，会社の経営者や従業員が不法行為によって負傷または死亡したことから，会社の収益が減少した場合（**企業損害**）に，会社自体が加害者に対して損害賠償を請求することができるかどうかが問題となった。判例・学説は，企業損害は損害が莫大な額になる

可能性があり，加害者の予見可能性が乏しいことから，その賠償責任を否定している（最判昭54・12・13交通民集12・6・1463）。他方で，交通事故によって会社（薬局経営）の代表者が負傷した結果，会社の収入が減少したとして，代表者と本件会社が，加害者を相手どって損害賠償を請求した事件で，本件会社が個人会社であり，代表者が本件会社の機関として代替性がなく，代表者と本件会社とが経済的に一体の関係にあると認められることから，間接被害者である本件会社の損害賠償請求が認められた（最判昭43・11・15民集22・12・2614）。しかし，本件は，企業損害が代表者の損害と同一視できることから，企業損害を認めた判例ということはできない。

② 損害賠償の範囲の画定

（1）**相当因果関係説**　不法行為に基づく損害賠償の範囲を規定した条文はない。伝統的通説・判例は，改正前民法416条を**相当的因果関係**を定めた条文であると解し，不法行為に基づく損害賠償の範囲についても改正前民法416条が類推適用される，とした（『スタンダール民法シリーズⅢ 債権法総論［第3版］』第2章 債権の効力 第2節 債務不履行5損害賠償 を参照）。リーディング・ケースは，大連判大正15・5・22民集5・386（**富喜丸事件**）である。本事件は，原告所有の汽船 富喜丸が，被告所有の汽船 大智丸と，その船長の過失で衝突し沈没した事件で，当時，第一次世界大戦（大正3年から7年）の影響で船舶価格が急騰していたことから，原告が，富喜丸が沈没した2年後の船舶の最高価額（沈没時の価格の約17倍の価額）で損害賠償を請求した。大審院は，改正前民法416条が相当因果関係を定めた規定であり，それが不法行為にも類推適用されることを認めた。**相当因果関係説**によれば，通常生ずべき通常損害は当然，損害賠償の範囲に含まれ（改正前民416条1項），特別の事情により生じた特別損害については，当事者（加害者）が，その事情を不法行為時に予見し，または予見することが可能であった場合に，損害賠償の範囲に含まれる（同条2項），とされる。本判決では，富喜丸の沈没の時点での船の交換価格が通常損害に当たり，船舶の価額騰貴による転売利益などの喪失が特別損害に当たる，とされ，

沈没後の最高価額（中間最高価格）での損害賠償を請求するためには，被害者（債権者）が，その利益を転売やその他の方法により確実に取得した事情と，その事情を不法行為の当時，予見し，または予見できたことを主張および立証しなければならない。相当因果関係説は，損害賠償額算定の基準時の問題も，相当因果関係の範囲の問題として扱っている。判例は，その後も，相当因果関係説による損害賠償の範囲の画定を維持している（最判昭 32・1・31 民集 11・1・170，最判昭 39・6・23 民集 18・5・842，最判昭 48・6・7 民集 27・6・681，最判昭 49・4・25 民集 28・3・447，最判平 8・5・28 民集 50・6・1301 など）。

　改正前民法では，416 条 2 項の文言が，「当事者がその事情を予見し，又は予見することができたときは」とされていたが，改正民法では，「当事者がその事情を予見すべきであったとき」と改められた。通説・通説に対しての批判説がともに前提としていたように，416 条 2 項の予見可能性が規範的概念であることが明文化された。損害賠償の範囲の画定をめぐる解釈論の対立は，民法改正後も引き継がれることになる。

　(2)　相当因果関係説に対しての批判　　判例の採る相当因果関係説に対しては，批判が強い。そもそも改正前民法 416 条は，債務不履行に基づく損害賠償の範囲を定めた条文であって，それを不法行為に基づく損害賠償の範囲の画定に適用することの問題が指摘された。債務不履行責任と異なって，事前に関係のない被害者と加害者との間で，加害者の予見可能性を賠償範囲の画定の基準にすること自体，合理性がない，とされた。また，改正前民法 416 条と相当因果関係説の理解について，判例は改正前民法 416 条が相当因果関係説を表した条文であると解釈するが，改正前民法 416 条と相当因果関係説は沿革的にみると，異なる考え方に基づくものである，と批判された。すなわち，改正前民法 416 条は，沿革的に，損害賠償の範囲が限定されている制限賠償の原則にたつものであるのに対して，ドイツ法に由来する相当因果関係説は，完全賠償の原則を前提としており，完全賠償から損害賠償の範囲を画するために考案された考え方であった。この批判は，改正民法 416 条にも当てはまると考えられる。

　そのような批判のうち代表的なものが，**保護範囲説（義務射程説）**と**危険性**

関連説である。

保護範囲説によれば，相当因果関係説で説明されてきた問題は，次の３つの問題に分解できる，とされる。すなわち，①不法行為と損害との間の事実的な因果関係の存否の問題である「**事実的因果関係**」，②不法行為によって生じた損害のなかで，どの範囲の損害までを賠償するべきなのかを扱う「**保護範囲**」，そして，③賠償されるべき損害をどのように金銭的に評価するかを扱う「**損害の金銭的評価**」である。①「事実的因果関係」とは，「あれなければ，これなし」で判断される条件関係のことであり，規範的な評価をともなわない事実認定に関わる問題である，とされる。②「保護範囲」とは，事実的因果関係にたつ損害に対して，加害者がその発生を防止すべき義務（損害回避義務）を負っているか否かを問い，その義務の範囲内（義務射程）に入っていれば，賠償義務を負う，とする考え方である。③損害の金銭的評価は，裁判官の裁量的判断によって評価される，とする。ところで，保護範囲説は，損害の捉え方についても，相当因果関係説とは異なり，損害事実説をとっている。

危険性関連説は，論者によって詳細は異なるが，損害を，**第一次損害**と**後続損害**に分ける。第一次損害とは，不法行為によって発生する損害で，不法行為の成立要件の問題であり，後続損害とは，第一次損害に惹起されて発生する損害であり，これが損害賠償の範囲の問題になる，とされる。第一次損害との危険性の関連（「**危険性関連**」）で，どのような後続損害が損害賠償の範囲に入るかを，第一次損害と後続損害との結びつきの偶然性，被害者自身の危険な行為の介在や，加害者による被害者の事情の認識可能性を判断要素として評価していく，とする。

損害賠償の範囲の画定については，これ以外にも，さまざまな学説が主張されている。しかし，判例は，相当因果関係を定めたとされる改正前民法416条（改正民416条）を類推適用することで，損害賠償の範囲を画している。

③ 損害額の算定

損害賠償の範囲が画定したとしても，損害賠償は金銭賠償を原則とする（改

正民722条1項）ので，損害額を算定しないとならない。まず，損害額の算定方式を説明して，続いて，死亡，負傷による損害，精神的損害，物の滅失・損傷による損害額の算定について説明する。

(1) **算定方式**　損害額の算定の方式として，**個別算定方式（個別損害積上げ方式）**と**一括算定方式（包括算定方式）**がある。個別算定方式とは，損害を，積極的損害，消極的損害および精神的損害に分け，損害項目ごとに損害額を算定して合計する方法である。交通事故での人身損害の算定に当たって形成され，それ以外の人身損害の算定にも用いられている。一括算定方式とは，損害を個別の損害項目に分けずに，損害額を一括して算定する方法である。大規模な公害訴訟などで主張される。被害者の財産的損害および精神的損害すべてを含めて損害賠償を請求する**包括請求**と，多数の被害者が関わる訴訟で，被害者がその権利や法益の侵害の程度に応じて一律に同一金額または同一の基準額による損害賠償を請求する**一律請求**が含まれる。

以下では，個別算定方式による損害額の算定についてみていく。

(2) **死亡による損害**　死亡による損害についても，**財産的損害**としての**積極的損害**と**消極的損害**，そして慰謝料が認められる。被害者が死亡した場合の損害賠償請求権の主体の問題については，前述，①(2)を参照。

(a) 積極的損害　被害者が負傷後，死亡するまでの入院費，治療費は当然，その実費が賠償される。葬儀費用，墓碑建設費・仏壇購入費（最判昭44・2・28民集23・2・525）についても賠償請求が認められる。

(b) 消極的損害　被害者が死亡した場合，被害者が生きていれば将来得られたはずの**逸失利益**をどのように算定するのかが問題となる。実務では，次のような算定式で逸失利益が求められる。

「（基礎収入－生活費）×就労可能年数－中間利息」

数式の各項目についてみていく（基礎収入は最後に説明する）。

(ア) 生活費　**生活費**が控除される理由は，被害者は死亡によって生活費の支出を免れるからである（損益相殺。後述，④(2)を参照）。被害者の個別具体的な事情によって生活費は異なる。それを被害者ごとに計算することは困難

なので，実務上，生活費控除率が定型化されている。

　　(ｲ)　就労可能年数　　**就労可能年数**については，18歳から67歳までと
されている。たとえば，死亡時10歳であれば49年間，50歳であれば17年間
というように計算される。

　　(ｳ)　中間利息　　**中間利息**の控除とは，損害賠償では将来の収入を現時
点で一括して受け取ることになるので，本来受け取るべき時点までに生じる運
用利益（中間利息）を控除して，将来の収入を現在価値に引き直すことである。
たとえば，5年後に受け取るはずだった収入を，現時点で受け取ることになる
のだから，形式上は，収入の前借りと同じことになり，前借りである以上，そ
の間の利息（中間利息）が収入から控除されなければならない。中間利息控除
の算定方法には，単利計算を用いる**ホフマン方式**と，複利計算を用いる**ライプ
ニッツ方式**があり，最高裁はいずれの方式を採用するのも各裁判所の自主性に
任せていた（最判昭37・12・14民集16・12・2368［ホフマン方式］，最判昭53・10・20
民集32・7・1500［ライプニッツ方式］）が，現在は，ライプニッツ方式に統一され
つつある（井上繁規・中路義彦・北澤章功「交通事故による逸失利益の算定方法について
の共同提言」判タ101・62を参照）。

　中間利息を計算するための利率は，法定利率5％（改正前民404条）が用いら
れていた。金融実務において低金利が日常化しているなかで，法定利率を用い
ることには批判が強かった。被害者が受け取ることができる賠償額が抑えられ
るからである。改正民法では，中間利息の控除に関する条文が新設された。改
正民法417条の2によれば，将来，取得すべき利益についての損害賠償額を定
める場合に，「その利益を取得すべき時までの利息相当額」（中間利息）を控除
するときには，「その損害賠償の請求権が生じた時点における法定利率」による，
とされた。中間利息の割合は，「法的安定及び統一的処理が必要とされる」こ
とから，法定利率によらなければならない，としていた判例（最判平17・6・14
民集59・5・983）の立場を維持したものだが，改正民法では，法定利率は3％（改
正民404条2項）とされ，3年ごとに見直されることになった（同条3項～5項，変
動利率制）から，中間利息の控除に用いられる法定利率は，損害賠償請求権が

生じた時点の法定利率となる（改正民722条1項）。損害賠償請求権が発生した時点とは，不法行為の時点である。

　　　㈢　基礎収入　　（ⅰ）**基礎収入**とは，被害者の収入（年収）である。被害者に収入があれば，そのときの実際の年収が基礎収入となる。

　　　　　（ⅱ）死亡時に収入がなかった者，たとえば，年少者や専業主婦などの基礎収入について，何を基準とするかが問題となる。収入のない年少者や学生でも，就労して収入を得ることが予想できる。判例は，年少者が死亡した場合の逸失利益の損害賠償請求について，「経験則とその良識を十分に活用して，できうるかぎり蓋然性のある額を算出するよう努め」なければならず，その「蓋然性に疑がもたれるときは，被害者側にとつて控え目な算定方法（たとえば，収入額につき疑があるときはその額を少な目に，支出額につき疑があるときはその額を多めに計算し，また遠い将来の支出の額に懸念があるときは算出の基礎たる期間を短縮する等の方法）を採用することにすれば，慰藉料制度に依存する場合に比較してより客観性のある額を算出することができ」る，とした（最判昭39・6・24民集18・5・874）。蓋然性のある額を算定するために，厚生労働省が実施する賃金構造基本統計調査（「**賃金センサス**」）が用いられる。

　　賃金センサスを用いて年少者の逸失利益を算定するときに，女子の基礎収入の基準を，男女を含めた全労働者の平均賃金とするのか，女子労働者の平均賃金とするのかが問題となる。判例は，交通事故で死亡した満一歳の女児の逸失利益について，女子労働者の全年齢平均賃金額を基準として算定しても不合理ではない，とした（最判昭61・11・4集民149・71）（その後，東京高判平13・8・20判時1757・38では，交通事故で死亡した11歳の女児の逸失利益の算定について，男女併せた全労働者の平均賃金を用いるのが合理的である，とされた［上告審・最決平14・7・9交通民集35・4・917では，上告受理の申立てが不受理］。他方で，同様に交通事故で死亡した10歳の女児の逸失利益の算定が問題になった東京高判平13・10・16判時1772・57では，男女別平均賃金を基礎収入とする方法が合理的である，とされた［上告審・最決平14・7・9交通民集35・4・921では，上告受理の申立てが不受理］）。

　　判例は，専業主婦の逸失利益に関しても，女子労働者の平均賃金による逸失

利益を認めている。すなわち，7歳の女児が交通事故で死亡した事件で，原判決では，女児が将来，婚姻をしたと仮定して，婚姻後の損害額を全く算定しなかったのに対して，家事労働を「他人に依頼すれば当然相当の対価を支払わなければならないのであるから，妻は自ら家事労働に従事することにより，財産上の利益を挙げている」として，家事労働に専念する妻は，就労可能な年齢に達するまで，女子労働者の平均賃金に相当する財産上の収益を挙げるものと推定する，とされた（最判昭49・7・19民集28・5・872）。また，交通事故で死亡した女子中学生の逸失利益の算定が争われた事件で，女子労働者と男子労働者の平均賃金の格差を是正するために，女子労働者の平均賃金額に家事労働分を加算して逸失利益の算定をすべきだという主張がなされた。これに対して，判例は，家事労働分を加算することは，将来労働で取得しうる利益を二重に評価計算することになるから認められない，とした（最判昭62・1・19民集41・1・1）。

　　(iii)　年金受給者が不法行為で死亡した場合に，その年金が逸失利益に当たるか否かは，各年金で扱いが異なる。元公務員に支給される普通恩給と国民年金法に基づいて支給される国民年金（老齢年金）（最判平5・9・21判時1476・120），地方公務員等共済組合法に基づく退職年金と遺族年金（最大判平5・3・24民集47・4・3039），また，国民年金法に基づく障害基礎年金と厚生年金保険法に基づく障害厚生年金（最判平11・10・22民集53・7・1211。ただし，子および配偶者の加給分については，逸失利益性が否定された）は，逸失利益に当たる，とされた。他方で，厚生年金保険法に基づく遺族厚生年金は，保険料との牽連性が間接的であり，社会保障的性格の強い給付であることなどから，逸失利益には当たらない，とされた（最判平12・11・14民集54・9・2683）。

(3)　負傷による損害　　負傷による損害についても，積極的損害，消極的損害と慰謝料が認められる。

　(a)　積極的損害　　負傷の結果，通院が必要となった場合，治療費，入院費，付添看護・介護費などの実費を賠償請求することができる。もっとも，交通事故による負傷の場合は，実務の便宜上，入院費などが定額化されている。

　(b)　消極的損害　　負傷による消極的損害としては，治療，入院のために

仕事を休業せざるをえなくなったことによる**逸失利益**（休業損害）と，負傷の結果，後遺症が残ったために収入が減少せざるを得なくなった逸失利益が考えられる。負傷時に収入がなかった者の逸失利益の賠償請求については，被害者が死亡した場合と同様である。

　　(ア)　休業損害　　休業による逸失利益の喪失については，現実の減収額を賠償請求することができる。

　　(イ)　後遺症による逸失利益　　負傷により**後遺症**が残ったために得られたはずの収入が減少した場合，将来の減収分について賠償請求をすることができる。次のような算定式が用いられる。

「（基礎収入－症状（後遺症）固定時の収入）×就労可能年数（減収期間）－中間利息」

　このとき，後遺症は残ったが，収入が減少しなかった場合に，逸失利益の賠償請求は認められないのかが問題となる。判例は，これを，原則として，認めていない。交通事故で後遺症が残った被害者が，身体的機能の一部喪失と労働能力喪失を理由とする逸失利益の賠償を請求した事件で，「後遺症の程度が比較的軽微であつて，しかも被害者が従事する職業の性質からみて現在又は将来における収入の減少も認められない」場合には，特段の事情がない限り，逸失利益の賠償請求は認められない，とした（最判昭56・12・22民集35・9・1350）。「特段の事情」とは，「事故の前後を通じて収入に変更がないことが本人において労働能力低下による収入の減少を回復すべく特別の努力をしているなど事故以外の要因に基づくものであつて，かかる要因がなければ収入の減少を来たしているものと認められる場合」とか，「労働能力喪失の程度が軽微であつても，本人が現に従事し又は将来従事すべき職業の性質に照らし，特に昇給，昇任，転職等に際して不利益な取扱を受けるおそれがあるものと認められる場合」などが挙げられ，「後遺症が被害者にもたらす経済的不利益を肯認するに足りる特段の事情」である，とされた。

　　(ウ)　不法行為による負傷後，被害者が別原因で死亡した場合　　不法行為による負傷後，事実審の口頭弁論終結前に，被害者が別原因で死亡した場合

352

に，死亡後の逸失利益の賠償請求も認めるべきか否かが問題となった。判例は，原則として，死亡後の逸失利益の賠償請求を認めている。交通事故により重度の後遺障害が固定したが，本件事故とは無関係の事故により死亡した被害者の相続人らが，被害者の後遺症固定時から就労可能年齢までの労働能力の一部喪失を理由とした逸失利益の賠償を請求した事件で，「被害者が死亡したとしても，右交通事故の時点で，その死亡の原因となる具体的事由が存在し，近い将来における死亡が客観的に予測されていたなどの特段の事情がない限り」，死亡の事実は考慮すべきでない，として，死亡後の逸失利益の損害賠償請求を認めた（最判平8・4・25民集50・5・1221，最判平8・5・31民集50・6・1323も同旨）。その理由は，①労働能力の一部喪失による損害は，交通事故時に一定の内容のものとして発生しているものであり，また，②被害者が事故後にたまたま別の原因で死亡したことにより，加害者がその義務の全部または一部を免れ，他方で被害者ないしその遺族が損害の塡補を受けることができなくなるのは，衡平の理念に反するから，とされた。

　また，被害者が，交通事故による後遺症のため介護が必要となったが，訴訟継続中に病死して，被害者の相続人らが，死亡後の被害者の逸失利益と介護費用（積極的損害）の賠償を請求した事件で，判例は，死亡後の逸失利益の賠償請求は認めたが，介護費用の賠償請求については認めなかった（最判平11・12・20民集53・9・2038）。被害者が死亡すれば，その時点以降の介護は不要となるので，もはや介護費用の賠償を命ずべき理由がないことなどが，その理由として挙げられた。本判決では，事実審の口頭弁論終結前に被害者が死亡したために，介護費用の損害賠償請求が認められなかったが，口頭弁論終結後に被害者が死亡したのであれば，介護費用の損害賠償請求が認められたかもしれない。もっとも，これは，一時金賠償方式を採用しているから生じる問題であり，定期金賠償方式が採られていれば，そもそも問題とならない。

　(4)　精神的損害　　被害者は，**精神的損害**に対しても損害賠償を請求することができる（民710条）。精神的損害に対しての損害賠償を**慰謝料**という。被害者が死亡した場合に，被害者自身の精神的損害は考えがたいのだが，現在の判

例は，慰謝料請求権は相続されると，と解している（前述，1(2)を参照）。慰謝料額は，事実審の口頭弁論終結時までに生じた諸般の事情を斟酌して，裁判官が裁量によって算定する。その裁量的な位置づけから，慰謝料は，とくに財産的損害の証明が難しい場合に，それを補完するものとして運用されてきた（慰謝料の補完的または調整的機能）。もっとも，現在では，**民事訴訟法 248 条**によって対処がなされている。

 Topics

民事訴訟法 248 条

　損害の性質上，損害額の立証が極めて困難であるときは，裁判所は，相当な損害額を認定することができる。平成 8（1996）年の民事訴訟法の改正で採用された条文である。慰謝料の算定について認められてきた裁判官の裁量を，それ以外の損害額の算定にも一般的に認めたものである，とされる。裁判官の自由な判断によって相当な損害額の認定が許される。本条文の趣旨については，民事訴訟法の学説上，争いがある。

（5）　物の滅失・損傷による損害　　物が滅失したか，または代替不可能である場合には，その物の交換価値を賠償請求することができる。判例は，「被害車輌の所有者が，これ［交通事故により損傷した自動車］を売却し，事故当時におけるその価格と売却代金との差額を事故と相当因果関係のある損害として加害者に対し請求しうる」とした（最判昭 49・4・15 民集 28・3・385）。すなわち，「同一の車種・年式・型，同程度の使用状態・走行距離等の自動車を中古車市場において取得しうるに要する価額」が損害額となる。物の価格の上昇下落について，判例は，損害賠償の範囲の画定の問題として処理している（前掲大連判大15・5・22）。

　物が損傷したが，修理可能な場合には，その修理費用を実費で賠償請求することができる。また，たとえば，交通事故で自家用車が損傷したときには，その代替措置，たとえば代車を用意するためにかかった費用を賠償請求することもできる。さらに，事故により営業車両を休業せざるをえなくなった場合に，休業中の営業利益の喪失は通常損害に含まれる，とされた（最判昭 33・7・17 民

集 12・12・1751)。

　賃貸借契約終了後も賃借人が賃借物を使用し続けている場合のように，土地や建物の不法占拠の場合には，その賃料相当額が損害となる。

　(6)　弁護士費用　　訴訟では，専門的な訴訟追行が当事者に要求されるので，一般人が，弁護士に委任することなしに，十分な訴訟活動を展開することはほとんど不可能である。**弁護士費用**については，「事案の難易，請求額，認容された額その他諸般の事情を斟酌して相当と認められる額の範囲内のものに限り」，不法行為と相当因果関係に立つ損害である，と認められて，加害者に賠償させることが認められている (最判昭 44・2・27民集 23・2・441)。

　(7)　遅延損害金　　不法行為に基づく損害賠償債務は，「損害の発生と同時に，なんらの催告を要することなく，遅滞に陥る」と解されている (最判昭 37・9・4民集 16・9・1834)。したがって，不法行為に基づく損害賠償の遅延損害金は，債務者が遅滞の責任を負った最初の時点，すなわち，不法行為時の法定利率によって計算される (改正民 419 条 1 項)。

④　損害賠償額の調整

　不法行為による損害の発生に被害者の過失が加わったり，不法行為によって被害者が利益を受けていることがある。損害に対しての責任の公平な分担から損害賠償額の調整を行うために，過失相殺と損益相殺という制度が認められている。

　(1)　過失相殺　　(a)　過失相殺の意義　　不法行為による損害の発生について，被害者に過失があったときに，裁判所はそれを考慮して，損害賠償の額を定めることができる (民 722 条 2 項)。これを**過失相殺**という。公平の見地から，損害発生についての被害者の過失を斟酌して，損害賠償額の調整をする制度である。

　債務不履行責任でも，過失相殺が認められる (改正民 418 条)。改正民法 418 条と民法 722 条 2 項では，規定のされ方が異なる。改正民法 418 条によれば，裁判所は，債権者に過失があったときには，過失相殺を行わなければならず，

損害賠償責任を否定することもできる。他方で，民法722条2項によれば，過失相殺をするか否かは，裁判所の裁量に委ねられるが，損害賠償責任を否定することは許されない。規定のされ方は異なるが，実務上，大きな相違はない，とされる。

(b) 過失相殺の要件　　(ア) 被害者の過失　　過失相殺をするためには，被害者の過失が必要である。被害者の過失の認定に当たって，加害者の過失における議論と同様に，被害者に責任能力が必要かどうかが争われた。判例は，過失相殺における被害者の責任能力について，**事理弁識能力**が備わっていれば足り，不法行為責任を負担する場合のように，行為の責任を弁識するに足る知能が備わっていることまでは必要ない，とした（最大判昭39・6・24民集18・5・854）。下級審の裁判例によれば，5，6歳になれば事理弁識能力が備わっている，とされる。それ未満の場合，事理弁識能力がなく，被害者の過失が損害賠償額の算定に当たって考慮されないことになるが，そのような場合には，被害者側の過失が問題とされる。

(イ) 被害者側の過失　　過失相殺を考慮するに当たって，被害者の範囲が問題とされる。すなわち，被害者自身の過失だけではなく，被害者側と考えられる者の過失，**被害者側の過失**も，過失相殺をする際に考慮されるのかどうかである。判例は，被害者側の過失とは，たとえば，被害者に対しての監督者である父母や，その家事使用人などのように，「被害者と身分上ないしは生活関係上一体をなすとみられるような関係にある者の過失」とする（最判昭42・6・27民集21・6・1507）。幼児が保育園への登園中に，引率していた保母（保育士）の過失によって交通事故で死亡した事件で，保育園の保母（保育士）の過失は，被害者側の過失には当たらない，とされた（前掲最判昭42・6・27）。

また，夫が妻を同乗させて運転する自動車と加害者が運転する自動車とが，夫と加害者双方の過失で衝突した結果，傷害を負った妻が加害者に対して損害賠償を請求した事件で，「加害者が，いったん被害者である妻に対して全損害を賠償した後，夫にその過失に応じた負担部分を求償するという求償関係をも一挙に解決し，紛争を一回で処理することができる」合理性があることから，「夫

婦の婚姻関係が既に破綻にひんしているなど特段の事情のない限り」，夫の過失を被害者側の過失として斟酌することができる，とした（最判昭51・3・25民集30・2・160）。本判決では，その理由として，被害者側の過失だけではなく，紛争解決の合理性が挙げられている。同乗者が損害賠償を請求するに当たって，当該自動車の運転者の過失が，被害者側の過失として考慮されるか否かについて，運転者が内縁の夫だった場合には，その過失が被害者側の過失として考慮された（最判平19・4・24判時1970・54）が，運転者が職場の同僚だった場合（最判昭56・2・17判時996・65）や，運転者が約3年前から恋愛関係にあった者だった場合（最判平9・9・9判時1618・63）には，被害者と身分上，生活関係上一体をなす関係にあったということはできない，として，運転者の過失を斟酌して過失相殺をすることはできない，とされた。もっとも，本事件のようなケースは，被害者（同乗者）に対しての，夫ら運転者と加害者との共同不法行為と解することもできる（前掲最判昭51・3・25の求償関係の合理的解決という指摘がこのことを示唆している）。

(c) 過失相殺の効果　　裁判所は，被害者の過失を斟酌するかどうか，減額すべき範囲を自由裁量で決めることができる（最判昭34・11・26民集13・12・1562など）。しかし，裁量権の範囲を逸脱することは許されない（最判平2・3・6判時1354・96）。過失相殺は，加害者から積極的に主張するものではない（大判昭3・8・1民集7・9・648，最判昭41・6・21民集20・5・1078）。

(d) 過失相殺の類推適用　　被害者が，そもそも有していた心身の状態や特徴を**被害者の素因**という。被害者の素因が，加害者の不法行為と競合することで，損害を発生させたり，損害を拡大した場合に，損害賠償額の算定に当たって，被害者の素因を法的にどう評価していくかが問題となる。判例は，過失相殺の規定を類推適用することで，損害賠償額の算定に当たって被害者の素因を斟酌している。

(ア) 被害者の素因の意義　　被害者の素因は，①**心因的素因**と，②**体質的素因**に分類される。心因的素因とは，特異体質や精神的病質（傾向）など，病気や障害をこうむりやすい被害者の性質とされる。体質的素因には，既往症，

持病（高血圧，結核，てんかんなど）や年齢・事故による身体的器質の変化や機能障害のような疾患が含まれる。また，手足が長いなどの**身体的特徴**も，体質的素因として斟酌されるべきかが争われた。

　　(イ)　心因的素因　　心因的素因について，被害者が交通事故で外傷（むち打ち症）と心因的要因による外傷性神経症を発症した事件で，判例は，損害が加害行為のみによって通常発生する程度，範囲を超えるものであり，かつ，その損害の拡大について被害者の心因的要因が寄与しているときは，「損害を公平に分担させるという損害賠償法の理念に照らし」，損害賠償額の算定に当たって民法 722 条 2 項の過失相殺の規定を類推適用して，損害の拡大に与った被害者の事情をも斟酌すべきである，とした（最判昭 63・4・21 民集 42・4・243，最判平 20・3・27 判時 2003・155［労災事件で，被害者の基礎疾患を考慮せず，722 条 2 項の類推適用をしなかった原判決を破棄差戻]）。

　　(ウ)　体質的素因　　疾患を理由とする過失相殺について，交通事故の 1 ヵ月前に一酸化炭素中毒に罹患していたが，それによる精神的症状は一時的に潜在，消失していた被害者が，本件交通事故による外傷が引き金となって，その精神的症状が発現し，事故の 3 年後に死亡した事件で，その相続人による損害賠償請求について，判例は，「疾患の態様，程度などに照らし，加害者に損害の全部を賠償させるのが公平を失するときは」，損害賠償額の算定に当たって，民法 722 条 2 項の過失相殺の規定を類推適用して，被害者の疾患を斟酌することができる，とした（最判平 4・6・25 民集 46・4・400）。

　また，被害者の身体的特徴が，損害賠償額の算定に当たって斟酌できるかどうかが争われた。交通事故により外傷を負った被害者が，その身体的特徴（頸椎不安定）のために損害が拡大した事件で，判例は，その身体的特徴が疾患に当たらない場合には，特段の事情がない限り，損額賠償額の算定に身体的特徴を斟酌することはできない，とした（最判平 8・10・29 民集 50・9・2474）。「特段の事情」として，「極端な肥満など通常人の平均値から著しくかけ離れた身体的特徴を有する者が，転倒などにより重大な傷害を被りかねないことから日常生活において通常人に比べてより慎重な行動をとることが求められるような場

合」が挙げられている。すなわち，身体的特徴については，それを理由に慎重な行動が要請されているというような特段の事情が存在しないかぎり，損害賠償額の算定に当たって斟酌することはできない，とした。

被害者の素因を損害賠償額の算定にあたって斟酌することについては批判がある。そもそも素因の存在を，被害者の過失と同視することはできないし，損害賠償額の算定に当たって，被害者の素因が斟酌されることになると，何らかの素因をもつ者の行動が制限される可能性もあるからである。

(2) 損益相殺　　(a) 損益相殺の意義　　不法行為による損害を原因として，被害者が何らかの利益を受けることがある。たとえば，被害者が不法行為によって死亡した場合，被害者の将来の生活費は支出する必要がない。本来，支出するはずだった生活費を支出しなくても良くなった，ということが，被害者にとっての利益であると考えられるのである（前述，③(2)(b)の算定式を参照）。また，被害者またはその相続人が，不法行為による損害を原因として，損害賠償とは別に，何らかの給付（年金，保険金など）を受け取ることがある。これも，不法行為による損害を原因とした，被害者の利益と考えることもできる。不法行為による損害を原因として被害者が受けたこれらの利益を，損害賠償額から控除して損害賠償額を算定することを**損益相殺**という。民法には規定されていないが，公平の観念から，実務上，認められている。

(b) 損益相殺の要件　　判例によれば，損益相殺による損害賠償額の調整を行うためには，被害者が，①同一の原因（不法行為）により，②損害と同質性を有する利益を受けたことが必要となる。損害と利益との同質性とは，その利益が損害填補を目的とするものであるかどうかによって判断される（前掲最大判平5・3・24［退職年金の受給］）。たとえば，幼児が交通事故で死亡した場合に，親が子の逸失利益の損害賠償を求めた事件で，養育費を出費する必要がなくなったこと（利益）と子の逸失利益の喪失との間に同質性がないことから，養育費の控除は認められない，とされた（前掲最判昭53・10・20）。

(c) 損害賠償とは別の給付を受領した場合の損益相殺　　不法行為を原因として，被害者またはその相続人（遺族）が，災害補償，年金や保険などの給

付を受領した場合に，損益相殺がなされるべきかが問題となる。自動車事故の被害者（受給権者）が，加害者による損害賠償の給付を受ける前に，厚生年金保険法および労働者災害補償保険法により，保険給付および災害補償を受けたときには，それを逸失利益より控除し，未だ現実の給付がなされていない分については，たとえ将来にわたり継続して給付されることが確定していても，将来の給付額を損害額から控除することは認めない，とされた（最判昭52・5・27民集31・3・427）。また，地方公務員等共済組合法による退職年金の受給者が事故によって死亡して，その相続人が同法の規定する遺族年金の受給権を取得したときに，相続人が被害者の退職年金を損害（逸失利益）として賠償請求した前掲最大判平5・3・24では，遺族年金について損益相殺的な調整を図ることが許されるのは，「当該債権が現実に履行された場合又はこれと同視し得る程度にその存続及び履行が確実であるということができる場合に限られる」とされた。

他方で，交通事故で負傷後，病院で死亡した被害者の相続人に，生命保険契約に基づいて給付された生命保険金は，「すでに払い込んだ保険料の対価の性質を有し，もともと不法行為の原因と関係なく支払わるべきものであるから」，損害賠償額から控除されるべきではない，とされた（最判昭39・9・25民集18・7・1528，最判平7・1・30民集49・1・211〔自家用自動車保険契約の搭乗者傷害条項による死亡保険金〕）。さらに，建物の賃借人の債務不履行または不法行為により建物が焼失した場合に，建物の所有者に火災保険契約に基づいて支払われた火災保険金についても，「既に払い込んだ保険料の対価たる性質を有」することから，損害賠償額の算定に際して損益相殺として控除されるべき利益には当たらない，とされた（最判昭50・1・31民集29・1・68）。もっとも，損害保険については，損害の填補が目的なので，被害者が，保険金の給付も受け，損害賠償金も受領すると，損害が二重に填補されることになるので，それを回避するために，**請求権代位**という制度が認められており（保険法25条1項など。Topics「請求権代位」を参照），実質的には，損益相殺が行われたのと同じことになる。これに対して，生命保険は，被害者の損害填補を目的とするものではないので，請求権代位は

認められていない（前掲最判昭 39・9・25 を参照）。

 Topics

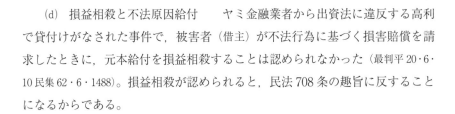

請 求 権 代 位

　たとえば，損害保険では，保険金を支払った保険者（保険会社）は，支払った保険金の限度で，被保険者が第三者に対してもつ損害賠償請求権を取得する（保険 25 条 1 項）。これは請求権代位と呼ばれる（その他，健保 57 条，介保 21 条 1 項，厚年 40 条 1 項で規定される）。被保険者は，保険金と損害賠償金を重複して取得することができなくなり，損害額以上の利得をすることが禁止される（利得禁止原則）。被保険者は，保険者から支払いを受けた保険金の限度で，第三者に対する損害賠償請求権を失うことから，損益相殺が行われたのと同じ結果になる。

　　(d)　損益相殺と不法原因給付　　ヤミ金融業者から出資法に違反する高利で貸付けがなされた事件で，被害者（借主）が不法行為に基づく損害賠償を請求したときに，元本給付を損益相殺することは認められなかった（最判平 20・6・10 民集 62・6・1488）。損益相殺が認められると，民法 708 条の趣旨に反することになるからである。

5　損害賠償請求権の消滅時効

　不法行為による損害賠償請求権の行使については，特別の消滅時効期間が定められている。民法 724 条が改正されて，被害者またはその法定代理人が，損害および加害者を知った時（**主観的起算点**）から 3 年間，不法行為の時（**客観的起算点**）から 20 年間，損害賠償請求権を行使しなかったときには，損害賠償請求権は，時効によって消滅する，とされた（改正民 724 条）。20 年の期間制限について，従来，判例は，除斥期間と解していたが，民法改正によって，消滅時効であることが確認された。主観的起算点と客観的起算点の二重の消滅時効期間を定めた改正民法 166 条 1 項と整合性が図られた。

　また，人の生命または身体を害する不法行為による損害賠償請求権の消滅時効期間について，改正民法 724 条の 2 が新設された。改正民法 724 条の 2 により，改正民法 724 条 1 号の主観的起算点からの 3 年間の消滅時効期間が，5 年

間に延長された。人の生命または身体は要保護性の高い法益なので，より長い消滅時効期間を定めて，権利行使の機会を保障することが必要だからである。これによって，人の生命または身体を害する不法行為による損害賠償請求権の消滅時効期間は，主観的起算点から5年間（改正民724条の2），客観的起算点から20年間（改正民724条）となった。これに伴い，人の生命または身体の侵害による一般の債権（債務不履行による損害賠償請求権）の消滅時効期間についても，改正民法166条1項2号の客観的起算点からの10年間の消滅時効期間が，20年間に延長された（改正民167条）。これにより，人の生命または身体を害する損害賠償請求権について，それが不法行為による場合にも，債務不履行による場合にも，その消滅時効期間が統一された。

 Topics

消滅時効と除斥期間

　除斥期間とは，一定期間内に権利を行使しないと，その期間の経過によって権利が当然に消滅する期間をいう。消滅時効と除斥期間には，次のような相違がある。すなわち，消滅時効については，時効が完成するためには援用することが必要であり（改正民145条），完成猶予および更新事由（改正民147条以下）が存在するが，除斥期間にはそれらがない。除斥期間の趣旨は，債権成立から長期間が経過した場合に，法律関係を確定させようとすることにあり，公益的な見地に立った制度であると考えられる。もっとも，民法に規定された期間制限が，除斥期間にあたるのか否かは，明文で規定されているわけではないので，権利の性質や規定の形式から判断される。

（1）3年間の短期消滅時効　　不法行為による損害賠償請求権は，被害者またはその法定代理人が，損害および加害者を知った時（主観的起算点）から3年間行使しなかったときには，時効によって消滅する（改正民724条1号）。消滅時効期間について，一般の債権の消滅時効（改正民166条）とは異なった規律がなされている。その趣旨は，時間の経過により，①証拠の収集や保全が困難になること，また，②被害者の感情も落ち着くこと，さらに，③加害者に，損害賠償を請求されることはないという信頼と期待が生まれることにある，とされる。判例によれば，改正前民法724条前段の短期消滅時効の趣旨は，「不法行

為に基づく法律関係が，通常，未知の当事者間に，予期しない偶然の事故に基づいて発生するものであるため，加害者は，損害賠償の請求を受けるかどうか，いかなる範囲まで賠償義務を負うか等が不明である結果，極めて不安定な立場におかれるので，被害者において損害及び加害者を知りながら相当の期間内に権利行使に出ないときには，損害賠償請求権が時効にかかるものとして加害者を保護することにある」とされる（最判昭 49・12・17 民集 28・10・2059）。加害者の保護とは，「被害者が不法行為による損害の発生及び加害者を現実に認識しながら 3 年間も放置していた場合に加害者の法的地位の安定を図ろうとしているものにすぎず，それ以上に加害者を保護しようという趣旨ではない」とされる（最判平 14・1・29 民集 56・1・218）。

　以上の判例は，改正民法 724 条 1 号にも当てはまると考えられる。

　(a)　起算点　　3 年の消滅時効期間の起算点は，被害者またはその法定代理人が損害および加害者を知った時（主観的起算点）である。消滅時効期間が 3 年と短いことから，その起算点が問題となる。

　　(ｱ)　損害を知った時　　「損害」とは，個別の損害項目ではなく，不法行為から被害者に生じた損害全般を指す。被害者が損害を知った時とは，判例によれば，被害者が，「加害者に対する賠償請求が事実上可能な状況の下に，その可能な程度にこれらを知った時を意味する」とされる（前掲最判平 14・1・29）。被害者が，損害の発生を現実に認識していないにもかかわらず，消滅時効の進行を認めてしまうと，被害者は，自己の損害賠償請求権を消滅させないために，損害の発生の有無を調査しなければならず，そのような負担を被害者に課することは不当だからである。

　また，土地の不法占拠のような継続的不法行為について，判例は，「各損害ヲ知リタル時ヨリ別個ニ消滅時効ハ進行」する，とした（大連判昭 15・12・14 民集 19・2325）。被害者の損害認識時から消滅時効が進行するとなると，不法行為が継続し損害が発生しているにもかかわらず，消滅時効が完成して損害賠償を求めることができなくなるのも，不合理だからである。

　さらに，交通事故の後遺症のような損害は，事故直後に生ずることもあれば，

事故から暫くして生じたりすることもある。交通事故の被害者の後遺症に基づく損害賠償請求権の消滅時効について，受傷時に後遺症が現れていた場合には，後遺症の症状固定の診断を受けた時から進行する，とされた（最判平16・12・24集民215・1109）。事故から暫くして後遺症が現れた場合には，その治療を受けるまでは，時効は進行しない，とされる（最判昭42・7・18民集21・6・1559）。流出した硫酸で火傷を負った事故の被害者が，受傷時から相当期間経過後に，受傷時には医学的に通常予想し得なかった治療が必要となり，その治療費の支出に基づく損害賠償を請求した事件で，判例は，損害賠償請求権の行使が事実上不可能なうちにその消滅時効が開始すると，時効の起算点に関する特則である改正前民法724条を設けた趣旨に反する結果となるから，「後日その治療を受けるようになるまでは，右治療に要した費用すなわち損害については，同〔724〕条所定の時効は進行しない」とした（前掲最判昭42・7・18）。

　ところで，判例は，違法な仮処分命令の執行により損害を被った被害者の損害賠償請求権の消滅時効の起算点について，被害者は，損害の発生を現実に認識することだけではなく，加害行為が不法行為であることも知る必要がある，とする（大判大7・3・15民録24・498）。被害者は，加害行為が不法行為であることを知らなければ，不法行為による損害賠償を請求することができず，被害者が損害賠償を請求することができないにもかかわらず，それより前に消滅時効が進行するとなると，改正前民法724条の精神を貫徹することができないからである。

　以上の判例は，改正民法724条1号にも当てはまると考えられる。

　　　(イ)　加害者を知った時　　加害者を知った時とは，判例によれば，「加害者に対する賠償請求が事実上可能な状況のもとに，その可能な程度にこれを知つた時を意味する」とされた（最判昭48・11・16民集27・10・1374）。拷問による取調べでの不法行為当時，加害者の姓と容貌，地位は知っていたが，その所在および名を知らなかったが，約20年後に加害者の所在を突き止めて，損害賠償を請求した事件で，判例は，不法行為当時に，損害賠償請求権を行使することは事実上不可能であり，被害者が加害者の住所氏名を確認したときが，加

害者を知った時にあたる，として，損害賠償請求権の消滅時効はまだ完成していない，とした（前掲最判昭48・11・16）。

特殊の不法行為における加害者を知った時とは，取引的不法行為で使用者責任（民715条）が争われた事件で，「加害者を知るとは，被害者らにおいて，使用者ならびに使用者と不法行為者との間に使用関係がある事実に加えて，一般人が当該不法行為が使用者の事業の執行につきなされたものであると判断するに足りる事実をも認識することをいう」とした（最判昭44・11・27民集23・11・2265）。

以上の判例は，改正民法724条1号にも当てはまると考えられる。

(2) 20年の長期消滅時効　　不法行為による損害賠償請求権は，不法行為の時（客観的起算点）から20年間が経過したときに，時効によって消滅する（改正民724条2号）。

(a) 法的性質　　改正前民法では，20年の期間制限が，消滅時効なのか除斥期間なのかについて争いがあった。起草者は，短期消滅時効（改正前民724条前段，改正民724条1号）と同様，消滅時効と解していたようだが，判例は，除斥期間と解していた。すなわち，昭和24年に不発弾処理作業中の事故で負傷し，後遺症を受けた被害者らが，昭和52年末に，国を相手どって国家賠償法1条に基づき損害賠償を求めた事件で，国が改正前民法724条後段の20年間の消滅時効ないし除斥期間を援用したところ，最高裁判所は，改正前民法724条後段の期間制限は，「被害者側の認識のいかんを問わず一定の時の経過によって法律関係を確定させるため請求権の存続期間を画一的に定めたもの」であるから，不法行為によって生じた損害賠償請求権の除斥期間を定めたものである，とした（最判平元・12・21民集43・12・2209）。

しかし，判例は，改正前民法724条後段の20年の期間制限が除斥期間であることを認めつつも，被害者保護のために，改正前民法724条後段の20年の期間制限にも，消滅時効の規定が類推適用可能なことを認めて妥当な解決を図っていた。すなわち，不法行為自体によって，または，加害者により損害賠償請求権の行使が不可能な状況が作出された場合には，改正前民法158条の法

意（最判平 10・6・12 民集 52・4・1087）や改正前民法 160 条の法意（最判平 21・4・28 民集 63・4・853）から，改正前民法 724 条後段の効果は生じない，としていた。

これに対して，学説では，改正前民法 724 条後段が消滅時効であると解する考え方が有力であった。

改正民法 724 条 2 号で，20 年の期間制限が消滅時効であると明文化されて，以上の判例の先例的意義が失われることになった。

　　(b)　起算点　　改正前民法 724 条後段の 20 年間の期間制限の起算点である「不法行為の時」（客観的起算点）が，加害行為時か，不法行為の要件充足時，すなわち損害発生時か，について争いがあった。この議論は，改正民法 724 条 2 号にも当てはまる。とくに損害が加害行為時から相当の期間が経過した後に発生した場合に，起算点をいつの時点と解するかが問題となる。判例は，じん肺罹患による損害賠償請求の起算点について，改正前民法 724 条後段の除斥期間の起算点は，①加害行為が行われた時に損害が発生する不法行為の場合，加害行為の時が起算点となるが，②「身体に蓄積した場合に人の健康を害することとなる物質による損害や，一定の潜伏期間が経過した後に症状が現れる損害のように，当該不法行為により発生する損害の性質上，加害行為が終了してから相当の期間が経過した後に損害が発生する場合には，当該損害の全部又は一部が発生した時が除斥期間の起算点となる」として，じん肺は長期間経過後に発症するものであるから，じん肺被害を理由とする損害賠償請求権については，損害発生の時が起算点となる，とした（最判平 16・4・27 民集 58・4・1032，最判平 16・10・15 民集 58・7・1802［水俣病を原因とする損害賠償請求］，最判平 18・6・16 民集 60・5・1997［予防接種による B 型肝炎罹患を原因とする損害賠償請求］）。

2　名誉毀損における原状回復請求権

① 名 誉 毀 損

(1)　名誉毀損　　他人の名誉が毀損された場合，裁判所は，被害者の請求により，損害賠償に代えて，または，損害賠償とともに，名誉を回復するのに適当な処分を命ずることができる（民 723 条）。

「名誉」とは，「人がその品性，徳行，名声，信用等の人格的価値について社会から受ける客観的な評価，すなわち社会的名誉を指すものであつて，人が自己自身の人格的価値について有する主観的な評価，すなわち名誉感情は含まない」とされ，民法723条の趣旨は，名誉を回復する「処分により，加害者に対して制裁を加えたり，また，加害者に謝罪等をさせることにより被害者に主観的な満足を与えたりするためではなく，金銭による損害賠償のみでは填補されえない，毀損された被害者の人格的価値に対する社会的，客観的な評価自体を回復することを可能ならしめる」ことにある，とされる（最判昭45・12・18民集24・13・2151）。

死者に対しての名誉毀損について，ある小説の登場人物のモデルとなった死者の甥が，小説の描写により死者の名誉が毀損され，遺族の一人である自分（甥）が精神的苦痛を受けたとして，民法723条による謝罪広告と損害賠償を求めた事件で，裁判所は，まず，死者の名誉について，刑法230条2項および著作権法60条がそれを法律上保護すべきものとしていることから，民法においても，「法律上保護されるべき権利ないし利益として，その侵害行為につき不法行為成立の可能性を肯定すべき」ことを認めるが，死者の名誉に対しての不法行為について，誰が損害賠償請求権を行使するかについての実定法上の根拠を欠くので認められない，とした。しかし，本件については，死者に対する名誉毀損行為により，死者の甥が著しい精神的苦痛を被ったとして不法行為を主張するものなので，請求権者の問題はなく，「故人に対する遺族の敬愛追慕の情も一種の人格的法益としてこれを保護すべきものである」ので，これを違法に侵害する行為は不法行為を構成する，とされた（東京高判昭54・3・14高民集32・1・33［『落日燃ゆ』事件］）。

法人に対しての名誉毀損について，医療法人が，新聞に掲載された記事により名誉を毀損されたとして，謝罪広告の掲載と金銭賠償を請求した事件で，判例は，法人についても，民法723条による保護が認められ，法人の名誉が毀損された場合にも，「金銭評価の可能な無形の損害の発生すること必ずしも絶無ではなく，そのような損害を加害者をして金銭でもつて賠償させるのを社会観

念上至当とすべきであ」る，として，民法710条に基づいて損害賠償を請求できることを認めた（最判昭39・1・28民集18・1・136）。

(2) 事実摘示による名誉毀損と意見ないし論評の表明による名誉毀損

名誉毀損が，新聞，書籍，報道などマスコミの表現行為により行われた場合，表現の自由との関係が問題となる。表現行為による名誉毀損は，**事実を摘示しての名誉毀損**と，ある事実を基礎としての**意見ないし論評の表明による名誉毀損**に分けられる，とされる（最判平9・9・9民集51・8・3804）。

事実を摘示することによる名誉毀損について，衆議院議員選挙の立候補者が，学歴および経歴を詐称しているとの新聞記事を新聞上に掲載されたことについて，新聞社を相手どって，名誉毀損による慰謝料の支払いと謝罪広告の掲載を請求した事件で，判例は，名誉毀損について，刑法230条の2の趣旨を参照しつつ，①「その行為が公共の利害に関する事実に係りもっぱら公益を図る目的に出た場合には，摘示された事実が真実であることが証明されたとき」には，当該表現行為に違法性はなく，不法行為は成立せず，②「右事実が真実であることが証明されなくても，その行為者においてその事実を真実と信ずるについて相当の理由があるとき」には，当該表現行為には故意・過失がなく，不法行為は成立しない，とした（最判昭41・6・23民集20・5・1118）。

また，事実を基礎としての意見ないし論評の表明による名誉毀損について，判例は，①「その行為が公共の利害に関する事実に係り，かつ，その目的が専ら公益を図ることにあった場合に，右意見ないし論評の前提としている事実が重要な部分について真実であることの証明があったときには，人身攻撃に及ぶなど意見ないし論評としての域を逸脱したものでない限り」，当該表現行為は違法性を欠き，②「仮に右意見ないし論評の前提としている事実が真実であることの証明がないときにも，事実を摘示しての名誉毀損における場合と対比すると，行為者において右事実を真実と信ずるについて相当の理由があれば」，当該表現行為の故意・過失が否定される，とした（前掲最判平9・9・9）。

2　原状回復措置

名誉毀損による損害賠償は，通常は，慰謝料の賠償である。

名誉回復のために適当な処分とは，名誉が毀損された者の社会的評価を回復するような原状回復のための行為であり，たとえば，新聞や雑誌への**謝罪広告**の掲載などによって行われる。その他，名誉毀損的看板の撤去（横浜地判昭63・5・24判時1311・102）や，訂正記事の掲載（東京高判平13・4・11判時1754・89）などが認められている。もっとも，加害者に謝罪広告を求めることを強制的に実現することが，加害者の意思決定の自由および良心の自由（憲19条）に反しないかどうかが問題となる。判例は，「単に事態の真相を告白し陳謝の意を表明するに止まる程度のものにあつては」，代替執行も可能である，とした（最大判昭31・7・4民集10・7・785）。また，判例は，厳格な要件のもとに，名誉を違法に侵害された者が侵害行為の差止めを求めることができることを認めた（最大判昭61・6・11民集40・4・872「北方ジャーナル事件」。後述，3②(2)を参照）。

3　差止請求権

1　差止請求権の法的構成

民法709条に基づく損害賠償請求は事後的な損害塡補手段である。これに対して，権利侵害または損害を現在または将来に向けて，これ以上発生させないよう，予防的な措置を取ることが必要となる場合に，侵害行為の差止めを求めることができるかどうか，すなわち**差止請求**の可否が問題となる。

被害者に差止請求権の行使を認める条文は，民法上，存在しない。判例・学説では，差止請求権を認めるための法的な構成として，**権利説**と**不法行為説**が主張されている。

(1)　**権利説**　権利には，その侵害が認められない排他性と呼ばれる性質があり，権利が侵害されたときには，それを排除，予防することが認められる。物権に，物権的請求権（妨害排除請求権，妨害予防請求権）が認められるのとパラレルに，権利や法益が重大な侵害を受けた場合には，権利の排他性を根拠に，侵害に対して差止請求を行うことができる，とする。人格権や環境権に基づく

差止請求が論じられる。

(2) 不法行為説　　差止請求を，不法行為制度から導き出す説である。事後的に不法行為に基づく損害賠償請求が認められるのであれば，権利侵害または損害の発生の前，またはその最中に，権利侵害や損害の発生を阻止する差止請求も，不法行為制度の趣旨から，認められるべきだと考える。差止請求の根拠を不法行為責任に求めることから，加害者の故意・過失や，加害行為の態様が斟酌されることになる。生活妨害による侵害行為では，被侵害利益の種類や程度と侵害行為の態様，有用性や公共性が比較衡量されて，**受忍限度**を基準に判断される。

[2] 判例の立場

差止請求の可否が問題になった判例は，公害や生活妨害に関わるケースと，名誉やプライバシー侵害のケースに分かれる。

(1) 公害・生活妨害に関わるケース　　航空機の離着陸による振動，排ガス，騒音などによって生活環境が破壊されたことを理由に，国に対して，**人格権**あるいは**環境権**に基づいて，午後9時から午前7時までの航空機の離着陸の差止めと，国家賠償法などに基づく損害賠償が請求された事件で，裁判所は，「原告らの人格権は侵害されている」というべきであり，「その被害の重大性を考えるならば，その救済のためには，過去の損害の賠償を命ずるだけでは不十分であつて」，人格権に基づく差止請求を認容した（大阪高判昭50・11・27民集35・10・1881）。本判決では，人格権侵害に基づく差止請求（権利説）が認容されたが，上告審（最大判昭56・12・16民集35・10・1369）では，民事上の訴えとしての差止請求は不適法である，とされた。

また，国道や県道を走行する自動車の騒音や排気ガスなどにより身体的被害を被ったとする沿道の住民が，道路管理者らを相手どって，国家賠償法2条および民法709条に基づく損害賠償を請求するとともに，環境権および人格権に基づいて，侵害行為の差止めを求めた事件で，判例は，沿道住民らが受けた被害が社会生活上，受忍限度の範囲内のものであるということはできず，本件道

路の供用は，沿道住民の違法な法益侵害に当たる，として，道路管理者の損害賠償義務を認めた（最判平7・7・7民集49・7・1870［**国道43号線訴訟事件**]）。しかし，差止請求について，判例は，「施設の供用の差止めと金銭による賠償という請求内容の相違に対応して，違法性の判断において各要素の重要性をどの程度のものとして考慮するかにはおのずから相違があるから，右両場合の違法性の有無の判断に差異が生じることがあっても不合理とはいえない」，として，本件道路のもたらす多大な便益を考慮すると，差止めを許容すべき違法性があるとはいえない，とした原判決を正当とした（最判平7・7・7民集49・7・2599［**国道43号線訴訟事件**]）。本事件についての2つの判例では，損害賠償請求と差止請求を認めるに当たっての判断要素の違いが示された。すなわち，本件道路の供用による権利侵害や損害の発生が受忍限度を超えるものとして，損害賠償請求が認められても，環境権および人格権侵害に基づく差止請求については，本件道路の公共性ないし公益上の便益と沿道住民の生活利益とが比較衡量されて，本件道路の便益のほうが重要性が高いと判断されて，差止請求は認められなかった。

　(2)　名誉・プライバシー侵害に関わるケース　　知事選に立候補予定だった被告について，その名誉を傷つける内容の記事が掲載された雑誌の販売などを差止める仮処分命令がなされたことについて，出版社が同命令は違憲違法であるとして，国と被告を相手どって，損害賠償が請求された事件について，判例は，「人格権としての名誉権は，物権の場合と同様に排他性を有する権利というべきであるから」，名誉を違法に侵害された者は，人格権としての**名誉権**に基づいて，侵害行為の差止めを求めることができる，とした。しかし，表現行為に対する事前抑制は，「表現の自由を保障し検閲を禁止する憲法21条の趣旨に照らし，厳格かつ明確な要件のもとにおいてのみ許容されうるものといわなければなら」ず，公務員または公職選挙の候補者に対する評価，批判などの表現行為に関する出版物の頒布の事前差止めは，「公共の利害に関する事項であるということができ」，「その表現が私人の名誉権に優先する社会的価値を含み憲法上特に保護されるべきであることにかんがみる」と，原則として許されるものではないが，①「その表現内容が真実でなく，又はそれが専ら公益を図る

目的のものではないことが明白であり」，かつ，②「被害者が重大にして著しく回復困難な損害を被る虞がある」ときには，当該表現行為の価値よりも被害者の名誉を保護する必要があるので，例外的に事前差止めが許される，とした（前掲最大判昭 61・6・11 [**北方ジャーナル事件**]）。本判決は，名誉権を人格権として捉えて（権利説），公人の名誉権と憲法 21 条の公共の利害に関する事項の表現の自由との利益衡量から，名誉権を保護し，出版物の事前差止めを認めた。

　また，ある小説の発行で名誉を毀損され，**プライバシー**および名誉感情を侵害されたとする被害者が，小説の著者と出版社らを相手どって，慰謝料の支払いと同小説の出版などの差止めを求めた事件で，判例は，慰謝料の支払いと本件小説の出版などの差止めを認めた原判決を肯認して，「公共の利益に係わらない被上告人 [被害者] のプライバシーにわたる事項を表現内容に含む本件小説の公表により公的立場にない被上告人の名誉，プライバシー，名誉感情が侵害されたものであって，本件小説の出版等により被上告人に重大で回復困難な損害を被らせるおそれがあるというべきである」から，人格権としての名誉権などに基づいて差止請求を認容した（最判平 14・9・24 判時 1802・60 [**『石に泳ぐ魚』事件**]）。

　差止請求について，裁判所は，権利説を出発点としつつ，行為自体を禁止する差止めという効果の重大性を考慮して，侵害行為の態様について規範的な評価を加えて（不法行為説），差止めが認められるか否かの判断をくだしている。

参 考 文 献

主な著書を参考文献として掲げる。なお，重要であるにもかかわらず掲載できない文献が多数ある。

1 体 系 書

石田文次郎『債権各論〔第26版〕』早稲田大学出版部，1961年

鳩山秀夫『増訂日本債権法各論（下巻）』岩波書店，1938年

勝本正晃『債権法各論概説』巌松堂書店，1948年

山中康雄『契約総論』弘文堂，1949年

我妻　榮『債権各論（上，中一・二，下一）（民法講義 $V_{1\sim4}$）』岩波書店，1954年〜1962年

我妻　榮『事務管理・不当利得・不法行為（新法学全集復刻版）』日本評論社，1988年

末川　博『契約法下』岩波書店，1975年

松坂佐一『民法提要債権各論』有斐閣，1971年

加藤一郎『不法行為（増補版）』有斐閣，1974年

三宅正男『契約法（総論，各論上・下）（現代法律学全集）』青林書院，1978年〜1988年

広中俊雄『債権各論講義〔第6版〕』有斐閣，1994年

前田達明『現代法律学講座　民法Ⅵ 2　不法行為法』青林書院，1980年

石田　穣『現代法律学講座 13　民法Ⅴ（契約法）』青林書院新社，1982年

星野英一『民法概論Ⅳ（契約）』良書普及会，1986年

四宮和夫『現代法律学全集 10　事務管理・不当利得・不法行為　上・中・下巻』青林書院，1985年

森島昭夫『不法行為法講義』有斐閣，1987年

鈴木禄彌『債権法講義〔四訂版〕』創文社，2001年

藤岡・磯村・浦川・松本『民法Ⅳ・債権各論〔第4版〕』有斐閣，2019年

平井宜雄『債権各論Ⅱ　不法行為』弘文堂，1992年

澤井　裕『テキストブック　事務管理・不当利得・不法行為〔第3版〕』有斐閣，2001年

遠藤・川井・原島・広中・水本・山本編『民法(5)・(6)・(7)（有斐閣双書）』有斐閣，2001年

藤原正則『不当利得法』信山社，2002年

幾代　通，徳本伸一補訂『不法行為法』有斐閣，2003年

川角由和『不当利得とはなにか』日本評論社，2004年

半田吉信『契約法講義〔第2版〕』信山社，2005年

加藤雅信『新民法大系Ⅴ　事務管理・不当利得・不法行為〔第2版〕』有斐閣，2005年

我妻榮他『民法2　債権法〔第3版〕』勁草書房，2009年

吉村良一『不法行為法〔第5版〕』有斐閣，2017年

大村敦志『基本民法Ⅱ　債権各論〔第2版〕』有斐閣，2006年

内田　貴『民法Ⅱ　債権各論〔第3版〕』東京大学出版会，2011年

滝沢・武川・花本・執行・岡林『新ハイブリッド民法4　債権各論』法律文化社，2018年

近江幸治『民法講義Ⅵ　事務管理・不当利得・不法行為〔第3版〕』成文堂，2018年

潮見佳男『ライブラリ法学基本講義　債権各論Ⅰ　契約法・事務管理・不当利得〔第3版〕』
　　新世社，2017年

潮見佳男『不法行為法Ⅰ〔第2版〕』信山社，2013年

潮見佳男『不法行為法Ⅱ〔第2版〕』信山社，2011年

川井　健『民法概論4（債権各論）〔補訂版〕』有斐閣，2010年

永田・松本・松岡・横山『エッセンシャル民法3　債権』有斐閣，2010年

円谷　峻『不法行為法・事務管理・不当利得—判例による法形成—〔第2版〕』成文堂，2010年

平野裕之『コア・テキスト　民法Ⅵ　事務管理・不当利得・不法行為〔第2版〕』新世社，
　　2018年

野澤正充『事務管理・不当利得・不法行為　セカンドステージ債権法Ⅲ〔第2版〕』日本評論社，
　　2017年

清水　元『プログレッシブ民法［債権各論Ⅰ］』成文堂，2012年

中田裕康『契約法』有斐閣，2017年

平野裕之『債権各論Ⅰ—契約法』日本評論社，2018年

山本　豊・笠井　修・北居　功『民法5　契約（有斐閣アルマ）』有斐閣，2018年

池田真朗『新標準講義　民法債権各論〔第2版〕』慶應義塾大学出版会，2019年

藤岡康宏ほか編著『民法Ⅳ　債権各論〔第4版〕（有斐閣Sシリーズ）』有斐閣，2019年

村田　渉編著『事実認定体系＜新訂　契約各論編＞3』第一法規，2018年

2　注釈書（コンメンタール）

神戸大学外国法研究会編『現代外国法典叢書15　佛蘭西民法Ⅱ』有斐閣，1956年

加藤一郎編『旧版注釈民法⒆』有斐閣，1965年

谷口・五十嵐・柚木・幾代他編『新版注釈民法⒀〜⒅』有斐閣，1988年〜1996年

篠塚昭次編『条解民法Ⅱ債権法』291頁，三省堂，1995年

右近健男編『注釈ドイツ契約法』536条，三省堂，1995年

遠藤　浩『基本法コンメンタール〔第4版〕（新条文対照補訂版）債権総論・債権各論Ⅰ・
　　債権各論Ⅱ』日本評論社，2005年

我妻・有泉・清水・田山『我妻・有泉コンメンタール民法　総則・物権・債権〔第5版〕』
　　日本評論社，2018年

窪田充見編『新注釈民法（15）債権8』有斐閣，2017年

山本　豊編『新注釈民法（14）債権7』有斐閣，2018年

3　講　　座

松坂・西村・舟橋・柚木・石本先生還暦記念『契約法大系Ⅰ〜Ⅶ』有斐閣，1962年

遠藤・林・水本監修『現代契約法大系第1巻〜第9巻』有斐閣，1983年〜1985年

星野英一編集代表『民法講座第5巻・第6巻』有斐閣，1985年

広中俊雄・星野英一編『民法典の百年Ⅲ　個別的考察(2)債権編』有斐閣，1998年

山田卓生編集代表，淡路剛久編『新・現代損害賠償法講座　第1巻〜第6巻』日本評論社，
　1998年

4　判例集・解説集

加藤一郎・米倉　明編『民法の争点Ⅱ　債権総論・債権各論』有斐閣，1985年

土田哲也『不当利得の判例総合解説』信山社，2003年

奥田昌道・安永正昭・池田真朗編『判例講義　民法Ⅱ債権〔補訂版〕』悠々社，2005年

瀬川信久・内田　貴『民法判例集　債権各論〔第3版〕』有斐閣，2008年

松本恒雄・潮見佳男編『判例プラクティス民法Ⅱ』信山社，2010年

奥石武裕『実務裁判例　過払金返還請求訴訟』日本加除出版，2014年

窪田充見・森田宏樹編『民法判例百選Ⅱ債権〔第8版〕』有斐閣，2018年

5　専　門　書

植林　弘『慰藉料算定論』有斐閣，1962年

中川　毅『不法原因給付と信義衡平則』有斐閣，1968年

谷口知平教授還暦記念『不当利得・事務管理の研究(1)〜(3)』有斐閣，1970年

平井宜雄『損害賠償法の理論』東京大学出版会，1971年

石田　穣『損害賠償法の再構成』東京大学出版会，1977年

グラント・ギルモア著，森・三和・今上訳『契約法の死』文久書林，1979年

野口恵三『判例に学ぶ請負契約』商事法務研究会，1980年

下森　定編『安全配慮義務法理の形成と展開』日本評論社，1988年

五十嵐清『人格権法概説』有斐閣，2003年

吉田　豊『手付の研究』中央大学出版部，2005年

原田　剛『請負における瑕疵担保責任』成文堂，2006年

柳　勝司『委任による代理』成文堂，2012年

6　そ　の　他

民法（債権法）改正検討委員会編『詳解・債権法改正の基本方針Ⅳ各種の契約(1)』商事法務，
　2010年

大村敦志・道垣内弘人編『解説　民法（債権法）改正のポイント』有斐閣，2017年

潮見佳男『民法（債権関係）改正法の概要』金融財政事情研究会，2017年

筒井健夫・村松秀樹編著『一問一答　民法（債権関係）改正』商事法務，2018年

松尾博憲・山野目章夫『新債権法が重要判例に与える影響』金融財政事情研究会，2018年

判 例 索 引

◎ 大 審 院

◎ 最高裁判所

◎　高 等 裁 判 所

◎ 地 方 裁 判 所

事 項 索 引

わ 行

[編者略歴]

堀 田 泰 司（ほった やすじ）

1946 年　生まれ
1975 年　法政大学大学院社会科学研究科私法学専攻修士課程修了
現　在　九州国際大学名誉教授・弁護士

柳　　　勝　司（やなぎ かつじ）

1949 年　生まれ
1980 年　名古屋大学大学院法学研究科博士後期課程単位取得満期退学
現　在　名城大学法学部教授

森 田 悦 史（もりた よしふみ）

1958 年　生まれ
1990 年　専修大学大学院法学研究科民事法学専攻博士後期課程満期退学
現　在　国士舘大学法学部教授

債 権 法 各 論 ［第 2 版］［スタンダール民法シリーズIV］　　　　〈検印省略〉

2016 年 6 月 10 日　第 1 版第 1 刷発行
2018 年 9 月 30 日　第 1 版第 2 刷発行
2020 年 3 月 10 日　第 2 版第 1 刷発行

　　　　　　　　　　　　　　　　堀　田　泰　司
　　　　　　　編著者　柳　　　勝　司
　　　　　　　　　　　　　　　　森　田　悦　史

　　　　　　　発行者　前　田　　　茂

　　　　　　　発行所　嵯 峨 野 書 院

〒615-8045　京都市西京区牛ヶ瀬南ノ口町39　電話(075)391-7686　振替 01020-8-40694
メールアドレス　sagano@mbox.kyoto-inet.or.jp

© Hotta, Yanagi, Morita, 2016　　　　　　　　西濃印刷・吉田三誠堂製本所

ISBN978-4-7823-0589-8

スタンダール民法シリーズ I
民 法 総 則 [改定版]

堀田泰司・柳　勝司 編著

民法を学ぶ初心者に，図表や Case，Topics などを適宜挿入して分かりやすく解説。判例や学説において問題となっている事柄については，必要の範囲ですべて取り上げ，既習者にとっても，公務員試験や各種の資格試験の勉強にも十分に役に立つものとなっている。

A5・並製・388頁・定価(本体3000円＋税)

スタンダール民法シリーズ II
物権・担保物権法

堀田泰司・柳　勝司 編著

物権・担保物権法が実務の影響を強く受けて発展してきた分野であることを踏まえつつ，法理論にできるだけ忠実に，かつ，分かりやすい表現で解説した。民法の初心者にも理解しやすく，本書を学べば，物権・担保物権法についての基本的法知識を身につけることができる。

A5・並製・390頁・定価(本体3100円＋税)

スタンダール民法シリーズ III
債 権 法 総 論 [第3版]

柳　勝司・采女博文 編著

民法の初学者が特殊な用語や特有な表現や条文のつながりなどに慣れ，最終的には，どのような状況においてはどのような民法の条文が適用されるのかということを一応理解できる基準に達することができる教科書となっている。

A5・並製・284頁・定価(本体2600円＋税)

スタンダール民法シリーズ V
家 族 法 [第4版]

柳　勝司 編著

初学者には難しい家族法を，親族法・相続法を一体としてわかりやすく解説。誰もが当事者になり得るという立場から，様々な紛争に対する解決方法をわかりやすく示した。最新の判例や法改正にも対応した，標準的で分かり易いテキスト第4版。

A5・並製・352頁・定価(本体2750円＋税)

■ 嵯峨野書院 ■